LATIN
SECONDE

Mireille Ko
Agrégée de Lettres classiques

Paul Boehrer
Agrégé de Lettres classiques
Ancien élève de l'École Normale Supérieure de Saint-Cloud

Evelyne Debleds
Agrégée de Lettres classiques

Marie-Françoise Delmas-Massouline
Agrégée de Lettres classiques

HACHETTE
Éducation

AVANT - PROPOS

- Ce nouveau manuel de Seconde a pour objectif de **rénover profondément l'enseignement du latin au lycée**. En effet, les études de langues anciennes ont connu une importante mutation au collège, qu'il nous semble nécessaire de prolonger. Désormais, il s'agit **avant tout de lire des textes authentiques de la manière la plus efficace et la plus rapide possible**, ce qui interdit de s'attarder sur les exceptions; en revanche, il faut redonner toute sa place au commentaire, qu'il soit littéraire ou historique.

- Conformément aux nouveaux programmes, ce manuel comporte **trois parties** : la première traite de l'éloquence, avec deux séquences concernant Cicéron, et la lecture suivie d'un de ses plus célèbres discours, le *Pro Milone* ; la seconde, intitulée *Rire à Rome*, est la plus développée : elle comporte six chapitres regroupés en deux séquences, et deux lectures suivies (une pièce de Plaute, *Curculio*, et des extraits du roman de Pétrone, le *Satiricon*). Enfin, la dernière partie met en parallèle les textes des historiens Suétone et César, et des passages du poème épique de Lucain, la *Pharsale*, au sujet de la guerre civile qui opposa de 49 à 48 avant J-C. Jules César et Pompée.

- Chaque **chapitre** s'ouvre sur des textes authentiques d'auteurs latins, à lire et à analyser ; certains passages sont accompagnés de traductions, d'autres sont à traduire. Ce travail sur les textes conduit à des apprentissages précis en **grammaire**, en **vocabulaire** et **étymologie**, puis en **littérature et civilisation**. Chaque chapitre contient **deux pages d'exercices** : exercices de manipulation, puis **versions** accompagnées de questions pour guider la recherche.

- Les **lectures suivies** ne comportent que des textes, extraits d'une œuvre complète ; chaque texte est accompagné de questions destinées à guider la traduction et le commentaire. Une liste de vocabulaire à mémoriser permet d'éviter le recours systématique au dictionnaire.

- La progression de ce manuel en grammaire se fonde d'abord sur des **révisions complètes** des notions apprises au collège, avec l'objectif de parvenir à traduire. Les cinq premiers chapitres reprennent donc les bases de la grammaire latine en suivant la démarche du traducteur. Dans la deuxième partie, on revoit des points plus difficiles, et la troisième partie contient une approche du style indirect.

- **Le vocabulaire est présenté de manière systématique** ; il comporte toujours deux volets: 1) la révision des 400 mots les plus fréquents du latin *(Fundamenta)* déjà vus au collège, et qui sont classés en fin de manuel par catégorie grammaticale : il faut en revoir entre une dizaine et une vingtaine par cours, jusqu'à ce qu'ils soient parfaitement connus; 2) la révision ou l'apprentissage d'une vingtaine de mots pris dans les textes, qui sont classés en fréquence 2, 3 ou 4 dans le *Vocabulaire essentiel du latin* de Cauquil et Guillaumin (Hachette).

Ce manuel de Seconde ne comporte pas de lexique : il nous paraît indispensable que les élèves disposent à ce stade de leurs études d'un **dictionnaire de latin, même abrégé**, et qu'ils se familiarisent avec son maniement. Nous espérons que, grâce à cette méthode, les élèves de lycée trouveront un intérêt et un plaisir nouveau à l'étude du latin.

Références des illustrations

AKG Paris : O. Battaglini : 39, K. Collie : 112 bas ; W. Forman : 131, 145 ; Hilbich : 205 gauche ; E. Lessing : p. 19, 20, 23, 54, 59, 91 haut, 102, 126, 135, 136 haut, 181, 205 droite, 206, 213, 219, 223, 231 ; G. Mermet : 82 haut ; R. O'Dea : 100, 226 haut ; **Artephot** : Fabbri : 92 ; S. Fiore : 91 bas, 161 ; A. Held : 34, 82-83 bas, 101, 136 bas, 148, 151 ; Nimatallah : 24, 40, 52, 77, 99, 104, 106, 146, 147, 150, 199, 218 ; R. Percheron : 17, 50, 79 ; **Bildarchiv Preussidcher Kulturbesitz** : J. Remmer : 63, 138, 195 haut ; **Christophe L. Collection** : 173 ; **G. Dagli Orti** : 10-11, 13, 14, 21, 27, 31, 33, 43, 44, 53, 66, 70, 71, 72, 74, 80, 84, 90, 95, 96, 105, 109, 111, 112 haut, 113, 115, 116 gauche et droite, 121 haut et bas, 122, 123, 124, 125, 130, 132, 139, 141, 142 haut et bas, 144, 152, 155, 157, 163, 165, 166, 167, 169, 172, 175, 177, 179, 183, 185,186-187, 188, 190, 191, 195 bas, 197, 198, 200, 201, 204, 210, 211, 215, 216 haut, 217, 220, 224, 225, 229, 230, 235 ; **Hoa Qui** : W. Buss : 69 ; **Josse** : 207, 209, 216 bas, 226 bas ; **Magnum** : E. Lessing : 54 ; **RMN** : M. Bellot : 42, Chuzeville : 137, 171
Les photos de couverture (de gauche à droite et de bas en haut) sont extraites de la p. 116 (bas), de la p. 82 (haut), de la p. 104, de la p. 142, de la p. 83 (bas), de la p. 115 et de la p. 19.

Maquette intérieure et de couverture : GRAPHIR DESIGN
Mise en pages : MOSAÏQUE
Iconographie : Nicole Laguigné
Cartographie : Hachette Éducation
ISBN 201135260-6
© HACHETTE LIVRE 2001 – 43, quai de Grenelle, 75905 Paris Cedex 15
www.hachette-education.com

Tous droits de traduction, de reproduction et d'adaptation réservés pour tous pays.

Le Code de la propriété intellectuelle n'autorisant, aux termes des articles L. 122-4 et L. 122-5, d'une part, que les « copies ou reproductions strictement réservées à l'usage privé du copiste et non destinées à une utilisation collective », et, d'autre part, que « les analyses et les courtes citations » dans un but d'exemple et d'illustration, « toute représentation ou reproduction intégrale ou partielle, faite sans le consentement de l'auteur ou de ses ayants droit ou ayants cause, est illicite ».
Cette représentation ou reproduction, par quelque procédé que ce soit, sans autorisation de l'éditeur ou du Centre français de l'exploitation du droit de copie (20, rue des Grands-Augustins 75006 Paris), constituerait donc une contrefaçon sanctionnée par les articles 425 et suivants du Code pénal.

TABLE DES MATIÈRES

Chronologie de l'histoire et de la littérature romaines, pp. 6-7 ; cartes : L'Italie antique, p. 8 - L'Empire romain p. 9

PARTIE I - UN ORATEUR : CICÉRON

SÉQUENCE I. L'histoire de l'éloquence

CHAPITRES	TEXTES	ÉTUDE DE LA LANGUE	LITTÉRATURE ET CIVILISATION

PP. 12-21
1. Cicéron et les orateurs grecs
	Cicéron, *Brutus*
	Introduction
	Périclès
	Lysias et Démosthène
	(10, 44, 35)
		Grammaire
		I. Formes de discours et genres des textes
		II. Situation d'énonciation
		III. Formes spécifiques du dialogue et du discours
		Vocabulaire
		I. Révision des *Fundamenta*
		II. Vocabulaire des textes
		Étymologie
		Les pronoms personnels en latin et en français
			Cicéron et la culture grecque
			1. La situation d'énonciation du *Brutus*
			   Cicéron, *Brutus* – Platon, *Phèdre*
			2. Les orateurs grecs cités par Cicéron
			   1. Périclès cité par Thucydide
			   2. Démosthène, *Troisième Philippique*

PP. 22-31 2. L'éloquence à Rome	Cicéron, *Brutus* Caton Caius Gracchus César (62, 125-126, 252)	**Grammaire** I. La phrase minimale II. Identification des personnes verbales III. Reconnaissance des conjugaisons **Vocabulaire** I. Révision des *Fundamenta* II. Vocabulaire des textes **Étymologie** La racine de *dico*	**Caton l'Ancien (Cato Major)** 1. Caton le Censeur 2. Caton et l'agriculture **Les Gracques** 1. Leur histoire 2. Les Révolutionnaires français et les Gracques

SÉQUENCE II. Les qualités qui font un grand orateur

CHAPITRES	TEXTES	ÉTUDE DE LA LANGUE	LITTÉRATURE ET CIVILISATION
PP. 32-41 3. Un parcours exemplaire	Cicéron, *Brutus* Les exemples vivants Les études de droit La philosophie grecque	**Grammaire** La phrase simple **Vocabulaire** I. Révision des *Fundamenta* II. Vocabulaire des textes **Étymologie** La racine de *doceo* et de *disco*	**La situation politique à Rome** (de 106 à 79 av. J.-C.) 1. Marius 2. La guerre « sociale » et l'ascension de Sylla 3. La guerre civile et la lutte entre Marius et Sylla **L'apprentissage de la rhétorique à Rome**
PP. 42-51 4. Un bon comédien	Cicéron, *Brutus* L'orateur Galba L'*actio* (90, 93, 141-142)	**Grammaire** Le groupe nominal et les expansions du nom I. Le génitif II. L'adjectif qualificatif III. La proposition subordonnée relative **Vocabulaire** I. Révision des *Fundamenta* II. Vocabulaire des textes **Étymologie** La racine de *actio* et de *ago*	1. Les procédés de la rhétorique 2. La manie des procès (Aristophane, *Les Guêpes*)
PP. 52-61 5. Un honnête homme	Cicéron, *Brutus* Socrate L'orateur doit être philosophe (31, 292, 152)	**Grammaire** L'expression du jugement I. Adverbes de manière II. Comparatifs et superlatifs III. La proposition infinitive **Vocabulaire** I. Révision des *Fundamenta* II. Vocabulaire des textes **Étymologie** Formation des verbes latins composés à l'aide de préfixes	**Du philosophe Socrate à l'orateur Quintilien** **1. Socrate** 1. L'ironie de Socrate (Platon, *Gorgias*) 2. La mort de Socrate (Platon, *Phédon*) **2. Quintilien** (*L'Institution oratoire*)
PP. 62-81	*Lectures suivies*	**1. Cicéron, *Pro Milone***	
Pro Milone I	Exorde (§ 1 à 6)	**Vocabulaire :** I. Vocabulaire des textes	II. Révision des *Fundamenta*
Pro Milone II	Narration des faits (§ 25 à 30)	**Vocabulaire :** I. Vocabulaire des textes	II. Révision des *Fundamenta*
Pro Milone III	Argumentation 1 (§ 52 à 53)	**Vocabulaire :** I. Vocabulaire des textes	II. Révision des *Fundamenta*
Pro Milone IV	Argumentation 2 (§ 54 à 55)	**Vocabulaire :** I. Vocabulaire des textes	II. Révision des *Fundamenta*
Pro Milone V	Péroraison (§ 102 à 106)	**Vocabulaire :** I. Vocabulaire des textes	II. Révision des *Fundamenta*

PARTIE II - RIRE À ROME

Séquence I. Les vilains défauts

Chapitres	Textes	Étude de la langue	Littérature et civilisation

pp. 84-93
6. Catulle : Le charme discret de la bourgeoisie
	Catulle, *Poésies*	**Grammaire**
		I. Morphologie du subjonctif
		II. Syntaxe : le subjonctif dans les principales et les indépendantes
		Métrique
		1. Notions générales
		2. Scansion de l'hendécasyllabe phalécien
		Vocabulaire
		I. Révision des *Fundamenta*
		II. Vocabulaire des textes
		Étymologie
		Les mots grecs en latin
			Cultes et fêtes à Rome
			1. *Le culte familial*
			2. *Les cultes publics*
			3. *Le calendrier des fêtes religieuses*
			  1. Les rites apotropaïques
			  2. Les rites concernant la guerre
			  3. Les rites agraires

pp. 94-103 7. Phèdre : selon que vous serez puissant ou misérable	Phèdre, *Fables*	**Grammaire** I. Les subordonnées complétives au subjonctif II. Les propositions interrogatives indirectes III. La concordance des temps **Vocabulaire** I. Révision des *Fundamenta* II. Vocabulaire des textes **Étymologie** Les racines de *cutis* et *pellis*	*La fable* 1. *Un genre très ancien* 2. *Un genre très populaire* 3. *La Fontaine et les fabulistes « modernes »* 4. *Les animaux à Rome*
pp. 104-113 8. Martial : Affreux, sales et méchants	Martial, *Épigrammes*	**Grammaire** I. Les propositions subordonnées circonstancielles II. La proposition relative au subjonctif **Métrique** Le distique élégiaque **Vocabulaire** I. Révision des *Fundamenta* II. Vocabulaire des textes **Étymologie** Verbes latins en *-ngere* et verbes français en *-indre*	*L'hygiène à Rome : bains et thermes* *L'épigramme* 1. *L'épigramme grecque* 2. *L'épigramme dans la littérature française*

Séquence II. La satire sociale

Chapitres	Textes	Étude de la langue	Littérature et civilisation
pp. 114-123 9. Ovide : « L'Art d'aimer »	Ovide, *L'Art d'aimer* (III)	**Grammaire** Les propositions subordonnées de condition I. Les subordonnées conditionnelles à l'indicatif II. Les subordonnées conditionnelles au subjonctif **Vocabulaire** I. Révision des *Fundamenta* II. Vocabulaire des textes **Étymologie** La racine de *ars*	*L'ornatrix ou être coiffeuse au temps d'Auguste* *Du discours amoureux et des artifices de séduction* 1. *Comment parler des femmes* 2. *Pour ou contre les soins de beauté*
pp. 124-133 10. Horace : L'art d'inviter à table	Horace, *Satires* (Livre II, Satire 8)	**Grammaire** I. Le gérondif II. Le participe futur et l'infinitif futur **Vocabulaire** I. Révision des *Fundamenta* II. Vocabulaire des textes **Étymologie** Les racines de *rideo*, *gaudeo* et *ludus*	*La salle à manger* 1. *Les repas* 2. *Le déroulement du repas* 3. *Le menu*
pp. 134-143 11. Juvénal : Les génies méconnus	Juvénal, *Satire VII*	**Grammaire** L'adjectif verbal I. Formation et sens II. Emplois **Vocabulaire** I. Révision des *Fundamenta* II. Vocabulaire des textes **Étymologie** Les thèmes en *-on* de la 3e déclinaison	*La monnaie à Rome* *Les poètes et l'argent* 1. *Rutebeuf (XIIIe siècle)* 2. *Jean de Meung* 3. *Clément Marot (1496-1544)*

pp. 144-185 — *Lectures suivies* — **2. Plaute, *Curculio***

Curculio Acte I	(extraits des scènes 1 et 2)	**Vocabulaire :** I. Vocabulaire des textes II. Révision des *Fundamenta*
Curculio Acte II	(extraits des scènes 2 et 3)	**Vocabulaire :** I. Vocabulaire des textes II. Révision des *Fundamenta*
Curculio Acte III	(scène unique)	**Vocabulaire :** I. Vocabulaire des textes II. Révision des *Fundamenta*
Curculio Acte IV	(extraits des scènes 1, 2 et 3)	**Vocabulaire :** I. Vocabulaire des textes II. Révision des *Fundamenta*
Curculio Acte V	(extraits des scènes 2 et 3)	**Vocabulaire :** I. Vocabulaire des textes II. Révision des *Fundamenta*

Lectures suivies — **3. Pétrone, *Satiricon***

Satiricon I	L'arrivée chez Trimalcion (§ 27 ; 28 ; 30-31 ; 32)	**Vocabulaire :** I. Vocabulaire des textes II. Révision des *Fundamenta*
Satiricon II	Le banquet I (§ 31 ; 33 ; 34 ; 36)	**Vocabulaire :** I. Vocabulaire des textes II. Révision des *Fundamenta*
Satiricon III	Le banquet II (§ 40 ; 47 ; 49 ; 60 ; 69)	**Vocabulaire :** I. Vocabulaire des textes II. Révision des *Fundamenta*
Satiricon IV	Propos de table et amusements (§ 37 ; 38 ; 42 ; 44 ; 45 ; 48 ; 50 ; 53)	**Vocabulaire :** I. Vocabulaire des textes II. Révision des *Fundamenta*
Satiricon V	Qui est vraiment Trimalcion ? (§ 37 ; 71 ; 75 ; 77)	**Vocabulaire :** I. Vocabulaire des textes II. Révision des *Fundamenta*

PARTIE III - HISTOIRE ET ÉPOPÉE

SÉQUENCE I. *César, chef de guerre*

pp. 188-197 **12. Portraits de César**	Suétone, *César* Lucain, *La Pharsale* (Livre I)	**Grammaire** Le discours indirect : transposition des propositions indépendantes ou principales I. Les modes II. Le réfléchi **Vocabulaire** I. Révision des *Fundamenta* II. Vocabulaire des textes **Étymologie** La racine de *fulmen*	*1. Jules César* *2. L'histoire et le genre épique*
pp. 198-207 **13. Jules César exhorte ses troupes**	César, *La guerre civile* (Livre I) Lucain, *La Pharsale* (Livre I)	**Grammaire** Le discours indirect : transposition des propositions subordonnées **Vocabulaire** I. Révision des *Fundamenta* II. Vocabulaire des textes **Étymologie** La racine de *legio*	*L'armée romaine* 1. *L'organisation de la légion* 2. *Administration et récompenses* *Un autre général célèbre : Napoléon* 1. *Un discours à ses soldats* 2. *Deux symboles empruntés à l'armée romaine*

SÉQUENCE II. *Événements de la guerre civile*

pp. 208-217 **14. Le passage du Rubicon**	Suétone, *César* Lucain, *La Pharsale* (Livre I)	**Grammaire** Les phrases très complexes Rappel des sens de *cum* **Vocabulaire** I. Révision des *Fundamenta* II. Vocabulaire des textes **Étymologie** La racine de *ruber* et de *Rubicon*	*Les institutions républicaines* 1. *Les comices ou assemblées* 2. *Les magistrats* 3. *Le Sénat*
pp. 218-227 **15. La bataille de Pharsale**	César, *La guerre civile* (Livre III) Lucain, *La Pharsale* (Livre VII)	**Grammaire** I. Les emplois de *ut* II. Les emplois de *quisque*, chacun (pronom), chaque (adjectif) **Vocabulaire** I. Révision des *Fundamenta* II. Vocabulaire des textes **Étymologie** Les racines de *hostis*	*Tactique et stratégie* 1. *La composition de l'armée pendant la bataille de Pharsale* 2. *La bataille de Pharsale* *L'horreur de la guerre civile* 1. *Lucain* 2. *Ronsard*
pp. 228-237 **16. La mort de Pompée**	César, *La guerre civile* (Livre III) Lucain, *La Pharsale* (Livre VIII)	**Grammaire** I. Le participe II. L'ablatif absolu **Vocabulaire** I. Révision des *Fundamenta* II. Vocabulaire des textes **Étymologie** La racine de *fateor*	*Mourir à Rome* 1. *Les funérailles* 2. *Les croyances* *La mort de Pompée* 1. *Selon Plutarque (vers 50-125 ap. J.-C.)* 2. *La mort de Pompée d'après Corneille (1606-1684)*

ANNEXES

Accentuation - Métrique	238-239
Tableaux des déclinaisons et des conjugaisons	240-250
Fundamenta	251-256

CHRONOLOGIE DE L'HISTOIRE

Époque			Événements historiques	Littérature
Époque légendaire	**I. LA ROME ROYALE** (753 à 509 av. J.-C.)		753 : fondation légendaire de Rome par Romulus	
			753 à 509 : les 7 rois de Rome : Romulus, Numa Pompilius, Tullus Hostilius, Ancus Martius, Tarquin l'Ancien, Servius Tullius, Tarquin le Superbe	
Époque historique	**II. LA RÉPUBLIQUE ROMAINE** (509 à 27 av. J.-C.)	**1re période : La conquête de l'Italie** (509 à 272 av. J.-C.)	509 à 350 av. J.-C. : lutte contre les voisins de Rome, en particulier les Étrusques (395 : prise de Véies)	
			350 à 272 av. J.-C. : conquête du reste de l'Italie	
		2e période : La conquête du bassin méditerranéen (264 à 112 av. J.-C.)	264 à 146 av. J.-C. : guerres puniques (contre les Carthaginois) conquête de la Sicile et de l'Afrique du Nord	**Plaute** (251-184) auteur de comédies **Caton l'Ancien** (234-149) homme d'État et écrivain **Térence** (v.190-159) auteur de comédies
			146 à 112 av. J.-C. : conquête du pourtour de la Méditerranée	
		3e période : Les guerres civiles (133 à 27 av. J.-C.)	133 à 63 av. J.-C. : conflit entre le parti populaire et le parti aristocratique	**Lucrèce** (99-55) poète **Catulle** (v.82-52?) poète

			63 à 27 av. J.-C. : conflit entre des ambitieux :
			- Pompée et César (63 à 44)
			  58 à 52 : conquête de la Gaule par César
			  48 : défaite et mort de Pompée
			  44 : (ides de mars) assassinat de César
			- Antoine et Octave (43 à 30)
			  30 : conquête de l'Égypte
				Cicéron (106-43) orateur et homme politique
				César (101-44) homme politique et historien
				Salluste (86-35) historien
				Virgile (70-19 av. J.-C.) poète
				Horace (65-8 av. J.-C.) poète
				Ovide (43 av.J.-C. - 17 ou 18 ap. J.-C.) poète

			En 27, Octave est nommé Augustus, premier empereur de Rome	**Tite-Live** (59 av. J.-C. - 17 ap. J.-C.) historien

		Événements historiques		Littérature
Époque historique	**III. L'EMPIRE ROMAIN** (27 av. J.-C. à 476 ap. J.-C.)	**1. Le Haut-Empire** (27 av. J.-C. à 192 ap. J.-C.)		
		1re dynastie : les Julio-Claudiens (27 av. J.-C. - 68 ap. J.-C.)	Auguste Tibère Caligula Claude Néron	**Phèdre** (v. 15-50) *Fables* **Sénèque** (4 av. J.-C. - 65 ap. J.-C.) philosophe **Pétrone** (époque de Néron) *Le Satiricon*, roman
		2e dynastie : les Flaviens (69-96)	Vespasien Titus Domitien	**Pline l'Ancien** (23-79) auteur de textes documentaires **Martial** (v. 40 - v. 104) poète satirique
		3e dynastie : les Antonins (96-192)	Nerva Trajan Hadrien Antonin Marc-Aurèle Commode	**Pline le Jeune** (63 - v. 114) auteur de *Lettres* **Tacite** (v. 55 - v. 120) historien **Juvénal** (v. 55 - v. 140) poète satirique **Suétone** (v. 70 - v. 140) historien **Florus** (Ier, IIe siècle environ) historien **Apulée** (v. 125-170 ?) romancier (*Les Métamorphoses*)
		2. Le Bas-Empire (193 ap. J.-C. à 476 ap. J.-C.)		
		Dynastie des Sévères (193-235)	Septime Sévère Caracalla Elagabal Alexandre Sévère	**Tertullien** (150 ? - 222) auteur d'œuvres polémiques chrétiennes
		Anarchie (235-270) : début des invasions germaniques		
		Règne d'Aurélien (270-275)		
		Règne de Dioclétien (284-305)		
		Règne de Constantin (306-337)		
		Règne de Théodose le Grand (379-395) : l'Empire romain devient un empire chrétien partage de l'Empire en Empire d'Orient et Empire d'Occident		**Saint Augustin** (354-430) auteur de *La Cité de Dieu* et des *Confessions*
		410 : prise de Rome par Alaric, roi des Wisigoths		
		476 : chute de l'Empire romain d'Occident		

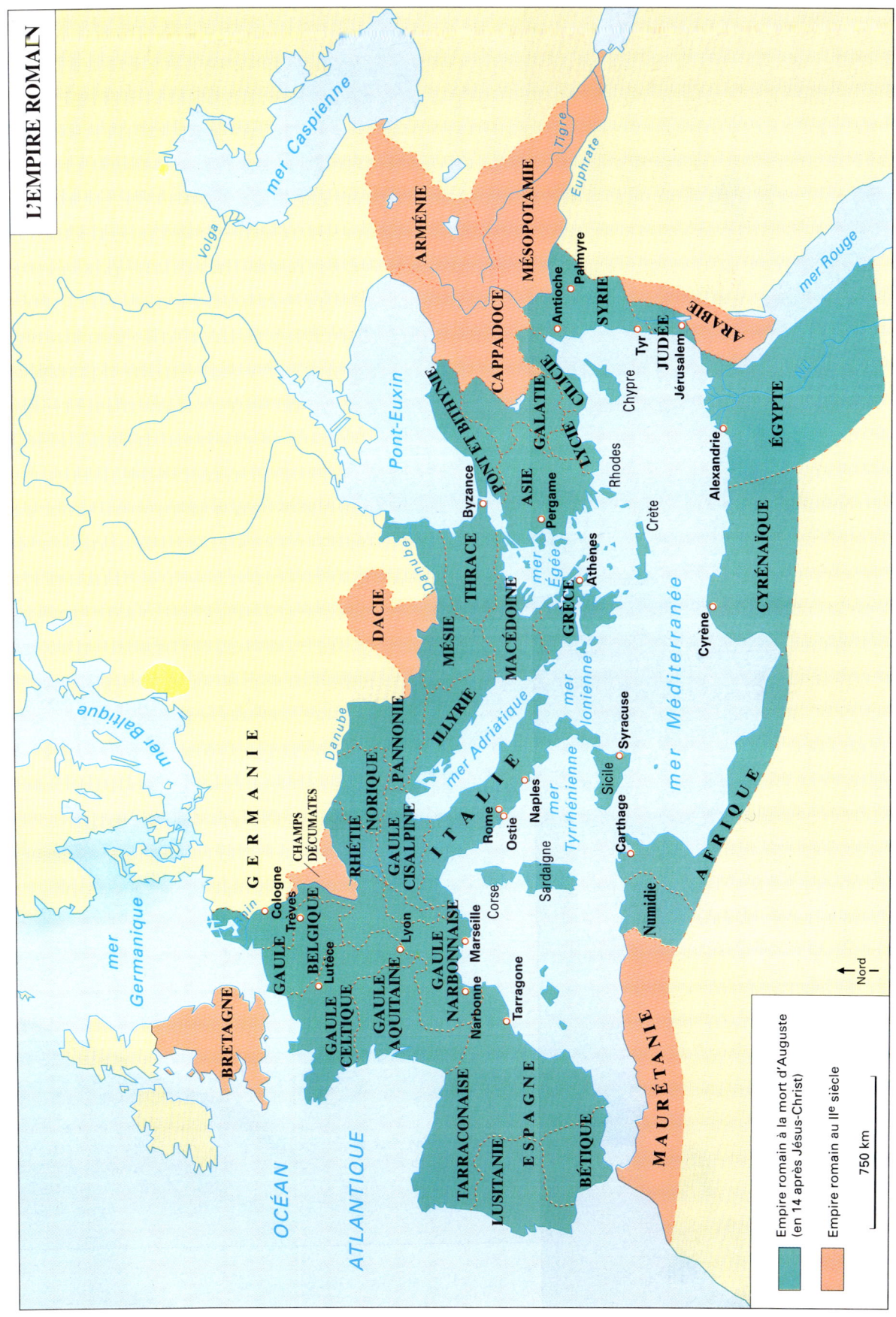

Partie I
Un orateur : Cicéron

Séquence 1
L'histoire de l'éloquence

Chapitre 1 — *Cicéron et les orateurs grecs* — 12

Chapitre 2 — *L'éloquence à Rome* — 22

Séquence 2
Les qualités qui font un grand orateur

Chapitre 3 — *Un parcours exemplaire* — 32

Chapitre 4 — *Un bon comédien* — 42

Chapitre 5 — *Un honnête homme* — 52

Lectures suivies 1 — 62

◀ *Buste en marbre de Marcus Tullius Cicéron, musée du Capitole, Rome.*

CHAPITRE 1

Cicéron et les orateurs grecs

Marcus Tullius Cicéron (106-43 avant J.-C.) est un homme politique et un orateur romain très célèbre, dont la vie fut marquée par les crises de la fin de la République. Nous reviendrons plus loin sur sa biographie (p. 64).

Écrit en 46 avant J.-C., après la victoire de César à Pharsale, dans une période difficile où Cicéron n'a plus aucun rôle politique, le *Brutus* a été inspiré à Cicéron par son ami Titus Pomponius Atticus, qui avait publié un petit manuel sur l'histoire des magistrats romains. L'orateur entreprend alors d'écrire l'histoire de l'éloquence, selon lui le plus exigeant des arts. Il se défend aussi contre les critiques de certains jeunes orateurs, comme Brutus, qui lui reprochent d'avoir un style trop pompeux ; or, Cicéron affirme s'inspirer de la sobriété des orateurs attiques (orateurs athéniens du siècle de Périclès).

Le *Brutus* est un dialogue entre Cicéron et ses deux amis, Atticus et Brutus (auquel l'ouvrage est dédié). Voici quelques extraits du début.

1 L'ARRIVÉE DE MARCUS BRUTUS ET DE TITUS POMPONIUS ATTICUS

Le souvenir des grands hommes est une consolation dans les moments difficiles.

Nam cum inambularem in xysto et essem otiosus domi, M.* ad me Brutus, ut consueverat, cum T. Pomponio venerat, homines cum inter se conjuncti tum mihi ita cari itaque jucundi, ut eorum
5 aspectu omnis quae me angebat de republica cura consederit. Quos postquam salutavi :

– Quid vos, inquam, Brute et Attice ? Numquid tandem novi ?

– Nihil sane, inquit Brutus, quod quidem aut tu
10 audire velis aut ego pro certo dicere audeam.

Alors que je me promenais dans mon jardin, et que j'étais chez moi inoccupé, Marcus Brutus était venu me voir, comme d'habitude, avec Titus Pomponius ; ces hommes, très liés l'un à l'autre, me sont si chers et si agréables qu'à leur vue toute l'angoisse qui m'accablait au sujet de la République s'évanouit. […]

NOTE

* M. ad me Brutus : *lire* M. Brutus ad me ... venerat : M. *est l'abréviation du prénom Marcus placée ici par l'auteur de façon un peu inhabituelle*

LIRE ET TRADUIRE

1. Qui est le narrateur ? À quelle personne sont les verbes dont il est le sujet ? Justifiez votre réponse en relevant les désinences de personnes et les pronoms personnels, dont vous préciserez le cas.

2. Qui sont les autres personnages ? Comment sont-ils désignés, et avec quels cas ? Quelle relation entretiennent-ils avec le narrateur ? Citez en latin des expressions significatives avec leur traduction.

3. Relevez et analysez les marques du dialogue en latin et en français :
pronoms personnels – vocatifs – formes verbales (précisez leur mode, leur temps et leur personne) – pronoms-adjectifs interrogatifs – propositions incises.

4. Traduisez les phrases soulignées.

▲ *L'agora romaine à Athènes.*

2 PÉRICLÈS

Cicéron présente à ses amis les principaux orateurs grecs ; Périclès était un homme politique athénien prestigieux du Vᵉ siècle avant J.-C., le siècle de l'apogée d'Athènes que l'on a appelé à cause de lui « le siècle de Périclès ».

Sed tum fere Pericles Xanthippi filius, de quo ante dixi, primus adhibuit doctrinam ; quae quamquam tum nulla erat dicendi, tamen ab Anaxagora¹ physico eruditus exer-
5 citationem mentis a reconditis abstrusisque rebus ad causas forenses popularesque facile traduxerat.
Hujus suavitate maxime hilaratae² Athenae sunt, hujus ubertatem et copiam admiratae³,
10 ejusdem vim dicendi⁴ terroremque timuerunt. Haec igitur aetas prima Athenis oratorem prope perfectum tulit. Nec enim in constituentibus rem publicam nec in bella gerentibus nec in impeditis ac regum domi-
15 natione devinctis nasci cupiditas dicendi⁴ solet. Pacis est comes otique⁵ socia et jam bene constitutae civitatis quasi alumna quaedam eloquentia.

Mais presque à la même époque, Périclès, fils de Xanthippe, dont j'ai parlé auparavant, recourut le premier à une théorie ; car, même s'il n'y avait alors aucune théorie de l'éloquence, ayant été formé par le physicien Anaxagore, il avait cependant aisément appliqué l'entraînement intellectuel acquis sur des sujets abstraits et difficiles aux débats politiques et publics.
[...] En effet, ce n'est ni quand on fonde un État, ni quand on fait la guerre, ni quand on est entravé et enchaîné par la domination d'un roi, que naît d'habitude le goût de la parole. [...]

NOTES

1. **Anaxagore** : *philosophe et savant grec du Vᵉ siècle avant J.-C., qui enseigna à Athènes*
2. **hilaratae sunt** : *traduisez ici par « (elle) fut charmée »*
3. **admiratae sunt** : *traduisez ici par « (elle) admira »*
4. **dicendi** : *« de parler, de la parole »*
5. oti = otii

3 LYSIAS ET DÉMOSTHÈNE

Cicéron évoque aussi les principaux orateurs athéniens du IVᵉ siècle : Lysias et Démosthène, qui ont succédé à Isocrate.

Tum fuit Lysias, ipse quidem in causis forensibus non versatus[1], sed egregie subtilis scriptor atque elegans, quem jam prope audeas[2] oratorem perfectum dicere. Nam plane quidem perfectum et cui nihil admodum desit[3], Demosthenem facile dixeris[4]. Nihil acute inveniri potuit in eis causis quas scripsit, nihil, ut ita dicam, subdole, nihil versute, quod ille non viderit ; nihil subtiliter dici, nihil presse, nihil enucleate, quo fieri possit aliquid limatius ; nihil contra grande, nihil incitatum, nihil ornatum vel verborum gravitate vel sententiarum, quo quicquam esset elatius[5].

[...] **R**ien de percutant comme la composition des causes qu'il [Démosthène] a écrites, et aucun artifice, si je puis dire, ni aucune subtilité qu'il n'ait imaginée ; aucune finesse de style, aucune concision, aucune sobriété, qui ne soient en même temps plus ciselées ; [...]

CICÉRON, *Brutus*, 10, 44, 35, texte établi et traduit par Jules Martha, Les Belles Lettres, Paris, C.U.F., 1966.

NOTES

1. versatus, a, um (in + Ab.) : *habitué à*
2. audeas : *« tu oserais »* → *« on oserait »*
3. cui nihil admodum desit : *« auquel il ne manque absolument rien »*
4. dixeris : *« tu aurais dit »* → *« on aurait dit »*
5. quo quicquam esset elatius : *traduisez par : « qui ait jamais été plus sublime » (que Démosthène)*

LIRE ET TRADUIRE

1. Quelle est la situation d'énonciation dans les extraits 2 et 3 ? Relevez les indices qui le montrent.

2. Complétez la traduction du 2ᵉ extrait (observez comment est traduit le mot *dicendi* dans la première phrase).

3. Quelles sont les qualités de Périclès ? Relevez les termes latins qui les désignent en rappelant leur sens.

4. Dans quelles conditions l'éloquence s'épanouit-elle selon Cicéron ? Quelle définition imagée en donne-t-il ? Relevez en latin les trois métaphores et commentez-les.

5. Complétez la traduction du 3ᵉ extrait (observez comment est traduite l'expression *causas forenses* dans le 2ᵉ extrait).

6. Lequel des deux orateurs Cicéron admire-t-il le plus ? Relevez en latin les procédés de style par lesquels il manifeste son jugement. Puis cherchez à améliorer la traduction pour mieux rendre ces procédés en français.

▲ *L'Acropole vue depuis l'agora, Athènes.*

■ Grammaire

Avant de traduire un texte, il faut définir à quel genre il appartient, et quelle est la situation d'énonciation.

I Formes de discours et genres des textes

Comme en français, il existe quatre formes de discours : le discours **narratif**, **descriptif**, **explicatif**, **argumentatif**. Chacun de ces discours correspond à une intention de l'auteur : raconter, décrire, expliquer, argumenter. Le plus souvent, dans les textes que nous aurons à étudier (extraits de roman, récits historiques, correspondance, poèmes, scènes de théâtre, dialogues philosophiques, discours judiciaires ou politiques, textes documentaires, essais …), ils sont mêlés. Néanmoins, chacun de ces discours présente des caractéristiques communes qu'il est intéressant d'identifier ; on peut parler « d'indices » qui permettent une compréhension globale de l'intention de l'auteur et facilitent grandement la lecture d'un texte. Ainsi, par exemple, les genres à dominante narrative sont souvent écrits à la 3e personne (c'est le cas du récit historique). Les dialogues, les discours et la correspondance peuvent utiliser toutes les personnes, en particulier la 2e personne.

Le premier travail du traducteur est donc de lire entièrement et plusieurs fois le texte à traduire afin d'identifier son genre. Le *Brutus* se présente comme une histoire de l'éloquence dans laquelle Cicéron espère montrer quel rôle essentiel il a lui-même joué dans cet art si difficile de la parole. On observe ensuite la situation d'énonciation.

II Situation d'énonciation

La définition du genre du texte conduit à préciser la situation d'énonciation, c'est-à-dire à répondre aux questions :
1. qui parle (raconte, décrit, explique, argumente) ?
2. à qui s'adresse le texte ? (On repérera si l'interlocuteur est nommé ou si le texte a une portée générale et universelle.)

Dans le *Brutus*, nous avons affaire à un dialogue entre Cicéron et ses deux amis.

Ces observations conduiront à repérer en latin :
– les personnes des verbes,
– les pronoms personnels,
– les pronoms-adjectifs possessifs,
– les pronoms-adjectifs démonstratifs,
– les mots interrogatifs.

(Voir la déclinaison des pronoms en *Annexes*, p. 241 et p. 242.)

III Formes spécifiques du dialogue et du discours

1. Le vocatif, cas de l'apostrophe

Le vocatif sert à interpeller l'interlocuteur.

▶ **Quid vos, inquam, Brute et Attice ?** : *Que vous arrive-t-il, Brutus et Atticus ?* (cf. texte, p. 12)

En latin, le vocatif se distingue du nominatif uniquement à la 2e déclinaison des noms masculins / féminins, au singulier.

▶ **N. amicus > V. amic-e**

Cas particuliers

1. Les noms masculins ou féminins de la 2e déclinaison au nominatif en **-ius** ont un vocatif en **-i** (la finale **-e** étant tombée).

▶ **N. filius > V. fili**

CHAPITRE 1 : *Cicéron et les orateurs grecs*

2. Le pronom-adjectif possessif **meus** a pour vocatif au masculin singulier **mi**.

▶ **Tu quoque, mi fili !** *Toi aussi, mon fils !*
(dernière parole de César adressée à son fils adoptif qui était parmi les assassins)

Lorsque le vocatif est au pluriel ou appartient à une autre déclinaison, seule l'observation de la situation d'énonciation, et parfois la ponctuation, permettra de le reconnaître.

▶ **Fur, cave** (inscription de Pompéi) : *Voleur, fais attention* (**fur, furis, m.** : *le voleur*)

2. L'impératif

a. L'ordre s'exprime à la 2ᵉ personne du singulier et du pluriel par l'impératif actif ou passif / déponent (les verbes déponents, qui ont « déposé » le sens passif ont une forme passive et un sens actif. Pour la morphologie, voir *Annexes* p. 245 à 250).

Cas particuliers

1. Quatre verbes présentent, à la 2ᵉ personne du singulier et parfois du pluriel de l'impératif présent actif, des formes irrégulières :

▶ **dic (< dico)** : *dis*   **fac (< facio)** : *fais*
  duc (< duco) : *conduis*   **fer, ferte (< fero)** : *porte, portez*

2. Certains verbes s'emploient de préférence à l'impératif futur (rare pour la plupart des verbes) dont les désinences sont **-to**, **-tote**.

▶ **scito, scitote** : *sache, sachez*
  memento, mementote : *souviens-toi, souvenez-vous.*

b. Pour exprimer l'ordre à la forme négative, le latin peut employer l'impératif du verbe **nolo**, *ne pas vouloir*, suivi de l'infinitif :

▶ **Noli vocare** : *N'appelle pas.*
  Nolite vocare : *N'appelez pas.*

N.B. L'ordre ou la défense s'expriment aussi à l'aide du subjonctif, comme nous le reverrons au chapitre 6.

■ Vocabulaire et étymologie

I VOCABULAIRE

1. Révision des *Fundamenta*, p. 251

2. Vocabulaire des textes

Noms	Mots invariables
comes, itis, m. : *le compagnon*	**facile** : *facilement*
eloquentia, ae, f. : *l'éloquence*	**fere** : *presque*
forum, i, n. : *le forum*	**quasi** : *comme si, presque*
orator, oris, m. : *l'orateur*	**prope** : *presque* ; (prép. + Ac.) : *près de*
otium, ii, n. : *le loisir*	**tandem** : *enfin*
salus, utis, f. : *le salut*	
sententia, ae, f. : *l'opinion*	
socius, ii, m. : *l'allié*	

Adjectifs	Verbes
carus, a, um : *cher*	**condo, is, ere, didi, ditum** : *fonder ; cacher*
egregius, a, um : *remarquable*	**exerceo, es, ere, cui, citum** : *exercer*
jucundus, a, um : *agréable*	**impedio, is, ire, ii, itum** : *entraver, empêcher*
	miror, aris, ari, atus sum : *s'étonner, admirer*

II ÉTYMOLOGIE : LES PRONOMS PERSONNELS EN LATIN ET EN FRANÇAIS

En ancien français (textes de la période des XIIe-XIIIe siècles) il ne reste du latin que deux cas : le nominatif, appelé cas sujet (C.S.), et l'accusatif, appelé cas régime (C.R.) ; ce dernier cas correspond à toutes les fonctions autres que celle du sujet.

Au cas régime, les pronoms personnels du singulier ont deux formes : l'une est inaccentuée et s'emploie entre le sujet et le verbe (*Il me voit*) ; l'autre est accentuée et s'emploie pour insister (*Moi, je viens*), et aussi après une préposition (*pour moi*). La finale **-e** inaccentuée est restée **-e** ; la finale **-e** accentuée, qui était en latin un **-e** long (**ē**) a évolué en **-oi** (comme dans **rēge** > *roi*).

Voici donc l'évolution de la déclinaison des pronoms personnels.

	Singulier			Pluriel	
	1re personne	2e personne	3e personne*	1re personne	2e personne
C.S.	**ego > jo >** je	**tu >** tu		**nos >** nous	**vos >** vous
C.R. inaccentué	**me >** me	**te >** te	**se >** se	**nos >** nous	**vos >** vous
C.R. accentué	**me >** moi	**te >** toi	**se >** soi		

* À la 3e personne (identique au sing. et au plur.), le pronom est réfléchi : rappelons que ce pronom n'a pas de nominatif.

▲ *Le Parthénon (Acropole d'Athènes, Ve siècle avant J.-C.).*

EXERCICES

1. *Conjuguez à l'impératif actif, en traduisant les formes :*
sum – possum – video – impedio – exeo – ambulo.

2. *Conjuguez à l'impératif passif ou déponent, en traduisant les formes :*
exerceo – miror – fero – ago.

3. *Traduisez les groupes nominaux suivants, puis mettez-les au vocatif singulier et au vocatif pluriel :*
animus meus – bonus orator – carus comes – divina eloquentia – jucundum otium – magnus rex.

4. *Les expressions suivantes sont au vocatif, singulier ou pluriel ; traduisez-les, puis retrouvez leur nominatif singulier que vous vérifierez si nécessaire à l'aide du dictionnaire :*
mi Tite – o maxime orator – vos omnes amici mei – tu elegans scriptor – egregiae nostrorum majorum sententiae – bona Salus – primi socii.

5. *Les verbes suivants sont à l'impératif. Traduisez-les en respectant la personne et la voix utilisées :*
mementote – veni – salutamini – expone – audire – dic – audite – conde – ferte – ede.

6. *Même exercice.*
ferimini – duc mihi – nos time – versare – este – impedi – illum miramini – nobis dicite – illuc i – eos exerce.

7. *Traduisez :*
noli venire – nolite impedire – nolite audire – noli exercere – noli dicere – nolite scribere – noli ducere – nolite ferre – nolite condere – noli mirari.

8. *Traduisez en latin les phrases suivantes :*
1. Qui me voit ?
2. Que vous apportent-ils, Atticus ? dis-je.
3. En effet, dit-il, voyez cela !
4. Brutus, mon cher ami, sois le premier ou le plus grand ! lui dit-il.
5. Et vous, dit-il, n'admirez pas facilement tous ces grands hommes !

9. *Même exercice.*
1. Admire avec moi le forum de nos alliés !
2. Ne pratiquez pas tous ces loisirs !
3. Mais, dit-il, si tous ces hommes veulent la guerre, que puis-je faire ?
4. Chers compagnons, venez avec nous près du forum !
5. Ô toi, grand orateur, expose l'avis des alliés !
6. Quels hommes sont cachés dans vos maisons ?

10. *Traduisez en français les phrases suivantes :*
1. Domi este, Cicero atque Attice ! inquit Brutus.
2. Quid vis nobis, magne orator ?
3. Nolite ita ferre, inquam, omnia nostra domum !
4. Nec homines nec res videte, inquit. Nihil videte.
5. Ego, inquit, maximus rex sum ; vos, homines, quid potestis ?
6. Vos tandem otium habetis ; in eloquentia exercemini.
7. Nolite domi tantas res condere.
8. Noli impedire quin ille orator causam dicat.
9. Nolite omnia facile mirari.
10. Omnes fere oratores hodie egregii nobis videbantur.

11. Version

Les amis de Cicéron lui demandent l'histoire des orateurs.
– Ego vero, inquam, si potuero*, faciam vobis satis.
– Poteris, inquit (Atticus), relaxa modo paulum animum aut sane, si potes, libera.
(Extrait du *Brutus*, 21, *Op. cit.*)

NOTE
*potuero : j'aurai pu ; (ici) je peux

QUESTIONS

1. Rappelez quels sont les personnages du dialogue dans le *Brutus*. À quels indices reconnaît-on ici la situation d'énonciation ?
2. Trouvez deux verbes à l'impératif et cherchez leur sens dans le dictionnaire.
3. Traduisez.

12. Version

L'amitié est un bien précieux.
– Vos vero, inquam, Attice, et praesentem me cura levatis et absenti[1] magna solacia dedistis ; nam vestris primum litteris recreatus me ad pristina studia revocavi.
Tum ille : – Legi, inquit, perlibenter epistulam quam ad te Brutus misit ex Asia, qua[2] mihi visus est et[3] monere te prudenter et[3] consolari amicissime.
– Recte, inquam, est visus ; nam me istis scito litteris ex diuturna perturbatione totius valetudinis tamquam[4] ad aspiciendam lucem[5] esse revocatum[6].
(Extrait du *Brutus*, 11-12, *Op. cit.*)

NOTES
1. absenti : *au datif, accordé avec* mihi *qui est sous-entendu*
2. qua *a pour antécédent* epistulam
3. et ... et : *à la fois ... à la fois (on peut traduire simplement par « et » pour éviter la lourdeur)*
4. tamquam ... ex diuturna perturbatione totius valetudinis : *comme après le grand ébranlement d'une longue maladie*

5. **ad aspiciendam lucem** : *pour regarder la lumière ; on peut simplifier l'expression en traduisant par : vers la lumière*
6. **me ... esse revocatum** *(proposition infinitive) : que j'ai été rappelé, que je suis revenu*

QUESTIONS

1. Relevez tous les indices de la situation d'énonciation et traduisez-les.
2. Traduisez le texte.

13. Version

Une demande bien précise.

Cicéron remercie ses amis de leurs lettres, qui l'ont réconforté dans une période pénible pour lui (il a dû se soumettre à César vainqueur de Pompée et a été réduit au silence). Il a été très heureux de recevoir le petit manuel d'histoire écrit par Atticus. Ce dernier fait alors part à Cicéron du motif de leur visite.

— Nunc vero, inquit, si es animo vacuo[1], expone nobis quod[2] quaerimus.

— Quidnam[3] est id ? inquam.

— Quod mihi nuper in Tusculano[4] incohavisti[5] de oratoribus, quando esse coepissent, qui etiam et quales fuissent[6]. Quem ego sermonem cum ad Brutum tuum vel nostrum potius detulissem, magno opere hic audire se velle dixit[7]. Itaque hunc elegimus diem, cum te sciremus esse[8] vacuum. Quare, si tibi est commodum, ede illa quae coeperas, et Bruto et mihi.

(Extrait du *Brutus*, 20, *Op. cit.*)

NOTES

1. **esse vacuo animo** : *avoir l'esprit libre d'activités* → *avoir du loisir*
2. **quod** : *ce que*
3. **quidnam = quid ?**
4. **Tusculanum** : *traduisez par : Tusculum (ville du Latium où Cicéron avait une propriété)*
5. **incohavisti** : *tu as commencé*
6. **quando esse coepissent ... quales fuissent** : *quand ils ont commencé à exister, qui ils étaient et aussi quelles étaient leurs qualités*
7. **quem ego ... dixit** : *lorsque j'ai rapporté cette conversation à Brutus, ton ami, ou plutôt le nôtre, il m'a dit qu'il désirait très vivement l'entendre.*
8. **sciremus te esse** *(proposition infinitive) : nous savions que tu étais*

QUESTIONS

1. À quel mode sont les verbes : *expone – ede* ? Traduisez ces deux formes.
2. Traduisez les verbes : *inquit – inquam*.
3. Relevez et traduisez les pronoms personnels et les pronoms-adjectifs démonstratifs en précisant à quels cas ils sont.
4. Comment est traduite en note l'expression « *ad Brutum tuum vel nostrum* » ? Faites-en le mot à mot.
5. Quelle est la situation d'énonciation ?
6. Traduisez ce texte.

▲ *Marcus Tullius Cicéron, copie de l'époque de Trajan d'après un original de 40 avant J.-C., musée du Capitole, Rome.*

14. Version

C. Plinius Calpurnio Macro suo s[1].

Bene est mihi, quia tibi bene est. Habes uxorem tecum, habes filium ; frueris mari, fontibus, viridibus, agro, villa amoenissima. Neque enim dubito esse amoenissimam[2], in qua se composuerat homo felicior[3], ante quam felicissimus[2] fieret. Ego in Tuscis et venor et studeo, quae interdum alternis, interdum simul facio ; nec tamen adhuc possum pronuntiare, utrum[4] sit difficilius[3] capere aliquid an scribere. Vale.

(PLINE LE JEUNE, *Lettres*, V, 18, texte établi par A.-M. Guillemin, Les Belles Lettres, Paris, C.U.F., 1989.)

NOTES

1. **s. = salutem dat (+ D.)** : *donne son salut à, salue*
2. **amoenissima, felicissimus** : *-issim- est le suffixe du superlatif (cf. chapitre 5)*
3. **felicior, difficilius** : *-ior-/-ius- est le suffixe du comparatif (cf. chapitre 5)*
4. **utrum ... an** : *si. ... ou (si) ... (interrogative indirecte)*

QUESTIONS

1. À quel genre appartient ce texte ? Qui en est l'auteur ? Relevez les indices latins qui justifient votre réponse.
2. Quelle est la situation d'énonciation ? Relevez les marques de personnes et les pronoms qui le montrent.
3. Traduisez ce texte. Que nous apprend-il sur l'*otium* des riches Romains ? Relevez dans le texte quelques mots qui s'y rapportent.

Cicéron et la culture grecque

1 La situation d'énonciation du Brutus

Elle s'inspire des dialogues de Platon (IVe siècle avant J.-C.), comme le montre le début du Phèdre, *un dialogue philosophique dans lequel Socrate discute avec l'un de ses disciples, Phèdre, au bord de l'Ilissos.*

SOCRATE — Quittons le chemin de ce côté et suivons l'Ilissos. Après, quand l'endroit te semblera tranquille, nous nous assoirons.
PHÈDRE — J'ai fort bien fait, je vois, de venir pieds
5 nus ; toi, bien sûr, c'est ton habitude. Ainsi nous pourrons facilement suivre le ruisseau, les pieds dans l'eau ; ce ne sera pas désagréable, surtout en cette saison et à cette heure du jour.
SOCRATE — Eh bien, avance, et cherche en même
10 temps où nous pourrons nous asseoir.
PHÈDRE — Vois-tu là-bas, ce très haut platane ?
SOCRATE — Oui, bien sûr.
PHÈDRE — Il y a de l'ombre, un peu d'air, de l'herbe pour nous asseoir ou, si nous le voulons, pour
15 nous étendre.

PLATON, *Phèdre*, texte traduit par Paul Vicaire, Les Belles Lettres, Paris, C.U.F., 1985.

Questions

1. *Dans quel cadre se situe le dialogue ? Justifiez votre réponse en citant le texte.*
2. *Comparez ce début au premier paragraphe du* Brutus *cité p. 12.*

Buste de Périclès, musée du Vatican, Rome.

2 Les orateurs grecs cités par Cicéron

1 PÉRICLÈS

Il ne nous reste aucun des discours de Périclès, excepté ceux que rapporte l'historien Thucydide (vers 460-395 avant J.-C.) dans son Histoire de la Guerre du Péloponnèse.

Il cite, par exemple, un éloge funèbre prononcé par le célèbre stratège pour les soldats morts dans cette guerre. Voici un extrait de ce discours.

Notre régime politique ne se propose pas pour modèle les lois d'autrui, et nous sommes nous-mêmes des exemples plutôt que des imitateurs. Pour le nom, comme les choses dépendent non pas du petit nombre mais de
5 la majorité, c'est une démocratie. S'agit-il de ce qui revient à chacun ? La loi, elle, fait à tous, pour leurs différends privés, la part égale, tandis que pour les titres, si l'on se distingue en quelque domaine, ce n'est pas l'appartenance à une catégorie, mais le mérite, qui vous fait
10 accéder aux honneurs ; inversement, la pauvreté n'a pas pour effet qu'un homme, pourtant capable de rendre service à l'État, en soit empêché par l'obscurité de sa situation. Nous pratiquons la liberté, non seulement dans notre conduite d'ordre politique, mais pour tout ce qui est sus-

picion réciproque dans la vie quotidienne : nous n'avons pas de colère envers notre prochain, s'il agit à sa fantaisie, et nous ne recourons pas à des vexations qui, même sans causer de dommage, se présentent au dehors comme blessantes. Malgré cette tolérance, qui régit nos rapports privés, dans le domaine public, la crainte nous retient avant tout de rien faire d'illégal, car nous prêtons attention aux magistrats qui se succèdent et aux lois – surtout à celles qui fournissent un appui aux victimes de l'injustice, ou qui, sans être lois écrites, comportent pour sanction une honte indiscutée.

THUCYDIDE, *Guerre du Péloponnèse*, Livre II, 37, texte traduit par Jacqueline de Romilly, Les Belles Lettres, Paris, C.U.F., 1991.

2 Démosthène

Alors que le roi Philippe II de Macédoine cherche par la force et la ruse à s'emparer des cités grecques, l'orateur Démosthène prononce plusieurs discours intitulés Les Philippiques *pour persuader les Athéniens de lui résister. Lorsqu'ils se décident, il est trop tard : les Grecs sont vaincus à Chéronée en 338 avant J.-C.*

Voici un extrait de la Troisième Philippique *: Démosthène a montré aux Athéniens que Philippe occupe déjà une partie de la Grèce, et qu'ils n'ont pas réagi.*

Quelle est donc la cause de ce mal ? Car ce n'est point par hasard ni sans une juste cause qu'autrefois tous les Grecs avaient tellement à cœur la liberté et qu'ils vont aujourd'hui à la servitude. Non, c'est qu'alors il y avait, Athéniens, oui, il y avait dans l'âme de tous quelque chose qui n'y est plus, quelque chose qui a vaincu l'or de la Perse et qui faisait des Grecs un peuple libre, quelque chose qui était invincible sur terre et sur mer ; et c'est la disparition de ce quelque chose qui a tout corrompu et mis la Grèce sens dessus dessous. Qu'était-ce donc ? Oh ! Rien de compliqué ni de bien savant. C'était simplement que les hommes payés par les ambitieux et les corrupteurs de la Grèce étaient en horreur à tous, c'était qu'il y avait grand danger à être convaincu de vénalité, que des châtiments terribles punissaient ce crime, et qu'il n'y avait ni supplication valable ni pardon.

DÉMOSTHÈNE, *Harangues, Troisième Philippique*, texte établi et traduit par Maurice Croiset, Les Belles Lettres, Paris, C.U.F., 1967.

Démosthène, ▶
musée du Capitole, Rome.

Questions

1. Quels sont, selon Périclès, et selon Démosthène, les principaux critères qui définissent la démocratie ?
2. Trouvez, dans chacun de ces extraits, des exemples de procédés stylistiques de l'art oratoire.

Chapitre 2

L'éloquence à Rome

Cicéron poursuit, pour ses amis Marcus Brutus et Titus Pomponius Atticus, son histoire de l'éloquence ; après les orateurs grecs, il en vient aux orateurs romains et à celui qu'il n'hésite pas à comparer au Grec Lysias, Caton.

1 Un modèle pour tous les orateurs, Caton

Caton est, pour Cicéron, l'un des premiers orateurs romains.

Catonem vero quis nostrorum oratorum, qui quidem nunc sunt, legit ? aut quis novit omnino ? At quem virum, di boni ! mitto civem aut senatorem aut imperatorem ; oratorem enim hoc loco quaerimus ;
5 quis illo gravior in laudando ? acerbior in vituperando ? in sententiis argutior ? in docendo edisserendoque subtilior ? Refertae sunt orationes amplius centum quinquaginta, quas quidem adhuc invenerim et legerim, et verbis et rebus illustribus. Licet ex
10 his eligat ea, quae notatione et laude digna sint ; omnes oratoriae virtutes in eis reperientur.

Mais Caton, quel est celui de nos orateurs d'aujourd'hui qui le lise ou même qui le connaisse seulement ? Et cependant, quel homme, grands dieux ! Je laisse de côté le citoyen, le sénateur, le général : c'est de l'orateur qu'il s'agit ici. Qui eut jamais plus de poids dans l'éloge, plus d'âpreté dans la critique, dans les pensées plus de finesse, dans l'exposé des faits et des arguments plus de simplicité ? Les cent cinquante discours et plus, que j'ai pu trouver de lui jusqu'à ce jour et que j'ai lus, sont remplis d'idées et d'expressions brillantes. Qu'on y recueille ce qui est digne de remarque et d'éloge ; toutes les qualités de l'orateur s'y trouveront.

LIRE ET TRADUIRE

1. Dans la première phrase (→ *omnino*), cherchez, en vous aidant de la traduction française, les éléments qui constituent la phrase minimale : sujet, verbe et complément essentiel.

2. Faites le même travail pour le passage qui va de *mitto civem* à *subtilior*. Que constatez-vous ? Quels éléments sont absents ici ? Quels sont donc les éléments de la phrase minimale qui peuvent être sous-entendus ?

3. Faites l'analyse précise de chacun des éléments qui constituent la proposition : *omnes oratoriae* → *reperientur*. À quelle voix se trouve le verbe ? Quelle désinence la caractérise ?

4. Recherchez toutes les terminaisons personnelles des verbes actifs du texte et classez-les en un tableau. Pourquoi, à votre avis, certaines personnes sont-elles absentes de cet extrait ?

5. Retrouvez, dans ce passage, les « qualités de l'orateur » *(oratoriae virtutes)* dont parle Cicéron. Vous ferez ce relevé en latin comme en français.

▲ *Cicéron au Sénat, accusant Catilina (63 avant J.-C.), fresque de César Maccari, 1889, Palazzo Madama, Rome.*

2 Caius Gracchus, un génie prématurément disparu

Tibérius et Caius Gracchus, connus sous le nom de Gracques, furent assassinés pour avoir proposé des réformes qui déplaisaient à l'aristocratie.

Sed ecce in manibus vir et praestantissimo ingenio et flagranti studio et doctus a puero C. Gracchus. Noli enim putare quemquam[1], Brute, pleniorem aut uberiorem ad dicendum[2] fuisse.
5 Et ille : Sic prorsus, inquit, existimo atque istum de superioribus paene solum lego.
Immo plane, inquam, Brute, legas censeo[3]. Damnum enim illius immaturo interitu res Romanae Latinaeque litterae fecerunt. Utinam non tam fratri pieta-
10 tem quam patriae praestare voluisset ! Quam ille facile tali ingenio, diutius si vixisset, vel paternam esset vel avitam gloriam consecutus ! Eloquentia quidem nescio an habuisset parem neminem. Grandis est verbis, sapiens sententiis, genere toto gravis ; manus
15 extrema[4] non accessit operibus ejus ; praeclare incohata multa, perfecta non plane. Legendus, inquam, est hic orator, Brute, si quisquam alius, juventuti. Non enim solum acuere, sed etiam alere ingenium potest.

Mais nous voici enfin en présence d'un homme doué du plus beau génie naturel, d'une activité ardente, et formé dès l'enfance par de savantes leçons : c'est Caius Gracchus. [...] C'est un grand préjudice que sa mort prématurée a fait subir à Rome et aux lettres latines. Plût au ciel que l'amour fraternel ne l'eût pas emporté chez lui sur l'amour de la patrie ! Qu'il lui eût été facile, avec un génie comme le sien, s'il eût vécu plus longtemps, d'égaler la gloire de son père ou même celle de son grand-père ! Pour l'éloquence du moins, il n'eût pas eu, je crois, son pareil. [...] Il est à lire, cet orateur, oui, Brutus, il est à lire, plus que tout autre, par les jeunes gens. [...]

NOTES

1. quemquam : « quelqu'un », sujet de l'infinitif **fuisse**
2. ad dicendum : « pour parler »
3. legas censeo : « je pense que tu dois le lire »
4. manus extrema : « la dernière main », au sens de « il n'a pas mis la dernière main », il n'a pas peaufiné, achevé son travail

LIRE ET TRADUIRE

1. Qu'apprenez-vous sur Caius Gracchus (éducation / formation ; qualités ; mort) ? Vous relèverez les expressions qui vous ont renseigné dans la traduction comme dans le texte latin.

2. Montrez que ce passage est essentiellement un éloge :
   a. Relevez, par exemple, le champ lexical de l'excellence, celui de l'éloquence.
   b. Recherchez les figures de style utilisées par Cicéron pour magnifier C. Gracchus.
   c. Quel reproche fait-il, cependant, à cet orateur ?

3. Traduisez les passages soulignés du texte latin.

3 ÉLOGE DE CÉSAR PAR ATTICUS

Atticus parle à la place de Cicéron pour ménager la modestie de ce dernier.

Sed tamen, Brute, inquit Atticus, de Caesare et ipse ita judico et de hoc hujus generis acerrimo existimatore saepissime audio[1], illum omnium fere oratorum Latine loqui elegantissime ; nec id solum
5 domestica consuetudine, ut dudum de Laeliorum et Muciorum familiis audiebamus, sed quamquam id quoque credo fuisse, tamen ut esset perfecta illa bene loquendi laus, multis litteris et eis quidem reconditis et exquisitis summoque studio et diligentia est consecutus ; <u>qui etiam in maximis occupationibus ad te ipsum, inquit in me intuens, de ratione Latine loquendi accuratissime scripserit primoque in libro dixerit « verborum delectum originem esse eloquentiae » tribueritque, mi Brute, huic
15 nostro, qui me ille maluit quam se dicere[2], laudem singularem</u> ; nam scripsit his verbis, cum hunc nomine esset affatus : « ac si cogitata praeclare loqui ut possent nonnulli studio et usu elaboraverunt, cujus te paene principem copiae atque inventorum
20 bene de nomine ac dignitate populi Romani meritum esse existimare debemus, hunc facilem et cotidianum novisse sermonem num pro relicto est habendum ? »

[...] ; et cet avantage, ce n'est pas seulement aux bonnes habitudes domestiques qu'il le doit, comme on nous le disait tout à l'heure des Laelius et des Mucius ; sans doute elles y ont été aussi pour quelque chose ; mais cette admirable correction du langage, c'est par beaucoup d'études, d'études approfondies et difficiles, et à force de travail et d'application que César a réussi à l'obtenir ; [...] ; en effet, il a écrit en ces termes, lesquels viennent après la dédicace personnelle : « Et si, pour arriver à donner à la pensée une expression brillante, quelques-uns ont employé tout ce qu'ils avaient d'application et d'expérience (et dans cette œuvre, toi, Cicéron, qui as presque été le premier à donner l'exemple et à découvrir les lois de l'abondance oratoire, nous devons te considérer comme ayant fait honneur au nom et à la dignité du peuple romain), la connaissance de la langue familière et de tous les jours est-elle une chose qu'il faille tenir pour négligeable ? »

CICÉRON, *Brutus*, 62, 125-126, 252, texte établi et traduit par Jules Martha, Les Belles Lettres, Paris, C.U.F., 1966.

NOTES

1. audio de + Ab. + proposition infinitive : « j'entends dire au sujet de (quelqu'un) qu'il ... »
2. huic nostro, qui me ille maluit quam se dicere : « à notre ami ici présent (= Cicéron), qui dans sa modestie a préféré que je parle pour lui »

LIRE ET TRADUIRE

1. Le milieu dont César est issu lui a donné une grande maîtrise de la langue, mais Cicéron, pour expliquer ses qualités oratoires, met en avant d'autres facteurs ; quels sont-ils ? Faites-en le relevé en français et en latin.

2. Dans les passages soulignés (non traduits), repérez les verbes conjugués ; dites à quelle personne ils sont, puis trouvez leurs temps primitifs à l'aide du dictionnaire.

3. Traduisez les passages soulignés du texte latin.

4. Pourquoi Cicéron a-t-il demandé à Atticus de présenter César ?

◀ *Magistrats municipaux, frise conservée au musée du Vatican, Rome.*

■ Grammaire

I LA PHRASE MINIMALE

1. Le verbe et son sujet

Il faut d'abord identifier le verbe conjugué de chaque proposition et analyser sa désinence. Si le verbe est à la première ou à la deuxième personne, le pronom sujet sera généralement sous-entendu en latin. On traduit alors la forme verbale. Si le verbe est à la troisième personne, on recherche la présence d'éventuels noms ou pronoms au nominatif qui puissent être le sujet. Un verbe au pluriel peut avoir, comme en français, plusieurs sujets au singulier, plusieurs sujets au pluriel ou un seul sujet au pluriel ; **mais un verbe au singulier en latin peut avoir plusieurs sujets au singulier et n'être accordé qu'avec le plus proche.** On traduit alors le verbe et son/ses sujet/s.

2. Les compléments essentiels du verbe

À l'étape précédente, on a vérifié le sens et la construction du verbe dans le dictionnaire.

Avec le verbe **sum**, avec un autre verbe d'état ou avec certains verbes intransitifs, on recherchera un attribut (au nominatif).

Avec un verbe transitif, on recherchera un C.O.D. à l'accusatif.

▶ | Orator**em** enim hoc loco quaer**imus** … | *Nous* cherch**ons** *en effet en cet endroit l'orateur.*
| C.O.D.   1ʳᵉ PERS. DU PLURIEL |

Si le dictionnaire indique une construction particulière du verbe (double accusatif, C.O.D. au génitif, au datif ou à l'ablatif), on recherchera ces cas dans la proposition.

Avec un verbe de mouvement, on recherchera un complément circonstanciel de lieu ; on fera de même avec un certain nombre d'autres verbes dont le sens implique qu'ils soient complétés par un complément circonstanciel de lieu.

Les verbes déponents (verbes qui ont des formes passives, mais un sens actif) ont des compléments d'objet. Les verbes passifs ont généralement un complément d'agent à l'ablatif (introduit par la préposition **ab** s'il désigne une personne).

II IDENTIFICATION DES PERSONNES VERBALES

On analyse une forme verbale en commençant par la fin :

▶ | **vocabant** se lit | **VOCA-** ← **BA-** ← **NT** |
| | RADICAL DU VERBE   SUFFIXE DE TEMPS   DÉSINENCE |
| | « SENS » DU VERBE   IMPARFAIT   3ᵉ PLURIEL ACTIVE |

Toutes les formes verbales latines (à l'exception du parfait passif et des temps formés à partir de ce dernier) sont des formes « synthétiques » (en un seul mot).

Enfin, presque tous les temps de tous les modes utilisent les mêmes désinences personnelles (sauf l'impératif et les temps du *perfectum* passif).

La voix active et la voix passive se différencient par des jeux de désinences spécifiques (voir *Annexes*, p. 244 à 250).

III RECONNAISSANCE DES CONJUGAISONS

Pour connaître la conjugaison d'un verbe, il faut savoir ses « temps primitifs » : ce sont les formes que l'on trouve dans le dictionnaire ou dans le lexique.

▶ | **voco, as, are, vocavi, vocatum** : *appeler*

CHAPITRE 2 : *L'éloquence à Rome*

Rappelons à quoi correspondent ces formes :

1re pers. du singulier du présent de l'indicatif	**voco**	*j'appelle*
2e pers. du singulier du présent de l'indicatif	**vocas**	*tu appelles*
Infinitif	**vocare**	*appeler*
1re pers. du singulier du parfait de l'indicatif	**vocavi**	*j'appelai / j'ai appelé*
Supin	**vocatum**	*pour appeler*

Voici les temps primitifs des verbes modèles de chaque conjugaison. Les désinences des trois premières formes permettent de reconnaître chaque conjugaison. Pour l'ensemble des formes, il suffira de se reporter à une grammaire (cf. *La Déclinaison et la Conjugaison latines*) ou aux tableaux de la fin du manuel.

Conjugaisons	Radical		Temps primitifs	
1re	**vocā-**	*(a- long)*	**voc**o, **as**, **are**, avi, atum	*appeler*
2e	**tenē-**	*(e- long)*	**tene**o, **es**, **ere**, tenui, tentum	*tenir*
3e	**mitt-**		**mitt**o, **is**, **ere**, misi, missum	*envoyer*
3e mixte	**capĭ-**	*(i- bref)*	**capi**o, **is**, **ere**, cepi, captum	*prendre*
4e	**audī-**	*(i- long)*	**audi**o, **is**, **ere**, audivi, auditum	*entendre*

Cas particuliers

1. Le supin n'existe pas pour tous les verbes.   ▶ **fugio, is, ere, fugi, –** : *fuir*

2. Certains verbes n'existent ni à tous les temps, ni à toutes les personnes ; on les appelle des « verbes défectifs » (cf. *Annexes*, p. 250).   ▶ **aio, ais** : *dire oui, affirmer*

■ Vocabulaire et étymologie

I VOCABULAIRE

1. Révision des *Fundamenta*, p. 251

2. Vocabulaire des textes

Noms
copia, ae, f. dicendi : *richesse de l'expression*
laus, laudis, f. : *l'éloge, la louange*
liber, libri, m. : *le livre*
littera, ae, f. : *la lettre (le caractère)* ;
　litterae, arum, f. pl. : *les lettres (caractères), la lettre (missive), la littérature, les lettres*
magister, tri, m. : *le maître*
opus, eris, n. : *l'ouvrage, l'œuvre*
oratio, onis, f. : *le discours*
orator, oris, m. : *l'orateur*
testis, is, m. : *le témoin*

Adjectifs
clarus, a, um : *célèbre, illustre*
　> **praeclare** : *excellemment, à merveille*
disertus, a, um : *bien ordonné ; habile à parler, disert*
grandis, is, e : *grand, sublime, imposant*
oratorius, a, um : *qui concerne l'orateur, oratoire*

rudis, is, e : *grossier* > **erudio, is, ire, ivi, itum** : *dégrossir, instruire, former*
singularis, is, e : *unique, exceptionnel*

Verbes
acuo, is, ere, ui, itum : *rendre aigu, pointu, aiguiser*
alo, is, ere, alui, al(i)tum : *nourrir*
deligo, is, ere, delegi, delectum : *choisir, élire*
　> **delectus, us, m.** : *le choix*
intueor, eris, eri, intuitus sum (in + Ac.) : *jeter les yeux sur*
laudo, as, are, avi, atum : *louer, complimenter*
malo, mavis, malle, malui, – : *préférer* (voir conjugaison en Annexes, p. 250)
perficio, is, ere, feci, fectum : *faire complètement, achever*
incoho (ou inchoo), as, are, avi, atum : *commencer*
tribuo, is, ere, tribui, tributum : *attribuer, donner*
vitupero, as, are, avi, atum : *blâmer*

II ÉTYMOLOGIE : LA RACINE DE *dico*

Le verbe **dico** (forme archaïque **deico**) se rattache à la racine indo-européenne « dei-k- » qui signifie « montrer ». Par glissement de sens, il signifie « montrer par la parole », puis « dire ».En latin, cette racine donne naissance à des composés :

Préfixes	Radical	Composés	
jus- (= *le droit*)	dic-	**judico, as, are, avi, atum**	*juger, estimer*
ad-		**addico, is, ere, dixi, dictum**	*adjuger, donner un créancier à un débiteur* (un **addictus** *est un esclave pour dettes*)
cum- (> con-)		**condico, is, ere, dixi, dictum**	*fixer un accord*
inter-		**interdico, is, ere, dixi, dictum**	*interdire*
vin- (< **vis** : *la force*)		**vindico, as, are, avi, atum**	*revendiquer, délivrer, venger*

De ces verbes dérivent des noms :

judicium, ii, n. : *le procès, le jugement*
judex, judicis, m. : *le juge*
condicio, onis, f. : *la condition, la situation*

index, indicis, m. : *l'indicateur, l'espion, la liste*
indicium, ii, n. : *l'indication, le signe*
digitus, i, m. : *le doigt (remarquer le « g » et le « t » étymologiques, qui ne se prononcent pas en français)*

Dico est à rapprocher du grec δείκνυμι (deïknumi : « montrer »), de l'allemand « zeigen » (montrer) et de l'anglais « to teach » (enseigner).

▲ *La Voie sacrée et le forum de Rome : à gauche, le temple d'Antonin et Faustine ; au fond, le Colisée.*

EXERCICES

1. *Retrouvez la racine de* dico *dans les mots suivants :*
dictée – judiciaire – vindicte – interdiction – condition – index – indice – (empreintes) digitales – dictateur.

2. *Identifiez la personne et la voix des verbes suivants :*
audiebas – quaero – scribebant – tribuerunt – vituperaveram – judicatis – credidistis – dicimus – dices – noverint.

3. *Même exercice :*
quaerimur – scripta erunt – audimini – loqueris – laudabatur – legentur – vituperabimini – credemur – locutae estis – tributi sumus.

4. *Donnez la 2ᵉ personne du singulier et du pluriel du présent actif des verbes suivants :*
laudo – habeo – credo – fugio – audio.

5. *Donnez la 1ʳᵉ personne du pluriel du présent passif pour les verbes suivants :*
judico – teneo – scribo – capio – erudio.

6. *Traduisez :*
audi – credite – judica – loquere – quaerite – audimini – habete – scribe – laudate – lege.

7. *Traduisez :*
nourris – choisissez – commence – louez – attribue – blâmez – achève – jetez les yeux sur.

8. *Recherchez les temps primitifs des verbes suivants et dites à quelle conjugaison ils appartiennent :*
pervenio – tego – tondeo – colo – renovo – erigo – interficio.

9. Version

Une embuscade dans les Alpes

Caton l'Ancien, la première figure d'orateur citée par Cicéron dans Brutus, a souvent eu à faire avec Carthage. À la fin du IIIᵉ siècle avant J.-C., le général carthaginois Hannibal (247-183 avant. J.-C.) succède à son père et mène une campagne audacieuse contre les Romains. Parti de Carthagène, au sud de l'Espagne, en avril 218, Hannibal, avec ses fameux éléphants de guerre, remonte le long de la côte méditerranéenne pendant les deux années qui suivent et traverse les Alpes en plein hiver. Voici le récit que fait Tite-Live (59 avant J.-C.-17 après J.-C.) de cette expédition dans son Histoire Romaine.

Hannibal ab Druentia[1] campestri maxime itinere ad Alpes, cum bona pace incolentium ea loca Gallorum, pervenit. Tum, quamquam fama prius, qua incerta in majus vero ferri[2] solent, praecepta res erat, tamen ex propinquo visa montium altitudo nivesque caelo prope immixtae, tecta informia imposita rupibus, pecora jumentaque torrida frigore, homines intonsi et inculti, animalia inanimaque omnia rigentia gelu, cetera visu[3] quam dictu[3] foediora terrorem renovarunt[4]. Erigentibus in primos agmen clivos apparuerunt[5] imminentes[6], tumulos insidentes[7], montani.

(Tite-Live, *Histoire Romaine*, XXI, 32, texte établi par Jean Bayet, Les Belles Lettres, Paris, C.U.F., 1975.)

▲ *Scène de chasse avec éléphant, détail d'une mosaïque du IIIᵉ-IVᵉ siècle après J.-C., Piazza Armerina, Sicile.*

NOTES

1. **Druentia, ae, f.** : *la Durance qu'Hannibal vient de traverser près de l'actuelle Briançon*
2. **in majus vero ferri** : « *être porté à plus grand que la vérité* »
3. **visu/dictu** : *supins à l'Ab. de* videre/dicere, *compléments du comparatif*
4. **renovarunt = renovaverunt < renovo** : *renouveler (les Carthaginois avaient craint une première fois la traversée des Alpes)*
5. **erigentibus in primos agmen clivos apparuerunt** : « *alors qu'ils faisaient gravir à la colonne les premiers versants, leur apparurent ...* »
6. **immineo, es, ere** : *être penché au-dessus, menacer d'en haut*
7. **insideo, es, ere, sedi, sessum** : *occuper*

QUESTIONS

1. Dans la 1ʳᵉ phrase, identifiez le verbe ; analysez-le. Traduisez la phrase minimale.

2. Dans la 2ᵉ phrase, recherchez les verbes. Repérez deux mots subordonnants. Recopiez la 2ᵉ phrase en omettant les propositions subordonnées. Traduisez les sujets, le verbe, le complément. Puis intégrez à votre traduction celle des deux subordonnées.

3. Quelle est la particularité, mise en valeur par la ponctuation, de cette phrase ?

4. Dans la dernière phrase, cherchez le verbe conjugué ; analysez-le ; cherchez les éléments au nominatif susceptibles d'être le sujet. Ce verbe a-t-il besoin d'un complément ? Traduisez ces éléments. Traduisez cette dernière phrase.

5. Traduisez l'ensemble du texte.

6. Commentez l'usage abondant, dans la 2ᵉ phrase, du préfixe *in-* : quelle est généralement sa valeur ? Montrez que la présentation des Alpes et de leurs habitants est faite du point de vue des Carthaginois, peuple d'Afrique du Nord, habitués à un climat chaud.

10. Version

Un jeune homme plein de promesses

Utinam[1] in Ti. Graccho Gaioque Carbone[2] talis mens ad rem publicam bene gerendam[3] fuisset, quale ingenium ad bene dicendum[4] fuit ; profecto nemo his viris gloria praestitisset. Sed eorum alter propter turbulentissimum tribunatum, ad quem ex invidia foederis Numantini bonis iratus accessarat[5], ab ipsa re publica est interfectus ; alter propter perpetuam in populari ratione levitatem morte voluntaria se a severitate judicum vindicavit[6]. Sed fuit uterque summus orator.

Fuit Gracchus[7] diligentia Corneliae[8] matris a puero[9] doctus et Graecis litteris[10] eruditus. Nam semper habuit exquisitos[11] e Graecia magistros [...]. Sed ei breve tempus ingeni augendi et declarandi fuit[12].

(*Brutus*, 103-104, *Op. cit.*)

NOTES

1. *utinam + subj. plus-que-parfait exprime le regret : « ah ! si seulement il y avait eu ... »*
2. *Tibérius Gracchus est le frère de Caïus ; G. Carbon est un orateur de la même époque.*
3. *ad rem publicam bene gerendam : pour bien gouverner l'État*
4. *ad bene dicendum : pour bien parler*
5. *ad quem ... accessarat : « auquel il avait accédé furieux contre les nobles, après le dépit ressenti à la suite du traité de Numance » ; en 137, Tibérius Gracchus avait dû cautionner une capitulation des troupes romaines contre la ville de Numance et il lui en était resté de l'amertume contre la noblesse ; Cicéron interprète sa réforme agraire comme une vengeance dirigée contre les nobles et qui aurait causé sa perte (voir p. 31).*
6. *se vindicavit : « il se délivra »*
7. *Gracchus désigne ici Tibérius Gracchus*
8. *Cornelia, ae, f. : Cornélia (de la gens Cornelia, la famille dont sont issus les célèbres Scipions qui s'illustrèrent, entre autres, dans la lutte contre Carthage), la mère des Gracques*
9. *a puero : « dès l'enfance »*
10. *Graecae litterae, arum, f. pl. : « les lettres grecques », la littérature (et la langue) grecque*
11. *exquisitus, a, um : « choisi »*
12. *Sed ei ... fuit : « Mais il eut peu de temps pour développer et montrer ses talents »*

QUESTIONS

1. Avant de traduire ce texte, vous relèverez les noms propres et lirez les informations données dans les notes.
2. Puis vous ferez, pour chaque phrase, une rapide analyse qui vous permettra de reconnaître les éléments de la phrase minimale.
3. En vous aidant des notes, vous traduirez le texte phrase par phrase ; puis vous essaierez de rendre votre traduction élégante sans trahir le texte.
4. Qu'apprenons-nous sur Tibérius Gracchus (éducation/formation ; magistrature la plus haute obtenue ; qualités ; mort) ?

11. Version

Cornélia à son fils Caius

La tradition nous a transmis un fragment d'une lettre de Cornélia[1] à son fils Caius ; elle l'a engagé à « se ranger », à ne plus « troubler l'ordre établi » et à s'occuper de sa vieille mère. Voici la fin du fragment :

Sed si omnino id fieri non potest, ubi ego mortua ero, petito[2] tribunatum ; per me facito[2] quod lubebit, cum ego non sentiam. Ubi mortua ero, parentabis[3] mihi et invocabis[4] deum parentem. In eo tempore non pudebit te[5] eorum deum[6] preces expetere, quos vivos atque praesentes relictos atque desertos habueris[7] ? Ne ille sirit[8] Juppiter te ea perseverare, nec tantam dementiam venire in animum. Et si perseveras, vereor ne in omnem vitam[9] tantum laboris culpa tua[10] recipias, uti[11] in nullo tempore tute tibi placere[12] possis.

(CORNÉLIUS NÉPOS, *Fragments*, texte établi et traduit par A.-M. Guillemin, Les Belles Lettres, Paris, C.U.F., 1992.)

NOTES

1. *Cornélia, née vers 190 avant J.-C., mourra vers 115, bien après ses deux célèbres fils*
2. *petito/facito : impératifs futurs, 2ᵉ personne du singulier*
3. *parento, as, are, avi, atum : faire un sacrifice en l'honneur d'un mort ; + D. : apaiser les mânes de quelqu'un*
4. *invoco, as, are, avi, atum : appeler, nommer (*deum *attribut de* parentem*)*
5. *me, te, eum pudet : j'ai, tu as ... honte*
6. *deum = deorum : il s'agit des parents divinisés après leur mort*
7. *quos [= deos], vivos atque praesentes, relictos atque desertos habueris : le verbe* habere *a pour C.O.D.* quos *(reprenant* deos*) ;* vivos atque praesentes *est apposé à ce C.O.D. ;* relictos atque desertos *est l'attribut du C.O.D. ;* habere *suivi d'un C.O.D. et d'un attribut du C.O.D. prend le sens de « considérer comme »*
8. *sirit = siverit : subjonctif parfait de* sino, is, ere, sivi, situm : *permettre ; « Puisse Jupiter ne pas permettre que ... »*
9. *in omnem vitam : « pour ta vie entière »*
10. *culpa tua : Ab. sing.*
11. *tantum ... uti = ut : introduit une subordonnée de conséquence*
12. *sibi placere : être satisfait de soi*

QUESTIONS

1. À quel temps sont les verbes ? À quelle personne ?
2. Quelle est la situation de communication ? À quel genre ce texte appartient-il ?
3. Que pensez-vous de Cornélia ? Que peut-on dire de son caractère ?
4. Traduisez ce texte.

12. Version

Les dix « commandements » de Caton à son fils

Itaque deo supplica.
Parentes ama.
Cognatos cole.
Magistrum metue.
Datum serva.
Pugna pro patria.
Litteras disce.
Conjugem ama.
Liberos erudi.
Pauca in convivio loquere.

QUESTIONS

1. À quel mode sont les verbes ? Pourquoi ?
2. Traduisez ces recommandations de Caton.
3. Quelle image ces conseils donnent-ils de l'auteur ?

Caton l'Ancien (Cato Major)

1 Caton le Censeur (234-149 avant J.-C.)

Né en 234 avant J.-C., Marcus Porcius Cato est le fils d'un gros fermier. À dix-sept ans, il s'engage dans l'armée qui combat les généraux carthaginois Hamilcar, Hasdrubal, puis Hannibal (2ᵉ guerre punique) ; il participe à la conquête de l'Espagne, puis se bat en 191 contre Antiochos III le Grand, roi de Syrie. Il a alors près de quarante-cinq ans et retourne à la vie civile pour s'occuper de politique.

Ses idées sont simples : à une époque qui voit l'ouverture de l'Italie aux influences extérieures, et notamment orientales (Carthage et surtout la Grèce), Caton prône le repli de Rome sur elle-même et le retour à la *virtus* ancestrale, sorte de courage militaire et d'austérité morale. Il fustige le mode de vie « à la grecque » de plus en plus en honneur à Rome : Plaute, au même moment, met en scène des jeunes gens qui ont l'habitude de *pergraecari*, « vivre à la grecque », face à des pères austères.

En 184 avant J.-C., il est censeur (les censeurs sont des magistrats qui recrutent le Sénat et recensent les citoyens tous les cinq ans en dressant leur liste selon le « cens », la fortune). Il fait voter des lois contre le luxe et aussi contre la liberté, excessive selon lui, des femmes.

Il s'opposa à l'utilisation du grec à Rome et, pourtant, dans ses années de vieillesse, il entreprit d'apprendre cette langue, afin – apparemment – de mieux la combattre.

Vers la fin de sa vie, il ne cessa d'exhorter ses contemporains à une nouvelle guerre contre Carthage. Il finissait alors tous ses discours devant le Sénat par la formule célèbre : *Delenda est Carthago !* (Il faut détruire Carthage !). Il ne verra guère cette troisième guerre punique (149-146 avant J.-C.) qu'il appelait de ses vœux. Après un long siège de Carthage, les Romains détruisent la ville de fond en comble, vendent comme esclaves les survivants, déclarent l'endroit maudit et répandent du sel sur les ruines ! En 146 avant J.-C., le territoire de Carthage devient une province romaine.

2 Caton et l'agriculture

Cicéron présente Caton comme un orateur, auteur de plus de cent cinquante discours (ceux, par exemple, qu'il tenait devant le Sénat). Rien ne nous est parvenu de cette œuvre que quelques « monostiques » (maximes en un vers) et plusieurs livres de « distiques » (maximes en deux vers) très moralisateurs que Caton aurait écrits à l'intention de son fils.

En revanche, nous est parvenue une œuvre majeure, le *De Re Rustica (Sur l'Agriculture)* qui constitue un des premiers exemples de prose latine. Le livre décrit tout ce que l'on a besoin de savoir pour gérer une *villa rustica* (ferme) : le choix de l'emplacement idéal (avec des prés, des bois et de l'eau), d'un fermier, des travailleurs (libres ou esclaves), l'équipement de la ferme (outils, bêtes de somme, pressoirs à olives). Caton donne même des conseils pour rendre l'exploitation la plus rentable possible : ainsi, il faut savoir se débarrasser de ses esclaves devenus trop vieux pour travailler ; pour certaines tâches pénibles, il vaut mieux louer des journaliers que des esclaves, car on peut les faire travailler plus durement !

L'image que donne de Caton son traité n'est pas des plus flatteuses : il apparaît comme un pingre, un homme dur et sans scrupules, cynique et qui exploite sciemment ses esclaves. On est loin du héros exemplaire magnifié par Cicéron et d'autres !

Question

Qu'est-ce qui fait de Caton le symbole du vieux Romain traditionnel ?

Les Gracques

1 Leur histoire

Tibérius Sempronius Gracchus (163-133 avant J.-C.) et son frère Caius (154-121) appartenaient en ligne paternelle à une branche plébéienne de la *gens Sempronia*. Leur père fut général et préteur et mourut vers 150. C'est leur mère, Cornélia, fille de Scipion l'Africain, le vainqueur d'Hannibal à Zama en 202 avant J.-C., qui s'occupera des enfants et veillera à leur éducation.

Tibérius, tribun du peuple en 133, essaya de faire passer une réforme agraire afin de briser l'hégémonie des grandes familles détentrices d'immenses *latifundia* (domaines) et de favoriser un équilibre du pouvoir entre plébéiens et patriciens. La *lex Sempronia*, qui confisquait une part de l'*ager publicus* (domaine public) dont les grandes familles s'étaient emparées, fut adoptée, mais les plébéiens ne se pressèrent guère pour retourner à la terre et Tibérius fut assassiné lors d'une émeute.

Son frère Caius est tribun en 124 ; il reprend les projets de Tibérius, fonde des colonies en Italie du Sud, à Carthage et à Corinthe, fait vendre du blé à bas prix et s'apprête à accorder la citoyenneté romaine à tous les Italiens. Caius ne réussit guère à convaincre ; il ne fut pas réélu et mourut en 121 au cours d'une bataille contre le consul Opimius, farouche adversaire des lois agraires.

Les historiens hésitent entre deux points de vue sur les frères Gracques : soit on les considère comme des hommes intègres, animés d'un réel désir de démocratie, soit on voit en eux des manipulateurs dont le but suprême aurait été de confisquer à leur profit le pouvoir.

2 Les Révolutionnaires français et les Gracques

Pour les Révolutionnaires français, les Gracques passent, à tort ou à raison, pour des modèles de l'intégrité, de la dévotion à la cause populaire. De grands révolutionnaires cherchent à s'identifier à ces *exempla* qui ont nourri leurs études. Ainsi, le tribun révolutionnaire François-Noël Babeuf va jusqu'à changer son prénom pour devenir Gracchus Babeuf.

Il s'en explique : « J'ai eu pour but moral, en prenant pour patrons les plus honnêtes gens à mon avis de la République romaine, puisque c'est eux qui voulurent le plus fortement le bonheur commun, j'ai eu pour but, dis-je, de faire pressentir que je voudrais aussi fortement qu'eux ce bonheur, quoique avec des moyens différents. Je me dis même heureux par avance si comme eux je dois mourir martyr de mon dévouement. »

▲ *Paysage bucolique : fresque de la villa romaine de Boscoreale, musée archéologique national de Naples.*

Questions

1. Quelle vision des Gracques a Babeuf ?
2. Recherchez la biographie de Babeuf : est-il un héros incorruptible comme il se présente à nos yeux ?

CHAPITRE 3

Un parcours exemplaire

Cicéron, né en 106 avant J.-C. à Arpinum, dans le Latium, connaît dès son enfance une situation de crise : entre 91 et 80 (date de son premier grand procès, le *Pro Roscio Amerino*), les cités de l'Italie se révoltent ; les généraux vainqueurs, Marius et Sylla, se heurtent dans une cruelle guerre civile qui aboutit à la prise du pouvoir par Sylla.

C'est dans ce contexte difficile que le jeune Marcus Tullius Cicero fait son apprentissage, qu'il détaille dans le *Brutus*. Et c'est parce qu'il a eu l'audace de s'opposer à un protégé de Sylla lors d'un de ses premiers procès et de faire gagner Roscius Amerinus, qu'il a jugé bon de passer quelque temps en Grèce et en Asie Mineure, pour parfaire sa formation d'orateur et se faire un peu oublier à Rome...

Nous allons suivre pas à pas « le cursus » de Cicéron.

1 LES EXEMPLES VIVANTS

Reliqui[1] qui tum principes numerabantur in magistratibus erant cotidieque fere a nobis[2] in contionibus audiebantur.
Diserti autem Q. Varius, C. Carbo, Cn. Pomponius, et hi quidem habitabant in rostris. C. etiam Julius aedilis curulis cotidie fere accuratas contiones habebat[3].
Sed me cupidissimum audiendi[4] primus dolor percussit, Cotta cum[5] est expulsus. Reliquos frequenter audiens acerrimo studio tenebar[6] cotidieque et scribens et legens et commentans oratoriis tantum exercitationibus contentus non eram.

NOTES

1. reliqui (oratores)
2. nobis = me : Cicéron aime employer le pluriel « de majesté » en parlant de lui
3. habere contionem : *faire un discours, parler à la tribune*
4. audiendi : *« d'entendre parler »*
5. Cotta cum = cum Cotta *(cum est ici une conjonction)*
6. acerrimo studio tenebar : *j'étais complètement passionné*

LIRE ET TRADUIRE

1. Repérez les mots au datif ou à l'ablatif, analysez-les, traduisez-les et classez-les selon leur emploi.

2. Trouvez la signification des mots soulignés. Faites des recherches à propos de ces mots, dans un dictionnaire de langue ou un ouvrage de civilisation.

3. Relevez et traduisez les verbes (attention ! le verbe *sum* peut être sous-entendu). Quel est le temps le plus employé ? Quelle est sa valeur ici ?

4. Traduisez l'extrait à l'aide des notes et du dictionnaire.

5. Quel sentiment exprime Cicéron ? Citez des expressions significatives.

▲ *Le forum de Rome : l'arc de Septime Sévère, la Curie et le temple de Castor et Pollux ; en haut à gauche, le Capitole.*

2 LES ÉTUDES DE DROIT

Ego autem in juris civilis studio multum operae dabam Q. Scaevolae Q.F. qui quamquam nemini se ad docendum dabat, tamen consulentibus respondendo studiosos audiendi docebat.

***D**e mon côté, je passais beaucoup de temps à étudier le droit civil auprès de Quintus Scaevola, fils de Quintus, qui, à vrai dire, ne faisait pas profession d'enseigner, mais qui, par les réponses qu'il donnait lors de ses consultations, instruisait ceux qui le suivaient de près.*

LIRE ET TRADUIRE

1. En vous aidant de la traduction, relevez puis traduisez trois datifs et un ablatif.

2. Dans quel but Cicéron apprend-il le droit civil ?

3 LA PHILOSOPHIE GRECQUE

Eodemque tempore, cum princeps Academiae Philo cum Atheniensium optimatibus Mithridatico bello domo profugisset Romamque venisset, totum ei me tradidi admirabili quodam ad philosophiam studio concitatus ; in quo hoc etiam commorabar attentius (etsi rerum ipsarum varietas et magnitudo summa me delectatione retinebat) quod tamen sublata jam esse in perpetuum ratio judiciorum videbatur. [...]

At vero[1] ego hoc tempore omni noctes et dies in omnium doctrinarum meditatione **versabar**. **Eram** cum Stoico[2] Diodoto, *qui cum* habitavisset apud me mecum*que* vixisset, nuper **est** domi meae **mortuus**. Huic ego doctori[3] et ejus artibus variis atque multis *ita* **eram** tamen **deditus** *ut*[4] ab exercitationibus oratoriis **nullus dies vacuus esset**.

Cicéron, *Brutus*, 305-306, 308 à 309, texte établi et traduit par Jules Martha, Les Belles Lettres, Paris, C.U.F., 1966.

À la même époque, le chef de l'Académie, Philon, ayant fui Athènes, à cause de la guerre de Mithridate, avec les chefs du parti aristocratique et étant venu à Rome, je me livrai à lui tout entier : je m'étais pris d'un amour incroyable pour la philosophie, à laquelle je m'appliquais avec une attention d'autant plus soutenue qu'indépendamment du très grand attrait des questions elles-mêmes, dont la variété et l'importance me captivaient, je pouvais croire le fonctionnement normal des procédures judiciaires aboli pour jamais [...]

NOTES

1. **at vero** *marque une forte opposition : « mais pour sûr »*
2. **stoicus, a, um** : *stoïcien (école philosophique grecque) ; Diodote est un philosophe stoïcien*
3. **huic ... doctori** : *désigne Diodote*
4. **ita ... ut + subjonctif** : *de telle sorte que (introduit une proposition de conséquence)*

LIRE ET TRADUIRE

1. Dans la partie de texte présentée en bilingue, repérez les compléments circonstanciels. Comment sont-ils traduits ?
2. Repérez les compléments au datif et les compléments circonstanciels du second paragraphe, en latin seul, et traduisez-les.
3. Traduisez le second paragraphe en vous aidant des observations faites et des notes, ainsi que de la typographie (les phrases minimales sont mises en caractères gras, tandis que les connecteurs logiques sont en gras italique).

SUR L'ENSEMBLE DES TEXTES

1. Quelles sont les étapes de la formation de Cicéron ? Qu'a-t-il appris ? de qui ? où ?
2. Retrouvez, dans le texte latin, en vous aidant d'un dictionnaire, le champ lexical de l'apprentissage et des études.

◀ *Trois jeunes gens en discussion, cratère grec du Vᵉ siècle avant J.-C., musée d'Art et d'Histoire, Genève.*

■ Grammaire

LA PHRASE SIMPLE

1. Les compléments au datif et à l'ablatif

(Voir les déclinaisons en *Annexes*, p. 240)

a. Le datif exprime la finalité, la destination : c'est le cas de la personne ou de l'objet dans l'intérêt de qui est faite l'action.

Dans le texte de ce chapitre, on a relevé, par exemple :

> **consulentibus respondendo :** *en répondant à ceux qui le consultaient*
> et **Q. Scaevolae … multum operae dabam :** *je consacrais beaucoup de temps à Quintus Scaevola.*

Cas particuliers

1. **sum** + datif exprime une idée de possession : **Liber est mihi :** *J'ai un livre.*

2. Certains verbes se construisent avec le datif :

> **Vicinis nocuit :** *Il a fait du tort à ses voisins* (le dictionnaire indique la construction).

3. Certains verbes peuvent avoir deux compléments au datif (double datif) :

> **Hoc erit tibi dolori :** *Cela sera pour toi une cause de douleur.*

b. L'ablatif est le cas des circonstances de l'action, qu'il peut situer dans l'espace ou le temps ; par exemple, le cas de l'accompagnement, de l'origine, des compléments circonstanciels en français. Il peut être précédé d'une préposition qui précise son sens.

On a relevé de nombreux exemples dans le texte de Cicéron :

> **Eodem tempore :** *à la même époque* ; **cum Atheniensium optimatibus :** *avec les aristocrates d'Athènes* ; **Mithridatico bello :** *à cause de la guerre de Mithridate.*

N.B. : Certains verbes se construisent avec l'ablatif :

> **Utor libro :** *Je me sers d'un livre* (le dictionnaire, ici encore, précise la construction).

c. L'ablatif absolu

Il s'agit d'une proposition participiale, complément circonstanciel de temps, de cause, de condition ou d'opposition :

> | | SUJET À L'ABLATIF + PARTICIPE À L'ABLATIF | |
> |---|---|---|
> | | Cotta   expulso, | M. Tullius Cicero prima dolore percussus est. |
> | mot à mot : | Cotta   ayant été banni, | Cicéron éprouva son premier chagrin. |
> | ou bien : | À cause de l'exil de Cotta … | |
> | ou encore : | L'exil de Cotta provoqua le premier chagrin de Cicéron. | |

N.B. : Le verbe **sum** n'ayant pas de participe présent, on trouve des ablatifs absolus composés d'un sujet et d'un attribut (nom ou adjectif), tous deux à l'ablatif :

> ***Cicerone consule**, Catilina rei publicae periculum injecit :*
> *Cicéron étant consul, Catilina mit l'État en danger.*
> ou bien : *Lors du consulat de Cicéron…*

2. L'indicatif et le participe

Les temps de l'indicatif sont formés (à l'exception des temps du *perfectum* au passif) à partir de deux radicaux : le radical du présent (*infectum*, littéralement « non achevé ») et le radical du parfait (*perfectum*, littéralement « achevé »).

a. Radical du présent ou de l'*infectum*

Il s'obtient à partir des temps primitifs (cf. Chapitre 2).

▶ voco, *vocas*, *vocare* : radical **voca-**

Aux 3ᵉ et 4ᵉ conjugaisons, le radical est élargi par une voyelle de liaison dite « thématique », **e / i / u /**, pour former **le thème.**

▶ leg-**i** / t

– **Le présent** ne comporte pas de suffixe : on ajoute la désinence personnelle au radical ou au thème.

– **Pour former l'imparfait et le futur simple**, on intercale entre le radical ou le thème du présent et la désinence personnelle des **suffixes** spécifiques (cf. *Annexes*, p. 243 et suivantes).
N.B. : Certains verbes ont une conjugaison irrégulière (cf. *Annexes*, p. 244 et 250).

– **Pour former le participe présent**, on ajoute le suffixe **-nt-** au radical ou au thème du présent (cf. *Annexes*, p. 245 à 250).
▶ vocans, voca-*nt*-is : *appelant*
N.B. : Les verbes déponents forment leur participe présent (qui a un sens actif) de la même façon.

b. Radical du parfait ou du *perfectum*

On l'isole à partir de la première personne du parfait de l'indicatif : **voco, as, are, vocavi** en enlevant la désinence **-i**.

▶ vocavi > vocav-

Le parfait se caractérise par des désinences spécifiques. Sur ce radical, on forme le plus-que-parfait et le futur antérieur de l'indicatif actif à l'aide de suffixes spécifiques (cf. *Annexes*, p. 244 à 250).

c. Radical du supin

On l'isole en enlevant la désinence **-um** du supin.

▶ vocatum > vocat-

Sur ce radical on forme :
– le participe passé passif à l'aide des désinences des adjectifs de la 1ʳᵉ classe :
  ▶ **vocatum > vocatus, a, um** : *ayant été appelé*
  N.B. : Ce participe a un sens actif dans les verbes déponents.
  ▶ **secutus, a, um** : *ayant suivi*
– le participe futur actif à l'aide du suffixe **-ur-** :
  ▶ **vocatum > vocaturus, a, um** : *sur le point d'appeler*
  N.B. : Les verbes déponents forment le participe futur actif de la même façon :
  ▶ **secuturus, a, um** : *sur le point de suivre*

Pour toutes les formes de participes, cf. les *Annexes*, p. 244 à 250.

■ Vocabulaire et étymologie

I VOCABULAIRE

1. Révision des *Fundamenta*, p. 251
2. Vocabulaire des textes

Noms	
contio, onis, f. : *l'assemblée*	**doctrina, ae, f. :** *la théorie*
decus, oris, n. : *la décence, la beauté*	**exercitatio, onis, f. :** *l'exercice*
dignitas, atis, f. : *la dignité, le mérite*	**magistratus, us, m. :** *le magistrat*
disciplina, ae, f. : *l'enseignement, la discipline*	**magnitudo, inis, f. :** *la grandeur*
	meditatio, onis, f. : *la réflexion*

Adjectifs	Verbes
accuratus, a, um : *travaillé, élaboré* **acer, acris acre** : *aigu, fort* **contentus, a, um + Ab.** : *content de, se contentant de* **doctus, a um** : *savant* **vacuus, a, um** : *vide, exempt de (+ Ab.)*	**consulo, is, ere, ui, consultum** : *délibérer, consulter* **decet** : *il convient, il est convenable* **dedo, is ere, didi, ditum (se)** : *se livrer, s'adonner à* **disco, is, ere, didici, discitum** : *apprendre* **expello, is, ere, puli, pulsum** : *chasser, bannir, expulser* **habito, as, are, avi, atum** : *habiter, séjourner, être en permanence*
Mot invariable	**numero, as, are, avi, atum** : *compter, dénombrer, considérer* **percutio, is, ere, cussi, cussum** : *frapper, toucher* **retineo, es, ere, tinui, tentum** : *retenir*
nuper : *récemment*	

II ÉTYMOLOGIE : LA RACINE DE *doceo* ET DE *disco*

1. *Doceo*

– **Doceo, es, ere, docui, doctum** : *enseigner, apprendre aux autres,* fait partie des verbes fréquents.

– **Doceo** (< **decet** : *il convient, il est acceptable*) : *enseigner,* signifie au départ : *rendre acceptable* …

> document : *ce qui sert à instruire* (> documentaire, documentaliste, documentariste, documentation, documenter).

en espagnol :	*documento* : document
en italien :	*documenti* : les papiers d'identité et *il docente* : le professeur
en allemand :	*dozieren* : professer ; *dokumentieren* : documenter, attester
en anglais :	*document* : document…

– **Doctum** > **doctus, a, um** : *celui qui a été formé, qui sait, savant* > docte, doctement

> **doctor, oris, m.** : *celui qui enseigne, le maître* > docteur, doctorat, doctoresse

> **doctrina, ae, f.** : *ce qu'on enseigne, la matière* > doctrine, doctrinaire, doctrinal, endoctriner, endoctrinement

> **docilis, is, e** : *docile, celui à qui l'on peut enseigner facilement* …
> docilité, docilement

en espagnol :	*doctrinar* : enseigner et *doctor, doctoral* : savant, savamment ; *docil* : docile
en italien :	*dotto* : savant, *dottore* : docteur
en allemand :	*der Doktor* : docteur
en anglais :	*doctor* : docteur, savant

2. *Disco*

– **Disco, is, ere, didici** : *apprendre par soi-même* <***di-ds-sc-o** : il s'agit d'un redoublement de la consonne initiale : cf. grec *didasko (> didactique, autodidacte, didascalie, didacticiel).

Il s'oppose à **doceo** : *apprendre aux autres.*

– **Disco** > **discipulus, i, m.** : *celui qui étudie auprès d'un magister (un maître)* > disciple

> **disciplina, ae, f.** : *ce qu'on enseigne, discipline d'enseignement en particulier dans le domaine militaire…*

CHAPITRE 3 : *Un parcours exemplaire* | 37

EXERCICES

1. *Retrouvez l'origine des mots suivants et expliquez leur sens :*
didacticiel – discipline – doctrinaire – disciple – docile – disciplinaire – autodidacte – documentaliste.

2. *Traduisez, puis mettez au datif et à l'ablatif singuliers :*
haec dignitas – disciplina ea – quae exercitatio ? – ille magistratus – accuratus liber.

3. *Traduisez et mettez au datif et à l'ablatif pluriels :*
ille doctus orator – singularis magnitudo – quae disertae litterae ? – quod rude opus ! – accurata meditatio.

4. *Relevez les verbes du premier extrait* La valeur des exemples vivants *et conjuguez-les :*
a. à la 3e personne du singulier de l'imparfait et du futur simple de l'indicatif actif ;
b. à la 3e personne du pluriel du plus-que-parfait et du futur antérieur de l'indicatif.

5. *Mettez à la 2e et à la 3e personne du singulier de l'imparfait et du futur simple passifs :*
numero – habeo – expello – percutio – audio.

6. *Mettez au participe présent actif et au participe passé passif les verbes :*
deligo – habito – perficio – consulo.
Traduisez les formes obtenues.

7. *Analysez, après avoir recherché dans un dictionnaire :*
expulserunt – cognoscent – colebam – intelleges – gesserat – duxerit – cogitabunt – movebis.

8. *Identifiez les ablatifs absolus et traduisez les phrases suivantes :*
1. Principibus oratoribus magistratibus, M. Tullius Cicero in contionibus oratoriam artem discebat.
2. Orationibus fere cotidie auditis, sese exercebat.
3. C. Julio edile curuli, diserti oratores in rostris audiebantur.
4. Cotta expulso, Cicero tristis fuit.
5. Cicerone magistratus audiente, Romae civile bellum erat.

9. Version
Tum primum nos[1] ad causas et privatas **et** publicas adire[2] coepimus, **non ut**[3] in foro disceremus, **quod** plerique fecerunt, **sed ut**[3], **quantum** nos efficere potuissemus[4], docti in forum veniremus.

Itaque prima causa publica pro Sex. Roscio[5] dicta tantum commendationis habuit **ut non**[6] ulla esset **quae** non digna nostro patrocinio[7] videretur. Deinceps **inde** multae[8], **quas** nos diligenter elaboratas[9] et tamquam elucubratas afferebamus[10].

(Brutus, op. cit., 312.)

NOTES

1. Cicéron emploie le « pluriel de majesté » : il parle de lui au pluriel ; traduisez les 1res personnes du pluriel par des 1res personne du singulier
2. adire ad (+ Ac.) : *se charger de*
3. ut + subj. : *pour* (non ut ... sed ut ... : *non pour, mais pour ...*)
4. quantum nos efficere potuissemus : *autant que j'ai pu le faire (y arriver)* : se rapporte à docti. Cicéron veut dire qu'il a poussé autant qu'il a pu son niveau en éloquence avant de plaider « pour de bon ».
5. Pro Sex. Roscio : *il s'agit du plaidoyer intitulé :* Pour Sextius Roscius Amerinus *écrit en 80 avant J.-C. : Cicéron a osé défendre son client contre un partisan de Sylla, devenu le maître de Rome ; et il a gagné son procès*
6. tantum (+ G.) ... ut non ulla (causa) : *tant de ... qu'il n'y eut pas une seule cause qui ...*
7. patrocinium, ii, n. : *défense (en justice)* ; (se rattache à digna +Ab.)
8. multae (causae) : *quel verbe faut-il sous-entendre dans cette proposition ?*
9. elaboro, as, are, avi, atum : *travailler avec soin* ; elaboratas *et* elucubratas *se rapportent à* causas *(sous-entendu)*
10. affero= adfero, fers, ferre, -tuli, -latum : *apporter*

QUESTIONS

1. Repérez, analysez et traduisez les quatre verbes à l'indicatif dans le texte.

2. Traduisez en vous aidant des notes et de la typographie (les phrases minimales sont mises en caractères gras et les liens logiques en gras italique).

10. *Proposez une hypothèse sur le contenu du texte latin, extrait du* Brutus, *présenté alternativement en latin et en français, après avoir lu les parties traduites et répondu aux questions :*

Quibus[1] non **contentus** Rhodum veni me**que** ad eundem, **quem** Romae audiveram, Molonem applicavi, **cum**[2] actorem in veris causis scriptorem**que** praestantem, **tum**[2] in notandis animadvertendis**que** vitiis **et** in instituendo docendo**que**[3] prudentissimum.

J'avais alors un style surabondant et d'une exubérance débordante – intempérance de la jeunesse à qui tout est permis ; Molon s'appliqua et peut-être réussit-il à à réprimer cet excès et à endiguer, pour ainsi dire, le trop-plein de ce flot.

Ita recepi me biennio post non modo **exercitatior**, sed prope **mutatus**.
Ma voix n'avait plus d'éclats exagérés et mon style avait comme fini de bouillonner ; mes poumons s'étaient fortifiés et mon corps avait acquis un embonpoint raisonnable.
(*Brutus, op. cit.*, 316.)

QUESTIONS

1. Où Cicéron alla-t-il ? Qui rencontra-t-il ? Combien de temps son absence dura-t-elle ? Quels mots latins vous l'indiquent ?

2. Quelles étaient les caractéristiques du « style » de Cicéron avant son départ ? et à son retour ? Par quel mot du texte latin exprime-t-il cette transformation ?

11. Version

Traduisez les phrases en latin du texte de l'exercice 10 en tenant compte de la typographie (les phrases minimales sont en gras et les liens logiques en gras italique) et de ces notes :

NOTES

1. **quibus** : *ces professeurs, ces formateurs : complément de* **contentus, a, um** : *content de (Cicéron vient d'évoquer les maîtres qu'il a eus en Grèce).*
2. **cum ... tum** : *d'une part, d'autre part*
3. **in notandis ... docendoque** : *traduisez par : « pour reconnaître et remarquer les défauts et pour instruire et enseigner »*

12. Commentaire

Quelles ont été les deux dernières étapes de la formation de Cicéron d'après les textes des exercices 10 et 11 ?

13. Version

Les époques troublées favorisent l'épanouissement de l'éloquence
Magna eloquentia, sicut flamma, materia alitur et motibus excitatur et urendo[1] clarescit. Eadem ratio in nostra quoque civitate antiquorum eloquentiam provexit. Nam etsi horum[2] quoque temporum oratores ea consecuti sunt quae composita et quieta et beata re publica tribui fas erat, tamen illa[2] perturbatione ac licentia plura sibi adsequi videbantur[3], cum mixtis omnibus et moderatore uno carentibus[4] tantum quisque orator saperet[5] quantum[6] erranti[7] populo persuadere poterat.
(TACITE, *Dialogue des orateurs*, XXXVI, texte établi par H. Goelzer, Les Belles Lettres, Paris, C.U.F., 1985.)

NOTES

1. **urendo** : *« en brûlant »*
2. **horum temporum** *désigne l'époque de Tacite (« notre temps ») et s'oppose à* **illa perturbatione** *(« à l'époque troublée de nos ancêtres »)*
3. **videbantur** : *le sujet est les orateurs*
4. **mixtis (rebus) ... carentibus** : *ablatif absolu*
5. **saperet** : *avait du succès (dépend de* **cum***)*
6. **tantum ... quantum** : *autant que*
7. **erranti** : *se rapporte à* **populo** *(le peuple qui allait d'un orateur à un autre) : datif dépendant de* **persuadere**

QUESTION

Traduisez le texte en vous aidant des notes et du dictionnaire.

▼ *Cicéron, marbre romain, musée des Offices, Florence.*

La situation politique à Rome *de 106 à 79 avant J.-C.*

1 Marius

Cicéron est né en 106 avant J.-C., au moment où Caius Marius, issu du peuple, connaissait la gloire en Espagne, en Afrique, puis dans la plaine du Pô contre les Cimbres et les Teutons. Marius fut considéré comme le sauveur de l'Italie, réélu cinq fois consul à partir de 107 et son armée, réorganisée par ses soins, était très attachée à ce chef, qui s'engagea dans le parti populaire. Quand, en 100 avant J.-C., des troubles éclatèrent à Rome, Marius fut chargé de rétablir l'ordre, mais, devant les sanglantes batailles de rues, il quitta Rome.

2 La guerre « sociale » et l'ascension de Sylla

Cependant, en Italie, la guerre « sociale » (< *socii :* les alliés) éclata et ravagea le pays entre 90 et 86 avant J.-C. : les Italiens réclamaient par les armes le droit de cité, qu'ils finirent par obtenir. Tous les habitants de la péninsule porteraient le titre de citoyens romains ; cette guerre révéla un nouveau général, Cornélius Sylla, qui se fit, comme Marius, un nom dans l'armée.

En 88, il fut nommé consul, et partit combattre le roi du Pont, Mithridate, qui menaçait les conquêtes romaines orientales. Ambitieux et désireux de prendre le pouvoir par la force, et au mépris des institutions, il entra à Rome comme en pays conquis à la tête de ses six légions et accula Marius à la fuite.

3 La guerre civile et la lutte entre Marius et Sylla

Marius revint dès que Sylla fut reparti pour l'Orient, et dès lors commencèrent une série de massacres, celui des partisans de Sylla tout d'abord (même après la mort de Marius en 86).

Sylla rentra à Rome en 83, prit le pouvoir par la force et fit afficher une liste de « proscriptions » : 40 sénateurs, 1600 chevaliers, amis de Marius, étaient ainsi condamnés à être ruinés et tués. Ce fut alors une véritable curée, et Sylla se fit désigner en 82 comme dictateur : il gouvernait comme un roi et tenta d'entretenir sa popularité par diverses mesures jusqu'en 79, date à laquelle il abdiqua sans motif, permettant à la république de revivre. Cicéron évoque ces moments pénibles, et la difficulté qu'il y avait à parler sans risques à cette époque ; lui-même appartenait à l'ordre équestre (*equites*), cette classe moyenne qui s'était enrichie lors des conquêtes, et qui allait prendre de plus en plus d'influence, aux côtés de la noblesse sénatoriale.

◀ *Détail de la frise des magistrats municipaux conservée au musée du Vatican, Rome.*

Recherche

Retrouvez, dans les textes de Cicéron cités dans ce chapitre, des allusions à la situation politique évoquée ci-dessus.

L'apprentissage de la rhétorique à Rome

La rhétorique, ou art de bien parler, s'est développée dans les cités grecques, à Athènes en particulier, dans les tribunaux ou les assemblées du peuple, où tout le monde, théoriquement, pouvait prendre la parole ; à Rome, dans une république non démocratique, la parole en public est contrôlée avec soin... Les magistrats règlent les temps de parole et désignent les orateurs. La rhétorique, sous l'influence grecque, se développe cependant : elle est enseignée dans des écoles, souvent dirigées par des maîtres grecs qui prétendent former des hommes politiques. Rome a en effet adopté, à la fin de la République, le plan d'éducation proposé par la Grèce hellénistique.

Cicéron fait ses études à une époque charnière, car il a suivi, il nous le dit, les leçons des rhéteurs, il est même parti en Grèce pour parfaire sa technique, mais il s'est imposé également une formation plus pratique en écoutant les orateurs de son temps et en plaidant très jeune.

D'ailleurs, Tacite, pratiquement un siècle plus tard, opposera l'excellente formation de Cicéron à celle, lamentable, suivie par ses contemporains :

Ainsi donc, du temps de nos ancêtres, le jeune homme qui se destinait à l'éloquence judiciaire et politique, préalablement imprégné de l'éducation reçue à la maison, bien nourri des études dignes de son rang, était conduit, par son père ou par ses parents, à l'orateur qui était alors le plus en vue dans la cité.

Cet homme, il l'escortait, s'attachait à ses pas, il assistait à toutes ses prises de parole, que ce soit dans les procès ou dans les assemblées [...] : si je puis dire, c'est en pleine bataille qu'il apprenait à combattre.

[...] Mais aujourd'hui, nos petits jeunes gens sont conduits dans des écoles dont je ne saurais dire si c'est le lieu lui-même ou les condisciples, ou le genre des études qui nuisent le plus à leur intelligence.

TACITE, *Dialogue des orateurs*, XXXIV, texte établi et traduit par H. Goelzer, Les Belles Lettres, Paris, C.U.F., 1985.

De même Pétrone, à l'époque de Néron, critique les écoles de rhétorique :

L'école rend les enfants complètement idiots, si vous voulez mon avis, et pour la bonne raison que tout ce qu'on leur y fait entendre et voir n'a rien de commun avec la vie courante : il n'est question que de pirates dressés sur le rivage, leurs chaînes à la main, de tyrans qui rédigent des édits ordonnant aux fils de décapiter leurs pères, d'oracles qui demandent le sacrifice de trois vierges, ou plus, pour arrêter une épidémie, de la guimauve verbale. [...]

PÉTRONE, *Satiricon*, texte traduit par Alfred Arnout, Les Belles Lettres, Paris, C.U.F., 1923.

Questions

1. Que reprochent Tacite et Pétrone aux écoles de rhétorique, sous l'Empire ?
2. Quel a été l'avantage de la formation reçue par Cicéron et ses contemporains, d'après Tacite ?

Chapitre 4

Un bon comédien

Une solide formation littéraire, l'étude des anciens orateurs et surtout des modèles grecs ne suffisent pas à faire un bon orateur selon Cicéron. L'orateur est, avant tout, celui qui « agit » devant les autres, qui prononce un discours destiné à les faire réagir dans le sens qu'il souhaite ; à ce titre, il lui faut une grande science du geste adéquat et du ton de voix juste ; il doit être un bon acteur !

1 Comment faire basculer l'opinion ?

Le préteur Servius Galba, reniant la parole donnée, avait fait tuer des Lusitaniens (habitants de l'actuel Portugal) ; en 150 ou 149 avant J.-C., le tribun de la plèbe Lucius Libo en profite pour soulever le peuple et proposer une loi visant la personne de Galba. Le vieux Caton, peu de temps avant sa mort, se range aux côtés de Libo ; le procès a lieu, Galba se défend.

Tum igitur nihil recusans Galba pro sese et populi Romani fidem implorans[1], cum[2] suos pueros tum[2] C. Galli[3] etiam filium flens commendabat[4], cujus orbitas[5] et fletus mire miserabilis[6] fuit propter recen-
5 tem memoriam clarissimi patris ; isque se tum eripuit flamma, propter pueros misericordia[7] populi commota, sicut idem scriptum reliquit Cato[8].

NOTES

1. imploro, as, are, avi, atum : *invoquer avec des larmes*
2. cum ... tum : *d'une part, d'autre part*
3. C. Galli : *le fils orphelin de Caïus Gallus avait été recueilli par l'orateur Galba*
4. commendo, as, are, avi, atum : *confier, recommander*
5. orbitas, atis, f. : *l'état d'orphelin*
6. miserabilis, is, e : *digne de pitié, touchant*
7. misericordia, ae, f. : *la compassion, la pitié*
8. Cato, onis, m. : *il s'agit du « vieux » Caton, celui qui est évoqué au chapitre 2*

LIRE ET TRADUIRE

1. Relevez les noms et les groupes nominaux au génitif : quelle est leur fonction ?

2. Analysez la proposition *cujus orbitas* → *clarissimi patris* : à quel cas est le pronom relatif *cujus* ? Quel est son antécédent ?

3. Trouvez dans l'extrait un ablatif absolu et traduisez-le.

4. Traduisez ce texte.

5. Comment Galba réussit-il à se concilier la plèbe ? Que pensez-vous de ce procédé ?

◂ *Honoré Daumier (1808-1879) :* Le Défenseur, *musée d'Orsay, Paris.*

42 | Partie I — Séquence 2

2 Meilleur à l'oral qu'à l'écrit !

Brutus s'étonne de la puissance oratoire de Galba qu'il n'a pas vu transparaître dans ses discours. Cicéron lui explique alors que certains orateurs se soucient peu de laisser à la postérité la memoriam ingenii sui *(« le souvenir de leur talent ») soit par paresse, soit par indifférence ; peu d'entre eux, revenus du forum, s'enferment – comme il le fait régulièrement – et s'astreignent à écrire le discours qu'ils viennent de prononcer ! Quant à Galba, il était très doué* (peringeniosus), *mais pas suffisamment savant* (satis doctus) *pour bien écrire :*

Quem[1] fortasse vis non ingeni solum sed etiam animi et naturalis quidam dolor dicentem incendebat efficiebatque ut et incitata[2] et gravis et vehemens[3] esset oratio ;
5 dein cum otiosus[4] stilum[5] prehenderat[6] motusque omnis animi tamquam ventus hominem defecerat, flaccescebat[7] oratio.

NOTES
1. quem : *relatif de liaison* = eum (Galbam) enim
2. incitatus, a, um : *avec un mouvement rapide, impétueux*
3. vehemens, ntis : *emporté, passionné, véhément, énergique*
4. otiosus, a, um : *loin des affaires, au calme*
5. stilus, i, m. : *le stylet, le poinçon pour écrire*
6. prehendo (prendo), is, ere, di, sum : *saisir, prendre*
7. flaccesco, is, ere : *devenir mou, pendre mollement*

▲ *Orateur dictant un discours aux scribes, relief du IVe siècle provenant du temple d'Hercule, musée archéologique, Ostie.*

LIRE ET TRADUIRE

1. Analysez les mots *naturalis, omnis, vehemens* ; quelle est leur fonction ?
2. Traduisez ce texte.
3. Comment Cicéron explique-t-il que Galba ait pu avoir un tel impact sur les foules et nous laisser des écrits plutôt fades ?
4. À quoi Cicéron compare-t-il implicitement le discours *(oratio)* de Galba ? Vous pourrez vous appuyer sur son utilisation du mot *ventus* (le vent).

3 De l'action, encore de l'action, toujours de l'action !

Le bon orateur n'est pas celui qui n'aurait que des qualités littéraires (elegantia) *; il ne suffit pas de choisir avec exactitude ses mots, de les placer judicieusement, d'équilibrer ses phrases ; il faut encore prononcer correctement, intelligiblement et souligner les moments importants pour les auditeurs. Cette partie de l'art oratoire est l'*actio*. Selon Cicéron, l'un des plus brillants orateurs en ce domaine est celui dont, enfant encore, il écoutait, passionné, les discours sur le forum, Marc Antoine (143-87 avant J.-C.).*

Statue honorifique en bronze d'Aulus Metellus, vers 90 avant J.-C., musée archéologique, Florence.

Sed cum haec magna in Antonio[1], tum actio singularis ; quae si partienda[2] est in gestum atque vocem, gestus erat non verba exprimens, sed cum sententiis congruens : manus, humeri, latera, sup-
5 plosio pedis, status, incessus omnisque motus cum verbis sententiisque consentiens ; vox permanens, verum subrauca natura. Sed hoc vitium huic uni in bonum convertebat. Habebat enim flebile quiddam in questionibus aptumque cum ad fidem faciendam
10 tum ad misericordiam commovendam[3] ; ut verum videretur in hoc illud, quod Demosthenem ferunt ei, qui quaesivisset quid primum esset in dicendo, actionem, quid secundum, idem et idem tertium respondisse. Nulla res magis penetrat in animos
15 eosque fingit format flectit, talesque oratores videri facit, quales ipsi se videri volunt.

[...] ; ainsi on voyait en lui se justifier le mot de Démosthène, qui à la question « quelle est la première qualité de l'orateur ? » répondit « l'action », – « et la seconde ? » – « l'action » – « et la troisième ? » – « l'action ». L'action est en effet ce qui atteint le plus profondément les cœurs ; elle les prend, les pétrit, les plie à son gré. Elle fait que l'orateur paraît être ce qu'en effet il veut paraître.

Cicéron, *Brutus*, 90, 93, 141-142, texte établi et traduit par Jules Martha, Les Belles Lettres, Paris, C.U.F., 1966.

NOTES

1. Antonius, ii, m. : *Marc Antoine, l'orateur*
2. partienda est : *« doit être divisée »*
3. aptum ... cum ad fidem faciendam tum ad misericordiam commovendam : *« propre non seulement à inspirer la confiance, mais encore à exciter la pitié »*

LIRE ET TRADUIRE

1. Analysez la proposition *quod ferunt*, au début de la partie présentée en bilingue (l. 11) : quelle est sa nature ? Quelle est sa fonction ?

2. Traduisez le texte souligné.

3. Comment Cicéron subdivise-t-il l'*actio* ? Faites la liste de ce qui relève du *gestus*. Quelle est la meilleure traduction possible de ce mot et pourquoi ?

4. Quel est le défaut de la voix d'Antoine ? Et pourquoi ce défaut, selon Cicéron, devient-il justement sa qualité majeure ?

5. Quelles sont les qualités littéraires de ce passage ? Vous pourrez relever les effets de rythme, les parallélismes, les figures de style.

■ Grammaire : le groupe nominal et les expansions du nom

Lorsqu'on a repéré la construction de la phrase latine, on recherche tous les éléments qui viennent compléter les noms : déterminants, adjectifs, compléments du nom ou de l'adjectif (particulièrement ceux au génitif), propositions relatives.

I LE GÉNITIF

1. Morphologie (Cf. *Annexes*, p. 240.)

Rappelons que le génitif est systématiquement indiqué par le dictionnaire : pour les noms, c'est la seconde forme citée (généralement, on ne donne que la désinence) juste avant le genre : **causa, ae, f.** *(la cause)*. Si le génitif est toujours donné, c'est qu'il nous sert à reconnaître le modèle de déclinaison à utiliser et à identifier la partie du mot (le « radical ») constante tout au long de la déclinaison (en pratique, à partir de l'accusatif singulier) :

Génitif en	Déclinaison	Radical ou thème
-ae	1re déclinaison Modèle : **causa, ae, f.** : *la cause*	causa-
-i	2e déclinaison Modèles : **amicus, i, m.** : *l'ami* ; **bellum, i, n.** : *la guerre* **puer, pueri, m.** : *l'enfant* ; **ager, agri, m.** : *le champ*	amico-/e- bello-/e-
-is	3e déclinaison Modèles : **rex, regis, m.** : *le roi* ; **corpus, corporis, n.** : *le corps* **hostis, is, m.** : *l'ennemi* ; **mare, maris, n.** : *la mer*	reg- ; corpor- hosti- ; mari-
-us	4e déclinaison Modèles : **manus, us, f.** : *la main* **cornu, us, n.** : *la corne*	manu- cornu-
-ei	5e déclinaison Modèle : **res, rei, f.** : *la chose*	re-

Remarques

À la 3e déclinaison, tous les noms parisyllabiques (c'est-à-dire qui comptent le même nombre de syllabes au nominatif et au génitif) suivent la déclinaison de **hostis**.

Tous les noms imparisyllabiques (c'est-à-dire qui ne comptent pas le même nombre de syllabes au nominatif et au génitif) suivent la déclinaison de **rex** ainsi que les noms qui font référence à la « famille » : **pater, mater, frater, juvenis, senex, canis**.

Cependant les imparisyllabiques dont la désinence **-is** du génitif est immédiatement précédée de deux consonnes (on les nomme « faux imparisyllabiques ») suivent le modèle de **hostis**.

2. Syntaxe

Le génitif, dont le nom est dérivé de la racine ***gen-** qui marque l'origine, indique en latin l'origine et la détermination, ou la partition.

Le plus couramment, le complément au génitif est un « complément du nom » : il précise, détermine un autre nom, devant lequel il se place.

▶ **magistri liber** : *le livre du maître* ; **hostium metus** : *la peur des ennemis* (c'est-à-dire *la peur qu'éprouvent les ennemis* (génitif subjectif) – ou *la peur qu'inspirent les ennemis* (génitif objectif).

Il peut être partitif et indiquer le tout dont on prend une partie.

▶ **maxima pars militum** : *la plus grande partie des soldats.*

Il peut compléter un adjectif, un pronom, un verbe (ces constructions sont expliquées dans les dictionnaires).

▶ **gloriae avidus** : *avide de gloire* ; **nihil novi** : *rien de nouveau.*
Veterum oratorum memento : *Souviens-toi des orateurs anciens !*

Enfin, le verbe **sum** peut être construit avec un génitif ; il prend alors le sens de *être le propre de*.

▶ **Ridere hominis est** : *Rire est le propre de l'homme.*

CHAPITRE 4 : *Un bon comédien*

II L'ADJECTIF QUALIFICATIF

1. Morphologie (Cf. *Annexes*, p. 241.)

Les adjectifs qualificatifs latins se répartissent en deux classes.

Adjectifs de la 1re classe	Adjectifs de la 2e classe	
Ils suivent la 1re déclinaison au féminin et la 2e déclinaison au masculin et au neutre. **bonus, a, um** : *bon* **miser, misera, um** : *malheureux* **pulcher, pulchra, um** : *beau*	Ils suivent la 3e déclinaison.	
	comme : **rex / corpus**	comme : **hostis / mare**
	vetus, eris : *vieux*	**omnis, is, e** : *tout* **ingens, ntis** : *énorme* **felix, icis** : *heureux* **celer, celeris, e** : *rapide* RADICAL : **omni- / celeri-**
Le radical de l'adjectif se lit au N. f. singulier : **bon- / miser- / pulchr-**	Quand le G. singulier est indiqué, il donne le radical : **veter- / ingenti- / felici-**	

2. Syntaxe des adjectifs

Les adjectifs (et les participes employés comme adjectifs) s'accordent en genre, nombre et cas avec les noms auxquels ils se rapportent (qu'ils soient épithètes, attributs ou apposés).

▶ **Brutus *claros* oratores legit** : *Brutus lit les orateurs célèbres.*

Comme en français, l'adjectif peut se substantiver (c'est-à-dire remplacer un nom ou substantif).

▶ **boni, bonorum, m. pl.** : *les gens de bien.*

Au neutre, singulier ou pluriel, l'adjectif latin prend le sens d'un abstrait ; dans une traduction littérale, on ajoutera le mot « chose » avant de trouver une expression plus adéquate.

▶ **bonum** : *la chose bonne* → *le bien* ; **nova** : *les choses nouvelles* → *les nouveautés.*

III LA PROPOSITION SUBORDONNÉE RELATIVE

Pour la déclinaison du pronom relatif, reportez-vous aux *Annexes*, p. 241.

La proposition subordonnée relative apporte un complément d'information sur un nom ; son mode, en latin, est l'indicatif.

▶
[PROPOSITION PRINCIPALE]	[PROPOSITION SUBORDONNÉE RELATIVE]
C. Galli **filium** commendabat,	**cujus** orbitas et fletus miserabilis fuit.
ANTÉCÉDENT M. SING. C.O.D. ➤ AC.	PRONOM RELATIF M. SING. COMPLÉMENT DU NOM (**orbitas** et **fletus**) ➤ GÉNITIF
*Il leur recommandait le **fils** de Caius Gallus,*	***dont** l'état d'orphelin et les pleurs provoquèrent l'apitoiement.*

Il est très fréquent qu'un pronom relatif commence une phrase latine : il s'agit alors, la plupart du temps, d'un « relatif de liaison » qui se traduit par un mot de liaison et le démonstratif.

▶ ***Quam* orationem in *Origines* suas rettulit …** : *Et ce discours il l'inséra dans ses* Origines …
(CICÉRON, *Brutus*, XXIII, 89, à propos de Caton.)
***Quibus* rebus factis, …** : *Mais, après avoir fait cela …* (CÉSAR.)

Le français possède quelques survivances du relatif de liaison.

▶ « c'est pourquoi » (qui signifie en fait « c'est pour cela »), « après quoi » (= après cela).

■ Vocabulaire et étymologie

I VOCABULAIRE

1. Révision des *Fundamenta*, p. 251
2. Vocabulaire des textes

Noms
- **actio, onis, f.** : *(ici) l'action oratoire*
- **canis, is, m. (G. pl. : canum)** : *le chien*
- **dolor, oris, m.** : *la douleur, l'émotion*
- **fides, fidei, f.** : *la parole jurée, la foi, la confiance*
- **fletus, us, m.** : *le fait de pleurer, les pleurs*
  - (< **fleo, es, ere, flevi, fletum** : *pleurer*)
- **(h)umerus, i, m.** : *l'épaule*
- **latus, lateris, n.** : *le côté, le poumon*
- **memoria, ae, f.** : *la mémoire, le souvenir*
- **motus, us, m.** : *le mouvement*
- **officium, ii, n.** : *la tâche*
- **senex, senis, m. (G. pl. : senum)** : *le vieillard*
- **status, us, m.** : *la manière de se tenir, l'attitude*
- **vitium, ii, n.** : *le défaut, le vice*

Adjectifs
- **recens, ntis** : *frais, jeune, récent, nouveau*
- **mirus, a, um** : *étonnant, admirable*
  - > **mire** *(adverbe)* : *admirablement, étonnamment*
- **aptus, a, um (ad + Ac.)** : *attaché à, approprié*
- **modicus, a, um** : *mesuré, modéré*

Mots invariables
- **sicut** : *comme*
- **fortasse** : *peut-être*
- **non solum (tantum / modo) ... , sed (etiam) ...** : *non seulement ... , mais encore ...*

Verbes
- **ago (is, ere, egi, actum) fabulam** : *jouer une pièce*
  - > **agere partes** : *jouer un rôle*
  - > **agere causam** : *plaider une cause*
  - > **agere vitam** : *passer sa vie, vivre*
- **commoveo, es, ere, commovi, commotum** : *remuer*
- **deficio, is, ere, defeci, defectum** : *cesser, manquer*
- **eripio, is, ere, eripui, ereptum** : *arracher*
- **exprimo, is, ere, expressi, expressum** : *exprimer, faire sortir*
- **fingo, is, ere, finxi, fictum** : *modeler, imaginer*
- **incendo, is, ere, incendi, incensum** : *enflammer*
- **maneo, es, ere, mansi, mansum** : *rester* → **permaneo**

II ÉTYMOLOGIE : LA RACINE DE *actio* ET DE *ago*

Le mot **actio** désigne, chez Cicéron, la voix et les gestes de l'orateur. Ce mot est formé du radical **ac-** et du suffixe féminin **-tio, tionis**. Ce suffixe sert à former, à partir de radicaux verbaux, des noms d'action.

Le radical **ac-** est celui du verbe **ago**, l'un des verbes les plus polysémiques du latin. Il est passé en français sous la forme *agir*.

Voici les principaux sens du verbe latin :

1. En premier vient l'idée de *mettre en mouvement* ; le verbe prend alors les sens de *faire avancer, pousser*.
2. Le deuxième grand sens est *faire* : le verbe peut alors être utilisé avec un C.O.D. ; utilisé de façon absolue, il signifie *être actif, agir*.
3. Le troisième sens est *exprimer* : **agere fabulam** *(jouer une pièce)* ; **agere causam** *(plaider une cause)* ; **agere contra aliquem / cum aliquo** *(intenter un procès à qqn)* ; **agere** sans complément *(plaider)*.
4. Le dernier sens est *passer* (la vie, le temps) : **vitam agere, pacem agere** *(être en paix)*.

En rhétorique, le mot **actio** se rattache au troisième sens du verbe ; il s'agit de la manière de « jouer » le discours, d'utiliser toutes les possibilités de l'art dramatique pour susciter chez les auditeurs des sentiments favorables à l'accusé.

EXERCICES

1. Expliquez la formation et le sens des mots suivants, à partir des verbes latins dont ils sont issus :

commotion – déréliction – défection – expression – translation – question – fiction.

2. En utilisant un dictionnaire, vous donnerez le supin des verbes suivants. Puis, vous indiquerez le nom dérivé français en -tion / -sion et vous rechercherez le sens de ce nom :

cedo – gero – nosco – premo – solvo – trado – traho – verto – accipio – excipio – facio – recipio – audio – invenio.

3. Même exercice pour les verbes suivants :

cogito – do – muto – nego – sto – voco – moveo – video – dico – mitto – peto – pono.

4. Classez les mots suivants selon la déclinaison à laquelle ils appartiennent, puis recherchez leur sens :

turba, ae, f. – caput, capitis, n. – verbum, i, n. – exercitus, us, m. – dies, diei, m. ou f. – usus, us, m. – spes, spei, f. – fatum, i, n. – juvenis, is, m. – cura, ae, f.

5. Trouvez les génitifs singulier et pluriel des mots suivants, présentez-les comme dans le dictionnaire avec leur sens et dites quel est leur modèle de déclinaison :

vir – puer – pater – magister – mater – genus – servus – arma – copia – castra.

6. Récrivez ces mots comme dans le dictionnaire avec l'indication de leur sens essentiel, puis donnez leur génitif pluriel :

rex – senex – urbs – civis – frater – juvenis – voluptas – actio – mos – clades.

7. Vous rechercherez le sens des adjectifs suivants et donnerez leurs génitifs singulier et pluriel aux trois genres :

magnus, a, um – ingens, entis – novus, a, um – levis, is, e – vetus, veteris – gravis, is, e – audax, audacis – laetus, a, um – tristis, is, e – dives, divitis.

8. Complétez les phrases suivantes à l'aide d'un pronom relatif à la forme convenable :

1. Canis … videramus currentem in viis Ciceronis domo fugerat.
2. Equi … aquam dedistis nunc in pratis laeti currunt.
3. Tiro … dominus Cicero erat clarus est propter notas suas.
4. Cicero … multas habuit orationes semper laboravit ut melior fiat.
5. Illis temporibus … Roma floruit, forum quotidie optimorum oratorum orationibus resonabat.

9. Version

À la demande de Brutus, Cicéron a écrit un autre discours, l'Orator, *dans lequel il explique à son disciple ce qu'est l'art oratoire. Il y donne une autre définition de l'*actio :

Quo modo autem dicatur, id est in duobus, in agendo et in eloquendo. Est enim actio quasi corporis quaedam eloquentia, cum[1] constet[2] e voce atque motu. Vocis mutationes[3] totidem[4] sunt quot animorum, qui maxime voce commoventur. […] Nam et infantes actionis dignitate eloquentiae saepe fructum tulerunt et diserti deformitate agendi multi infantes putati sunt ; ut[5] jam non sine causa Demosthenes tribuerit et primas[6] et secundas et tertias actioni ; si enim eloquentia nulla sine hac, haec autem sine eloquentia tanta[7] est, certe plurimum in dicendo potest. Volet igitur ille qui eloquentiae principatum[8] petet et contenta[9] voce atrociter[10] dicere et summissa[11] leniter et inclinata[12] videri gravis et inflexa[13] miserabilis[14] ; mira est enim quaedam natura vocis, cujûs quidem e tribus omnino sonis, inflexo acuto gravi, tanta sit et tam suavis varietas perfecta in cantibus.

(Cicéron, *Orator*, § 55-57, texte établi par E. Courbaud, Les Belles Lettres, Paris, C.U.F., 1967.)

Traduction

Or, on parle de deux façons, qui sont l'action et l'élocution. […]

Le fait est que même les bébés recueillent souvent les bénéfices de l'éloquence grâce à la noblesse de leurs attitudes et bien des bébés passent pour expressifs malgré la pauvreté de leurs agissements. […] et il est certain que, lorsqu'il s'agit de parler, elle a la plus grande importance. […] la voix possède une sorte de nature étonnante, elle qui, formée en tout de trois sons, le plaintif, l'aigu et le grave, présente une si importante et si douce variété dans ses accents quand elle a été travaillée.

NOTES

1. cum + subjonctif : *puisque*
2. consto, as, are, constiti : *être constitué*
3. mutatio, onis, f. : *variation*
4. totidem … quot : *autant … que, aussi nombreux que*
5. ut + subjonctif : *si bien que*
6. tribuere primas (*sous-entendu* partes) alicui : *attribuer le premier rôle à qqn*
7. tanta : *si importante*
8. eloquentiae principatum : *la suprématie dans l'éloquence*
9. contentus, a, um : *tendu, fortement appliqué, fort*
10. atrociter : *de manière cruelle*
11. summissus, a, um : *modéré*

12. **inclinata** (voce) : « *avec des inflexions de voix* »
13. **inflexa** (voce) : « *avec une intonation plaintive* »
14. **volet ... miserabilis** : *à construire ainsi :* ille igitur, qui eloquentiae principatum petet, volet et contenta voce atrociter dicere, et summissa (voce) leniter (dicere), et inclinata (voce) videri gravis, et inflexa (voce) (videri) miserabilis.

QUESTIONS

1. Traduisez la courte définition que Cicéron donne de l'*actio* au début du texte. Correspond-elle à celle que nous avons lue dans le troisième extrait consacré à Antoine, p. 44 ?
2. Repérez, dans le texte, les pronoms relatifs et analysez-les précisément.
3. Retrouvez le sens premier du mot *infans* (l. 5) et expliquez la traduction qui vous est proposée de la phrase.
4. Traduisez les passages du texte soulignés en vous aidant des notes.
5. Quand vous aurez traduit le texte, vous le comparerez à celui consacré à Antoine, p. 44.

10. Version

Les réactions du public

Tu artifex quid quaeris amplius¹ ? delectatur audiens multitudo et ducitur oratione et quasi voluptate quadam perfunditur : quid habes quod² disputes ? gaudet dolet³, ridet plorat, favet odit, contemnit invidet, ad misericordiam inducitur ad pudendum ad pigendum⁴ ; irascitur miratur sperat timet ; haec perinde accidunt ut eorum qui adsunt mentes verbis et sententiis et actione tractantur⁵ ; quid est quod⁶ exspectetur docti alicujus sententia ? quod enim probat multitudo, hoc idem doctis probandum est⁷. Denique hoc specimen est popularis judici, in quo numquam fuit populo cum doctis intellegentibusque dissensio.

(CICÉRON, *Brutus,* 188, texte établi par J. Martha, Les Belles Lettres, Paris, C.U.F., 1966.)

NOTES

1. **quid ... amplius ?** : *quoi de plus ?*
2. **quid (habeo) quod + subjonctif** : *quelle raison (aurais-je) de ... ?*
3. **gaudet ... timet** : *tous ces verbes ont pour sujet* multitudo
4. **ad pudendum ad pigendum** : *à avoir honte, à se repentir*
5. **perinde ... ut ... tractantur** : *exactement comme les paroles, les pensées et la mise en scène influencent les esprits de l'auditoire*
6. **quid est quod + subjonctif** : *quelle raison y a-t-il pour que ?*
7. **doctis probandum est** : « *doit être éprouvé par les savants* »

QUESTIONS

1. Quelle catégorie de mots est la plus représentée dans ce texte ? Est-ce habituel ?
2. La deuxième personne représente Brutus à qui Cicéron s'adresse ici. Quelles objections Cicéron prévient-il ?
3. À quelle voix sont les verbes *delectatur, ducitur, perfunditur* ? comment l'expliquer ?
4. Traduisez le texte.

11. Version

Que doit faire un bon orateur ?

Erit igitur eloquens – hunc enim auctore Antonio¹ quaerimus – is qui in foro causisque civilibus² ita dicet, ut probet, ut delectet, ut flectat. Probare necessitatis est, delectare suavitatis, flectere victoriae : nam id unum ex omnibus ad obtinendas causas potest plurimum³. Sed quot⁴ officia oratoris, tot sunt genera dicendi⁵ : subtile in probando, modicum in delectando, vehemens in flectendo⁶ ; in quo uno vis omnis⁷ oratoris est. Magni igitur judici, summae etiam facultatis esse debebit⁸ moderator⁹ ille et quasi temperator¹⁰ hujus tripertitae¹¹ varietatis ; nam et judicabit quid cuique¹² opus sit et poterit quocumque modo postulabit causa¹³ dicere.

(CICÉRON, *Orator, op. cit.*, § 69-70.)

NOTES

1. **auctore Antonio** : « *avec pour garant Antoine* »
2. **causa civilis** : *une affaire privée*
3. **ad obtinendas causas potest plurimum** : « *a le plus grand pouvoir pour gagner les causes* »
4. **quot ... tot** : *autant ... autant*
5. **genera dicendi** : « *les sortes de discours* »
6. **in probando, in delectando, in flectendo** : « *quand il s'agit de prouver, de charmer, de convaincre* »
7. **omnis** *se rapporte à* vis
8. **magni judici ... esse debebit** : *litt.* : « *il devra être d'un grand jugement* » → *il devra posséder un grand jugement*
9. **moderator, oris, m.** : *celui qui règle*
10. **temperator, oris, m.** : *celui qui dose*
11. **tripertitus, a, um** : *tripartite, en trois parties*
12. **cuique** : *pour chacun / pour chaque chose*
13. **causa** *est le sujet de* postulabit

QUESTIONS

1. Relevez les pronoms relatifs et analysez-les précisément.
2. Relevez les génitifs du texte et expliquez leur emploi.
3. Quels sont les trois buts que doit poursuivre l'orateur *eloquens* ? Expliquez le sens de chacun des verbes qu'utilise Cicéron.
4. D'après le texte, toutes les causes peuvent-elles être menées de la même façon ?
5. Quel est l'élément décisif pour gagner un procès selon Cicéron ?
6. Traduisez le texte.

CHAPITRE 4 : *Un bon comédien*

1. Les procédés de la rhétorique

Cicéron a souvent expliqué que l'éloquence avait un but très pratique, celui de persuader l'auditoire et de le faire aller dans le sens que l'orateur souhaite. Pour y parvenir, elle se sert de plusieurs moyens : elle s'adresse à l'intelligence du public et l'instruit, elle agit sur sa sensibilité en tâchant de l'enjôler et en le touchant.

Dans l'*Orator* (cf. version 11), Cicéron emploie de façon absolue trois verbes d'action pour décrire les intentions de l'orateur :
– *probare* (rendre croyable),
– *delectare* (charmer),
– *flectere* (courber, plier, fléchir, émouvoir) ;
alors même qu'en prose latine les métaphores sont assez rares, on peut être étonné de la force expressive de ce dernier verbe : on a le sentiment que le travail de l'orateur est de faire plier son auditoire.

Ces trois moyens de persuasion correspondent à trois styles :
« simple » (Cicéron l'utilise surtout dans son argumentation et dans la narration des faits),
« tempéré » (dans l'exorde),
« sublime » (dans les moments pathétiques et la péroraison).

Le style simple comporte des phrases courtes et vives.

Les styles tempéré et sublime réclament une phrase longue au rythme plus lent, **la période**. Cette phrase, qui se déroule en de nombreuses propositions, est marquée par un certain nombre de figures de style :
– des antithèses (oppositions),
– des assonances (retour des mêmes sonorités),
– des anaphores (répétitions) …

La période possède un caractère musical que renforce encore l'utilisation fréquente du rythme ternaire (les éléments vont par trois : trois mots à peu près synonymes avec une légère gradation ; trois groupes de mots, trois propositions, par exemple).

Cicéron soigne la fin de sa période qui possède souvent une structure métrique particulière : on parle de « clausules » pour désigner ces fins de phrases rythmées.

La plus connue des clausules cicéroniennes est formée de deux mètres, un péon premier [une syllabe longue suivie de trois brèves] et un spondée [deux longues] ou un trochée [une longue, une brève] :
‒ ⏑ ⏑ ⏑ / = ‒ ⏑ .

L'exemple le plus fréquent est :
ēssĕ vĭdĕātūr.

Buste de Brutus, ▶
musée des Conservateurs, Rome.

2. La manie des procès

Le vieux Chéricléon a une manie, celle de juger. Son fils Vomicléon, ne parvenant pas à le raisonner, a essayé de le tenir enfermé. Le stratagème a échoué, Chéricléon s'est échappé avec ses compagnons, « les Guêpes », des vieillards passionnés par la chicane comme lui et déguisés en guêpes, arborant un magnifique dard au bout de leur costume. Rattrapé, le père est à nouveau enfermé, mais on lui promet de lui donner à juger des causes domestiques. Or, le chien Brigand vient de voler un fromage ; le tribunal est disposé : Chéricléon en est le juge, le chien Cabot est l'accusateur de Brigand et Brigand, incapable de se défendre lui-même, est suppléé dans cette tâche par Vomicléon.

CHÉRICLÉON – Il appert qu'il ne sait pas quoi dire, celui-là !

VOMICLÉON – Mais non. À mon avis, c'est le trac : c'est arrivé une fois à Thucydide qui était accusé : attaque de paralysie maxillaire. *(À Brigand.)* Ôte-toi de là, veux-tu ? C'est moi qui prendrai ta défense.

Rôle difficile, Messieurs, que d'avoir à répondre à une diffamation ... cynique, quand c'est un chien qu'il faut défendre. Je parlerai pourtant : car il s'agit d'un bon serviteur, qui chasse bien les loups !

CHÉRICLÉON – Lui ? Mais c'est un voleur et un conspirateur !

VOMICLÉON – Que non ! C'est le meilleur de tous les chiens de ce temps ; il est capable de prendre en charge des foules de moutons.

CHÉRICLÉON – À quoi est-il bon, puisqu'il dévore le fromage ?

VOMICLÉON – À quoi ? Il bataille pour te défendre, il garde ta porte, etc. Il n'y a pas de meilleur que lui. S'il a fait un larcin, pardonne-lui : c'est qu'il ne connaît pas la musique...

CHÉRICLÉON – Moi j'aurais préféré qu'il ne connaisse pas seulement ses lettres : il ne nous aurait pas friponné en rédigeant son rapport !

VOMICLÉON – Eh bien, mon bon, écoute mes témoins ! Larâpe[1], monte à la barre, et parle bien fort. C'est toi qui avais la haute main sur les subsistances ; réponds à haute et intelligible voix : ce que tu avais reçu pour les soldats, est-ce qu'il l'a rapiné ? *(Larâpe fait signe que non.)*

Il a dit qu'il n'a pas rapiné.

CHÉRICLÉON – C'est un faux témoin.

VOMICLÉON – Allons, mon bon, pitié pour l'infortuné ! Le pauvre Brigand, vois, il n'a que des têtes de poisson à manger, et les arêtes ! et toujours il est sur la brèche ! *(Montrant Cabot.)* L'autre, tel que vous le voyez, reste à la niche, un point c'est tout. Il ne bouge pas d'ici, et tout ce qui entre dans la maison il en réclame sa part ; ou sinon il mord !

CHÉRICLÉON – Diable, diable ! Qu'est-ce qui m'arrive ? Je me sens mollir ! Je suis malade ! Une faiblesse rôde en tapinois pour brouiller ma conviction.

VOMICLÉON *(redoublant d'instance)* – Allons, je t'en supplie, père ! prenez pitié de lui ! qu'il échappe à sa perte ! Où est sa petite famille ? *(Entrent deux ou trois petits chiens, en jappant et gémissant.)*

Montez ici pauvres infortunés, et jappez et geignez, et priez et pleurez !

CHÉRICLÉON *(pleurant avec eux)* – Assez, assez plaidé, assez !

En fait, Chéricléon pleure à cause d'une purée de lentilles mal digérée ; il se ravise et son fils doit utiliser une ruse pour lui faire voter l'acquittement du chien.

ARISTOPHANE, *Les Guêpes,* vers 945-979, traduction de V.-H. Debidour, Gallimard et Librairie Générale de France, 1965.

NOTE

1. Larâpe : *Vomicléon fait comparaître comme témoins des ustensiles de cuisine, ici, une « râpe »*

Questions

1. Faites une recherche sur Aristophane et sur les pièces qu'il a écrites (sujets traités, forme de comique préférée, rôle politique des comédies).
2. Dans cette scène, le défenseur se sert de plusieurs moyens pour faire basculer la décision de Chéricléon en faveur du chien Brigand : quels sont ces moyens ?
3. Que vous rappelle l'entrée des chiots ?
4. Cette scène – et le thème entier des Guêpes – ont inspiré Racine pour sa comédie des Plaideurs (1668). Recherchez, dans la pièce française, la scène du procès du chien Citron et comparez-la à la scène d'Aristophane.

Chapitre 5

Un honnête homme

Pour former un bon orateur, les talents du comédien ne suffisent pas. Il faut en effet composer son discours, ce qui exige des qualités intellectuelles et morales. Selon Cicéron, la meilleure discipline qui permette de les acquérir est la philosophie. Nous avons vu, au chapitre 1, qu'il s'inspire de Platon pour écrire le *Brutus* ; il reconnaît aussi sa dette envers Socrate, le maître de Platon, et sa méthode philosophique appelée la « dialectique ».

1 Socrate s'intéresse à l'homme et non à la nature

Voici comment Cicéron présente Socrate à ses amis dans le Brutus :

Hujus ex uberrimis[1] sermonibus exstiterunt[2] doctissimi viri primumque tum philosophia, non illa de natura, quae fuerat antiquior, sed haec, in qua de bonis rebus et malis, deque hominum vita et moribus disputatur, inventa dicitur[3].

NOTES

1. uber, era, erum : *fécond, riche*
2. exsisto, is, ere, stiti : *sortir, apparaître*
3. philosophia inventa (esse) dicitur : « *on dit que la philosophie a été trouvée* »

LIRE ET TRADUIRE

1. Dans cette phrase, repérez et traduisez : l'expression de l'opposition ; les comparatifs et les superlatifs. Puis traduisez cette phrase à l'aide des notes.
2. Quelle est, pour Cicéron, la véritable philosophie ?

◂ *Socrate, marbre du IVe siècle avant J.-C., musée national des Thermes, Rome.*

▲ *L'école de Platon, mosaïque romaine provenant de Pompéi, musée archéologique national, Naples.*

2 L'ironie de Socrate

Atticus intervient plus loin dans le dialogue pour préciser en quoi consiste la méthode de Socrate.

Ego, inquit, <u>ironiam illam quam in Socrate</u> dicunt <u>fuisse</u>, quae ille in Platonis et Xenophontis et Aeschini libris utitur, <u>facetam et elegantem</u> puto. Est enim et minime inepti hominis et ejusdem etiam
5 faceti, cum de sapientia disceptetur, <u>hanc sibi ipsum detrahere, eis tribuere illudentem</u> qui eam sibi adrogant ; ut apud Platonem Socrates in caelum effert laudibus Protagoram, Hippiam, Prodicum, Gorgiam, ceteros, se autem omnium rerum inscium fingit et
10 rudem. Decet hoc nescio quomodo illum, nec Epicuro, qui id reprendit, assentior.

Pour moi, dit-il, je trouve <u>que cette fameuse ironie, dont on dit qu'elle était particulière à Socrate</u>, et dont il use dans les livres de Platon, de Xénophon et d'Eschine, <u>est spirituelle et élégante</u>. C'est en effet par un procédé non dépourvu d'astuce, et même spirituel, lorsqu'on discute sur la sagesse, <u>qu'il se la refuse à lui-même et l'attribue en plaisantant à ceux</u> qui se l'arrogent ; ainsi, chez Platon, Socrate porte aux nues par ses éloges Protagoras, Hippias, Prodicos, Gorgias, et les autres, tandis qu'il se fabrique un personnage totalement ignare et naïf. Ce procédé a un je ne sais quoi de charmant, et je n'approuve pas Épicure, qui le lui reproche.

LIRE ET TRADUIRE

1. Comment pourrait-on définir l'ironie de Socrate ? Citez en latin et en français les termes utilisés.
2. Certaines propositions latines et leur traduction française ont été soulignées. Comment se nomment ces propositions en français ? Quelles caractéristiques présentent-elles en latin ?

▲ *J.-L. David (1748-1825)* : La Mort de Socrate, *Metropolitan Museum of Arts, New York.*

3 L'ORATEUR DOIT ÊTRE UN PHILOSOPHE

Au cours du dialogue, Cicéron exprime son admiration pour un orateur de son temps appelé Servius Sulpicius, qui a été son condisciple. Il le juge supérieur à un autre orateur de l'époque que Brutus admire beaucoup, Quintus Scaevola. Voici pour quelles raisons.

Hic Brutus : – Ain tu ? inquit, etiamne Q. Scaevolae Servium nostrum anteponis ?
– Sic enim, inquam, Brute, existimo **juris civilis magnum usum et apud Scaevolam et apud multos**
5 **fuisse, artem in hoc uno**[1] ; quod numquam effecisset ipsius juris scientia, nisi eam praeterea didicisset artem quae doceret rem universam tribuere in partes, latentem explicare definiendo, obscuram explanare interpretando, ambigua primum videre,
10 deinde distinguere, postremo habere regulam, qua vera et falsa judicarentur et quae quibus propositis essent quaeque non essent consequentia.
Hic enim attulit hanc artem omnium artium maximam quasi lucem ad ea quae[2] confuse ab aliis aut
15 respondebantur aut agebantur.
– Dialecticam mihi videris dicere, inquit.
– Recte, inquam, intellegis ; sed adjunxit etiam et litterarum scientiam et loquendi elegantiam, quae ex scriptis ejus, quorum similia nulla sunt, facillime
20 perspici potest.

Alors Brutus : – Quoi, dit-il, tu mets notre ami Servius même au-dessus de Quintus Scaevola ?
– [...] et il n'y serait jamais parvenu par la simple connaissance du droit, s'il n'avait pas étudié auparavant une théorie qui enseigne à diviser un ensemble en différentes parties, à dégager par une définition un sens caché, à expliquer par l'interprétation une idée obscure, à voir, puis à résoudre les ambiguïtés, enfin à posséder une règle grâce à laquelle on distingue le vrai du faux, et les propositions dont on peut ou dont on ne peut pas tirer les conséquences.
[...]
– Tu as raison, dis-je ; mais Sulpicius y a ajouté la connaissance de la littérature et l'élégance du style, que l'on peut très facilement percevoir dans ses écrits, auxquels rien ne ressemble.

Cicéron, *Brutus*, 31, 292, 152, texte établi et traduit par J. Martha, Les Belles Lettres, Paris, C.U.F., 1966.

NOTES

1. in hoc uno : « *chez celui-ci seulement* » (= Quintus Scaevola)
2. ad ea quae : *traduisez par :* « *dans les questions qui* »

LIRE ET TRADUIRE

1. Repérez la proposition mise en caractères gras ; par quelle conjonction devra-t-elle être introduite dans la traduction française ?

2. Après avoir repéré comment est traduit le mot *artem* à la ligne 7, traduisez les phrases soulignées à l'aide des notes et du dictionnaire.

Grammaire : l'expression du jugement

I. ADVERBES DE MANIÈRE

Les adverbes de manière se forment à partir du radical des adjectifs de la façon suivante :

Adjectifs de la 1re classe	Adjectifs de la 2e classe
Radical de l'adjectif + **e**	Radical de l'adjectif + **(i)ter**
▶ long-us → long**e** pulcher, fém. pulchr-a → pulchr**e**	▶ fort-is → fort-**iter** felix, gén., felic-is → felic-**iter**

Il existe quelques exceptions, par exemple :
bonus → **bene,** *bien*
facilis → **facile,** *facilement*

II. COMPARATIFS ET SUPERLATIFS

1. Comparatifs

a. Les comparatifs des adjectifs

Ils se forment, soit comme en français à l'aide d'un adverbe, soit avec un suffixe :

▶ comparatif d'infériorité : **minus doctus** : *moins savant*
comparatif d'égalité : **tam doctus** : *aussi savant*
comparatif de supériorité : **doct- ior, ior, ius, G. doctioris** : *plus savant*

Il existe des comparatifs irréguliers (cf. *Fundamenta,* p. 256).

b. Les comparatifs des adverbes de manière

Le comparatif de supériorité de l'adverbe est identique au comparatif de l'adjectif au neutre.

▶ **docte** : *savamment* ➤ **doctius** : *plus savamment*

c. Complément du comparatif

Le complément du comparatif peut être : – à l'ablatif
– précédé de **quam** + le cas du comparé.

▶ **Paulus doctior est** { **fratre** : *Paul est plus savant que son frère.*
{ **quam frater** (au nominatif comme **Paulus**)

Si le comparatif n'a pas de complément, on le traduit à l'aide des adverbes *assez* ou *trop*.

▶ **Paulus doctior est :** *Paul est assez savant, trop savant.*

2. Superlatifs

a. Les superlatifs des adjectifs

Ils se forment soit, comme en français, à l'aide d'un adverbe, soit avec un suffixe.

▶ superlatif d'infériorité : **minime doctus** : *le moins savant*
superlatif de supériorité : **doct-issimus, a, um** : *le plus savant, très savant*

Les adjectifs en **-er** ont un superlatif en **-errimus.**

▶ **miser,** *malheureux* ➤ **miserrimus, a, um** : *le plus malheureux, très malheureux*

Certains adjectifs en **-ilis** ont un superlatif en **-illimus** (le dictionnaire l'indique).

▶ **facilis, is, e :** *facile* ➤ **facillimus, a, um** : *le plus facile, très facile*

Il existe des superlatifs irréguliers (cf. *Fundamenta,* p. 256).

CHAPITRE 5 : *Un honnête homme*

ÉTUDE DE LA LANGUE

b. Les superlatifs des adverbes

Ils se forment à l'aide d'un adverbe, ou à l'aide du suffixe **-e** ajouté au radical du superlatif.

▶ **minime docte** : *le moins savamment*
doctissim-e : *le plus savamment, très savamment*

c. Le complément du superlatif

Il est au génitif pluriel ou à l'ablatif précédé de **e / ex**.

▶ **Paulus doctissimus est** { **omnium discipulorum** : *Paul est le plus savant de tous les élèves.*
ex omnibus discipulis }

Quand le superlatif n'a pas de complément, on le traduit en français par le superlatif absolu.

▶ **Paulus doctissimus est** : *Paul est très savant.*

III LA PROPOSITION INFINITIVE

1. Revoir les infinitifs présents, passés, futurs à l'actif et au passif (p. 244 à p. 250)

2. La proposition infinitive

Après les verbes signifiant *dire, penser, savoir,* et aussi les verbes **jubeo** et **volo**, le latin utilise la proposition infinitive, qui correspond en français à la proposition complétive introduite par *que*. Elle sert à rapporter des paroles ou des informations, ou encore à exprimer une opinion.
Les formes **dicunt, narrant, tradunt**, … se traduisent habituellement par *on dit, on raconte, on rapporte*, …

Règles de la proposition infinitive

1. Son sujet est à l'accusatif, ainsi que tous les mots qui s'y rapportent.
2. Son verbe est à l'infinitif :
   – présent si les actions des propositions sont simultanées,
   – passé si l'action de l'infinitive est antérieure à celle de la principale,
   – futur si l'action de l'infinitive est postérieure à celle de la principale.

▶ **Puto Ciceronem magnum oratorem esse** : *Je pense que Cicéron est un grand orateur.*
Puto Ciceronem magnum oratorem fuisse : *Je pense que Cicéron a été un grand orateur.*
Puto Ciceronem magnum oratorem futurum esse : *Je pense que Cicéron sera un grand orateur.*

Remarque

Avec certains verbes impersonnels (par exemple **videtur**, *il semble*), le sujet de l'infinitif peut être au nominatif : il est en effet le sujet réel du verbe impersonnel.

▶ **Mihi videtur hunc virum doctum esse** : *Il me semble que cet homme est savant.*
Hic vir mihi videtur doctus esse : *Cet homme me semble (être) savant.*

■ Vocabulaire et étymologie

I VOCABULAIRE

1. Révision des *Fundamenta*, p. 251 (en particulier les comparatifs et superlatifs irréguliers)

2. Vocabulaire des textes

Noms	
ars, artis, f. : *l'art, la technique, la méthode*	**sapientia, ae, f.** : *la sagesse*
lux, lucis, f. : *la lumière*	**scientia, ae, f.** : *la science, le savoir*

Adjectifs	**Verbes**
antiquus, a, um : *ancien* **ceteri, ae, a** : *les autres* **civilis, is, e** : *du citoyen* **facilis, is, e** : *facile* **falsus, a, um** : *faux* **obscurus, a, um** : *obscur* **universus, a, um** : *tout entier* **verus, a, um** : *vrai*	**affero, fers, ferre, attuli, allatum** : *apporter* **effero, fers, ferre, extuli, elatum** : *emporter* **aio, ais** *(défectif + prop. infinitive)* : *dire, affirmer* **explico, as, are, avi, atum** : *déplier ; expliquer* **jungo, is, ere, junxi, junctum** : *joindre* **lateo, es, ere, ui** : *être caché ; (+ Ac.) échapper à* **ludo, is, ere, lusi, lusum** : *jouer ; se jouer de* **propono, is, ere, -posui, -positum** : *placer devant, proposer*
Mots invariables	**respondeo, es, ere, sponsi, sponsum** : *répondre* **rogo, as, are, avi, atum** : *demander, interroger* **sumo, is, ere, sumpsi, sumptum** : *prendre*
praeterea : *en outre* **postremo** : *enfin*	

II ÉTYMOLOGIE : FORMATION DES VERBES LATINS COMPOSÉS À L'AIDE DE PRÉFIXES

La plupart des préfixes latins sont aussi des prépositions, comme **ad** *(vers)*, **ex** *(hors de)*, etc., excepté quelques-uns, comme le préfixe **re-/red-** *(en arrière, de nouveau)*, et **dis-** *(dans tous les sens)*.

On peut très souvent déduire le sens du verbe composé à partir de celui du préfixe et de celui du verbe simple. Ainsi, dans les textes p. 53 et p. 54, vous avez vu :
– **detraho < de + traho** : *tirer du haut de, en ôtant*
– **antepono < ante + pono** : *placer devant, mettre en avant.*

Cependant, certains verbes prennent un sens particulier avec le préfixe :
invenio (< **in**, *sur* + **venio**, *venir*) : *venir, tomber sur*, d'où : *trouver.*

Les verbes composés ont généralement les mêmes temps primitifs que les verbes simples :
invenio, is, ire, veni, ventum (comme **venio**).

Une exception notable :
do, das, dare, dedi, datum : *donner*, mais **reddo, is, ere, didi, ditum** : *rendre.*

Modifications phonétiques

1. L'assimilation
La consonne finale du préfixe s'assimile parfois à la première consonne du radical.

– Assimilation totale :   **ad + fero > affero** : *apporter*
– Assimilation partielle : **cum + fero > confero** : *se reporter à*
               (la forme archaïque de **cum** était **quom**, d'où le **o** du préfixe ;
               la labiale **m** se rapproche de la labio-dentale **f** en devenant **n**)

2. L'apophonie
La voyelle du radical a tendance à se fermer lorsque s'ajoute un préfixe.

– Fermeture complète :   **a > i**
               Quand la voyelle est en fin de syllabe, elle se ferme complètement.
               ▶ **ex + capio > excipio** : *excepter (prendre en dehors)*

– Fermeture partielle : **a > e**
               Quand la voyelle est suivie d'une consonne dans la même syllabe,
               elle se ferme partiellement.
               ▶ **ex + captum > exceptum** (supin de **excipio**)

EXERCICES

1. Trouvez le sens des verbes suivants en cherchant le sens du verbe simple et celui du préfixe ; rappelez leurs temps primitifs :

advenio – expono – adduco – incurro – defero – advoco – exeo – desum – depono – antevenio.

2. Cherchez dans le dictionnaire les sens du verbe cedo, is, ere, cessi, cessum. Puis faites des hypothèses sur le sens des verbes composés suivants. Que donnent-ils en français ?

antecedo – accedo – concedo – decedo – excedo – procedo – intercedo – praecedo – recedo – succedo.

3. Retrouvez le préfixe et la racine des verbes suivants : quel est leur sens ?

afficio – concipio – effero – exigo – colligo – accipio – occido – officio – detineo – recipio.

4. Quel est le supin des verbes de l'exercice 3 ? Expliquez la modification de la voyelle du radical et donnez, s'il y a lieu, les mots français qui en sont issus.

5. Formez et traduisez les adverbes de manière qui dérivent des adjectifs suivants :

gravis – falsus – similis – obscurus – malus – civilis – verus – clarus – antiquus – grandis.

6. Traduisez les adverbes suivants :

pulchre – jucunde – misere – leviter – sapienter – facile – false – bene – universe – acriter.

7. Formez les comparatifs de supériorité des adjectifs suivants. Quel sera le comparatif de l'adverbe correspondant ? (Attention aux comparatifs irréguliers.)

antiquus – falsus – bonus – civilis – gravis – carus – contentus – facilis – disertus – fortis.

8. Traduisez les comparatifs suivants avec leurs compléments ; certaines formes peuvent être à la fois des adjectifs et des adverbes :

aptior alio loco – doctiores quam multi viri – pejus quam fingebas – longior humana vita – pulchrius quam caelum

9. Formez les superlatifs de supériorité des adjectifs suivants. Quel sera le superlatif de l'adverbe correspondant ? (Attention aux superlatifs irréguliers.)

magnus – verus – similis – miser – obscurus.

10. Traduisez les superlatifs suivants ainsi que leurs compléments :

vir minime civilis – pessimus ex oratoribus – facillima artium – antiquissimus e moribus – sapientissimum consiliorum.

11. Formez et traduisez les infinitifs présents, passés et futurs des verbes suivants à l'actif, puis au passif lorsque c'est possible :

puto – doceo – ludo – possum – rogo – respondeo – effero – existimo – traho – fingo.

12. Traduisez les phrases suivantes.
1. Puto vitam pulchram fore.
2. Videbasne caelum obscurius esse ?
3. Naturam existimavimus non bonam fuisse.
4. Ais illum virum sapienter respondisse.
5. Litteras quas iste vir vobis scripsit falsas esse judicabitis.
6. Ille orator facillime sensit te juris civilis magnum usum habere.
7. Decet vos apud illum oratorem veram doctrinam discere.
8. Intellexisti antiquissimos mores numquam eosdem fuisse ac nostros.
9. Mihi videtur hic puer patris simillimus esse.
10. Scribite illis doctissimis viris Ciceronem nullam causam facilius acturum esse quam nostram.

13. Même exercice.
1. Putavit se nullam philosophiam difficiliorem explicaturum esse quam Anaxagorae.
2. Antiquos mores existimatis meliores fuisse quam nostros.
3. Cicero amicis suis dicit primum juris civilis, deinde philosophiae multum usum habere optimam esse omnium doctrinarum.
4. Te antiquissimorum Graeciae philosophorum artes didicisse sentio.
5. Nullam scientiam putas meliorem quam philosophiam ipsam apud doctissimos viros intellectum iri.

14. Après avoir relu attentivement le texte et sa traduction p. 53, traduisez les phrases suivantes tirées du Brutus. (Attention ! quelques-unes ont été modifiées.)
1. Ironiam illam quam in Socrate dicunt fuisse facetam et elegantem puto.
2. Est enim minime inepti hominis hanc sapientiam sibi ipsum detrahere.
3. Cicero dicit apud Platonem Socratem in caelum efferre laudibus Protagoram.
4. Philosophiae ars docet ambigua primum videre, deinde distinguere, postremo habere regulam qua vera et falsa judicantur.
5. Brutus recte intellexit dialecticam artem omnium artium maximam esse.

15. Version

Cicéron fait l'éloge d'un discours de l'orateur Crassus.

Multa in illa oratione graviter, multa leniter, multa aspere, multa facete dicta sunt ; plura etiam dicta quam scripta[1], quod[2] ex quibusdam capitibus[3] expositis nec explicatis intellegi potest.

(Op. cit., 164.)

NOTES
1. scripta (sunt)
2. quod : *ce qui*
3. ex quibusdam capitibus : *d'après certains résumés*

QUESTIONS
1. Quelle est la nature des mots : *graviter – leniter – aspere – facete* ? À quoi le reconnaissez-vous ? Traduisez ces mots.
2. À quel cas et à quel genre est employé l'adjectif *multa* ? Quel sens peut-on lui donner ?
3. Trouvez un comparatif et son complément, et traduisez-les.
4. Comment analysez-vous la forme *intellegi* ? Traduisez ce mot.
5. Traduisez la phrase à l'aide des notes, du dictionnaire, et des réponses aux questions précédentes.

16. Version

Au début du Brutus, *Cicéron rend hommage à Quintus Hortensius, un orateur avec lequel il a souvent rivalisé et qui vient de mourir.*

Etenim si in leviorum artium studio memoriae proditum est[1] poetas nobiles poetarum aequalium morte doluisse, quo tandem animo ejus interitum ferre[2] debui cum quo[3] certare erat gloriosius quam omnino adversarium non habere ?

(Op. cit., 3.)

NOTES
1. memoriae proditum est + proposition infinitive : *« on a transmis à la posterité que »*
2. ejus interitum ferre : *supporter la mort de celui...*
3. cum quo (= quocum) *a pour antécédent* ejus *qui désigne Hortensius*

QUESTIONS
1. Trouvez les deux comparatifs de ce texte. Traduisez-les, ainsi que le complément qui suit l'un de ces deux comparatifs.
2. Trouvez une proposition infinitive. Quel est son sujet ? À quel temps est l'infinitif ? Traduisez cette proposition.
3. Analysez l'expression *quo animo* (cas, nature du mot *quo*). Quel type de phrase introduit-elle ?
4. Traduisez la phrase à l'aide des notes, du dictionnaire, et des réponses aux questions précédentes.

17. Version

Le souvenir des grands hommes aide à supporter les malheurs présents.

Itaque ei mihi videntur fortunate beateque vixisse, cum in ceteris civitatibus tum[1] maxime in nostra, quibus[2] cum auctoritate rerumque gestarum gloria tum etiam sapientiae laude perfrui[3] licuit[4]. Quorum[5] memoria et recordatio in maximis nostris[6] gravissimisque curis jucunda sane fuit, cum in eam[7] nuper ex sermone quodam incidissemus[8].

(Op.cit., II, 9.)

NOTES
1. cum ... tum : *d'une part ... d'autre part ; à la fois ... à la fois*
2. ei quibus : *ceux à qui*
3. perfruor, eris, i, perfructus sum + Ab. : *profiter de*
4. licuit + D. : *il a été permis*
5. quorum *(relatif de liaison)* : *traduisez par : leur*
6. nostris : *Cicéron parle souvent de lui à la 1re personne du pluriel*
7. in eam : *renvoie à* memoria et recordatio
8. ex sermone quodam incidissemus : *nous tombâmes grâce à une conversation*

QUESTIONS
1. Trouvez et traduisez deux adverbes de manière et deux superlatifs.
2. À quel mode et à quel temps sont les verbes : *vixisse – perfrui* ? Traduisez ces formes.
3. Ce texte contient-il une proposition infinitive ? Justifiez votre réponse.
4. Traduisez.

◀ *Buste en marbre de l'empereur Marc-Aurèle, philosophe stoïcien, auteur des* Pensées *(161-180), Kunsthistorisches Museum, Vienne.*

Du philosophe Socrate à l'orateur Quintilien

1 Socrate

1 L'IRONIE DE SOCRATE

Voici un extrait du dialogue de Platon intitulé Gorgias. *Comme dans tous ses dialogues, l'auteur y oppose Socrate à d'autres personnages, ici Calliclès. Le sujet de ce dialogue est la rhétorique : pour les sophistes (professeurs de rhétorique) tels que Gorgias, la rhétorique a pour but de persuader les auditeurs d'une opinion, sans se soucier de savoir si celle-ci est vraie ou fausse. Socrate défend avant tout la recherche de la vérité.*

Calliclès a affirmé que les meilleurs et les plus puissants des hommes sont aussi les plus sages.

SOCRATE – Quoi qu'il en soit, celui que tu appelles le meilleur, est-ce le plus sage, oui ou non ?
CALLICLÈS – Oui certes.
SOCRATE – Et ne dis-tu pas que le meilleur doit avoir plus ?
CALLICLÈS – Pas en fait de vivres et de boissons.
SOCRATE – J'entends : mais en fait de vêtements peut-être ? Le plus habile en tissage doit-il avoir le plus vaste manteau et promener par la ville les plus nombreux et les plus beaux costumes ?
CALLICLÈS – Que nous chantes-tu avec tes manteaux ?
SOCRATE – Et pour les chaussures, il faut évidemment que la plus grosse part en revienne à celui qui est en ces matières le plus intelligent et le meilleur. Peut-être le cordonnier doit-il circuler avec plus de chaussures, et de plus grandes, que les autres ?
CALLICLÈS – Qu'est-ce encore que ces chaussures ? Tu dis folies sur folies.
SOCRATE – Si c'est d'autres choses que tu veux parler, c'est peut-être, par exemple, d'un agriculteur, intelligent des choses de la terre et honnête homme, et c'est peut-être lui qui doit avoir la plus grosse part des semences et en employer la plus grande quantité dans ses propres champs.
CALLICLÈS – Comme tu rabâches toujours les mêmes choses, Socrate !
SOCRATE – Non seulement les mêmes choses, Calliclès, mais sur les mêmes sujets.
CALLICLÈS – Par tous les dieux, ce ne sont vraiment que cordonniers, foulons, cuisiniers et médecins qui remplissent tes discours, comme si c'était de ces gens-là que nous parlions !

PLATON, *Gorgias*, § 490, texte traduit par Alfred Croiset, Les Belles Lettres, Paris, C.U.F., 1974.

Questions

1. En quoi les dialogues de Platon ont-ils inspiré Cicéron ? En quoi le *Brutus* diffère-t-il de cet extrait du *Gorgias* ?
2. Relevez des exemples de l'ironie socratique.

2 LA MORT DE SOCRATE

Les attaques ironiques de Socrate lui valurent de profondes rancœurs et des haines vengeresses ; plusieurs personnages lui intentent un procès, où il fut accusé de corrompre la jeunesse et de ne pas croire aux dieux de la cité. Il se défendit lui-même en affirmant qu'il était le plus sage des hommes, comme le dieu Apollon l'avait dit à Delphes à son ami Chéréphon. Il fut condamné à mort et dut boire la ciguë dans sa prison d'Athènes. Ses amis et ses disciples, qui avaient cherché en vain à le persuader de s'évader, assistent bouleversés à ses derniers instants. C'est ce que rapporte le dialogue de Platon intitulé le Phédon.

Socrate vient de boire la ciguë.

PHÉDON – [...] Jusque-là nous avions pu, presque tous, nous retenir de pleurer ; mais en le voyant boire, et après qu'il eut bu, nous n'en fûmes plus maîtres : pour moi, malgré tous mes efforts, mes larmes coulèrent avec tant d'abondance, que je me couvris de mon manteau, pour pleurer sur moi-même ; car ce n'était pas lui que je pleurais, mais mon malheur, en songeant quel ami j'allais perdre. Criton, avant moi, n'ayant pu retenir ses larmes, était sorti. Apollodore, qui n'avait presque pas cessé de pleurer auparavant, se mit alors à hurler en pleurant et en s'emportant si fort, qu'il n'y eut personne à qui il ne brisât le cœur, excepté Socrate. Mais lui : « Que faites-vous, dit-il, mes amis ! N'était-ce pas précisément pour éviter qu'on s'abandonnât de la sorte, que j'avais renvoyé les femmes ! J'ai toujours ouï-dire qu'il faut mourir avec de bonnes paroles. » Ces mots nous firent honte, et nous retînmes nos pleurs.

Le poison commence à faire son effet ; Socrate se couche.

Socrate alors se découvrant, car il était couvert : « Criton, dit-il, et ce furent ses dernières paroles, nous devons un coq à Esculape, acquitte cette dette sans faute. – Cela sera fait, répondit Criton ; mais vois si tu as quelque chose à dire. » Il ne répondit rien. [...] Telle fut, Echécrate*, la fin de notre ami, de l'homme, nous pouvons bien le dire, le meilleur, le plus sage et le plus juste de tous ceux que nous avons connus.

* Echécrate est le personnage à qui s'adresse Phédon dans tout ce dialogue

PLATON, *Phédon*, texte traduit par P. Vicaire, Les Belles Lettres, Paris, C.U.F., 1995.

Questions

1. Que représente la mort pour Socrate ?
2. Recherchez qui est Esculape. Que signifie la dernière parole de Socrate ?

2 Quintilien

M. Fabius Quintilianus (vers 30-vers 96 après J.-C.), originaire d'Espagne, vint à Rome pour ses études. Il y ouvrit ensuite une école de rhétorique, où il eut comme élèves Pline le Jeune, Tacite, Suétone et sans doute Juvénal. Son succès fut tel que l'empereur lui accorda un traitement annuel. Il écrivit un célèbre traité de rhétorique intitulé De Institutione oratoria (L'Institution oratoire) *; dès l'introduction, on peut voir ce qu'il doit à Cicéron.*

[...] L'orateur que nous formons est l'orateur parfait, qui ne peut exister, s'il n'est en même temps homme de bien ; aussi exigeons-nous de lui non seulement un rare talent de parole, mais toutes les qualités de l'âme. En effet, je n'admettrais pas qu'il faille, comme d'aucuns l'ont pensé, laisser aux philosophes ce qui regarde la sagesse et la morale, car l'homme vraiment utile à ses concitoyens, propre à l'administration des affaires publiques et privées, capable de diriger une ville par ses conseils, de l'affermir par des lois, de la réformer par l'exercice de la justice, cet homme, sans aucun doute, n'est autre que l'orateur. Aussi, tout en avouant que je me servirai quelquefois des préceptes contenus dans les livres des philosophes, je déclarerais volontiers que je les considère à bon droit et vraiment comme étant de mon domaine et comme appartenant en propre à l'art oratoire. Eh quoi ! Lorsqu'on a si souvent à parler de la justice, de la force d'âme, de la modération et des autres vertus semblables, lorsqu'on aurait peine à trouver une cause où l'un de ces points ne se trouve mêlé et ne réclame, pour être développé, toutes les ressources de l'invention et de l'élocution, on douterait que, partout où la force du talent et l'abondance de la parole sont indispensables, le rôle de l'orateur n'est pas le principal ?

D'ailleurs, comme Cicéron le démontre très nettement, la sagesse et l'éloquence sont unies dans leur nature et inséparables également dans la pratique, tellement que le sage n'était pas distingué de l'orateur.

QUINTILIEN, *Institution oratoire,* Livre I, traduit par H. Borneque, Garnier, Paris, 1933.

Question

En quoi cette introduction à l'Institution oratoire rejoint-elle les idées exposées par Cicéron dans le Brutus *?*

lectures

Pro Milone

INTRODUCTION

■ **Comment se passe une action judiciaire à Rome ?**

Les procès des Romains se passent en trois temps :

1. L'accusateur vient lire son réquisitoire (l'acte d'accusation assorti des sanctions demandées).
2. L'auditoire (les juges, mais aussi le peuple romain réuni sur le forum au pied de la tribune) écoute la plaidoirie.
3. Les témoins cités sont interrogés.

L'avocat, revêtu de sa toge, qui souligne les gestes amples qu'il fait en direction des juges, de l'accusé ou du public, doit généralement improviser. En effet, il n'a guère le temps matériel de préparer ses discours et il n'a souvent avec lui qu'un plan d'ensemble et, parfois, l'exorde et la péroraison rédigés. Les discours que nous a légués la tradition ont généralement été réécrits (cf. les textes du chapitre 2) ; le *Pro Milone* n'a pas été prononcé par Cicéron, qui, par la suite, l'a rédigé pour la publication.

On distingue quatre grandes parties dans un discours judiciaire :

- l'exorde, sorte d'introduction vibrante, où l'orateur cherche à se concilier les faveurs de l'auditoire (*captatio benevolentiae* : « recherche de la bienveillance ») ;
- la narration des faits (*rem breviter exponere et probabiliter et aperte* : « exposer l'affaire brièvement, avec vraisemblance et clairement », CICÉRON, *Orator*, 122, texte établi et traduit par E. Combaud, Les Belles Lettres, Paris, C.U.F., 1967) ;
- l'argumentation (*sua confirmare, adversaria evertere* : « prouver sa théorie, détruire celle de l'adversaire », *Op. cit.*) ;
- la péroraison, conclusion souvent pathétique : l'orateur fait appel aux sentiments de son auditoire (*post omnia peroratione inflammantem restinguentemve concludere* : « finalement conclure par la péroraison en enflammant ou apaisant », *Op. cit.*).

Narration et argumentation sont souvent imbriquées l'une dans l'autre.

La défense est assurée par un ou plusieurs avocats qui traitent chacun une partie de la plaidoirie. Cicéron lui-même a plaidé aux côtés de son célèbre concurrent, Hortensius. Dans l'*Orator* (130), Cicéron explique qu'on lui a souvent confié la péroraison, parce que, dit-il, « il y employait non son talent *(ingenium)*, mais sa sensibilité *(dolor)* ».

Les deux qualités principales de l'orateur sont :

- l'*ethikon*, c'est-à-dire le fait qu'il reste en harmonie avec sa nature profonde, sa façon d'être, son attitude dans la vie (cf. chapitre 5) ;
- le *pathetikon*, qui permet de « troubler et d'exciter les esprits », de « se concilier la bienveillance » : c'est grâce à lui qu'on « arrache les causes », on ne peut « d'aucune façon lui résister » ; Cicéron donne plusieurs exemples de procès où ses adversaires se sont tus (*a nobis homo audacissimus Catilina in senatu accusatus obmutuit* : « Catilina, un homme particulièrement audacieux, accusé par nous devant le Sénat, demeura muet », CICÉRON, *Orator*, 128-129).

suivies 1

■ Rappels historiques : les guerres civiles du Ier siècle avant J.-C.

Le Ier siècle avant J.-C. est celui des guerres civiles, nées de l'affrontement de deux partis : les *populares*, parti populaire, et les *optimates*, parti aristocratique ; en outre, les ambitions personnelles occupent très vite le devant de la scène.

Voici les principaux conflits de ce siècle.

1. **La rivalité entre Marius et Sylla** (cf. p. 40) : Marius, consul élu par les *populares* en 108 avant J.-C. est en butte à l'ambition de Sylla, chef des *optimates*. Sylla l'emporte et fait assassiner les partisans de Marius grâce à des proscriptions. Dictateur de 82 à 79, Sylla doit abdiquer sous la pression du Sénat.

2. **La conjuration de Catilina** : Catilina, un patricien ruiné, après avoir échoué à obtenir le consulat contre Cicéron, fomente un coup d'État connu sous le nom de « conjuration de Catilina ». Cicéron le démasque ; il s'enfuit, et son armée est anéantie.

3. **Le Premier Triumvirat** : César, Pompée et Crassus. Pompée, soutenu par l'armée, s'entend secrètement avec César, chef des *populares* malgré ses origines aristocratiques, et avec le banquier Crassus. Après la mort de Crassus dans la guerre contre les Parthes, César qui a gagné le soutien de l'armée grâce à la guerre des Gaules (58-52 avant J.-C.) attaque Pompée qu'il poursuit jusqu'en Grèce ; l'armée pompéienne est vaincue à Pharsale en 48. César se fait nommer dictateur à vie. En mars 44, il est assassiné.

4. **Le Deuxième Triumvirat** : Antoine, Octave et Lépide. Après une période de rivalité pour la succession de César, le consul Antoine, allié de Lépide, préfère s'entendre avec Octave, petit-neveu de César, pour prendre Rome en 43 ; leurs ennemis, dont Cicéron, sont assassinés. Octave se débarrasse ensuite de ses rivaux et devient le premier empereur de Rome sous le nom d'Auguste.

Lucius Cornélius Sylla (138-78 avant J.-C.) ▲
buste de marbre, Glyptothèque, Munich.

lectures

■ Biographie de Cicéron

1. La formation

Cicéron *(Marcus Tullius Cicero)*, né en 106 avant J.-C. à Arpinum, appartient à une famille ancienne de l'ordre équestre, mais qui n'avait jamais participé aux affaires publiques à Rome.

Son père fit donner à ses deux fils, Marcus et Quintus, une éducation soignée, d'abord sous la direction du poète Archias (que Cicéron défendra plus tard dans une affaire de droit de cité), puis de l'avocat Scaevola.

Après avoir servi sous le commandement de Cnaeus Pompée, le père du grand Pompée, Cicéron dut s'éloigner de Rome pour des raisons politiques. Il fréquenta alors les philosophes et orateurs grecs, notamment le rhéteur Molon et le philosophe stoïcien Diodote à Rhodes.

2. Une carrière brillante

De retour à Rome, Cicéron plaide, à vingt-cinq ans, la cause de Roscius Amerinus, accusé de parricide par Chrysogonus, un des affranchis et des favoris du dictateur Sylla. Cette affaire l'oblige à quitter à nouveau Rome pour la Grèce. Prétextant sa mauvaise santé, il voyage pendant deux ans et retrouve à Athènes son ami Pomponius Atticus avec lequel il échangera toute sa vie une riche correspondance. Il continue à suivre les enseignements des philosophes et des rhéteurs grecs.

À la mort de Sylla, il peut revenir à Rome. Il épouse alors Terentia, issue d'une famille noble, et s'engage dans le *cursus honorum* (« la course des honneurs ») : en 76, il est questeur en Sicile et il en profite pour dénoncer les spoliations qu'impose aux Siciliens le gouverneur Verrès *(Les Verrines)* ; il est édile en 70, préteur en 66 et consul en 63 ! Il est le premier *homo novus* (« homme nouveau »), le premier Romain à parvenir au faîte de l'État par ses mérites personnels et la puissance de son éloquence.

En 64, en effet, un aristocrate démagogue, Catilina, brigue le consulat face à Cicéron. Sénateurs et chevaliers s'entendent pour élire Cicéron qui a une bonne assise « populaire » et faire échec à Catilina. En septembre 63, Catilina réunit toutes sortes de mécontents en une conjuration ; Cicéron en a vent et convoque le Sénat pour dénoncer la conjuration *(Les Catilinaires)*.

Catilina est tué en 62, ses complices arrêtés et condamnés à mort sans jugement. C'est l'instant de gloire pour Cicéron.

3. Les attaques des ennemis

Rapidement, Cicéron devient l'objet d'attaques tant des conservateurs que du parti populaire : on l'accuse de tyrannie. En 58, il doit s'exiler une nouvelle fois ; ses biens sont confisqués, sa maison du Palatin est détruite. Mais il est rappelé triomphalement l'année suivante par le Sénat. Sa fortune cependant a beaucoup souffert et il se désengage de la vie politique : il écrit le *De Oratore* sur l'éloquence et le *De Republica* sur les constitutions politiques.

En 51-50, il part comme proconsul en Cilicie (Sud-Est de l'Asie Mineure). À son retour, c'est la guerre civile : César, en franchissant le Rubicon (limite entre l'Italie et la Gaule cisalpine), s'est emparé du pouvoir.

En 44, aux Ides de mars, César est assassiné par un groupe de sénateurs qui comprend son fils adoptif Brutus. Marc Antoine prend la place de César ; Cicéron soutient alors Octave ; il est proscrit et assassiné sur l'ordre de Marc Antoine. La tête et les mains de Cicéron seront rapportées à Rome et exposées sur la tribune aux Rostres.

suivies 1

I EXORDE

■ L' « Affaire Milon »

Au début de l'année 52 avant J.-C., Cicéron est amené à défendre son vieil ami, Milon *(T. Annius Milo)* accusé d'avoir tué Clodius *(P. Claudius Pulcher)*, tribun de la plèbe, lors d'une rixe sur la voie Appienne, près de Rome, entre deux bandes armées par chacun des deux hommes. Il est, en réalité, bien difficile de savoir si Clodius, retrouvé mort, a effectivement été tué par Milon. Les torts des deux adversaires sont partagés et les hostilités entre eux duraient depuis plus de cinq ans ...

■ Le poids du passé

Depuis 61, Clodius est un ennemi mortel de Cicéron, qui a témoigné contre lui lors de son procès : en effet, Clodius avait été accusé de sacrilège pour avoir assisté frauduleusement aux Mystères de la Bonne Déesse, cérémonie religieuse réservée aux femmes. Depuis cette date, Clodius s'est acharné à nuire à Cicéron, obtenant finalement son exil et la confiscation de ses biens. En revanche, Milon, dans ces circonstances catastrophiques pour l'orateur, s'est montré un ami fidèle, faisant voter en 57 le retour d'exil de Cicéron...

■ Les circonstances du procès

Ce qui complique encore l'affaire, c'est que Pompée, nommé consul unique, fut chargé de maintenir l'ordre très menacé sur le forum et forma donc un tribunal d'exception, entouré de soldats en armes, pour juger Milon, qui d'ailleurs sera condamné à s'exiler à Marseille. Quant à Cicéron, il a eu beaucoup de mal à parler dans ce contexte extrêmement tendu et il a mis la dernière main après le procès au discours que voici.

---

1. L'AVOCAT EST PLUS INQUIET QUE L'ACCUSÉ : QUEL DÉPLOIEMENT DE FORCE AUTOUR DU TRIBUNAL !

Etsi[1] vereor[2], judices, ne turpe sit pro fortissimo viro dicere incipientem timere minimeque deceat[3], cum T. Annius[4] ipse magis de rei publicae salute quam de sua perturbetur, me ad ejus causam parem animi
5   magnitudinem adferre non posse, tamen[2] haec novi judici[5] nova forma terret oculos, qui quocumque inciderunt[6], veterem consuetudinem fori et pristinum morem judiciorum requirunt[6].

Cicéron avoue son effroi à la vue du déploiement de forces armées sur le forum et autour du tribunal.

Quamobrem[7] illa arma, centuriones, cohortes non
10 periculum nobis, sed praesidium denuntiant, neque solum[8] ut[9] quieto, sed etiam ut[9] magno animo simus hortantur, nec auxilium modo[10] defensioni meae, verum etiam silentium pollicentur.

NOTES

1. etsi... tamen : *même si ... cependant ; cette opposition constitue la structure essentielle de la phrase*
2. vereor ne + *subjonctif* : « *je crains que* »
3. deceat : *commande la proposition infinitive* me ad ejus causam → adferre non posse
4. T. Annius = T. Annius Milo : *Milon*

5. judici = judicii
6. qui quocumque inciderunt, [...] requirunt : « *qui, partout où ils tombent, cherchent en vain ...* »
7. quamobrem : *c'est pourquoi*
8. neque solum, sed etiam : *non seulement, mais encore*
9. ut : *introduit une complétive dépendant de* hortantur ; *on ne le traduira qu'une fois*
10. nec modo, verum etiam : *non seulement, mais encore*

QUESTIONS

1. Quelle est la situation d'énonciation dans ce passage ? Justifiez votre réponse.
2. **a.** Recherchez les nominatifs, les génitifs singuliers et le sens des mots suivants : *judices ; salute ; veterem ; magnitudinem ; judici ; consuetudinem ; morem ; judiciorum*.
   b. Dites leur cas, précisez la déclinaison à laquelle ils appartiennent et donnez les fonctions possibles.
3. Traduisez le texte en vous aidant du dictionnaire, de vos réponses aux questions précédentes et du vocabulaire.
4. Relevez les parallélismes et les effets de style.
5. Quels sont les champs lexicaux dominants ? Que révèlent-ils de l'état d'esprit de Cicéron ?

Lectures suivies 1 : Pro Milone

lectures

▲ Le Forum romain : la basilique émilienne fondée en 179 avant J.-C., l'arc de Septime Sévère ; au fond, le Capitole.

2. Tous les gens de bien soutiennent Milon

Reliqua vero multitudo, quae quidem est civium, tota nostra est, nec eorum quisquam quos undique intuentes unde aliqua fori pars adspici potest, et hujus exitum judici exspectantes videtis[1], non cum[2]
5 virtuti Milonis favet, tum de se, de liberis suis, de patria, de fortunis hodierno die decertari putat.
Unum genus est adversum infestumque nobis, eorum[3] quos P. Clodi furor rapinis et incendiis et omnibus exitiis publicis pavit ; qui hesterna etiam
10 contione incitati sunt ut vobis voce praeirent quid judicaretis[4].
Quorum clamor si qui forte fuerit, admonere vos debebit ut eum civem[5] retineatis qui semper genus illud hominum clamoresque maximos prae vestra
15 salute[6] neglexit.

NOTES

1. nec eorum quisquam → exspectantes videtis : « et personne de ceux que vous voyez regarder, là où l'on peut apercevoir le forum, et attendre l'issue du procès »
2. cum ... tum : *d'une part, d'autre part*
3. eorum (genus)
4. ut vobis voce praeirent quid judicaretis : « à vous dicter par leurs cris le jugement que vous devez prononcer »
5. eum civem = Milonem
6. prae vestra salute : « pour préserver votre salut »

QUESTIONS

1. Repérez les phrases minimales, puis analysez les compléments non essentiels.
2. Traduisez le texte.
3. Quels citoyens Cicéron évoque-t-il d'abord ? À quelle autre catégorie de personnes les oppose-t-il ?

suivies 1

3. CLODIUS EST L'AGRESSEUR, ET SA MORT EST UNE CHANCE POUR LA RÉPUBLIQUE !

Quamquam[1] in hac causa, judices, T. Anni tribunatu[2] rebusque omnibus pro salute rei publicae gestis ad hujus criminis defensionem non abutemur ; nisi oculis videritis, insidias Miloni a Clodio factas, nec
5 deprecaturi sumus[3] ut crimen hoc nobis propter multa praeclara in rem publicam merita condonetis, nec postulaturi[3] ut si mors P. Clodi salus vestra fuerit, idcirco eam virtuti Milonis potius quam populi Romani felicitati adsignetis[4].
10 Sin illius insidiae clariores hac luce[5] fuerint, tum denique obsecrabo obtestaborque vos, judices, si cetera amisimus, hoc nobis saltem ut relinquatur[6] vitam ab inimicorum audacia telisque ut impune liceat[6] defendere.

CICÉRON, *Pro Milone* 1, 3, 6, texte établi par A. Boulanger, Les Belles Lettres, Paris, C.U.F., 1978.

NOTES

1. quamquam : « *du reste* »
2. T. Anni tribunatu : *il s'agit du tribunat de Milon, en 57, lors duquel il a fait voter le retour d'exil de Cicéron. C'est à ce retour que Cicéron pense, quand il dit :* rebus omnibus pro salute rei publicae gestis : *son retour à Rome est un exploit, en tout cas un grand service rendu à l'État !*
3. nec deprecaturi sumus, nec postulari (sumus) : « *nous ne vous prierons pas..., nous ne vous demanderons pas ...* »
4. ut ... eam ... adsignetis : « *pour que vous l'attribuiez (= la mort de Clodius) à* »
5. clariores hac luce : « *plus clair que le jour* »
6. hoc nobis saltem ut relinquatur ... ut impune liceat : *le premier* ut *dépend de* obsecrabo *et de* obtestabor ; *traduisez par* « *de nous laisser du moins impunément ...* »

QUESTIONS

1. **a.** Relevez les connecteurs logiques.
   b. Relevez ensuite les verbes conjugués et traduisez-les.
   c. Reconstituez les phrases minimales en vous aidant des indications suivantes :
   abutor se construit avec l'ablatif.
   Crimen hoc : C.O.D. de *condonetis* : faire remise à un accusé (*nobis*) de ce dont on l'accuse
   d. Analysez et traduisez : *hac, hujus, hoc, nobis, vestra, eam*.
2. Traduisez le texte en vous aidant des remarques précédentes, du vocabulaire et du dictionnaire.
3. Commentaire. Dans ce passage, on devine les arguments que Cicéron va utiliser : lesquels ?

En latin dans le texte

Cedant arma togae :
Que les armes cèdent devant la toge …

Cicéron a prononcé ces paroles à propos de sa propre action politique. On ne doit pas gouverner par les armes et le pouvoir militaire doit s'incliner devant le pouvoir civil, représenté par la toge : c'est précisément ce dernier qui est battu en brèche par Pompée au début du *Pro Milone*, et l'orateur s'en plaint assez.

VOCABULAIRE DES TEXTES

Noms
centurio, onis, m. : *le centurion, le commandant d'une centurie*
cohors cohortis, f. : *la cohorte*
crimen, inis, n. : *l'accusation, le grief*
exitium, ii, n. : *la mort, la destruction*
felicitas, atis, f. : *le bonheur, la chance*
forma, ae, f. : *la forme, la beauté*
judicium, ii, n. : *le procès, le jugement*
meritum, i, n. : *le prix, le mérite*
praesidium, ii, n. : *la garnison, la défense*
templum, i, n. : *le temple*

Adjectifs
infestus, a, um : *dirigé contre, menaçant*
quietus, a, um : *calme, tranquille*
par, paris : *égal, pareil*

Mots invariables
etsi / quamquam (+ ind.) : *bien que*

Verbes
cerno, is, ere, crevi, cretum : *distinguer, voir, décider*
cingo, is, ere, cinxi, cinctum : *entourer, ceindre*
hortor, aris, ari, hortatus sum (ut + subj.) : *exhorter, encourager*
incido, is, ere, incidi : *tomber dans, sur, arriver, se présenter*
polliceor, eris, eri, pollicitus sum : *promettre*
terreo, es, ere, ui, itum : *effrayer, terrifier*

Révision des *Fundamenta*, p. 251

lectures

II Narration des faits

Cicéron a tenté, dans l'exorde de sa plaidoirie, de mettre en avant la réputation sans faille de Milon et l'idée que Clodius a tendu un guet-apens à Milon ; ensuite, dans une première réfutation, il défend le droit de « légitime défense » avant d'en venir, enfin, à l'exposé des faits, dont voici de larges extraits.

1. Des menaces de mort

Ubi vidit homo[1] ad omne facinus paratissimus fortissimum virum inimicissimum suum certissimum consulem, idque intellexit non solum sermonibus, sed etiam suffragiis populi Romani saepe esse declaratum, palam agere coepit et aperte dicere occidendum Milonem.
Servos agrestes et barbaros, quibus silvas publicas depopulatus erat[2] Etruriamque vexarat[3], ex Apennino deduxerat, quos videbatis. Res erat minime obscura, etenim dictitabat palam consulatum eripi Miloni non posse, vitam posse. Significavit hoc saepe in senatu, dixit in contione.

NOTES
1. **homo** désigne Clodius, avec une valeur péjorative.
2. **depopulatus erat** : il avait employé à dévaster
3. **vexarat** = vexaverat

QUESTIONS

1. Reconstituez, dans le premier paragraphe, la phrase minimale à l'aide des indications suivantes : *consulem* : attribut du C.O.D. – *barbaros quibus …* : (barbaros) *quos videbatis …* – sous-entendre *esse* après *occidendum* (qui a un sens d'obligation).

2. Relevez et analysez (nature du mot, présentation dans le dictionnaire, fonction, traduction) tous les mots en -*us* de ce texte.

3. Relevez les oppositions et les répétitions : traduisez-les.

4. Traduisez le passage à l'aide des indications suivantes : *Etruriam, Apennino* : l'Étrurie est une région d'Italie et l'Apennin un massif montagneux (cf. carte p. 8).

5. Relevez les mots péjoratifs se rapportant à Clodius et les louanges concernant Milon : quel but poursuit Cicéron ? Ce procédé vous semble-t-il efficace ?

2. Un crime prémédité

Interim cum sciret Clodius – neque enim erat difficile scire – iter sollemne, legitimum, necessarium ante diem tertium decimum Kalendas Februarias Miloni esse[1] Lanuvium[2] ad flaminem prodendum, quod[3] erat dictator Lanuvi Milo, Roma subito ipse profectus pridie est, ut ante suum fundum, quod[3] re intellectum est, Miloni insidias collocaret. [...]
Milo autem cum in senatu fuisset eo die quoad senatus est dimissus, domum venit, calceos[4] et vestimenta mutavit, paulisper dum se uxor, ut fit, comparat, commoratus est, dein profectus id temporis, cum jam Clodius, si quidem eo die Romam venturus erat[5], redire potuisset. Obviam fit[6] ei Clodius expeditus, in equo, nulla raeda, nullis impedimentis, nullis Graecis comitibus ut solebat, sine uxore quod numquam fere[7], cum hic insidiator, qui iter illud ad caedem faciendam apparasset[8] cum uxore veheretur in raeda, paenulatus, magno et impedito et muliebri ac delicato ancillarum puerorumque comitatu.

NOTES
1. **iter Miloni esse** : Milon avait un voyage à faire
2. **Lanuvium** est une ville proche de Rome (environ 30 milles, soit 45 kilomètres) ; on doit emprunter la Voie Appienne pour s'y rendre. Or, Clodius possède une propriété (**suum fundum**) à Bovillae, sur la même **via Appia**, à 12 milles (soit environ 18 kilomètres) de Rome.
Milon est en effet premier magistrat, **dictator**, de **Lanuvium** et à ce titre il doit désigner, chaque année, à date fixe, le grand prêtre de Junon (**flamen, inis, m.**), déesse protectrice de la petite ville : le 13e jour avant les Kalendes de février correspond à cette époque au 18 janvier.

suivies 1

▲ *Vue générale des Apennins depuis Paterno (Latium).*

3. **quod** : *attention !* **quod** *peut être pronom relatif ou conjonction de subordination (parce que)*
4. **calceos (senatorios)** : *il s'agit des chaussures montantes de cuir souple, que portaient les sénateurs quand ils étaient en réunion*
5. **si... venturus erat** : *s'il avait eu l'intention de revenir à Rome ...*
6. **obviam fieri + D.** : *rencontrer quelqu'un*
7. **quod numquam fere** : *ce qui n'arrivait presque jamais*
8. **apparasset** = apparavisset

QUESTIONS

1. Relevez tous les indicateurs de temps et les connecteurs d'opposition et traduisez-les (ex. : *Id temporis cum* : à une heure où …).
2. Traduisez le premier paragraphe.
3. Cherchez le sens des mots suivants : *vestimenta, profectus, obviam, expeditus, equo, raeda, impedimentis, comitibus, iter, veheretur, paenulatus, comitatu.*
4. Quel champ lexical avez-vous constitué ? Pourquoi, à votre avis ?
5. Traduisez le second paragraphe.
6. La phrase soulignée correspond-elle à l'opinion de Cicéron ? Quel en est le ton ?

Lectures suivies 1 : Pro Milone

lectures

3. LA RENCONTRE FATALE

Fit obviam Clodio ante fundum ejus hora fere undecima[1] aut non multo secus, statim complures cum telis in hunc faciunt de loco superiore impetum adversi, raedarium occidunt. Cum autem hic[2] de raeda rejecta paenula desiluisset seque acri animo defenderet, illi qui erant cum Clodio, gladiis eductis partim recurrere ad raedam, ut a tergo adorirentur Milonem, partim quod[3] hunc jam interfectum putarent, caedere incipiunt ejus servos qui post erant. [...]
Haec si ut exposui, ita gesta sunt, judices, insidiator superatus est, vi victa vis vel potius oppressa virtute audacia est...

CICÉRON, *Pro Milone*, 26, 27, 28, 29, 30, texte établi par A. Boulanger, Les Belles Lettres, Paris, C.U.F., 1978.

NOTES

1. **hora undecima** : *la onzième heure correspond à environ 16 heures trente en janvier*
2. **hic** *désigne Milon*
3. **quod** + *subjonctif a ici une valeur causale*

QUESTIONS

1. **a.** Relevez les verbes et leurs sujets ; traduisez-les en prenant soin de repérer les conjonctions qui entraînent l'emploi du subjonctif.
   b. Relevez et analysez les datifs et les ablatifs.
2. Traduisez ce texte.

▲ Char attelé à deux mules, détail des mosaïques des Thermes des Cisiarii, Ostie.

suivies 1

3. Quel est le champ lexical dominant de ce passage ? Quelle atmosphère Cicéron a-t-il créée ?

4. Quelle est la thèse de Cicéron ? En quoi sert-elle son client Milon ? Citez tous les détails qui plaident en faveur de Milon, alors qu'ils accablent Clodius.

En latin dans le texte

Per fas et nefas :
Par le juste et l'injuste, par n'importe quel moyen.

On peut dire que, selon Cicéron, Clodius voulait la mort de Milon *per fas et nefas*.

Un Romain vêtu d'une cape de voyage, Villa du Casale, Piazza Armerina, Sicile.

VOCABULAIRE DES TEXTES

Noms
facinus, oris, n. : *le crime*
fundus, i, m. : *la terre, la propriété*
gladius, ii, m. : *l'épée*
insidiae, arum, f. pl. : *le piège, le guet-apens*
sermo, onis, m. : *la conversation*
tergum, i, n. : *le dos*
uxor, oris, f. : *l'épouse*

Adjectifs
expeditus, a, um : *armé à la légère, à l'aise*
impeditus, a, um : *entravé, embarrassé* < **impedio**
obvius, a, um : *qui est sur le passage*
paratus, a, um : *préparé, prêt*

Mots invariables
dein = deinde : *ensuite*
potius : *plutôt*

pridie : *la veille*
subito : *soudain*

Verbes
colloco, as, are, avi, atum : *placer, établir*
deduco, is, ere, duxi, ductum : *emmener, détourner*
dimitto, is, ere, misi, missum : *renvoyer, abandonner*
educo, is, ere, duxi, ductum : *faire sortir*
occido, is, ere, cidi, cisum : *tuer*
opprimo, is, ere, pressi, pressum : *dissimuler, accabler*
prodo, is, ere, didi, ditum : *livrer, trahir*
proficiscor, eris, i, profectus sum : *partir*
prohibeo, es, ere, prohibui, prohibitum : *empêcher*
pugno, as, are, avi, atum : *frapper*

Révision des *Fundamenta*, p. 251

lectures

III Argumentation (1)

Cicéron veut prouver que Clodius est l'agresseur, à partir du principe juridique : *Is fecit cui prodest* (Le coupable est celui à qui l'acte profite). Clodius, en effet, gagnait beaucoup à la mort de Milon : il serait alors devenu préteur sous les ordres de consuls complaisants qui l'auraient laissé agir malhonnêtement à sa guise, ce que Milon aurait au contraire empêché. En revanche, Milon perdait en tuant Clodius toute chance d'accéder au consulat. De plus, selon Cicéron, le meurtre a été prémédité : Clodius est rentré à Rome en hâte sans aucune autre raison que la nouvelle du départ de Milon. Milon, lui, devait partir à Lanuvium pour une tâche officielle dont tout le monde avait connaissance.

Voici le résumé que Cicéron fait lui-même de la première partie de son argumentation.

1. Clodius a agi avec préméditation

Video adhuc constare, judices, omnia : Miloni etiam utile fuisse Clodium vivere, ille[1] ad ea quae concupierat, optatissimum[2] interitum Milonis ; odium fuisse illius in hunc acerbissimum, nullum hujus in illum ; consuetudinem illius perpetuam in vi inferenda, hujus tantum in repellenda[3] ; mortem ab illo denuntiatam Miloni et praedicatam palam, nihil umquam auditum ex Milone[4] ; profectionis hujus diem illi notum, reditus illius huic ignotum fuisse ; hujus iter necessarium, illius etiam potius alienum[5] ; hunc prae se tulisse[6] se illo die Roma exiturum[7], illum eo die se dissimulasse[8] rediturum[7] ; hunc nullius rei mutasse[8] consilium[9], illum causam mutandi consilii[10] finxisse ; huic si insidiaretur, noctem prope urbem expectandam[11] illi etiamsi hunc non timeret, tamen accessum ad urbem nocturnum fuisse metuendum[12].

NOTES

1. *ille désigne Clodius*
2. *optatissimum (fuisse)*
3. *in vi inferenda ... in (vi) repellenda : dans le recours à la violence ..., dans le recours à la légitime défense*
4. *ex Milone : sous-entendez esse*
5. *alienus, a, um : désavantageux*
6. *prae se tulisse : avoir annoncé*
7. *sous-entendez esse*
8. *dissimulasse = dissimulavisse ; mutasse = mutavisse*
9. *nullius rei mutasse consilium : il n'avait rien changé à ses projets*
10. *causam mutandi consilii : un prétexte pour changer ses projets*
11. *huic... expectandam (esse) : il lui fallait attendre*
12. *accessum fuisse metuendum : il devait redouter l'approche*

QUESTIONS

1. Relevez les propositions infinitives en vous aidant des notes. De quel verbe dépendent-elles ? Comment sont-elles annoncées ?

2. En dehors des expressions *illo die, eo die* (l. 11-12), à quels personnages correspondent les pronoms *hic* et *ille* dans ce texte ? Identifiez leur cas dans chaque phrase. Comment sont placés ces pronoms ?

3. Traduisez les expressions : *illo die … eo die* (l. 11 et l. 12).

4. Quel préfixe reconnaissez-vous dans les verbes suivants : *consto – concupio – repello – exeo – accedo* ? Retrouvez le sens du verbe simple, puis déduisez le sens du verbe composé.

5. Traduisez ce passage en vous aidant des notes, des réponses au questionnaire précédent et du dictionnaire.

◀ *Vue de la pinède d'Ostie.*

2. Une preuve supplémentaire : le lieu de l'agression

Videamus nunc id quod caput[1] est, locus ad insidias ille ipse ubi congressi sunt, utri[2] tandem fuerit aptior. Id vero, judices, etiam dubitandum et diutius cogitandum[3] est ? Ante fundum Clodi, quo in
5 fundo[4] propter insanas illas substructiones facile hominum mille versabatur valentium[5], edito adversari atque excelso loco[6] superiorem se fore putarat[7] Milo et ob eam rem eum locum ad pugnam potissimum elegerat, an[8] in eo loco est potius expectatus
10 ab eo qui ipsius loci spe facere impetum cogitarat[7] ? Res loquitur ipsa, judices, quae semper valet plurimum.

Cicéron, *Op. cit.*, 52-53.

NOTES

1. caput, itis, n. : *ici, l'essentiel*
2. utri ... fuerit *(proposition interrogative indirecte) : auquel des deux était*
3. dubitandum ... et cogitandum : *douteux ... et à examiner*
4. quo in fundo = in quo
5. propter insanas illas substructiones facile hominum mille versabatur valentium : *où se trouvaient bien un millier d'hommes vigoureux qui travaillaient pour lui sur un chantier insensé*
6. edito adversari atque excelso loco : *où l'adversaire occupait un lieu dominant et élevé*
7. putarat = putaverat ; cogitarat = cogitaverat
8. an : *ou bien est-ce que*

QUESTIONS

1. Traduisez la dernière phrase. Que veut dire Cicéron ?
2. Quel type de phrase est le plus souvent employé dans ce passage (consultez aussi les notes) ? D'après la traduction de la dernière phrase, comment interprétez-vous ce type de phrase ?
3. En consultant les notes, trouvez comment est composée la longue phrase centrale (l. 4 à l. 10). Quel type d'argument utilise Cicéron ?
4. D'après ce que vous avez vu dans le passage précédent, à qui se rapporte l'adjectif démonstratif *illas* (l. 5) ?
5. Traduisez l'ensemble du texte.

SUR L'ENSEMBLE DES TEXTES

1. En observant par quel verbe commencent ces deux extraits, dites quel est le ton général de ce passage.
2. Quels sont les procédés rhétoriques utilisés ici par Cicéron ? Quel effet doivent-ils produire sur les juges ?
3. Sur quoi se fonde l'argumentation de l'orateur ? Justifiez votre réponse à l'aide d'exemples choisis dans les textes.

En latin dans le texte

Is fecit cui prodest :
Le coupable est celui à qui profite le crime.

VOCABULAIRE DES TEXTES

Noms
consuetudo, inis, f. : *l'habitude*
odium, ii, n. : *la haine*
pugna, ae, f. : *le combat*

Adjectifs
necessarius, a, um : *nécessaire*
utilis, is, e : *utile*

Mots invariables
adhuc : *jusque-là*
etiamsi : *même si*
palam : *ouvertement*

umquam *(en phrase négative)* : *une fois, jamais*
utrum ... an : *est-ce que ... ou bien est-ce que ; si ... ou si*

Verbes
accedo, is, ere, cessi, cessum : *s'approcher*
cupio, is, ere, ivi, itum : *désirer*
dubito, as, are, avi, atum : *douter, se demander (si)*
exeo, is, ire, ii ou ivi, itum (composé de eo) : *sortir*
ex(s)pecto, as, are, avi, atum : *attendre*
metuo, is, ere, ui, utum : *craindre*
opto, as, are, avi, atum : *souhaiter*
progredior, eri, gredi, gressus sum : *avancer*
valeo, es, ere, valui : *être bien portant*
versor, aris, ari, atus sum : *se trouver*

Révision des *Fundamenta*, p. 251

lectures

IV ARGUMENTATION (2)

Après avoir conclu que les faits eux-mêmes parlaient en faveur de Milon, Cicéron invite les auditeurs à imaginer la scène.

1. SI MILON AVAIT PRÉMÉDITÉ DE TUER CLODIUS, IL NE POUVAIT S'Y PRENDRE PLUS MAL.

Si haec non gesta audiretis, sed picta videretis, tamen appareret uter esset insidiator, uter nihil cogitaret mali, cum alter veheretur in raeda, paenulatus, una[1] sederet uxor ; quid horum non impeditissimum[2],
5 vestitus an vehiculum an comes ? Quid minus promptum ad[3] pugnam, cum paenula inretitus, raeda impeditus, uxore paene constrictus esset ?

NOTES
1. una : *sens adverbial : traduisez par : avec lui*
2. impeditissimum (erat)
3. quid minus promptum ad : *quoi de moins adapté à*

▲ *Transport de voyageurs sur un char à bancs, relief en calcaire, art gallo-romain, musée d'Art et d'Histoire, Langres.*

2. EN REVANCHE, QUELLE JUSTIFICATION TROUVER AU COMPORTEMENT DE CLODIUS ?

Videte nunc illum primum egredientem e villa subito – cur ? – vesperi – quid necesse est ? – tarde – qui[1] convenit, praesertim id temporis[2] ? – Devertit in villam Pompei – Pompeium ut videret[3] ? sciebat
5 in Alsiensi[4] esse. Villam ut perspiceret[3] ? – miliens in ea fuerat. Quid ergo erat ? mora et tergiversatio ; dum hic veniret, locum relinquere noluit.

NOTES
1. qui (*i long*), *adverbe interrogatif : comment ? en quoi ?*
2. id temporis : *à cette époque*
3. Pompeium ut videret ? = ut Pompeium videret ? / villam ut perspiceret ? = ut villam perspiceret ? *Les compléments placés en tête des phrases appartiennent aux propositions introduites par* ut. *On appelle ce déplacement de mots hors de leur proposition une prolepse.*
4. Alsiense, is, n. : *propriété d'Alsium appartenant à Pompée, située en Étrurie*

suivies 1

QUESTIONS

1. Dans les deux passages, relevez les éléments d'énonciation qui indiquent l'implication des auditeurs dans le récit (mode, temps, personne, lexique).

2. Plusieurs phrases interrogatives n'ont pas de verbe. Lequel devez-vous rétablir ? Analysez l'effet produit par la répétition de ce procédé.

3. Traduisez ces passages.

3. Le hasard ne favorisait pas Milon mais il était bien complaisant pour Clodius.

Age nunc iter expediti latronis cum Milonis impedimentis comparate. Semper ille antea cum uxore, tum sine ea ; numquam nisi in raeda, tum in equo ; comites Graeculi quocumque ibat, etiam cum in castra Etrusca[1] properabat, tum nugarum in comitatu nihil. Milo qui numquam[2] tum casu pueros symphoniacos uxoris ducebat et ancillarum greges[3]. Ille qui[4] semper secum scorta[5], semper exoletos[5], semper lupas[5] duceret, tum neminem[6] nisi ut[7] virum a viro lectum esse[8] diceres.

NOTES

1. **castra Etrusca** : *le terme peut faire songer aux troupes réunies par Catilina en Étrurie une dizaine d'années auparavant*
2. **qui numquam** : *par extraordinaire*
3. **ancillarum greges** : *on sait qu'en réalité Milon était aussi accompagné de gardes armés en grand nombre*
4. **qui + subjonctif** : *sens concessif*
5. **scortum, i, n.** : *la prostituée* ; **exoletus, i, m.** : *le débauché* ; **lupa, ae, f.** : *la courtisane*
6. **neminem (ducebat)**
7. **nisi ut** : *si ce n'est que*
8. **vir virum legit** : *cf. p. 77*

4. Pourquoi Clodius ne l'a-t-il pas emporté ?

Cur igitur victus est ? Quia non semper viator a latrone, nonnumquam etiam latro a viatore occiditur ; quia quamquam paratus in imparatos [Clodius], tamen mulier[1] inciderat in viros.

Cicéron, *Op. cit.*, 54-55.

NOTE

1. **mulier** : *désigne Clodius de manière péjorative*

QUESTIONS

1. Les indices temporels sont très nombreux dans ces deux passages. Quelle importance peuvent-ils prendre dans la démonstration de Cicéron ? Vous observerez plus particulièrement les indices qui s'opposent à l'intérieur des mêmes phrases. Quelle signification faut-il leur prêter ?

2. D'autres oppositions (énonciation et lexique) concernent Clodius et Milon eux-mêmes. Rappelez d'abord, en prenant appui sur l'étude du *Pro Milone* III, p. 72, qui est désigné par le pronom *hic* et à qui renvoie le pronom *ille*. Vous préciserez la valeur précise attachée ici à l'emploi de ces pronoms. Connaissez-vous d'autres valeurs de ces pronoms ?

3. Plusieurs termes de même racine s'opposent par leurs préfixes. Lesquels ?

4. Observez l'organisation de ces deux extraits. Quel parti Cicéron en tire-t-il ?

5. Traduisez ces passages.

SUR L'ENSEMBLE DES TEXTES

1. Cicéron multiplie les accusations contre Clodius. Certaines sont de simples insinuations, d'autres des mises en cause concernant sa vie privée, d'autres encore relèvent de l'objet même du procès.
   Pour défendre Milon, il n'hésite pas non plus à déformer certains faits. Relevez ces différents éléments et mettez en évidence l'habileté de l'orateur, sans omettre de rappeler les procédés mis en œuvre que vous avez étudiés dans les questions.

2. Comparez ce texte avec le passage cité dans le *Pro Milone*, 2, pp. 68 à 70.

lectures

Recherche dans le dictionnaire

Dans la dernière phrase du texte 4 figure le mot *inciderat*. Si vous ouvrez *Le Grand Gaffiot* (Hachette Livre) pour en chercher le sens, vous trouverez les deux articles suivants :

1 incĭdō, *ĭs*, *ĕre*, *cĭdī*, - (1 in, cado), intr.

> ¶ 1 "tomber dans, sur", "se jeter sur", "attaquer" ¶ 2 "tomber sur" [par hasard] ¶ 3 "devenir la proie de", "être soumis à" ¶ 4 "arriver" [par coïncidence] ¶ 5 "arriver, se présenter *a)* à l'esprit *b)* en général ¶ 6 [fig.] "s'abattre sur".

¶ **1** tomber dans, sur : *in foveam* Cic. *Phil.* 4, 12, tomber dans une fosse ; *ad terram* Virg. *En.* 12, 926, tomber à terre ; [avec dat.] Liv. 21, 10, 10 ‖ se jeter sur, se précipiter vers : *in vallum* Liv. 27, 13, 2, se précipiter vers le retranchement [en fuyant] ; *hi amnes incidunt ... flumini* Liv. 44, 31, 4, ces rivières se jettent dans le fleuve ... ‖ fondre sur, attaquer : *in hostem* Liv. 8, 8, 13 ; *ultimis* Liv. 28, 13, 9, fondre sur l'ennemi, sur les derniers ¶ **2** tomber dans, sur [par hasard] : *in aliquem* Cic. *Planc.* 99, tomber sur qqn, le rencontrer ; *in insidias* Cic. *Fam.* 7, 3, 3, tomber dans une embuscade ; *in manus alicujus* Cic. *Clu.* 21, tomber entre les mains, au pouvoir de qqn, cf. Cic. *Att.* 8, 11, 4 ; *in sermonem vestrum* Cic. *de Or.* 1, 111, survenir dans votre entretien [mais v. ¶ 3 et ¶ 4 Cic. *Att.* 16, 2, 4 ; Cic. *Lae.* 2] ; *quocumque inciderunt oculi* Cic. *Mil.* 1, partout où tombent mes regards ‖ [avec dat.] *alicui improviso* Cic. *Verr.* 2, 182, tomber chez qqn à l'improviste ¶ **3** tomber dans, devenir la proie de : *in morbum* Cic. *Fam.* 13, 29, 4, tomber malade ; *in furorem et insaniam* Cic. *Pis.* 46, tomber dans la folie et la démence ; *in gloriae cupiditatem* Cic. *Off.* 1, 26, tomber dans la passion de la gloire ‖ *in sermonem hominum* Cic. *Att.* 16, 2, 4 ; *Fam.* 9, 3, 1, faire l'objet des conversations ‖ tomber sous le coup de, être soumis à : *in poenam vectigalis* Dig. 39, 4, 16, 5, sous la peine de la confiscation ; *in legem* Dig. 4, 2, 8 pr., être soumis à la loi = la loi s'applique à ce cas ¶ **4** arriver, venir par coïncidence : *in mentionem alicujus* Cic. *Caecil.* 50, en venir à parler de qqn ; *in eum sermonem, qui tum fere multis erat in ore* Cic. *Lae.* 2, tomber sur un sujet de conversation qui était alors dans presque toutes les bouches ; *quoniam in eadem rei publicae tempora incidimus* Cic. *Fam.* 5, 8, 3, puisque nous sommes tombés tous deux dans les mêmes conjonctures politiques ; *ad aliquid faciendum* Cic. *Fam.* 5, 8, 3, en venir à faire qqch. ‖ *in quem diem Romana incidant mysteria* Cic. *Att.* 6, 1, 26, (dire) quel jour tombent les mystères romains ; *quorum aetas in eorum tempora, quos nominavi, incidit* Cic. *Or.* 39, leur génération a coïncidé avec l'époque des écrivains que j'ai nommés (a été contemporaine des écrivains ...) ¶ **5** arriver, se présenter *a)* [à l'esprit] : *quodcumque in mentem incidit* Cic. *Fin.* 4, 43, tout ce qui vient à l'esprit ; *mihi incidit suspicio* Ter. *And.* 359, un soupçon me traverse l'esprit *b)* [en gén.] : *incidunt saepe tempora, cum ...* Cic. *Off.* 1, 31, il arrive souvent des circonstances où ... ; *multis viris tales casus inciderunt* Cic. *Fam.* 5, 17, 3, de semblables malheurs sont arrivés à beaucoup de personnages, cf. Cic. *de Or.* 1, 26 ; *eorum ipsorum, quae honesta sunt, potest incidere contentio et comparatio* Cic. *Off.* 1, 152, pour les choses mêmes qui sont honnêtes, il peut se présenter une confrontation et une comparaison ; *mentio, consultatio incidit de aliqua re* Liv. 1, 57, 6 ; 30, 23, 2, l'entretien, la consultation tombe sur telle chose ; *cum inciderit, ut* Cic. *Fin.* 1, 7, quand il arrivera que ; *forte ita incidit, ut, ne* Liv. 26, 23, 2 ; 1, 46, 5, le hasard voulut que, empêcha que ¶ **6** [fig.] s'abattre sur : *terror incidit ejus exercitui* Caes. *C.* 3, 13, 2, la terreur s'abattit sur son armée, cf. Cic. *de Or.* 1, 26 ; *pestilentia incidit in urbem agrosque* Liv. 27, 23, 6, une épidémie s'abattit sur la ville et dans les campagnes ¶ **7** [avec acc.] [rare] *ballista obruit, quos inciderat* Tac. *H.* 3, 29, la baliste écrasa ceux sur lesquels elle était tombée, cf. Apul. *M.* 6, 8 ; 6, 14.
▶ part. fut. *incasurus* Plin. 2, 97.

2 incīdō, *ĭs*, *ĕre*, *cīdī*, *cīsum* (1 in, caedo), tr. ¶ **1** entailler, inciser : *arbor inciditur vitro* Plin. 12, 115, on fait une entaille dans l'arbre avec du verre ; *pulmo incisus* Cic. *Div.* 1, 85, un poumon entamé ‖ tailler : *pinnas* Cic. *Att.* 4, 2, 5, rogner les ailes ; *vites falce* Virg. *B.* 3, 11, émonder la vigne ¶ **2** graver, buriner : *in aes aliquid* Cic. *Phil.* 5, 11, graver qqch. sur l'airain ; *aliquem litteris* Sen. *Ep.* 21, 4, graver dans une lettre le nom, l'image de ; *in basi nomen erat incisum* Cic. *Verr.* 4, 74, le nom était gravé sur le socle, cf. Cic. *Verr.* 4, 127 ; *Fam.* 13, 36, 1 ; *(erunt) incisae litterae* Cic. *Phil.* 14, 33, une inscription sera gravée ; *arboribus* Virg. *B.* 10, 53, graver sur les arbres ¶ **3** faire en entaillant, en coupant : *ferro dentes* Ov. *M.* 8, 245, tailler des dents dans le fer ; *faces* Virg. *B.* 8, 29, couper des torches ¶ **4** couper, trancher : *linum* Cic. *Cat.* 3, 10, trancher le fil [qui ferme une lettre cachetée] ; *funem* Virg. *En.* 3, 667, couper le câble ¶ **5** [fig.] couper, interrompre : *inciditur omnis deliberatio, si ...* Cic. *de Or.* 2, 336, toute délibération est interrompue, si ..., cf. Liv. 32, 37, 5 ; *genus vocis crebro incidens* Cic. *de Or.* 3, 217, une voix entrecoupée ‖ trancher, couper court à : *media* Cic. *Phil.* 2, 47, couper court aux détails intermédiaires, cf. Virg. *B.* 9, 14 ; Hor. *Ep.* 1, 14, 36 ; *spem inciderunt (urbem) capi primo impetu posse* Liv. 44, 13, 3, ils ruinèrent tout espoir de prendre la ville au premier assaut.

1. Quel est l'ordre des temps primitifs ?
2. Quelles différences présentent ces verbes (nombre de formes, origine étymologique) ? Que signifient les signes que vous voyez au-dessus du -*i* du radical ? D'où provient chacun des -*i* (cf. chapitre 5) ?
3. Que signifient les abréviations *tr.* ou *intr.* ?
4. Retrouvez les différents sens de chacun des deux verbes.
5. Quel est donc le sens de *inciderat* dans la dernière phrase ? Pourquoi ?
6. Pour le verbe *incido* 1, à quoi correspond la subdivision proposée dans le sens n° 2 ?
7. Que veut dire l'indication *in aliquem* ? Que remplace le mot *aliquem* ?
8. Quel auteur cité emploie cette construction ? De quelle œuvre la citation est-elle extraite ?

suivies 1

> **En latin dans le texte**
>
> *Vir virum legit.*
> Littéralement : « Un homme choisit un homme »,
> c'est-à-dire : Chaque soldat recrute un soldat.
> (Allusion à une coutume samnite)

▼ *Fresque de la maison d'Agrippa Posthumus :
un domaine campagnard, musée archéologique national, Naples.*

VOCABULAIRE DES TEXTES

Noms

casus, us, m. : *la chute, l'occasion*
  À l'ablatif, **casu** : *par hasard*
latro, onis, m. : *le voleur, le brigand*
mora, ae, f. : *le délai, le retard*
vestis, is, f. : *le vêtement* > **vestitus, us, m.** : *le vêtement*
viator, viatoris, m. : *le voyageur*

Adjectifs

constrictus, a, um : *enserré*
tardus, a, um : *lent, qui tarde*
  > **tarde** : *lentement, tardivement*

Mots invariables

age *(ancien impératif)* : *eh bien*
antea : *auparavant*
miliens : *mille fois*
paene : *presque*

praesertim : *surtout, notamment*
quocumque *(adverbe relatif)* : *partout où*

Verbes

appareo, es, ere, ui, itum : *apparaître, être clair*
  > **apparet,** *impersonnel* : *il est clair*
convenio, is, ire, eni, entum : *se rassembler, s'adapter* ;
  convenit, *impersonnel* : *il convient*
deverto, is, ere, ti, sum : *détourner, se détourner, faire un détour*
egredior, eris, i, egressus sum : *sortir*
perspicio, is, ere, spexi, spectum : *voir dans, regarder attentivement*
pingo, is, ere, pinxi, pictum : *peindre*
veho, is, ere, vexi, vectum : *transporter*

Révision des *Fundamenta*, p. 251

lectures

V Péroraison

Cicéron, dans une dernière tentative, fait appel aux sentiments de son auditoire. Milon est son ami, il est prêt à tout partager avec lui, même sa disgrâce et sa mort ! Le ton devient pathétique ...

1. Amicus certus in re incerta cernitur !
L'ami sûr se reconnaît dans une affaire incertaine !

Nunc me una consolatio sustentat, quod[1] tibi, T. Anni, nullum a me amoris, nullum studi, nullum pietatis[2] officium defuit. Ego inimicitias potentium[3] pro te appetivi ; ego meum saepe corpus et vitam
5 objeci armis inimicorum tuorum ; ego me plurimis pro te supplicem abjeci ; bona, fortunas meas ac liberorum meorum in communionem tuorum temporum[4] contuli : hoc denique ipso die, si quae vis est parata, si quae dimicatio capitis[5] futura, deposco[6].
10 Quid jam restat ? Quid habeo quod faciam pro tuis in me meritis, nisi ut eam fortunam[7], quaecumque erit tua, ducam[8] meam ? Non recuso, non abnuo ; vosque obsecro[9], judices, ut vestra beneficia, quae in me contulistis, aut in hujus salute augeatis, aut in
15 ejusdem exitio occasura esse[10] videatis.

NOTES

1. quod : *le fait que*
2. pietas, atis, f. : *ici, la reconnaissance*
3. potentium : *les puissants*
4. in communionem tuorum temporum : *pour m'associer à tes épreuves*
5. dimicatio (onis, f.) capitis : *une lutte où la vie est engagée*
6. hoc ... deposco (mihi) : *j'assume ce risque*
7. fortunam : *Cicéron s'engage à suivre Milon, s'il est exilé*
8. nisi ut... ducam : *si ce n'est que je considère... comme...*
9. *Construisez* : obsecro ut ... aut augeatis ... aut videatis
10. vestra beneficia ... occasura esse : « *que vos bienfaits seront perdus* ». La condamnation de Milon annulerait les marques de faveur que Cicéron a reçues depuis son retour d'exil.

QUESTIONS

1. Relevez les verbes à l'indicatif de ce passage et classez-les en fonction de leur temps. La répartition des temps vous permet-elle de retrouver les deux parties de cet extrait ? Proposez un titre pour chacune d'entre elles.

2. Quelles sont les marques personnelles (désinences verbales, pronoms personnels) présentes ? Rappelez, en vous appuyant sur votre relevé, quelle est la situation de communication.

3. Écrivez en toutes lettres « *T. Anni* » : à quel cas est cette expression ? Qui désigne-t-elle ? (Cf. Introduction au *Pro Milone*, p. 62.)

4. Quels effets de style repérez-vous ici (anaphores, antithèses, répétitions, images, clausule) ? À quelles fins Cicéron les utilise-t-il ?

5. Traduisez le texte à l'aide des notes, du dictionnaire et des réponses précédentes.

2. Cicéron peut-il en faire moins pour Milon que ce dernier n'en a fait pour lui ?

O me miserum ! O me infelicem ! Revocare tu me in patriam, Milo, potuisti per hos[1] : ego te in patria per eosdem[1] retinere non potero ? Quid respondebo liberis meis, qui te parentem alterum putant[2] ? Quid[3]
5 tibi, Quinte frater[4], qui nunc abes, consorti[5] mecum temporum illorum ? Mene non potuisse Milonis salutem tueri per eosdem[1], per quos[6] nostram[7] ille servasset[8] ? At in qua causa non potuisse ? quae est grata gentibus omnibus. A quibus[9] non potuisse ? Ab
10 iis qui maxime P. Clodi morte adquierunt. Quo deprecante ? Me.

NOTES

1. hos (*et plus bas* : eosdem) : *désigne l'auditoire, le peuple romain, qui avait réclamé le retour d'exil de Cicéron*
2. putant + *double Ac.* : *ils considèrent comme ...*
3. quid : *sous-entendez* dicam *ou* respondebo
4. Quinte frater : *Quintus, le frère de Marcus Tullius, est à ce moment-là en Gaule, légat de César. Il avait eu lui aussi à souffrir des violences de Clodius.*
5. consorti (tibi) + G. : *toi qui partages ...*
6. per quos : *grâce auxquels*
7. nostram = meam
8. servasset = servavisset (< servo, as, are, avi, atum : *conserver, préserver*)
9. a quibus : *de la part de qui*

suivies 1

QUESTIONS

1. À quel cas sont *[O] me miserum ! [O] me infelicem !* Quelle est la fonction de ces expressions ?
2. Quelle forme de phrase est la plus fréquente ici ? Repérez les questions auxquelles Cicéron répond. Que veut-il souligner, en particulier, par ses réponses ?
3. À quel temps sont *potero* et *respondebo* ? À quelle autre forme du même verbe s'oppose *potero* dans la phrase où il est employé ? Que peut signifier cette opposition ? Y a-t-il d'autres oppositions terme à terme dans cette phrase ?
4. Relevez le champ lexical de la famille. Quel type de relations entre Cicéron et Milon ce champ lexical souligne-t-il ? Justifiez votre réponse.
5. Traduisez le passage.

3. Cicéron n'aurait-il été rappelé d'exil que pour voir ses proches bannis ?

Quodnam ego concepi tantum scelus, aut quod in me tantum facinus admisi, judices, cum illa indicia communis exiti indagavi[1], patefeci, protuli, exstinxi ? Omnes in me meosque[2] redundant ex fonte illo
5 dolores. Quid me reducem[3] esse voluistis ? An ut[4] inspectante me expellerentur hi per quos essem restitutus ? Nolite, obsecro vos, acerbiorem mihi pati[5] reditum esse, quam fuerit ille ipse discessus. Nam qui[6] possum putare me restitutum esse, si distrahar
10 ab his, per quos restitutus sum[7] ?

NOTES

1. indagavi, patefeci ... : *allusions à la découverte de la conjuration de Catilina par Cicéron*
2. mei, meorum, m. pl. : *les miens, ma famille*
3. redux, reducis *(adjectif)* : *qui est de retour d'exil*
4. an ut... ? : *est-ce que vraiment c'est pour ... ?*
5. nolite pati + *proposition infinitive* : *n'admettez pas que*
6. qui *(avec i long)* : *comment ?*
7. restituo, is, ere, tui, tutum : *rappeler ; ce verbe s'oppose à* expellerentur

QUESTIONS

1. Analysez les formes *restitutum esse / restitutus sum*. Traduisez la dernière phrase.
2. À quel cas est *inspectante me* ? De quelle structure s'agit-il ? Traduisez littéralement cette expression. Pouvez-vous retrouver une structure analogue dans l'extrait précédent ? Comment l'aviez-vous traduite ?
3. *Omnes in me meosque redundant ex fonte illo dolores* : à quel mot se rapporte l'adjectif indéfini *omnes* ? Que pensez-vous de la disposition des mots dans cette phrase ?
4. Cherchez, dans le dictionnaire, l'étymologie du verbe *redundare* et son sens ; un autre mot de cette phrase appartient au même champ lexical : lequel ? Quel est l'intérêt de cette image ?
5. Traduisez l'ensemble du texte.

Un cavalier à la chasse ; mosaïque romaine, Piazza Armerina, Sicile.

lectures

4. L'INDIGNATION ET LES LARMES ONT RAISON DE L'OBSTINATION DU DÉFENSEUR !

Hicine vir[1], patriae natus[2], usquam nisi in patria morietur aut, si forte[3], pro patria ? Hujus vos animi monumenta retinebitis, corporis in Italia nullum sepulcrum[4] esse patiemini ? Hunc sua quisquam
5 sententia ex hac urbe expellet, quem omnes urbes expulsum[5] a vobis ad se vocabunt ? O terram illam beatam, quae hunc virum exceperit : hanc ingratam, si ejecerit ; miseram, si amiserit !

Sed finis sit ; neque enim prae lacrimis[6] jam loqui
10 possum, et hic se lacrimis defendi vetat. Vos oro obtestorque, judices, ut in sententiis ferundis[7], quod sentietis id audeatis[8]. Vestram virtutem, justitiam, fidem, mihi credite, is maxime comproba-
15 bit, qui in judicibus legendis[7] optimum et sapientissimum et fortissimum quemque elegit.

CICÉRON, *Op. cit.,* 102-105.

NOTES

1. hicine (= hicne) vir *désigne Milon*
2. patriae natus : *né pour sa patrie*
3. si forte (morietur)
4. sepulcrum : *l'exilé n'avait pas le droit d'être enterré dans sa patrie*
5. expulsum : *traduisez par : quand vous l'aurez banni*
6. prae lacrimis : « *à cause de mes larmes* »
7. in sententiis ferundis ... in judicibus legendis : « *quand il s'agit de prononcer la sentence ... quand il s'agit de choisir les juges.* » *Le sujet de cette dernière phrase n'est pas nommé ; il s'agit de Pompée, dont Cicéron sait fort bien qu'il est opposé à l'acquittement de Milon. L'orateur fait semblant de croire que Pompée pourrait approuver une telle décision.*
8. audeatis id quod : *que vous ayez le courage de ...*

QUESTIONS

1. Lisez la première phrase. Expliquez les trois expressions qui contiennent le mot *patria*. Traduisez cette phrase.

2. Quel sens le mot *monumenta* a-t-il dans la deuxième phrase ? Cherchez son étymologie dans un dictionnaire et rappelez ses autres sens ; lequel d'entre eux est passé en français ?

3. Analysez et expliquez les formes *retinebitis* et *patiemini*, puis traduisez-les. Qui est désigné par le sujet de ces verbes ?

Via Ostiense ▶
(Decumanus maximus), *Ostie.*

4. *Sua quisquam sententia* : à quel cas est l'expression *sua [...] sententia* ? Traduisez la proposition *hunc sua quisquam sententia ex hac urbe expellet*. Comment Cicéron met-il l'accent sur la responsabilité individuelle dans la décision ?

5. Pourquoi Cicéron désigne-t-il ici Milon par le démonstratif *hic* ? Quel geste de l'orateur accompagne l'anaphore de *hic* ?

6. Traduisez ce texte qui conclut le *Pro Milone*.

SUR L'ENSEMBLE DES TEXTES

1. Montrez la sobriété de cette péroraison ; appuyez-vous sur les remarques concernant le style données, p. 62. Comment le pathétique apparaît-il néanmoins ?

2. Que pensez-vous du fait que Cicéron se dise « étranglé par les larmes » (l. 9-10) ? S'agit-il d'un artifice ou d'une émotion véritable ?

3. Cicéron utilise un argument implicite ; il s'agit d'un argument « éthique » : un personnage honnête, qui a défendu Rome par le passé, ne saurait souhaiter s'en prendre aux intérêts de la République ! Trouvez, dans les textes, un argument de ce genre et expliquez-le.

En latin dans le texte

Pro patria mori :
Mourir pour la patrie.

VOCABULAIRE DES TEXTES

Noms
pietas, atis, f. : *la piété, l'affection*
inimicus, i, m. : *l'ennemi (personnel)*,
  ≠ **hostis, is, m.** : *l'ennemi (public)*
  > **inimicitia, ae, f.** : *l'inimitié, l'hostilité*
liberi, orum, m. pl. : *les enfants*
meritum, i, n. : *le prix, le mérite*

Adjectifs
potens, ntis : *puissant*
infelix, icis (≠ **felix, icis**) : *malheureux*
gratus, a, um : *agréable, reconnaissant*
  ≠ **ingratus, a, um** : *ingrat*
acerbus, a, um : *aigre, amer*

Verbes
objicio, is, ere, objeci, objectum : *jeter devant, exposer*
  (cf. **jacio**)
abjicio, is, ere, abjeci, abjectum : *jeter en bas*
  (**se abjicere** : *se jeter à terre comme un suppliant*)
  (cf. **jacio**)
ejicio, is, ere, ejeci, ejectum : *jeter dehors, chasser*
  (cf. **jacio**)
confero, fers, ferre, contuli, collatum : *apporter ensemble, réunir* (cf. **fero**)
profero, fers, ferre, protuli, prolatum : *avancer, publier* (cf. **fero**)
posco, is, ere, poposci, - : *exiger*
  > **deposco** : *exiger avec force, réclamer (notamment un châtiment)*
recuso, as, are, avi, atum : *repousser, refuser*
augeo, es, ere, auxi, auctum : *augmenter*
precor, aris, ari, atus sum : *prier, supplier*
  > **deprecor** : *chercher à détourner par des prières ; demander avec instance ; demander l'indulgence, la clémence*
concipio, is, ere, concepi, conceptum : *concevoir*
  (cf. **capio**)
excipio, is, ere, excepi, exceptum : *retirer, excepter, accueillir*
  (cf. **capio**)
admitto, is, ere, admisi, admissum : *laisser venir vers, admettre*
  (cf. **mitto**)
amitto, is, ere, amisi, amissum : *laisser partir* (cf. **mitto**)
exstinguo, is, ere, exstinxi, exstinctum : *éteindre*
restituo, is, ere, restitui, restitutum : *rétablir, replacer, rendre*

Révision des *Fundamenta*, p. 251

PARTIE II
Rire à Rome

SÉQUENCE 1
Les vilains défauts

CHAPITRE 6 — Catulle : Le charme discret de la bourgeoisie — 84

CHAPITRE 7 — Phèdre : Selon que vous serez puissant ou misérable — 94

CHAPITRE 8 — Martial : Affreux, sales et méchants — 104

SÉQUENCE 2
La satire sociale

CHAPITRE 9 — Ovide : « L'Art d'aimer » — 114

CHAPITRE 10 — Horace : L'art d'inviter à table — 124

CHAPITRE 11 — Juvénal : Les génies méconnus — 134

Lectures suivies 2 — 144

Lectures suivies 3 — 164

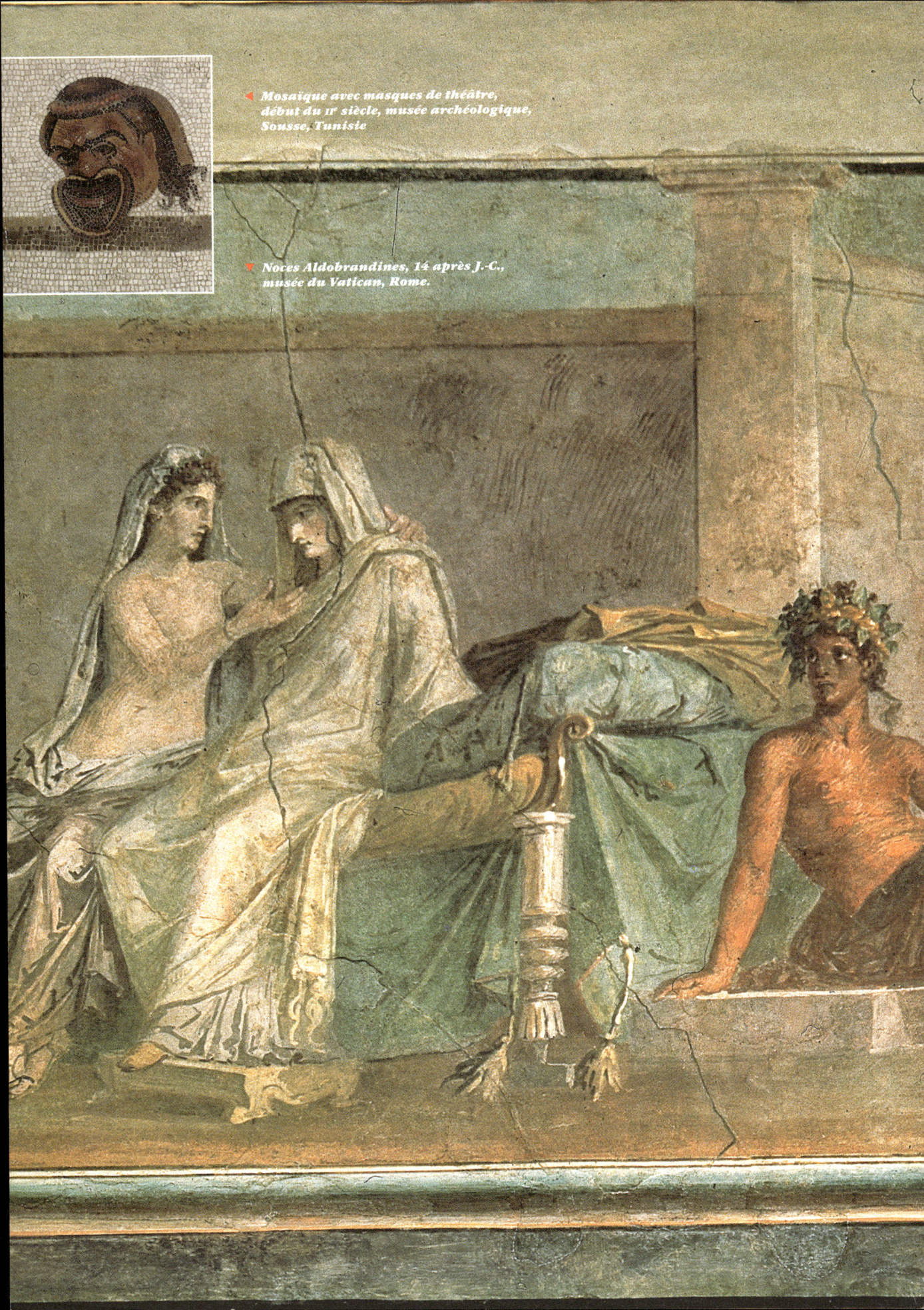

◀ *Mosaïque avec masques de théâtre, début du IIᵉ siècle, musée archéologique, Sousse, Tunisie*

▼ *Noces Aldobrandines, 14 après J.-C., musée du Vatican, Rome.*

Chapitre 6

Catulle : Le charme discret de la bourgeoisie

Nous savons peu de choses de la vie de Caius Valerius Catullus (87 ?-52 ? avant J.-C.). Originaire de Vérone, en Gaule cisalpine, il reçoit une solide formation littéraire et découvre, jeune, la poésie grecque (Sappho, Callimaque et Théocrite). À l'âge adulte, il part pour Rome où il fréquente les cercles littéraires et mondains. En 57-56, il accompagne, en Bithynie, C. Memmius, un noble personnage, magistrat, et aussi poète, qui devient gouverneur de cette province. Il revient bientôt à Rome, déçu par son voyage.

Catulle a connu les plus grandes gloires de son époque, en particulier César et Cicéron.

Il s'est illustré dans la poésie savante et dans la poésie satirique : il stigmatise tous les défauts et les ridicules de ses contemporains. Il s'en prend, par exemple, à ses rivaux en amour, Caelius et Egnatius.

Catulle fut désespérément amoureux de « Lesbia » qui est sans doute Clodia, la sœur du tribun du peuple Clodius Pulcher, tué par Milon (cf. *Pro Milone*). Cette femme, qui avait une dizaine d'années de plus que Catulle, était très courtisée et fort volage.

1 Pour vivre heureux, vivons cachés !

▲ *Scène de banquet, fresque romaine provenant de Pompéi, musée archéologique national, Naples.*

Vivamus, mea Lesbia, atque amemus,
rumoresque senum severiorum
omnes unius aestimemus assis[1] !
Soles[2] occidere et redire possunt :
5 nobis cum semel occidit brevis lux,
nox est perpetua una[3] dormienda.
Da mi[4] basia mille, deinde centum,
dein mille altera, dein secunda centum,
deinde usque altera mille, deinde centum.
10 Dein, cum milia multa fecerimus,
conturbabimus illa, ne sciamus[5],
aut ne quis malus invidere possit[6],
cum tantum sciat[7] esse basiorum.

(CATULLE, *Poésies*, texte établi par G. Lafaye, Les Belles Lettres, Paris, C.U.F., 1984.)

NOTES

1. **as, assis, m.** : *un as (unité de la monnaie romaine) ; désigne une valeur insignifiante*
2. **soles** : *pluriel poétique mis pour* **sol, solis, m.**
3. **una** *(avec a bref)* < **unus, a, um** : *un, unique*
4. **mi** = **mihi**
5. **ne sciamus** : *« pour ne plus savoir »*
6. **ne quis ... possit** : *« pour éviter que quelqu'un ne puisse »*
7. **cum sciat** : *« s'il sait »*

LIRE ET TRADUIRE

1. En vous aidant des indices grammaticaux (désinences des verbes, pronoms personnels) de la 1ʳᵉ phrase (vers 1 à 3), citez les divers personnages de cette histoire. Qui est le narrateur ?

2. En vous appuyant sur la ponctuation et sur les tableaux des *Annexes* (p. 244-250), précisez le mode et le temps des verbes (vers 1 à 3) : qu'exprime ici ce mode ? Traduisez cette 1ʳᵉ phrase.

3. Quel est le temps de *possunt* (vers 4) ? Quelle valeur a-t-il ? À quel temps peut être *occidit* (vers 5) ? Qui est désigné par *nobis* (vers 5) ?

4. Traduisez les vers 4 à 6. Quelle est la valeur des deux-points à la fin du vers 4 ? Quel lien logique soulignent-ils ?

5. À quel mode est *da* (vers 7) ? Y a-t-il une différence de valeur entre ce mode et celui que vous avez repéré à la question 2 ? Quelle conclusion pouvez-vous tirer de cette observation ? Traduisez, à l'aide des notes et du dictionnaire, la fin du texte.

6. Pourquoi les amants doivent-ils se cacher ? De quel travers humain leur faut-il se méfier ?

2 SUR UN MOUCHOIR VOLÉ ...

Marrucine Asini[1], manu sinistra
non belle uteris : in joco atque vino
tollis lintea[2] neglegentiorum[3].
Hoc salsum esse putas ? Fugit te[4], inepte :
5 quamvis[5] sordida res et invenusta est.
Non credis mihi ? Crede Pollioni[1]
fratri, qui tua furta vel talento[6]
mutari velit : est enim leporum
dissertus puer ac facetiarum.
10 Quare aut hendecasyllabos[7] trecentos
exspecta, aut mihi linteum remitte,
quod me non movet aestimatione ;
verum est mnemosynum[8] mei sodalis.
Nam sudaria Saetaba ex Hiberis[9]
15 miserunt mihi muneri[10] Fabullus
et Veranius[11] ; haec amem necesse est[12]
ut[13] Veraniolum meum et Fabullum.

CATULLE, *Op. cit.*, 12.

NOTES

1. **Marrucinus Asinius** *et* **C. Asinius Pollio** *sont frères ; la* **gens Asinia** *est une importante famille romaine et Asinius Pollion devint plus tard l'ami d'Auguste et le protecteur de poètes comme Virgile. Il créa à Rome la première bibliothèque publique.*
2. **linteum, i, n.** : *étymologiquement, le terme désigne « une toile de lin » ; le mot a deux sens : «* mouchoir *» (comme* **sudarium, ii, n.**) *ou «* serviette *»*
3. **neglegentiorum** : *sous-entendez* **convivarum**
4. **fugit te** : *« tu perds la raison »*
5. **quamvis** : *« tout à fait »*
6. **vel talento** : *« même pour un talent »* (*le talent est une monnaie grecque de forte valeur*)
7. **hendecasyllabus, i, m.** : *le vers de 11 syllabes (c'est le type de vers dans lequel ce poème est écrit ; cf. Étude de la Langue)*
8. **mnemosynum, i, n.** : *le souvenir*
9. **Saetabus, a, um** : *de Sétabis, ville de la Tarraconaise (au sud de Valence), renommée pour ses toiles ;* **ex Hiberis** : *« de chez les Ibères »*
10. **muneri** : *traduisez « comme cadeau »*
11. **Fabullus** *et* **Veranius** *sont deux amis de Catulle qui vivent en Espagne*
12. **necesse est** + *subjonctif : « il faut que »*
13. **ut** : *« comme »*

LIRE ET TRADUIRE

1. Définissez la situation de communication grâce au repérage des désinences verbales les plus fréquentes, des pronoms personnels, des adjectifs possessifs, de l'apostrophe du vers 1.

2. Vers 1 à 5 : que reproche Catulle à son interlocuteur ? Quel jugement porte-t-il sur cette manie ? Relevez les mots ou expressions qui traduisent ce jugement. Traduisez ces cinq vers en vous aidant des notes et de votre dictionnaire.

3. Quelle explication apportent les vers 8 et 9 (*est enim → facetiarum*) ? Quel est le mode de *velit* (voir conjugaison de *volo* dans les *Annexes*, p. 250) ? Quel sens ce mode a-t-il ici ? Traduisez ce passage.

4. Quelle punition Catulle promet-il à son interlocuteur ? Pourquoi tient-il tant à son *linteum* ? Traduisez la fin du poème en vous aidant des notes et de votre dictionnaire.

5. D'après vous, quel est le ton de ce poème ? Quels liens peuvent unir Marrucinus Asinius à Catulle ? Quel sens donneriez-vous à *meum* au dernier vers ? Qui sont pour Catulle tous les personnages qu'il cite ici ?

3 LE CADEAU EMPOISONNÉ D'UN AMI …

Catulle a reçu de Calvus un recueil de poèmes de différents auteurs, envoyé par Sylla.

Ni[1] te plus oculis meis amarem,
jucundissime Calve[2], munere isto
odissem te odio Vatiniano[3] ;
nam quid feci ego quidve sum locutus,
5 cur[4] me tot male perderes poetis ?
Isti[5] di[6] mala multa dent clienti,
qui tantum tibi misit impiorum[7].
Quod si[8], ut suspicor, hoc novum ac repertum
munus dat tibi Sulla litterator,
10 non est mi[9] male, sed bene ac beate,
quod non dispereunt tui labores.
Di[6] magni, horribilem et sacrum libellum !
Quem tu scilicet ad tuum Catullum
misti[10], continuo ut die periret,
15 Saturnalibus[11], optimo dierum !
Non non hoc tibi, salse, sic abibit[12].
Nam, si luxerit, ad librariorum
curram scrinia[13], Caesios, Aquinos,
Suffenum[14], omnia colligam venena.
20 Ac te his suppliciis remunerabor.
Vos hinc interea, valete, abite
illuc unde malum pedem[15] attulistis,
saecli incommoda, pessimi poetae.

CATULLE, *Op. cit.*, 14.

NOTES

1. **ni** (= nisi) … **amarem**, … **odissem** : « si je n'aimais pas …, je haïrais … »
2. **Calvus, i, m.** : avocat, ami de Catulle ; il a défendu avec succès un grammairien (**litterator**) du nom de Sylla
3. **Vatinianus, a, um** : de Vatinius ; ce dernier était un partisan de César décrié pour ses vices et un ennemi personnel de Calvus
4. **cur … perderes** : (ici) « pour que tu assassines »
5. **isti** : datif singulier, se rapporte à **clienti**
6. **di** = dii / dei
7. **impiorum** : génitif pluriel neutre (« des écrits sacrilèges ») ou masculin (« des auteurs sacrilèges ») : l'idée est qu'un mauvais poète commet un sacrilège à l'égard des Muses
8. **quod si** = si
9. **mi** = mihi
10. **misti** = misisti
11. **Saturnalibus**, cf. p. 93
12. **Non, non hoc tibi sic abibit** : « Non, tu ne t'en tireras pas comme cela ! »
13. **scrinium, ii, n.** : boîte (il s'agit des boîtes circulaires où on rangeait les **volumina**)
14. **Caesius (ii, m.), Aquinus (i, m.), Suffenus (i, m.)** : mauvais poètes peu connus
15. **pedem** : jeu de mots sur **pes** (le pied, partie du corps, et le pied, mesure du vers)

LIRE ET TRADUIRE

1. Vers 1 à 5 : à qui Catulle s'adresse-t-il ? Quels sont les sens les plus courants de *iste* (vers 2) ? Traduisez ces cinq vers. Quel sens de *iste* avez-vous choisi ? Justifiez votre réponse. En quoi pouvait bien consister le cadeau dont il est question au vers 2 ?

2. Vers 6 à 11 : à quel mode est le verbe du vers 6 ? Traduisez ce vers et donnez la valeur de ce mode ici. À qui renvoient les formes *tibi* (vers 7 et 9), *tui* (vers 11), *mi* (vers 10) ? Que désigne le mot *labores* du vers 11 (cf. note 2) ? Traduisez ce passage à l'aide des notes, du vocabulaire et de votre dictionnaire.

3. Vers 12 à 15 : à quelle époque de l'année se situe cette anecdote ? À quoi Catulle renvoie-t-il avec l'expression : *die optimo dierum* ? Traduisez ce passage.

4. Vers 16 à 20 : à quels temps et modes sont les verbes ? Traduisez-les et trouvez un titre qui pourrait convenir à ces vers.

5. Vers 21 à fin : à quel mode sont les verbes du vers 21 ? Quelle est sa valeur ? À quel cas sont les deux expressions du dernier vers ? Qui désignent-elles ? Traduisez.

6. Commentez, dans ce poème, l'usage de *male* (vers 5 et 10), *mala* (vers 6), *impiorum* (vers 7), *malum* (vers 22). Quel est l'avis de Catulle, porte-parole des *poetae novi*, sur la plupart des poètes, ses contemporains ?

SUR L'ENSEMBLE DES TEXTES

Citez quelques procédés ironiques utilisés par Catulle.

Grammaire

I MORPHOLOGIE DU SUBJONCTIF

- Le subjonctif latin se reconnaît à la présence de suffixes caractéristiques, comme le montrent les tableaux p. 244-250 des *Annexes*.
- Certains verbes ont un subjonctif présent irrégulier (**sum** et ses composés, **eo, volo** et ses composés ; cf. tableaux des *Annexes*).

II SYNTAXE : LE SUBJONCTIF DANS LES PRINCIPALES ET LES INDÉPENDANTES

Le subjonctif exprime la volonté, le souhait, l'hypothèse : c'est le mode de l'action non réelle. On le trouve dans les indépendantes ou principales avec les trois valeurs suivantes.

1. L'ordre et la défense

L'ordre s'exprime en latin par l'impératif ; comme ce mode n'existe qu'à la deuxième personne (du singulier et du pluriel), on se sert du subjonctif pour la 1re et la 3e personne.

▶ **Scribamus** : *Écrivons*. **Fugiant** : *Qu'ils fuient.*

Le latin peut utiliser le subjonctif pour exprimer la défense :
- à la 1re et à la 3e personne, **ne** est suivi du subjonctif présent.

▶ **Ne audiamus** : *N'écoutons pas.* **Ne servi audiant** : *Que les esclaves n'écoutent pas.*

- à la 2e personne, **ne** est suivi du subjonctif parfait.

▶ **Ne scripseris** : *N'écris pas.* **Ne clamaveritis** : *Ne criez pas.*

Rappel
Pour la défense on utilise volontiers une périphrase : **noli** (ou **nolite** au pluriel) + infinitif (cf. chapitre 1).

2. Le souhait et le regret (potentiel et irréel)

Le subjonctif présent indique une action possible (potentiel) ; le subjonctif imparfait et plus-que-parfait une action impossible (irréel).

Subjonctif	Avec *utinam* Souhait / Regret	Potentiel / Irréel
Présent	*Utinam dives sim !* Pourvu que je sois riche ! SOUHAIT	*Faciam.* Je ferais*… (peut-être ; ce n'est pas impossible) POTENTIEL
Imparfait	*Utinam dives essem !* Si seulement j'étais riche ! REGRET DANS LE PRÉSENT	*Facerem.* Je ferais*… (maintenant ; mais c'est impossible) IRRÉEL DU PRÉSENT
Plus-que-parfait	*Utinam dives fuissem !* Si seulement j'avais été riche ! REGRET DANS LE PASSÉ	*Fecissem.* J'aurais fait … (autrefois ; mais c'était impossible) IRRÉEL DU PASSÉ

* Le conditionnel présent exprime en français à la fois le potentiel et l'irréel du présent : c'est le contexte qui permet de faire la différence.

3. Affirmation atténuée ; protestation et délibération

Le subjonctif peut exprimer une affirmation atténuée.

▶ **Dixerit quis** : *Quelqu'un pourrait dire.*

On trouve fréquemment le subjonctif pour exprimer la délibération ou l'indignation.

▶ **Quo curram ? Quo non curram ?** (Plaute) :
Où (dois-je) courir ? Où ne (dois-je) pas courir ? — délibération

▶ **Ego tibi irascerer ?** (Cicéron) :
Moi, je me mettrais en colère contre toi ? — indignation

■ Métrique

1. Notions générales de métrique

(Cf. *Annexes*, pp. 238-239.)

2. Scansion de l'hendécasyllabe phalécien

Catulle utilise ce vers inspiré de la poésie grecque. Comme son nom l'indique, il a onze syllabes, ce qui entraîne une structure fixe de cinq mètres (ou mesures) : un spondée (deux longues), un dactyle (une longue suivie de deux brèves) et trois trochées (une longue suivie d'une brève).

1	2	3	4	5
− −	− ∪ ∪	− ∪	− ∪	− ∪

Voici la scansion du 1er vers du deuxième poème :

M̄arrū|c̄in(e) Ăsĭ|nī, mă|nu sĭ|nistră

Remarque

La longueur de la dernière syllabe est sans importance : elle est systématiquement considérée comme brève. Le **e** est élidé, car il est suivi d'une autre voyelle.

■ Vocabulaire et étymologie

I VOCABULAIRE

1. Révision des *Fundamenta*, p. 251

2. Vocabulaire des textes

Noms

incommodum, i, n. : *le malheur, le fléau*
invidia, ae, f. : *l'envie, la jalousie*
  → **invideo, es, ere, invidi, invisum** : *vouloir du mal, envier*
libellus, i, m. : *le livret, le petit livre*
poeta, ae, m. : *le poète*
rumor, oris, m. : *le bruit, la rumeur*
saeculum, i, n. : *le siècle*
supplicium, ii, n. : *le supplice*
tantum, i, n. : *autant, tant, une telle quantité*
venenum, i, n. : *le poison, le venin*
vinum, i, n. : *le vin*

Adjectifs

brevis, is, e : *bref, court*

impius, a, um : *impie, sacrilège*
  ≠ **pius, a, um** : *pieux, dévot*
perpetuus, a, um : *continu, éternel*
repertus, a, um : *bien trouvé*
sacer, cra, um : *sacré ; maudit*
secundus, a, um : *deuxième ; favorable*
sinister, tra, um : *gauche ; fâcheux, sinistre*
sordidus, a, um : *sale, dégoûtant*

Mots invariables

centum : *cent*
quare : *aussi, c'est pourquoi*
semel : *une (seule) fois*
usque : *sans interruption*

> **Verbes**
>
> **abeo, is, ire, abii, itum** : *s'en aller*
> **aestimo, as, are, avi, atum (+ G.)** : *estimer, apprécier*
> **bibo, is, ere, bibi, bibitum** : *boire*
> **colligo, is, ere, collegi, collectum** : *rassembler*
>
> **luceo, es, ere, luxi** : *briller, faire jour*
> **odi, odisti, odisse** *(parfait à sens de présent)* : *haïr*
> **perdo, is, ere, didi, ditum** : *détruire, anéantir*
> **remitto, is, ere, remisi, remissum** : *renvoyer, rendre*

II ÉTYMOLOGIE : LES MOTS GRECS EN LATIN

Dans les textes de Catulle, nous avons trouvé trois mots grecs transcrits en latin : **hendecasyllabus** (texte 2), **mnemosynum** (texte 2) et **poeta** (texte 3).

1. *Hendecasyllabus*

Le mot vient d'un adjectif grec « *hendekasyllabos* » formé du nombre « *hendeka* » (onze) et de « *syllabê* » (la « syllabe », littéralement « ce qu'on prend ensemble »). Le « h » initial est une transcription de l' « esprit rude » (une aspiration de la voyelle initiale d'un mot) ; un tel « h » initial signale souvent un mot grec (ex. : **hora**, *l'heure, la saison* ; **hydria**, *l'hydrie*, sorte d'amphore à poignée pour l'eau). Le « c » du latin transcrit le « kappa » (« k ») du grec. Le « y » est en réalité un « upsilon » grec et se prononce [y] même en latin. Il ne se trouve pour ainsi dire que dans des mots empruntés au grec.

2. *Mnemosynum*

Le mot vient d'un adjectif substantivé grec « *to mnêmosynon* » (« ce qui rappelle un souvenir ») formé sur « *hê mnêmê* » (« le souvenir, la mémoire »). Cette racine grecque a donné en français, par exemple, *amnésie*, *mnémotechnique*.

3. *Poeta*

Poeta, ae, m. : ce nom de métier en **-a**, mais masculin (déclinaison de **causa**), provient du grec « *ho poiêtês* » (littéralement : « celui qui fait » ; l'auteur). Le terme est utilisé pour désigner les poètes depuis Hésiode et Pindare ; auparavant, on utilisait le mot « aède » (« le chanteur »), car les grands cycles épiques comme l'*Iliade* ou l'*Odyssée* furent d'abord des œuvres orales « chantées », récitées.

4. D'autres emprunts

Comme on peut le constater, le latin « importe » des mots techniques grecs ; cette habitude encore rare sous la République se généralisera sous l'Empire.

Voici quelques autres lettres ou combinaisons de lettres qui permettent de reconnaître des mots d'origine grecque :

- le **« x »** transcrit le *xi* (« ks ») grec
  ▶ **Alexander, dri, m.** : *Alexandre*

- le **« z »** transcrit le *dzêta* (« dz ») grec
  ▶ **zodiacus, i, m.** : *le zodiaque*

- le **« th »** transcrit le *thêta* (th ; « t » avec une aspiration)
  ▶ **thermae, arum, f. pl.** : *les thermes*

- le **« ph »** transcrit le *phi* (ph ; « p » avec une aspiration)
  ▶ **philosophus, i, m.** : *le philosophe*

- le **« ch »** (prononcé [k]) transcrit le *khi* (un « k » avec aspiration)
  ▶ **chorus, i, m.** : *la danse, le chœur*

- le **« ps »** transcrit le *psi* (« ps ») grec
  ▶ **psallo** : *chanter en s'accompagnant de la cithare*
    → **psalmus, i, m.** : *le psaume*

- les diphtongues **« ae »** et **« oe »** viennent du grec *ai* et *oi*
  ▶ **Aeschylus, i, m.** : *Eschyle* (vient de *Aischylos*)
  Oedipus, i, m. : *Œdipe* (de *Oidipous* = « aux pieds enflés »)

Le français suit les mêmes règles de transcription du grec que le latin, à la différence, par exemple, de l'italien :

▶ **fotografia** ≠ *photographie* ; **idroelettrico** ≠ *hydroélectrique*

CHAPITRE 6 : *Catulle : Le charme discret de la bourgeoisie*

EXERCICES

1. À l'aide d'un dictionnaire, recherchez l'étymologie de ces mots ; sont-ils d'origine grecque ou latine ?
hydraulique – prosaïque – horaire – musique – théâtral – poésie – horloge – poème – chorégraphie – hydroculture – rhétorique – lyrisme – grammaire – historique.

2. Recherchez l'étymologie et le sens des mots suivants, puis expliquez leur orthographe :
œsophage – œdème – hématie – céphalée – bibliothèque – œcuménisme – esthète – bibliophilie – gymnastique – synthèse – (statue) chryséléphantine – onychophagie.

3. Analysez et traduisez les formes verbales suivantes :
stem – jubearis – mittatur – capiat – dent – audirentur – vocaverimus – tenuissent – darentur – vocati sint.

4. Même exercice :
vocareris – missae essent – mittamini – audiamus – vocent – tenuerint – caperentur – auditae simus – uterer – usi essemus.

5. Traduisez en latin :
qu'il donne – qu'ils aient pris – qu'il ait été entendu – qu'ils eussent été appelés – qu'ils fassent – qu'il fît – que vous prissiez – qu'il fût envoyé – qu'il eût envoyé – que nous prenions.

6. Traduisez :
1. Ne Romam ieritis !
2. Philosophorum libros legamus !
3. Ne istud feceritis !
4. Lutetiam eant !
5. Milites mittat !
6. Ne leges neglegant !
7. Ne istis libris utatur !
8. Ne istum oratorem audiveritis !
9. Ne deos omittamus !
10. Ne equum ascenderitis !

7. Traduisez et précisez la valeur du mode employé :
1. Utinam beatus sim !
2. Utinam Ciceronis orationes diligenter legissem !
3. Utinam piger ne essem !
4. Nemo talia crederet.
5. Nullus amicus mihi hoc fecisset.
6. Quid nunc faciamus ?
7. Quid plura dicam ?
8. Quo eamus ?
9. Quid faceretis ?
10. Quid fecissent ?

8. Scandez les vers 1 à 6 de Vivamus. Pouvez-vous en tirer une information intéressante sur le cas – et donc le sens – de una ?

9. Scandez les vers 10 à 13 de Marrucine Asini.

10. Version

Un rival au sourire éclatant !

Egnatius, quod candidos habet dentes,
renidet usque quaque[1]. Si ad rei ventum est
subsellium[2], cum orator excitat fletum,
renidet ille. Si ad pii rogum fili
5 lugetur, orba[3] cum flet unicum mater,
renidet ille. Quidquid est, ubicumque est,
quodcumque agit, renidet ; hunc habet morbum,
neque elegantem, ut arbitror, neque urbanum.
Quare monendum est[4] te mihi, bone Egnati.
10 Si urbanus[5] esses[6] aut Sabinus aut Tiburs
aut parcus Umber aut obesus Etruscus
aut Lanuvius ater atque dentatus
aut Transpadanus[7], ut meos quoque attingam[8],
aut qui lubet, qui puriter lavit dentes,
15 tamen renidere usque quaque te nollem[6] ;
nam risu inepto res ineptior nulla est.
Nunc Celtiber[7] es ; Celtiberia in terra,
quod quisque minxit, hoc sibi solet mane
dentem atque russam defricare gingivam
20 ut quo iste vester expolitior dens est,
hoc te amplius bibisse praedicet loti[9].
(CATULLE, *Op. cit.*, 39.)

◀ *Relief figurant une cave remplie d'amphores, IIe-IIIe siècle, musée de la Civilisation romaine, Rome.*

◀ *Porteurs de victuailles, fresque du Iᵉʳ siècle, Pompéi, musée archéologique national, Naples.*

NOTES

1. usque quaque : *en toute occasion*
2. si ad rei ventum est subsellium : « *si l'on est venu sur les bancs d'un tribunal* »
3. orba : « *qui a perdu un membre de sa famille* » ; unicum, *sous-entendez* filium
4. monendum est te mihi : « *je dois t'avertir* »
5. urbanus, a, um : *Romain*
6. si ... esses ... *(vers 10)*, tamen ... te nollem *(vers 15)* : « *si tu étais ..., je ne te permettrais pourtant pas ...* »
7. Sabinus, Tiburs, Umber, Etruscus, Lanuvius, Transpadanus, Celtiber : *ces termes désignent une origine géographique : Sabin, de Tibur, Ombrien, Étrusque, de Lanuvium (une ville du Latium), Transpadan (la Transpadane se situe au nord du Pô), Celtibère (la Celtibérie est une région d'Espagne)*
8. ut meos quoque attingam : « *pour parler aussi des miens* »
9. vers 20-21 : quo + *comparatif* ... hoc + *comparatif* = *plus ... plus* ; « *si bien que, plus tes dents sont éclatantes, plus elles proclament que tu as bu d'urine* »

QUESTIONS

1. Recherchez toutes les formes de subjonctif du passage et analysez-les.
2. En vous aidant des notes, traduisez ce poème de Catulle.
3. *bone Egnati* (vers 9) : à quel cas est cette expression ? Que faut-il penser de l'adjectif utilisé par Catulle ?
4. *morbum* (vers 7) : que désigne ici ce mot ? Quelle est l'opinion de Catulle sur le sourire ? Citez un vers qui la montre.
5. Citez un procédé satirique employé par Catulle.

11. Version

Un snob sous la République, Arrius.

Chommoda dicebat, si quando commoda vellet¹
dicere, et insidias Arrius hinsidias,
et tum mirifice sperabat se esse locutum,
cum quantum² poterat dixerat hinsidias.
5   Credo, sic mater, sic liber³ avunculus ejus,
Sic maternus avus dixerat atque avia.
Hoc misso in Syriam requierant⁴ omnibus aures ;
audibant⁵ eadem haec leniter et leviter,
nec sibi postilla⁶ metuebant talia verba,
10 cum subito affertur nuntius⁷ horribilis,
Ionios fluctus, postquam illuc Arrius isset⁸,
jam non Ionios esse, sed Hionios.

(Catulle, *Op. cit.*, 84.)

NOTES

1. si ... vellet : *chaque fois qu'il voulait*
2. quantum : *autant que*
3. liber, era, erum : *(ici) affranchi*
4. requierant = requieverant (*de* requiesco)
5. audibant = audiebant
6. postilla = postea : « *après cela, ensuite, par la suite* »
7. nuntius : *le contenu de cette « nouvelle » est développé par la proposition infinitive :* Ionios fluctus jam non Ionios esse, sed Hionios.
8. postquam ... isset : *après qu'il fut allé*

QUESTIONS

1. Lisez attentivement le poème : que remarquez-vous pour certains mots répétés ? Quel est le défaut d'Arrius ?
2. Montrez que le vers 10 est particulièrement ambigu. À quelle « nouvelle » pourrait-on s'attendre ? Que pensez-vous de la chute ?
3. À l'aide des réponses précédentes, des notes et de votre dictionnaire, faites une traduction écrite du poème en tâchant de rendre en français le défaut d'Arrius.

▲ *Enseigne d'un thermopolium, fresque, Ostie.*

Chapitre 6 : *Catulle : Le charme discret de la bourgeoisie*

Cultes et fêtes à Rome

1 Le culte familial

Rome fut souvent qualifiée de société du spectacle. Les « péplums » (films sur un sujet tiré de l'Antiquité) montrent les Romains passant leur vie au spectacle, à l'amphithéâtre et emplissant les rues de Rome des cris : « *Panem et circenses* » (Du pain et des jeux !). Si une telle tendance a pu se développer au cours de l'Empire, il n'en est rien en revanche sous la République.

Le Romain des origines est un homme religieux et sa vie s'organise autour d'un grand nombre de rites à accomplir. Ainsi, dans les familles patriciennes, le *paterfamilias* s'occupe du culte de l'ancêtre de la *gens* qui se pratique dans la maison, d'une manière privée, sans l'intervention d'un prêtre quelconque. Dans l'*atrium*, la pièce d'apparat ouverte sur le ciel par l'*impluvium*, se trouve une sorte de chapelle *(sacrarium)* ; elle comporte un autel creusé d'un foyer où brûle en permanence le feu sacré ; dans un recoin, se trouve une niche, le laraire *(lararium)* qui supporte des représentations du dieu du foyer, le *Lare*, et des deux divinités veillant aux provisions, « les Pénates ». On leur offre des fleurs.

▲ *Laraire, musée de la Civilisation romaine, Rome.*

Les Romains qui craignent la colère des morts rendent aux âmes de leurs ancêtres (qu'ils appellent « Mânes ») un culte destiné à les apaiser : le jour de l'anniversaire des morts, on leur fait des offrandes de fleurs ou d'aliments.

Les hommes possèdent une sorte d'ange gardien, le *genius* qui apparaît souvent sur les *laraires* sous la forme d'un serpent (symbole bénéfique) ; les femmes, qui n'ont pas de « génie », sont placées sous la haute protection de la déesse Junon.

C'est toujours le père de famille qui s'occupe du culte domestique ; il est assisté par son fils auquel il enseigne les pratiques religieuses. Quand il n'y a pas de fils dans la famille, le père adopte un garçon auquel il lègue son nom et qui assurera le culte familial au décès de son père adoptif.

2 Les cultes publics

L'État, pour les Romains, est une sorte de métaphore de la famille, en plus grand : il a donc son foyer (temple de Vesta), ses dieux Lares (Romulus et Rémus) et des Pénates qui protègent l'approvisionnement. Il n'a pas d'ancêtre fondateur, du moins jusqu'à l'Empire où Virgile, la voix de l'empereur Auguste, popularisera le personnage d'Énée, « fondateur » de Rome, représenté par son descendant, l'empereur. Ces divinités ont un culte.

De plus, une quantité incroyable de *numina* (puissances divines désincarnées, sans représentation précise dans les premiers temps) président à tous les actes de la vie ; leur liste est continuellement tenue à jour par les prêtres, car il est important, dans les cérémonies, de n'en oublier aucune et de les invoquer selon des règles très précises : une prière mal faite, loin de vous rendre favorables les dieux, les met en colère contre vous !

À Rome, trois dieux vont finir par se distinguer parmi toutes ces puissances ; on les vénère sur le Capitole, où ils ont leurs premiers temples : Jupiter, Junon et Minerve (la « Triade Capitoline »).

Sous la République, on ne compte pas moins d'une cinquantaine de fêtes religieuses *(feriae* > d'où « jour férié » en français ; « die Ferien », les vacances, en allemand) ; les unes sont fixes, les autres ont des dates mobiles.

À cela s'ajoutent une soixantaine de jours de jeux publics *(ludi)* qui sont la plupart du temps en relation avec les fêtes religieuses et des jeux votifs *(ludi votivi)* donnés en remerciement pour le succès d'une entreprise ; ces jeux votifs ont tendance à devenir de plus en plus nombreux, car des particuliers, riches, peuvent, tout comme l'État, les faire organiser.

3 Le calendrier des fêtes religieuses

1 LES RITES APOTROPAÏQUES *(écartent les maléfices des morts ou des dieux)*

JANVIER	11, 15*	*Carmentalia*	En l'honneur de la nymphe Carmenta, déesse des sources, qui fixe la destinée des enfants.
FÉVRIER	15	*Lupercalia*	Rites magiques pour détourner les loups des bergeries. Plus tard, les prêtres Luperques défilent à moitié nus dans les rues de Rome et frappent d'une lanière de cuir de bouc les hommes et femmes qui désirent des enfants ou de bonnes récoltes.
	13-21	*Feralia*	Pendant neuf jours, toutes les affaires s'arrêtent, il n'y a pas de mariages, les temples sont fermés ; on rend un hommage public aux Mânes.
MARS	1er	*Matronalia*	Fête des mères ; on fait des vœux et on offre des présents.
MAI	9-14	*Lemuria*	Ce sont des cérémonies funèbres destinées à conjurer les maléfices de spectres.

* Ces numéros correspondent aux dates dans le mois.

2 LES RITES CONCERNANT LA GUERRE

MARS	15	*Equirria*	Fête équestre en l'honneur du dieu Mars : on procède à la purification des chevaux avant la nouvelle campagne militaire.
	19	*Quinquatrus*	Purification de l'armée sur le Champ de Mars : une procession tourne trois fois autour de l'armée et on organise un *suovetaurile* (sacrifice d'un porc, d'une brebis et d'un taureau).
	23	*Tubilustrum*	Purification des trompettes de l'armée.
OCTOBRE	15	*October equus*	Fin de la campagne militaire ; on tue symboliquement la guerre : après une course de chars, on sacrifie le cheval vainqueur placé à droite de l'attelage et l'on verse son sang sur le foyer national.
	19	*Armilustrum*	On procède à la purification des armes, ce qui permet d'effacer les crimes de la guerre.

3 LES RITES AGRAIRES *(liés au travail de la terre)*

FÉVRIER	23	*Terminalia*	Dans les campagnes, on procède à la révision et à la sanctification des bornes qui marquent les limites des terrains ; ce rite se fait en l'honneur du dieu Terme *(Terminus)*.
MARS	17	*Liberalia*	Fêtes de printemps en l'honneur de *Liber* (Bacchus). Le garçon *(puer)* d'environ 17 ans dépose sa bulle (le médaillon contenant des amulettes qu'il a reçu au 9e jour de son existence, au *dies lustricus*) et la toge prétexte pour revêtir la toge virile.
AVRIL	21	*Palilia*	Fête en l'honneur de Palès, très ancienne divinité pastorale, protecteur du Palatin pour l'anniversaire de la fondation de Rome. On organise un festin et des feux.
	25	*Robigalia*	Il s'agit d'une fête en l'honneur du soleil ; on y sacrifie des chiens roux *(robigo* = la rouille) qui rappellent l'éclat solaire.
JUILLET	19, 21	*Lucaria*	Fêtes des bois *(lucus* = « bois sacré ») destinées à protéger les bûcherons des mauvais esprits des arbres.
AOÛT	23	*Volcanalia*	C'est la fête de la moisson. On organise aussi un concours de pêche, à l'issue duquel le *paterfamilias* jette des poissons vivants dans le feu en l'honneur de Vulcain : ce rite conjure les incendies de granges.
OCTOBRE	11	*Meditrinalia*	C'est la fête du « vin nouveau ».
DÉCEMBRE	27	*Saturnalia*	Il s'agit d'une fête solaire ; on célèbre le solstice d'hiver en l'honneur de Saturne et on prie pour amener le soleil à remonter dans le ciel. C'est l'occasion de s'inviter et de se faire des cadeaux. Ce jour-là, tout est permis et l'on voit des esclaves se faire servir par leur maître qu'ils abreuvent de quolibets ; ils se vengent ainsi d'une année de soumission !

Question

Comparez les cultes et les fêtes évoqués dans ces pages avec des manifestations que vous connaissez : voyez-vous des rapprochements possibles ? des différences ?

Chapitre 7

Phèdre : Selon que vous serez puissant ou misérable

On a très peu de renseignements sur la vie de Phèdre ; on sait néanmoins qu'il est né esclave en Thrace, pays de langue grecque, et qu'il aurait vécu pendant environ les cinquante premières années de notre ère.

Il est venu à Rome assez tôt et, affranchi par l'empereur Auguste, il a choisi d'écrire des fables en vers, s'inspirant du célèbre fabuliste grec du VIe siècle avant J.-C., Ésope le Phrygien. Phèdre a connu la disgrâce et l'exil.

Il nous a laissé cinq livres de fables (135 pièces) qui mettent en scène, de façon traditionnelle, des animaux ou des humains ; des leçons morales accompagnent ces récits, souvent très amusants.

1 « Le Renard et l'Aigle »

Apprenez à vous défendre contre les puissants.

Quamvis sublimes debent humiles metuere,
Vindicta docili quia patet sollertiae.
Vulpinos catulos aquila quondam sustulit
nidoque posuit, pullis escam ut carperet[1].
5 Hanc prosecuta mater orare incipit
ne tantum miserae[2] luctum importaret sibi.
Contempsit illa, tuta quippe[3] ipso loco.
Vulpes ab ara rapuit ardentem facem
totamque flammis arborem circumdedit,
10 hosti dolorem damno minitans sanguinis[4].
Aquila ut periclo[5] mortis eriperet suos
incolumis natos supplex vulpi tradidit.

Phèdre, *Fables*, I, 28, *Vulpes et Aquila*, texte établi et traduit par A. Brenot, Les Belles Lettres, Paris, C.U.F., 1989.

NOTES

1. pullis escam ut carperet : « *pour les donner en pâture à ses aiglons* »
2. miserae : *l'adjectif se rapporte à* sibi
3. tuta quippe : « *puisqu'il était en sécurité* »
4. hosti ... sanguinis : « *menaçant son ennemie de lui faire perdre sa progéniture* »
5. periclo = periculo

LIRE ET TRADUIRE

1. Traduisez mot à mot les vers 1 et 2, dont voici une traduction plus élaborée :
   « Les plus hauts placés doivent craindre les petits, car la voie de la vengeance est ouverte à ceux qui prennent leçon sur les circonstances. »
   Que représente ce passage dans la fable ? Justifiez votre réponse.

2. Relevez les mots évoquant la violence et le désespoir.

3. Identifiez le complément d'objet de *orare* (vers 5) : quelle est la nature de la proposition constituée par le vers 6 ? Analysez son verbe.

4. Traduisez l'ensemble du texte.

5. À qui s'adresse cette fable ? Qui sort vainqueur, l'aigle ou le renard ? De quelle façon ? Quelle leçon pouvez-vous en tirer ?

▲ *Ibis et canards, mosaïque romaine, musée archéologique national, Naples.*

2 « RANA RUPTA ET BOS »

Mais ... restez à votre place ...

Inops potentem dum vult imitari perit.
In prato quondam rana conspexit bovem
et tacta invidia[1] tantae magnitudinis
rugosam inflavit pellem ; tum natos suos
5 interrogavit an bove esset latior.
Illi negarunt[2]. Rursus intendit cutem
majore nisu, et simili quaesivit modo,
quis major esset. Illi dixerunt bovem.
Novissime indignata dum vult validius[3]
10 inflare sese, rupto jacuit corpore.

PHÈDRE, *Op. cit.*, I, 24.

NOTES
1. tacta invidia : *« atteinte de jalousie »*
2. negarunt = negaverunt
3. validius : *comparatif de l'adverbe* valide

LIRE ET TRADUIRE

1. Que signifie le titre ? Vous rappelle-t-il un texte de la littérature française ? Lequel ?
2. Identifiez et traduisez la morale de cette fable. À qui s'adresse-t-elle ? Quelle est la leçon à en tirer ?
3. Relevez deux verbes au subjonctif. À quel temps sont-ils ? Analysez ensuite les propositions dans lesquelles ils se trouvent et expliquez la concordance des temps.
4. Relevez les mots indiquant la taille.
5. Traduisez la fable.

3 « La corne brisée »

On a du mal à cacher ses mauvaises actions.

Pastor capellae cornu baculo fregerat ;
rogare coepit ne se domino proderet[1].
« Quamquam indigne laesa reticebo tamen ;
sed res clamabit ipsa quid[2] delinqueris. »

PHÈDRE, *Op. cit.*, A, 22, *Cornu fractum*.

NOTES

1. **proderet** *a pour sujet* **capella** *(sous-entendu)* ; **se** *représente* **pastor**
2. **quid** : *« en quoi »*

LIRE ET TRADUIRE

1. Retrouvez les mots latins qui sont à l'origine des mots français suivants, et expliquez leur étymologie : pâtre ; bacille ; fracture ; fraction ; léser ; réticent ; clameur ; délinquant.

2. Analysez les six verbes conjugués ; traduisez-les et justifiez l'emploi des subjonctifs.

3. Traduisez la fable.

4. Qui énonce la morale ? Pouvez-vous la reformuler ?

Frise avec deux paons, IVᵉ siècle, mosaïque du pavement, basilique d'Aquileia.

■ Grammaire

I   LES SUBORDONNÉES COMPLÉTIVES AU SUBJONCTIF

Nous avons identifié ce type de subordonnée dans la fable de Phèdre *Le Renard et l'Aigle* :

… mater orare incipit <u>ne tantum miserae luctum importaret sibi</u> : *la mère commença à supplier (l'aigle femelle)* <u>*qu'elle n'inflige pas une douleur aussi grande à une malheureuse*</u>.

En français, la proposition subordonnée complète le verbe « supplier », et elle est introduite par *que (qu')* ; son verbe est au subjonctif.

En latin, la proposition complète **orare** et est introduite par **ne** (négation de **ut**) et le verbe se met au subjonctif.

La proposition complétive sert à compléter un élément d'une phrase et fait partie du groupe verbal : elle peut être sujet, attribut du sujet, mais elle est le plus souvent complément d'objet direct.

Proposition subordonnée	Verbes introducteurs exprimant :	Exemples
ut + SUBJONCTIF **ne** + SUBJONCTIF	LA VOLONTÉ, LA PRIÈRE, L'EFFORT	**Impero ut / ne veniat :** *J'ordonne qu'il vienne / qu'il ne vienne pas.*
ne + SUBJONCTIF **ne non** + SUBJONCTIF	LA CRAINTE	**Timeo ne / ne non veniat :** *Je crains qu'il (ne) vienne / ne vienne pas.*
ne + SUBJONCTIF	L'EMPÊCHEMENT (principale affirmative)	**Impedio ne proficiscatur :** *J'empêche qu'il parte.*
quin/quominus + SUBJONCTIF	(principale négative)	**Non impedio quin proficiscatur :** *Je n'empêche pas qu'il parte.*

II   LES PROPOSITIONS INTERROGATIVES INDIRECTES

- Elles complètent des verbes signifiant *demander, chercher à savoir*.
- Elles sont introduites par **un mot interrogatif** (adverbe ou pronom-adjectif).
- En latin, leur verbe se met au **subjonctif** (contrairement au français).
- Elles sont le plus souvent **complément d'objet direct** du verbe dont elles dépendent.

▶ **Quaero quis veniat :** *Je demande qui vient.*
Quaero paterne tuus veniat : *Je demande si ton père vient.*

III   LA CONCORDANCE DES TEMPS

Les propositions complétives obéissent aux règles générales de la concordance des temps :

Verbe principal	Verbe de la subordonnée	Exemples
INDICATIF PRÉSENT OU FUTUR	SUBJONCTIF PRÉSENT SIMULTANÉITÉ	**Opto** *(je souhaite)* **ut veniat** *(qu'il vienne)*
	SUBJONCTIF PARFAIT ANTÉRIORITÉ	**ut venerit** *(qu'il soit venu)*
INDICATIF PASSÉ	SUBJONCTIF IMPARFAIT SIMULTANÉITÉ	**Optabam** *(je souhaitais)* **Optavi** *(j'ai souhaité)* **ut veniret** *(qu'il vînt)*
	SUBJONCTIF PLUS-QUE-PARFAIT ANTÉRIORITÉ	**ut venisset** *(qu'il fût venu)*

CHAPITRE 7 : *Phèdre : Selon que vous serez puissant ou misérable*

ÉTUDE DE LA LANGUE

L'expression du futur dans les subordonnées au subjonctif :

– En général la règle de la concordance des temps s'applique et le contexte donne l'idée de futur :

> **Rogo ut cras venias :** *Je te demande de venir demain.*
> **Rogabam ut cras venires :** *Je te demandais de venir le lendemain.*

– Pour exprimer la postériorité dans les subordonnées interrogatives indirectes, on utilise le participe futur accompagné de **sum** qui suit alors les règles de la concordance des temps :

> **Scio quid acturus sis :** *Je sais ce que tu feras.*
> **Sciebam quid acturus esses :** *Je savais ce que tu ferais.*

■ Vocabulaire et étymologie

I VOCABULAIRE

1. Révision des *Fundamenta*, p. 251

2. Vocabulaire des textes

Noms	Mots invariables
ara, ae, f. : *l'autel*	**quondam :** *un jour, autrefois*
arbor, oris f. : *l'arbre*	**rursus :** *à nouveau*
bos, bovis, m. et f. : *le bœuf, la vache*	
damnum, i, n. : *le dommage*	**Verbes**
fax, facis, f. : *la torche*	**ardeo, es, ere, arsi, arsum :** *brûler*
flamma, ae, f. : *la flamme*	**carpo, is, ere, psi, ptum :** *cueillir, déchirer*
luctum, i, n. : *le deuil*	**circumdo, as, are, dedi, datum :** *placer autour, entourer*
natus, i, m. : *le fils, le petit (d'animaux)*	**conspicio, is, ere, spexi, spectum :** *voir*
	contemno, is, ere, tempsi, temptum : *mépriser*
Adjectifs	**jaceo, es, ere, cui :** *être étendu*
humilis, is, e : *humble, modeste*	**imitor, aris, ari, atus sum :** *imiter*
incolumis, is, e : *sain et sauf*	**intendo, is, ere, tendi, tentum :** *tendre, augmenter*
indignatus, a, um : *indigne*	**interrogo, as, are, avi, atum :** *interroger*
inops, opis : *pauvre*	**oro, as, are, avi, atum :** *prier*
potens, entis : *puissant*	**pateo, es, ere, ui :** *être découvert, être manifeste*
tutus, a, um : *en sécurité*	**rumpo, is, ere, rupi, ruptum :** *briser, rompre*
validus, a, um : *robuste, vigoureux, efficace*	

II ÉTYMOLOGIE : LES RACINES DE *cutis* ET *pellis*

1. *Cutis*

Cutis, is f. : *la peau* (< *skeuts / skuts en indo-européen) signifie en latin « ce qui enveloppe » et s'oppose à **corium, ii, n. :** *la peau qu'on découpe* (> cuir, coriace).

> *cutané* est un mot savant, ainsi que *cuticule* (petite membrane mince) et *cuti-réaction* (vaccination préventive par incision de la peau, mot récent, datant de 1946),
> en espagnol : *cutis,*
> en anglais : *skin,*
> en allemand : *die Haut.*

Les mots **skutos** : *peau travaillée* et **kutos** : *enveloppe* et *cavité*, en grec ancien, ont fourni au français l'élément *-cyte* et *cyto-* : *monocyte, cytoplasme…*

Le mot grec courant désignant la peau est **derma** > *dermatologue* …

▲ *Colombes buvant, mosaïque provenant de la villa d'Hadrien, musée Capitolin, Rome.*

2. *Pellis*

Pellis, is, f. : *la peau* : peau d'animal, fourrure, cuir et aussi parchemin (peau tannée) ; ce mot a remplacé **cutis** dans le langage populaire. Il est à l'origine du français « peau » et appartient à la famille du grec *pelma* (plante de pied), de l'anglais *filmen* (pellicule), du russe *plena* …

> **pellicula, ae, f. :** *la petite peau, la pellicule,*
> **palea, ae, f. :** *la « balle » du blé*, utilisée comme litière, puis la « paille »,
> *film* (emprunt à l'anglais) : bande de pellicules pour la photographie et le cinéma, puis scène représentée par le film.

De nombreuses expressions populaires françaises utilisent le mot *peau* : y laisser sa peau, être bien dans sa peau, risquer sa peau, se mettre dans la peau d'un personnage …

EXERCICES

1. *Expliquez les mots soulignés grâce à l'étymologie de ce chapitre :*
1. Son <u>épiderme</u> est très fragile : il a une <u>dermatose</u> inflammatoire.
2. Le médecin l'a soigné avec une injection de cortisone <u>sous-cutanée</u>.
3. Le magasin que je fréquente pour mes achats de légumes <u>a fait peau neuve</u> pendant l'été.
4. Cette jeune fille ne veut plus rien manger : elle n'a <u>que la peau et les os</u>.
5. J'achèterai des <u>films</u> vierges avant de partir en voyage.
6. J'enlève toujours la <u>pellicule</u> qui recouvre le lait chaud : je n'aime pas du tout son goût.
7. Ce nouveau shampooing <u>antipelliculaire</u> est très efficace, dit-on.

2. *Traduisez les phrases suivantes et donnez la fonction des complétives :*
1. Nihil impedit quominus id quod maxime placeat facere possimus.
2. Te rogo ne demittas animum.
3. Rogat ut finem orandi faciam.
4. Dominus servo imperat ut quas possit adeat civitates.

3. *Mettez toutes les propositions principales de l'exercice 2 au parfait de l'indicatif et effectuez les transformations nécessaires dans les subordonnées ; traduisez ensuite les phrases obtenues en respectant, en français aussi, la concordance des temps.*

4. *Traduisez les phrases suivantes :*
1. Placuit eis ut ad Ariovistum legatos mitterent (*Arioviste est un chef germain*).
2. Regulus sententiam ne diceret recusavit (*Regulus était un consul romain pendant les guerres puniques*).
3. Germani retineri non potuerunt quin in nostros tela conjicerent.
4. Accidit ut eo die esset luna plena.

5. *Mettez toutes les propositions principales de l'exercice 4 au présent de l'indicatif et effectuez les transformations nécessaires dans les subordonnées ; traduisez ensuite les phrases obtenues.*

6. *Traduisez les phrases suivantes :*
1. Interrogabat amicos quis esset qui rideret.
2. Haud sciebam an aliter sentires.
3. Haud sciebam utrum posset venire an non.

▲ *Oiseau, peinture murale romaine, Casa di Venere, Pompéi.*

4. Utrum consistere vellet an mare transire, nesciebatur.
5. Nesciebam quomodo, nesciebam unde, nesciebam quando huc perventurus esset.

7. *Mettez toutes les propositions principales de l'exercice 6 au présent de l'indicatif et effectuez les transformations nécessaires dans les subordonnées ; traduisez ensuite les phrases obtenues.*

8. *Traduisez les phrases suivantes :*
1. Interrogat utra acies victura sit.
2. Nescimus Optimatibusne Tib. Gracchus studeat.
3. Scis ubi Cicero a Molone disciplinam acceperit.
4. Rogat unde venturi sitis.
5. Scis qua iter fecerimus.

9. *Mettez toutes les propositions principales de l'exercice 8 au parfait de l'indicatif et effectuez les transformations nécessaires dans les subordonnées ; traduisez ensuite les phrases obtenues.*

10. Version

De vitiis hominum

Peras imposuit Juppiter nobis duas ;
propriis repletam vitiis post tergum dedit,
alienis ante pectus suspendit gravem.
Hac re videre nostra mala non possumus ;
5   alii simul[1] delinquunt censores sumus.
(PHÈDRE, *Op. cit.*, IV, 10.)

NOTE

1. simul = simul ac

QUESTIONS

1. Recherchez les différents sens du mot *censor* en latin et de sa traduction en français ; justifiez votre choix dans ce texte.
2. Retrouvez des mots français issus de : *repletam ; alienis ; pectus ; simul ; delinquunt*.
3. Traduisez la fable et son titre.
4. Comparez la fable de Phèdre avec la fin de *La Besace* de La Fontaine.

> Nous nous pardonnons tout et rien aux autres hommes.
> On se voit d'un autre œil qu'on ne voit son prochain.
>   Le fabricateur souverain
> Nous créa besaciers[1] tous de même manière,
> Tant ceux du temps passé que du temps d'aujourd'hui :
> Il fit pour nos défauts la poche de derrière,
> Et celle de devant pour les défauts d'autrui.

1. besaciers : *porteurs de besace, c'est-à-dire un double sac dans lequel les mendiants mettaient les aumônes.*

11. Version

Serpens et lacerta

Serpens lacertam forte aversam[1] prenderat ;
quam[2] devorare patula cum vellet gula,
arripuit illa prope jacentem surculum,
et pertinaci morsu transversum tenens
5 avidum sollerti rictum frenavit mora.
Praedam dimisit ore serpens irritam[3].

(PHÈDRE, *Op. cit.*, A, 23.)

NOTES

1. aversam : *qui se présentait de dos, par-derrière*
2. quam : *traduire par « le » (pour* lacerta, *le lézard)*
3. irritam : *« perdue pour lui »*

QUESTIONS

1. Traduisez la fable et son titre.
2. Y a-t-il une morale exprimée ?
3. Pouvez-vous formuler une leçon à tirer de la fable ?
4. En quoi le texte est-il drôle ?

12. Version

Calvus et quidam pilis defectus

Invenit <u>calvus</u> forte in <u>trivio</u> pectinem.
<u>accessit</u> alter aeque <u>defectus</u> <u>pilis</u>.
« Eia !, inquit, in commune ! quodcumque est <u>lucri</u>[1]. »
<u>Ostendit</u> ille praedam et adjecit simul :
5 « <u>superum</u> voluntas <u>favit</u> ; sed fato invido
<u>carbonem</u>, ut aiunt, pro <u>thesauro</u> invenimus. »
<u>quem</u> spes delusit, huic <u>querelae</u> concinet.

(PHÈDRE, *Op.cit.*, V, 6.)

NOTE

1. « *Eh ! dit-il, on partage, peu importe la valeur !* »

QUESTIONS

1. Trouvez le sens des mots soulignés ; quels mots français en sont issus ?
2. Traduisez cette fable et son titre.

13. Version

Pullus ad margaritam

In stercuilino pullus gallinacius
Dum quaerit escam margaritam repperit.
« Jaces indigno quanta res[1], inquit, loco !
Hoc si quis pretii cupidus vidisset tui,
5 olim redisses ad splendorem pristinum.
Ego cur te inveni, potior cui multo est cibus[2] ?
Nec tibi prodesse nec mihi id quicquam potis[3]. »
Hoc illis narro qui me[4] non intellegunt.

(PHÈDRE, *Op. cit.*, III, 12.)

NOTES

1. quanta res *(apposition au sujet de* jaces : margarita*) : « un objet si précieux »*
2. potior ... cibus : *« pour qui la nourriture est bien préférable »*
3. potis = potest
4. me : *il s'agit de l'auteur lui-même*

QUESTION

Traduisez la fable et son titre.

▲ *Les Canards, mosaïque romaine, Pompéi, musée archéologique national, Naples.*

La fable

1 Un genre très ancien

Le mot fable est issu d'une racine indo-européenne *bha signifiant « parler ». On pourrait définir la fable comme un récit plutôt court, en prose ou en vers, mettant en scène des animaux (parfois des hommes), et conduisant à une leçon de morale : on trouve de tels récits dans toutes les littératures. Cette forme d'art est, à l'origine, essentiellement orale et elle a un but le plus souvent **pédagogique** : dans l'Antiquité grecque et romaine, par exemple, les enfants lisent et traduisent les fables (Ésope le Grec est traduit par les petits Romains…) dans les écoles, les expliquent, les commentent et même les transforment ; on argumente à leur sujet, on disserte sur leur « morale », etc.

◀ Cinq merles attachés à un cordon, mosaïque du IIe siècle, musée du Bardo, Tunis.

2 Un genre très populaire

On comprend donc que les différents sujets des fables soient très connus : les animaux ont des traits distinctifs qui se retrouvent d'une fable à l'autre : le renard, par exemple, est rusé et trompe le loup. Dans ce monde fictif, l'homme est un animal parmi les autres et il n'a pas nécessairement le beau rôle, comme on le voit dans « Les Deux Chauves » (exercice 12) ou « La Besace » (exercice 10).

Dans la société occidentale, le personnage légendaire d'**Ésope** le Phrygien est à l'origine de nos fables les plus connues ; bien des auteurs, ensuite, se sont inspirés de l'auteur grec qu'ils ont adapté. À Rome, **Phèdre** (30 avant J.-C.- 44 après J.-C.) a écrit cinq livres de fables en vers : on a dit de lui qu'il s'attachait à dépeindre les rapports sociaux dans la Rome contemporaine ; pour lui, les riches et les puissants *(potentes, sublimes…)* s'opposent à tous les autres *(humiles, inopes)*… Il ne prône pas la révolte pour autant, sauf dans de rares cas, dont la fable de ce chapitre, « Le Renard et l'Aigle », mais plus généralement la résignation.

Cette fable latine s'est perpétuée jusqu'aux « Ysopets » (recueils ésopiques) et aux fabliaux du Moyen Âge. La Renaissance a gardé cette tradition de la fable et plusieurs adaptations en vers français ont été écrites, notamment par Clément Marot ou Mathurin Régnier.

3 La Fontaine et les fabulistes « modernes »

Phèdre et Ésope ont toujours été étudiés dans les écoles, non seulement pour l'apprentissage du latin et du grec, mais aussi pour la formation morale des élèves... Cette culture commune explique le succès retentissant de La Fontaine dès la parution de ses premiers livres de *Fables* : beaucoup étaient à même, connaissant les sources, d'apprécier l'originalité de l'auteur.

La Fontaine continue à inspirer des auteurs modernes, tels Jean Anouilh ou Françoise Sagan, et des chanteurs comme Pierre Perret.

La Grenouille qui veut se faire aussi grosse que le Bœuf (1668)

   Une Grenouille vit un Bœuf
   Qui lui sembla de belle taille.
Elle, qui n'était pas grosse en tout comme un œuf,
Envieuse, s'étend, et s'enfle, et se travaille,
5   Pour égaler l'animal en grosseur,
   Disant : « Regardez bien, ma sœur ;
Est-ce assez ? dites-moi ; n'y suis-je point encore ?
– Nenni. – M'y voici donc ? – Point du tout. – M'y voilà ?
– Vous n'en approchez point. » La chétive pécore
10 S'enfla si bien qu'elle creva.
Le monde est plein de gens qui ne sont pas plus sages :
Tout bourgeois veut bâtir comme les grands seigneurs,
   Tout petit prince a des ambassadeurs ;
   Tout marquis veut avoir des pages.

La Fontaine, *Fables* I, 3.

Questions

1. Soulignez la vivacité et la rapidité du récit de La Fontaine par rapport à la fable de Phèdre, p. 95. Montrez en particulier, les effets obtenus par la combinaison de vers de différentes longueurs.
2. Comparez la morale de La Fontaine et celle de Phèdre.

4 Les animaux à Rome

Les Romains connaissaient à peu près les mêmes animaux domestiques (mis à part le dindon) que nous. Ils avaient de nombreux animaux apprivoisés : singes, serpents, mangoustes, oiseaux (moineaux, colombes, perdrix, mainates, perroquets... pas nécessairement dans une cage d'ailleurs). Les enfants élevaient des souris et les attelaient à de minuscules chars. Ils pouvaient également atteler des moutons et se faire traîner. Les Romains connaissaient les chiens, évidemment (on se rappelle le *« Cave canem »,* Attention au chien ! de Pompéi). Les chats existaient, mais ils étaient rares et chers : ils venaient d'Égypte. À la campagne, les animaux de la basse-cour étaient les mêmes que les nôtres et on élevait chèvres, brebis, bœufs. Sous l'Empire, on préférait manger des volailles plus « exotiques » comme la grue, ou du gibier.

Par ailleurs, certains animaux étaient les attributs traditionnels d'une divinité ou les objets d'un culte : ainsi l'aigle est rattaché à Jupiter, le paon ou l'oie (pensez aux oies du Capitole) à Junon, la colombe à Vénus... On sacrifie des animaux de préférence blancs aux Olympiens (un bœuf blanc à Jupiter, un cheval à Mars, une truie à Cérès, un coq à Esculape...), plutôt noirs aux dieux infernaux (Pluton et Proserpine). On peut évoquer également les poulets sacrés, dans les premiers temps de Rome, que l'on « consultait » à la veille d'une bataille : leur appétit était interprété comme un présage favorable.

Chapitre 8

Martial : Affreux, sales et méchants

Martial (M. Valerius Martialis) naquit vers 40 après J.-C. en Espagne, à Bilbilis. Il vint à Rome en 64, mais perdit ses protecteurs en 65 à cause de la conspiration de Pison contre l'empereur Néron dans laquelle ils étaient impliqués. Il fut l'ami de grands écrivains de son temps, en particulier Pline le Jeune, Juvénal et Quintilien, et vécut moins misérablement qu'il ne le prétend.

En 98, il retourna en Espagne et y mourut vers 104 après J.-C. Il est le maître de l'épigramme : à l'origine, inscription gravée sur un monument, ce court poème devint ensuite essentiellement satirique, et l'auteur réserve pour la fin, appelée « pointe », la pire méchanceté.

1 Laideur et malpropreté

1. Esse quid hoc dicam quod olent tua basia murram[1]
 quodque tibi est numquam non alienus odor ?
 Hoc mihi suspectum est, quod oles bene, Postume, semper :]
 Postume, non bene olet qui bene semper olet.

 MARTIAL, *Épigrammes*, II, 12, texte établi et traduit par H. J. Izaac, Les Belles Lettres, Paris, C.U.F., 1969.

2. Cana est barba tibi, nigra est coma : tinguere barbam
 non potes – haec causa est – et potes, Ole[2], comam.

 Op. cit., IV, 36.

3. Mentiris fictos unguento, Phoebe, capillos
 et tegitur pictis sordida calva comis.
 Tonsorem capiti non est adhibere necesse :
 radere te melius spongea, Phoebe, potest.

 Op. cit., VI, 57.

4. Medio recumbit imus ille qui lecto,
 calvam trifilem semitatus unguento[3],
 foditque tonsis[4] ora laxa lentiscis,
 mentitur, Aefulane : non habet dentes.

 Op. cit., VI, 74.

▲ *Fresque des lavandières, Pompéi, musée archéologique national, Naples.*

▲ *Les thermes du forum de Pompéi : la piscine.*

NOTES

1. esse ... murram : « *Que dirais-je du fait que tes baisers sentent la myrrhe ?* »
2. Ole *vient de* Olus, i, m. : *Olus (nom d'homme)*
3. calvam ... unguento : *traduisez par :* « *dont le crâne à trois poils est gras d'huile parfumée* »
4. tonsis lentiscis : *avec des cure-dents de lentisque (arbuste)*

LIRE ET TRADUIRE

1. Quelle est, dans toutes ces épigrammes, la situation d'énonciation ? Relevez les indices qui le montrent.

2. Traduisez l'épigramme 1.

3. Dans l'épigramme 2, quel verbe faut-il sous-entendre après *comam* ? Traduisez l'épigramme 2.

4. Dans les épigrammes 3 et 4, quelle est la nature des mots : *fictos – pictis – medio – imus – laxa* ? Quels sont le genre, le nombre et le cas de chacun ? Retrouvez avec quel mot ils sont accordés, et traduisez les expressions ainsi formées.

5. Dans l'épigramme 4, quels sont les verbes des propositions relatives introduites par *qui* ? Quel est l'antécédent de ce pronom relatif ? Traduisez cet antécédent et les relatives.

6. Dans les épigrammes 3 et 4, cherchez dans un dictionnaire le sens exact du verbe *mentior*. Observez, pour choisir ce sens, les mots qui le suivent. Traduisez ensuite ces épigrammes.

7. Quelle est la pointe de chacune de ces épigrammes ? Comment est-elle amenée ? Quels sont les principaux procédés utilisés par l'auteur ?

CHAPITRE 8 : *Martial : Affreux, sales et méchants*

2 Les défauts de caractère : du prétentieux à l'imposteur

5. Declamas belle, causas agis, Attice, belle ;
   historias bellas, carmina bella facis ;
   componis belle mimos, epigrammata belle ;
   bellus grammaticus, bellus es astrologus,
   et belle cantas et saltas, Attice, belle ;
   bellus es arte lyrae, bellus es arte pilae.
   Nil bene cum facias, facias tamen omnia belle,
   vis[1] dicam quid sis ? Magnus es ardalio[2].

   Martial, *Épigrammes*, II, 7.

6. Nil recitas et vis, Mamerce, poeta videri :
   quidquid vis esto[3], dummodo nil recites.

   Op. cit., II, 88.

7. Si temperari balneum cupis fervens,
   Faustine, quod vix Julianus[4] intraret,
   roga[5] lavetur rhetorem Sabineium :
   Neronianas[6] is refrigerat thermas.

   Op. cit., III, 25.

8. Cinnam, Cinname, te jubes vocari :
   non est hic, rogo, barbarismus[7] ?
   Tu si Furius ante dictus esses,
   Fur ista ratione dicereris.

   Op. cit., VI, 17.

NOTES

1. volo (+ subj.) : *je veux que (+ subj.)*
2. ardalio, ionis, m. : *agité, brouillon*
3. esto : *impératif futur de* sum : *sois*
4. Julianus : *personnage inconnu, sans doute amateur de bains très chauds*
5. rogo (+ Ac. / + subj.) : *demander à qqn / que*
6. Neronianae thermae, f. pl. : *les thermes de Néron étaient ce qui se faisait de mieux à l'époque*
7. barbarismus, i, m. : *barbarisme (grave faute de vocabulaire, qui défigure un mot)*

▲ *Préparation d'un filtre magique. Mosaïque de la villa de Cicéron à Pompéi, musée archéologique national, Naples.*

LIRE ET TRADUIRE

1. Dans l'épigramme 5, à quel mode et à quel temps sont les verbes : *facias – dicam – sis* ? Faites l'analyse logique de la phrase : *Nil bene cum facias … vis dicam quid sis*.

2. Dans l'épigramme 5, quel est le sens de l'adjectif *bellus, a, um* ? Quelle est la nature du mot *belle* ? Quelle différence de sens y a-t-il entre *bene* et *belle* ? Traduisez l'épigramme 5.

3. Dans l'épigramme 6, quelle différence y a-t-il entre *recitas* et *recites* ? Expliquez-la à partir de l'analyse logique des deux vers. Traduisez l'épigramme 6.

4. Dans l'épigramme 7, faites l'analyse logique du texte. À quel mode et à quel temps sont les verbes : *cupis – intraret – roga – lavetur – refrigerat* ? Traduisez l'épigramme 7.

5. Dans l'épigramme 8, à quelle voix, à quel mode et à quel temps sont les formes : *dictus esses – dicereris* ? Expliquez l'emploi de ces formes à partir de l'analyse logique des deux derniers vers.

6. Dans l'épigramme 8, cherchez dans un dictionnaire le sens du mot *ratio* dans le dernier vers. Traduisez l'épigramme 8.

7. Identifiez, puis commentez les procédés ironiques des épigrammes 5 à 8.

■ Grammaire

I LES PROPOSITIONS SUBORDONNÉES CIRCONSTANCIELLES

Le subjonctif marque une action non réelle, c'est-à-dire voulue, souhaitée ou supposée. Il est donc utilisé principalement pour les propositions exprimant la volonté ou l'hypothèse, c'est-à-dire les propositions de but et de condition. Cependant l'emploi du subjonctif en latin ne correspond pas toujours à celui du français, comme le montre le tableau suivant.

	Indicatif		Subjonctif	
Comparaison	**ut :** *comme*			
But			**ut / ne :**	*pour que / pour que ... ne ... pas*
Conséquence			**ut / ut non :**	*si bien ... que / si bien que ... ne ... pas*
Cause	**quod, quia :**	*parce que*	**cum :**	*puisque*
	quoniam :	*puisque*	**quod :**	*sous prétexte que*
Concession	**quamquam, etsi, tametsi :** *bien que*		**cum, quamvis, licet :** *bien que*	
Temps	**ubi, ut, cum :**	*quand*		
	postquam :	*après que*		
	antequam :	*avant que*	**antequam :** *jusqu'à ce que*	
	dum (+ PRÉSENT) **:** *pendant que*		**dum :** *pourvu que*	

N.B. La syntaxe de **si** sera étudiée au chapitre 9.

Les propositions circonstancielles au subjonctif suivent les règles de concordance des temps vues au chapitre 7. Toutefois, on peut trouver le subjonctif présent ou parfait dans la proposition de conséquence après une principale au passé : dans ce cas, l'auteur insiste sur la réalité de cette conséquence.

▶ **Inclusum senatum habuerunt, ita ut interierint nonnulli fame :**
Ils tinrent le sénat enfermé, de sorte que quelques-uns moururent de faim.

II LA PROPOSITION RELATIVE AU SUBJONCTIF

L'emploi du subjonctif dans la proposition relative ajoute à celle-ci une nuance circonstancielle de but, de cause, de conséquence ou de condition. On traduit généralement cette nuance en français de façon explicite, parfois sans utiliser la relative.

▶ **Misit legatos qui pacem peterent :** *Il envoya des ambassadeurs pour demander la paix.*

La nuance de conséquence dans les relatives se trouve dans quelques expressions fréquentes, à retenir :

▶ **Sunt qui** + SUBJONCTIF : *Il y a des gens qui (tels qu'ils) ...*
Is est qui + SUBJONCTIF : *Il est homme à (tel qu'il) ...*
Dignus est qui + SUBJONCTIF : *Il est digne de ...*

■ Métrique : le distique élégiaque

Martial utilise beaucoup dans ses épigrammes la structure métrique appelée « distique élégiaque », groupe de deux vers (d'où le nom de distique), très fréquent à l'origine en grec dans les élégies, poèmes tristes et plaintifs.
Le distique élégiaque est formé d'un hexamètre (voir *Annexes*, p. 239) et d'un pentamètre, selon le schéma de la page 108.

ÉTUDE DE LA LANGUE

L'hexamètre

1	2	3	4	5	6
— ◡ ◡ / — —	— ◡ ◡ / — —	— ◡ ◡ / — —	— ◡ ◡ / — —	— ◡ ◡	— ◡ ◡ / — ◡

— — : spondée   — ◡ ◡ : dactyle   — ◡ : trochée

Le pentamètre

1	2	3	4	5
— ◡ ◡ / — —	— ◡ ◡ / — —	— —	◡ ◡ —	◡ ◡ — / ◡ ◡ ◡

◡ ◡ — : anapeste   ◡ ◡ ◡ : tribraque

> Can(a) est \| barba ti\|bi, nigr(a) \| est coma : \| tinguere \|barbam
> non potes \| – haec cau\|s(a) est – et \| potes, O\|le, comam.   *(Op. cit., IV, 36)*

La plupart des épigrammes sont en distiques ; Martial a aussi utilisé l'hendécasyllabe phalécien (cf. chapitre 6).

■ Vocabulaire et étymologie

I VOCABULAIRE

1. Révision des *Fundamenta*, p. 251

2. Vocabulaire des textes

Noms
artifex, artificis, m. : *l'artiste, l'artisan*
auris, is, f. : *l'oreille*
   > auricula, ae, f. : *la petite oreille*
balneum, i, n. : *le bain*
cantor, oris, m. : *le chanteur*
capillus, i, m. : *le cheveu*
carmen, inis, n. : *le chant, le poème*
coma, ae, f. : *la chevelure*
dens, dentis, m. : *la dent*
dextera, ae, f. : *la main droite*
lyra, ae, f. : *la lyre*
morbus, i, m. : *la maladie*
notarius, ii, m. : *le secrétaire*
odor, oris, m. : *l'odeur*
rhetor, oris, m. : *le rhéteur*
thermae, arum, f. pl. : *les thermes (bains publics)*

Adjectifs
bellus, a, um : *joli*
canus, a, um : *blanc*

dexter, dextera ou **dextra, dexterum** ou **dextrum** :
   droit, situé à droite **> dextera, ae**
niger, gra, grum : *noir*

Verbes
cano, is, ere, cecini, cantum : *chanter*
canto, as, are, avi, atum : *chanter* **> cantor, oris**
compono, is, ere, posui, positum : *composer*
ferveo, es, ere, ferbui : *bouillir, brûler*
lavo, as, are, avi, atum : *laver*
lego, is, ere, legi, lectum : *lire*
mentior, iris, iri, itus sum : *mentir, feindre*
nescio, is, ire, scivi, scitum : *ne pas savoir*
noto, as, are, avi, atum : *noter, marquer*
   > notarius, ii
oleo, es, ere, olui : *sentir, dégager une odeur*
recito, as, are, avi, atum : *réciter*
salto, as, are, avi, atum : *sauter, danser*
tinguo, is, ere, tinxi, tinctum : *teindre*
tondeo, es, ere, totondi, tonsum : *tondre, raser*
unguo, is, ere, unxi, unctum : *oindre, enduire, parfumer*

II ÉTYMOLOGIE : VERBES LATINS EN *-ngere* ET VERBES FRANÇAIS EN *-indre*

1. L'infixe nasal

Un certain nombre de verbes latins contiennent un infixe, élément ajouté à l'intérieur de la racine (alors que le préfixe s'ajoute devant, et le suffixe après cette racine) : on l'appelle « infixe nasal », car c'est une consonne nasale, **m** ou **n**. Cet infixe disparaît souvent au parfait et au supin.

▶ ru**m**po, is, ere, rupi, ruptum : *rompre* (racine : **rup-**)
    ta**n**go, is, ere, tetigi, tactum : *toucher* (racine : **tag-**, redoublée au parfait, d'où l'apophonie, cf. chapitre 5)

Dans certains verbes, il ne disparaît qu'au supin.

▶ fi**n**go, is, ere, fi**n**xi, fictum : *modeler, imaginer* (racine : **fig-**)
    pi**n**go, is, ere, pi**n**xi, pictum : *peindre* (racine : **pig-**)

Parfois, il est conservé dans tous les temps primitifs.

▶ ju**n**go, is, ere, ju**n**xi, ju**n**ctum : *joindre* (racine : **jug-**)
    ti**n**go, is, ere, ti**n**xi, ti**n**ctum : *teindre* (racine : **tig-**)
    u**n**guo, is, ere, u**n**xi, u**n**ctum : *oindre* (racine : **ug-**)

2. Du latin au français : les verbes en *-indre*

Dans les verbes latins dont l'infinitif se termine par **-ngere**, le **g** placé après un **n** a abouti au son **[ñ]** (n mouillé), écrit « in ».

À l'infinitif, une consonne transitoire **d** s'est intercalée entre **n** et **r**. Le **i** bref des verbes en **-ingere** devient **ei**, le **u** bref des verbes en **-ungere** devient **oi**, et dans les deux cas, le **i** de ces diphtongues se confond avec celui qui provient du groupe **-ng-**.

Voici l'évolution phonétique de ces infinitifs :

▶ pingere > peinre > peindre
    jungere > joinre > joindre

Le **d** ne fait pas partie de la racine et n'apparaît qu'à l'infinitif, ainsi qu'au futur et au conditionnel formés sur ce mode *(je peindrai, je peindrais)*. Il ne se trouve donc naturellement pas dans le reste de la conjugaison. On pourra aisément déduire l'orthographe du présent en observant la première personne du pluriel, comme le montrent les exemples suivants :

▶ *je peins, nous peignons ≠ je perds, nous perdons*
    (< latin **perdo, is, ere**, où le **d** appartient à la racine)

▲ *Dame romaine accompagnée de ses serviteurs se rendant aux thermes : mosaïque du vestibule de la palestre de la villa romaine du Casale, Piazza Armerina, Sicile.*

1. Les verbes suivants se conjuguent-ils au présent avec un d ou sans d ? Expliquez pourquoi, en vérifiant leur étymologie.

ceindre – descendre – plaindre – feindre – mordre – poindre – fondre – atteindre – répondre – répandre.

2. De quel verbe latin viennent les mots français ou anglais suivants ? Rappelez leur sens.

picture – fiction – ceinture – ponctualité – onction – joint – point – plainte – défunt.

3. Traduisez :
1. Cum sordidus sis, adi in balneum.
2. Cum e thermis exibamus, bene olebamus.
3. Cum nigros capillos tinctos habeas, tamen senex videris.
4. Cum semper mentiaris, nemo te credet illa carmina ipsum composuisse.
5. Hujus mulieris coma nigra erat quia tincta est.

4. Traduisez en utilisant **cum** + *indicatif* ou **cum** + *subjonctif selon le sens* :
1. Puisque tu composes de beaux poèmes, récite-les.
2. Quand ce rhéteur déclame, nous nous enfuyons du forum.
3. Bien que vous sortiez du bain, vos cheveux sont sales.
4. Alors que la chevelure d'Olus a été teinte, sa barbe est toujours blanche.
5. Je me laverai quand le bain sera brûlant.

5. Distinguez, dans les phrases suivantes, les différents sens des propositions introduites par ut : complétives (cf. chapitre 7) ; circonstancielles de but ; circonstancielles de conséquence.
1. Ad thermas ibimus ut lavemur.
2. Amicus meus optabat ut coma sua nigra tingueretur.
3. Postumus tantum comam unxit ut in via tota oleret.
4. Ille cantor lyra tam bene cantat ut omnes eum laudent.
5. Poeta carmina componit ut in saecula clarus fiat.

6. Traduisez :
1. Vous appelez votre ami pour qu'il ne s'en aille pas.
2. Ce poète craint toujours que les autres l'imitent.
3. Tu es maintenant en si bonne santé que tu vas de nouveau aux thermes.
4. Ce rhéteur déclamait si bien que tout le monde voulait l'entendre.
5. Tu souhaites que Martial lise ses poèmes.

7. Dans les phrases suivantes, quelle est la nuance apportée par l'emploi du subjonctif dans les relatives ? Traduisez-les en marquant ces nuances.
1. Sunt artifices qui ab omnibus laudentur.
2. Servos voca qui comam meam unguant.
3. Exii e thermis istis quae tam male olerent.
4. Is est qui non solum barbam, sed etiam comam suam tondeat.
5. Ille poeta dignus fuit qui imperatori carmina componeret.

8. Version

Auriculam Mario graviter miraris olere.
   Tu facis hoc : garris[1], Nestor, in auriculam.
(Martial, III, 28, *Op. cit.*)

NOTE

1. garrio, is, ire, ivi, itum : *bavarder, chuchoter*

QUESTION

Traduisez, puis scandez l'épigramme.

9. Version

Unguentum fuerat, quod onyx[1] modo parva gerebat :
   olfecit postquam Papylus, ecce, garumst[2].
(Martial, VII, 94, *Op. cit.*)

NOTES

1. onyx, ychis, f. : *flacon en onyx*
2. garumst = garum est : *le* garum *était un condiment, à base de saumure et de poisson, très apprécié des Romains*

QUESTION

Traduisez, puis scandez l'épigramme.

10. Version

Occurris quocumque loco[1] mihi, Postume, clamas
   protinus et prima est haec tua vox « Quid agis ?[2] »
Hoc, si me decies una conveneris hora,
   dicis : habes puto tu, Postume, nil quod agas.
(Martial, II, 67, *Op. cit.*)

NOTES

1. quocumque loco : *n'importe où*
2. quid agis ? : *expression usuelle pour saluer quelqu'un, équivalant à notre :* « Comment ça va ? »

QUESTION

Traduisez, puis scandez l'épigramme.

11. Identifiez et commentez la pointe des épigrammes que vous avez traduites dans les versions précédentes (8, 9 et 10).

12. Version

  Hic, qui libellis praegravem gerit laevam,
  notariorum quem premit chorus levis[1],
  qui codicillis hinc et inde prolatis
  epistolisque commodat gravem vultum
5 similis Catoni Tullioque Brutoque,
  exprimere, Rufe, fidiculae licet cogant,
  have[2] Latinum, χαῖρε[3] non potest Graecum.
  Si fingere istud me putas, salutemus.
(Martial, V, 51, *Op. cit.*)

NOTES

1. levis, is, e : *lisse ; ici, glabre*
2. have = ave
3. χαῖρε [kaire] : *bonjour (en grec)*

QUESTIONS

1. Dans la première phrase, quel est le verbe principal ? Quel est son sujet ?
2. Rappelez le sens et l'emploi de *licet* (vers 6). Traduisez la proposition que ce mot introduit.
3. À quel mode et à quel temps est le verbe *salutemus* ? Expliquez pourquoi, et traduisez le dernier vers.
4. Rappelez qui sont Caton et Brutus (cf. Partie I). Qui est l'homme célèbre désigné par le nom de Tullius ?
5. Traduisez toute l'épigramme. Quels en sont les procédés ironiques ? Que signifie la pointe ?

13. Version

« Si quid opus fuerit, scis me non esse rogandum[1] »,
   uno bis dicis, Baccara, terque die.
Appellat rigida tristis me voce Secundus :
   audis et nescis, Baccara, quid sit opus.
5 Pensio[2] te coram petitur clareque palamque :
   audis et nescis, Baccara, quid sit opus.
Esse queror gelidasque mihi tritasque[3] lacernas :
   audis et nescis, Baccara, quid sit opus.
Hoc opus est, subito fias ut sidere[4] mutus,
10   dicere ne possis, Baccara ; « Si quid opus ».
   (MARTIAL, VII, 92, *Op. cit.*)

NOTES

1. me non esse rogandum : *qu'il n'est pas nécessaire de me le demander*
2. pensio, onis, f. : *le loyer*
3. tritus, a, um : *usé*
4. sidus, eris, n. : *l'astre ; ici, le destin*

QUESTIONS

1. Scandez deux vers de cette épigramme, au choix.
2. Trouvez et analysez les emplois du subjonctif utilisés dans ce texte.
3. Traduisez les vers 4, 6, 8. Quel est le sens de cette répétition ?
4. Traduisez l'épigramme, puis commentez la pointe.

14. Version

Occurrit tibi nemo quod[1] libenter,
   quod, quacumque[2] venis, fuga est ingens
circa te, Ligurine, solitudo,
   quid sit, scire cupis ? Nimis poeta es.
5 Hoc valde vitium periculosum est.
Non tigris catulis citata raptis,
   non dipsas[3] medio perusta sole,
nec sic scorpios[4] inprobus timetur.
Nam tantos, rogo, quis ferat labores ?

▲ *Seau en argent avec reliefs figurant le bain de Vénus, maison de Ménandre à Pompéi, musée archéologique national, Naples.*

10 Et stanti[5] legis et legis sedenti[5],
   currenti[5] legis et legis cacanti[5].
In thermas fugio : sonas ad aurem.
Piscinam peto : non licet natare.
Ad cenam propero : tenes euntem[6].
15 Ad cenam venio : fugas edentem[6].
Lassus dormio : suscitas jacentem[6].
Vis, quantum facias mali, videre ?
Vir justus, probus, innocens timeris.
   (Martial, III, 44, *Op. cit.*)

NOTES

1. *le premier* quod *annonce le second ; ne traduisez que le second*
2. quacumque : *partout où*
3. dipsas, adis, f. : *la vipère*
4. scorpios (-ius), ii, m. : *le scorpion*
5. *sous-entendez* mihi
6. *sous-entendez* me

QUESTIONS

1. Ce texte contient trois subjonctifs ; trouvez-les et expliquez leur emploi, puis traduisez les propositions où ils se trouvent.
2. Retrouvez, à l'aide des tableaux de conjugaison en *Annexes*, p. 244 à p. 250, à quel mode se trouvent les formes : *stanti – sedenti – currenti – cacanti – euntem – edentem – jacentem*. Traduisez ces formes.
3. Traduisez cette épigramme.
4. Analysez les procédés ironiques, en particulier la pointe.

L'hygiène à Rome : bains et thermes

Les thermes ont pour origine la palestre grecque, vaste cour entourée de colonnes et destinée à l'entraînement physique des jeunes gens. On y avait joint quelques cabines étroites pour les ablutions qui suivaient ces exercices. Mais, peu à peu, les thermes s'agrandirent, et eurent pour clients les Romains oisifs, qui y occupaient leurs après-midi quand il n'y avait pas de spectacles.

▲ *Les thermes du forum de Pompéi :* le caldarium.

▼ *Le bassin des thermes romains de Bath dans le Somerset, Grande-Bretagne.*

Les thermes comportent quatre ou cinq pièces principales : après avoir fait un peu d'exercice, on se déshabille dans l'*apodyterium* (vestiaire) ; puis on s'habitue à la chaleur dans le *tepidarium* (salle tiède). On passe ensuite au *caldarium* ou *sudatorium* (salle chaude), pièce surchauffée grâce à une chaudière placée en sous-sol, l'« hypocauste », dont la vapeur se répand dans le sol et les cloisons, faits de briques creuses. Là, on sue abondamment, en s'aspergeant d'eau de temps en temps. Puis on se gratte la peau avec une sorte de racloir appelé « strigile », qui enlève la sueur mêlée de poussière. Ensuite, dans les plus grands thermes, un masseur procède à l'onction dans une salle voisine : il travaille le corps en l'enduisant d'une huile parfumée. Les clients les plus courageux se rincent ensuite dans la piscine froide du *frigidarium* (salle froide) ; les autres vont dans des baignoires d'eau tiède.

À ces bâtiments s'ajoutèrent des promenoirs, des jardins, des terrasses pour les bains de soleil, parfois des bibliothèques. Les thermes les plus imposants de Rome sont ceux de Caracalla (188-217). Des vendeurs de friandises circulaient parmi les clients. On se rendait donc aux thermes pour faire de l'exercice, pour se laver et se délasser, mais aussi pour rencontrer amis et connaissances, et se distraire.

Les hommes et les femmes se rendaient aux thermes séparément : il y avait des thermes pour hommes ou pour femmes, ou bien, dans les villes ou les quartiers moins bien pourvus, des heures étaient réservées aux uns et aux autres. Les grands personnages se faisaient aménager des thermes privés : on en a un bel exemple dans la villa de l'empereur Hadrien (76-138), à Tivoli. Plus modestement, les Romains aisés avaient des salles de bains appelées *balnea*.

L'épigramme

1 L'épigramme grecque

De multiples inscriptions grecques, dont la plupart des auteurs ne sont pas connus, ont été recueillies dans les « Anthologies » (*Anthologie Palatine*, vers 980, *Anthologie de Planude*). Certaines sont satiriques, et peuvent se comparer aux épigrammes de Martial.

En voici quelques exemples :

▲ *Affiche électorale peinte en rouge sur la rue de l'Abondance, Pompéi.*

1. À force de se teindre, un quidam a perdu tous ses cheveux, et de chevelu qu'il était, il devint comme un œuf !
Le teinturier a bien travaillé ! Désormais, le coiffeur n'a plus rien à tailler, ni cheveux blancs, ni cheveux teints.

Anthologie palatine, XI, 398, traduit par R. Aubreton, F. Buffière et J. Irigoin, Les Belles Lettres, Paris, C.U.F., 1994.

Question : Quelles épigrammes de Martial pouvez-vous rapprocher de celle-ci ?

2. Le nez de Castor ? Lorsqu'il creuse la terre, c'est un hoyau[1], une trompette, quand il ronfle ; une serpette pour les vendanges, une ancre sur son navire, un soc de charrue quand il sème, un hameçon pour les matelots, une fourchette pour les gourmets, une tenaille de chantier naval, un sarcloir de maraîcher, une herminette de charpentier, un heurtoir pour les portails. Ainsi, le destin a offert à Castor un instrument de toute utilité. Ce nez, c'est un outil à tout faire !

Op. cit.

1. *un hoyau* : sorte de petite pioche

Question :
Quel est l'auteur français qui aurait pu s'inspirer de cette épigramme ?

2 L'épigramme dans la littérature française

Au XVIIe siècle, dans les salons et les ruelles des Précieuses, les jeunes élégants faisaient assaut de galanteries en composant des poèmes courts. L'épigramme était alors très à la mode. Molière se moque de ce nouveau snobisme dans *Les Femmes Savantes* (1672).
Le ridicule Trissotin fait, dans un salon, la lecture d'une épigramme de sa composition :
« Sur un carrosse de couleur amarante donné à une dame de ses amies »

TRISSOTIN
L'amour si chèrement m'a vendu son lien...
PHILAMINTE, ARMANDE et BÉLISE
Ah !
TRISSOTIN
Qu'il m'en coûte déjà la moitié de mon bien ;
Et, quand tu vois ce beau carrosse,
Où tant d'or se relève en bosse
Qu'il étonne tout le pays
Et fait pompeusement triompher ma Laïs...
PHILAMINTE
Ah ! « Ma Laïs ! » Voilà de l'érudition.
BÉLISE
L'enveloppe est jolie et vaut un million.

TRISSOTIN
Et, quand tu vois ce beau carrosse
Où tant d'or se relève en bosse
Qu'il étonne tout le pays
Et fait pompeusement triompher ma Laïs,
Ne dis plus qu'il est amarante,
Dis plutôt qu'il est de ma rente.
ARMANDE
Oh ! oh ! oh ! Celui-là ne s'attend point du tout.
PHILAMINTE
On n'a que lui qui puisse écrire de ce goût.
BÉLISE
« Ne dis plus qu'il est amarante,
Dis plutôt qu'il est de ma rente ».
Voilà qui se décline : ma rente, de ma rente, à ma rente.

Questions

1. Quelle est la pointe de l'épigramme de Trissotin ?
2. Relevez les fautes de goût et les maladresses qui font de cette épigramme une caricature du genre.

Chapitre 9

Ovide : « L'Art d'aimer »

Artisan de la paix, Auguste se voulait aussi le défenseur des vertus ancestrales et des traditions romaines. Ovide (43 avant J.-C.-17 après J.-C.) offre du siècle d'Auguste une vision bien différente : son *Art d'aimer* peint la société mondaine à laquelle il s'adresse, éprise de plaisirs, de badinage.

Dans les deux premiers livres de son ouvrage, le poète dispense ses conseils aux hommes pour séduire : « S'il est quelqu'un de notre peuple à qui l'art d'aimer soit inconnu, qu'il lise ce poème, et, instruit par sa lecture, qu'il aime » (*L'Art d'aimer*, Livre I, vers 1 et 2). L'objet de son troisième livre est de donner le moyen aux femmes d'être à armes égales avec les hommes, car, écrit-il, « La déesse de Cythère me prescrivit de donner mes leçons et se dressa en personne devant mes yeux. Qu'ont donc fait les malheureuses femmes ? On les livre, troupeau sans armes, aux hommes bien armés. Ceux-là, deux livres les ont rendus maîtres de l'art d'aimer ; il faut que mon sexe, à son tour, soit instruit par tes leçons. » (Livre III, vers 43 à 49.)

Fort de cette inspiration, Ovide passe en revue les soins à prodiguer au corps et la parure, la coiffure, le maquillage : fards, postiches..., artifices coûteux mais légitimes et propres à séduire, pourvu qu'on n'en laisse pas surprendre les secrets.

1 LES FEMMES N'ONT PAS À SE PLAINDRE !

O quantum indulget vestro natura decori,
    quarum sunt multis damna pianda[1] modis !
Nos male detegimur, raptique aetate capilli
    ut Borea[2] frondes excutiente[3] cadunt.
5 Femina canitiem Germanis inficit[4] herbis,
    et melior vero quaeritur arte color ;
femina procedit densissima crinibus emptis[5]
    proque suis alios efficit aere suos[6].
nec pudor est emisse palam ; venire videmus
10   Herculis ante oculos virgineumque chorum[7].

OVIDE, *L'Art d'aimer*, Livre III, vers 159-168, texte établi et traduit par H. Bornecque, revu par Ph. Heuzé, Les Belles Lettres, Paris, C.U.F., 1999.

Combien la nature est secourable à vos charmes, puisque vous avez mille moyens d'en réparer les outrages ! Nous, les hommes, nous nous déplumons fâcheusement et nos cheveux, emportés par l'âge, tombent comme les feuilles de l'arbre que secoue l'aquilon. La femme, elle, teint ses cheveux blancs avec des herbes de Germanie et leur procure artificiellement une nuance plus séante que la couleur naturelle. La femme, elle, s'avance parée d'une très épaisse chevelure qu'elle a achetée, et, à prix d'argent, les cheveux d'une autre deviennent les siens. Et elle ne rougit pas d'en faire ouvertement l'achat : on les vend sous les yeux d'Hercule et du chœur des Muses.

NOTES

1. pianda : « à réparer »
2. Boreas, -ae, m. : *Borée, vent du nord ;* Borea *est l'ablatif singulier*
3. excutio, is, ere, -cussi, -cussum : *faire tomber en secouant*
4. inficit : elle teint ; canities, ei, f. : *la blancheur des cheveux*
5. emo, is, ere, emi, emptum : *acheter*
6. aes, ris, n. : *l'argent ;* alios efficit aere suos : *« elle fait siens en payant, ceux d'une autre »*
7. *c'est-à-dire au Champ de Mars*

LIRE ET TRADUIRE

1. Quel antécédent faut-il sous-entendre devant *quarum* ? Quel mot du vers 1 en est l'indice ?

2. Au vers 4, nommez la figure syntaxique : *Borea … excutiente* et analysez-la.

3. Quel nom du vers 7 doit être rétabli dans le vers 8 à côté de *suis*, de *suos* et *alios* ?

4. Cherchez, dans le dictionnaire, le sens de *venire* qui n'est pas ici l'infinitif du verbe *venio, is, ire*… venir.

5. Reconstituez le mot à mot du texte en vous aidant de la traduction et des notes.

6. *emptis, aere, emisse, venire* : que suggère Ovide avec ce lexique ?

2 ENTRÉE INTERDITE AUX HOMMES !

Multa viros nescire decet ; pars maxima rerum
   offendat, si non interiora tegas …
Dictus eram¹ subito cuidam venisse puellae ;
   turbida perversas induit illa comas.
5 Hostibus eveniat tam foedi causa pudoris,
   inque nurus² Parthas³ dedecus illud eat.
Turpe pecus mutilum, turpis sine gramine campus
   et sine fronde frutex et sine crine caput.

OVIDE, *L'Art d'aimer*, Livre III, vers 229-230 et 245-250, *Op. cit.*

NOTES

1. *dictus eram venisse* (tournure personnelle) = *dictum erat me venisse* (tournure impersonnelle)
2. *nurus, us,* f. : *la jeune fille*
3. *Les Parthes tiraient leurs flèches en fuyant*

LIRE ET TRADUIRE

1. Retrouvez le mot à mot des vers 1 et 2 à l'aide de cette traduction : « Il y a bien des choses qu'il convient que l'homme ignore. Presque tous les dehors nous choqueraient, si nous voyions ce qu'il y a dessous. »

2. À quel mode sont conjugués les verbes des vers 5 et 6 ? Quelle en est la valeur ?

3. Quel verbe faut-il sous-entendre dans les deux derniers vers ? À quel mode ? Quel adjectif faut-il reprendre au vers 8 sur le modèle du vers 7 ?

4. Traduisez les vers 3 à 8.

5. Rappelez la valeur du préfixe dans le mot *dedecus*. Constituez le champ lexical du déshonneur (vers 5 à 7).

6. Quel rôle jouent les deux derniers vers dans le passage ? Montrez que les changements d'énonciation en soulignent la structure.

Une servante coiffant une jeune fille, fresque provenant d'Herculanum, musée archéologique national, Naples.

3 CONSEILS PRATIQUES

Ces conseils seront certes peu utiles à celles qui possèdent la beauté d'Hélène ou aux mortelles aimées de Jupiter.

Rara tamen mendo facies caret ; occule mendas,
  quaque potes, vitium corporis abde tui.
Si brevis es, sedeas, ne stans videare[1] sedere,
  inque tuo jaceas quantulacumque[2] toro ;
5 hic quoque, ne possit fieri mensura cubantis[3],
  injecta jaceant fac[4] tibi veste pedes.
Quae nimium gracilis, pleno velamina filo
  sumat, et ex umeris laxus amictus eat ;
pallida purpureis tangat sua corpora virgis[5],
10 nigrior ad Phariae[6] confuge vestis opem.

L'Art d'aimer, Livre III vers 261-270, *Op. cit.*

NOTES

1. videare = videaris
2. quantulacumque : *si petite que tu sois*
3. cubantis (tui) : *« de ta personne quand tu es couchée »*
4. fac jaceant = fac ut jaceant
5. pallida ... virgis : *« qu'elle revête son corps, s'il est trop pâle, de rayures rouges »*
6. Pharius, a, um : *les tissus de* Pharos *(île d'Égypte proche d'Alexandrie) étaient réputés*

LIRE ET TRADUIRE

1. Quel est le mot à mot des vers 1 et 2 ? Aidez-vous de cette traduction : « Cependant il est rare qu'une figure soit sans défaut : cachez ces défauts et, autant que possible, dissimulez vos imperfections physiques. »

2. Repérez les impératifs et les subjonctifs à valeur d'ordre. À qui renvoie la 2e personne ? Précisez la situation d'énonciation.

3. Recherchez les temps primitifs et le sens du verbe *fieri* ; analysez la forme *fieri* et traduisez-la de deux façons. Laquelle convient le mieux ici ?

4. Quels types de vers reconnaissez-vous dans *L'Art d'aimer* ? Scandez les vers 5 et 6. D'après cette scansion, quelle est la nature et donc le sens de *hic* au vers 5 ? (Vérifiez la longueur du *i* dans le dictionnaire.)

5. Procédez à l'analyse logique des vers 5 et 6.

6. Traduisez les vers 3 à 10.

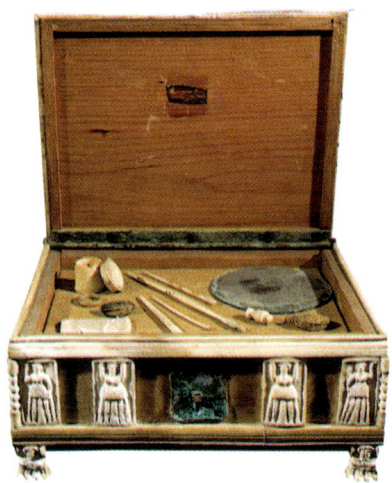

▲ *Coffret de toilette d'une dame romaine provenant de Cumes, musée archéologique national, Naples.*

4 UN PEU DE SAVOIR-VIVRE

Exiguo signet gestu quodcumque loquetur,
  cui digiti pingues et scaber unguis erit ;
cui gravis odor[1], numquam jejuna loquatur
  et semper spatio distet[2] ab ore viri.
5 Si niger aut ingens aut non erit ordine natus[3]
  dens tibi, ridendo[4] maxima damna feres.

L'Art d'aimer, Livre III vers 275-280, *Op. cit.*

NOTES

1. odor, oris, m. : *ici, l'haleine*
2. spatio disto, as, are (+ Ab.) : *se tenir à distance de*
3. non ... ordine natus : *mal rangé*
4. ridendo : *en riant*

LIRE ET TRADUIRE

1. Relevez et classez les formes verbales d'après leurs temps et modes que vous préciserez.

2. Quel antécédent faut-il sous-entendre devant *cui* ?

3. Traduisez le texte.

▲ *Miroir en argent provenant de la maison de Ménandre, Pompéi, musée archéologique national, Naples.*

5 DU RIRE ET D'AUTRES ARTIFICES

Quis credat ? discunt etiam ridere puellae,
　　quaeritur atque illis hac quoque parte decor.
Sint modici rictus parvaeque utrimque lacunae,
　　et summos dentes ima labella tegant ;
5　nec sua perpetuo contendant ilia risu :
　　sed leve nescio quid femineumque sonet[1] !
Est quae perverso distorqueat ora cachinno[2] ;
　　cum risu fusa est altera, flere putes ;
illa sonat raucum quiddam atque inamabile ridet,
10　　ut rudit a[3] scabra turpis asella mola.
Quo non ars penetrat ? discunt lacrimare decenter,
　　quoque volunt plorant tempore quoque modo.
Quid, cum legitima fraudatur littera voce,
　　blaesaque fit jusso lingua coacta sono ?
15 In vitio decor est quaedam male reddere verba :
　　discunt posse minus quam potuere loqui.
Omnibus his, quoniam prosunt, impendite curam.

L'Art d'aimer, Livre III vers 281-297, Op. cit.

Jusqu'où l'art ne s'étend-il pas ? Les femmes apprennent à pleurer comme il faut ; elles versent des larmes quand et comme elles veulent. Et que dire de celles qui altèrent la prononciation correcte d'une lettre, et qui forcent leur langue à bégayer sur un son ? C'est un charme en elles que le défaut de mal articuler certains mots : elles apprennent à pouvoir parler moins bien qu'elles ne le pouvaient.

(Traduction des vers 11 à 17)

NOTES

1. *sous-entendez* risus
2. cachinnus, i, m. : *l'éclat de rire, rire bruyant*
3. ab : *ici, du fait de, par l'effet de*

LIRE ET TRADUIRE

1. Scandez les vers 3 et 4, puis les vers 9 et 10.
2. Relevez les verbes au subjonctif et précisez leur valeur. En vous référant à l'expression *sunt qui* + subjonctif, quelle traduction proposez-vous pour « *est quae distorqueat* » (vers 7) ?
3. Qui désigne le sujet de *putes*, vers 8 ? Pourquoi ? À qui Ovide s'adresse-t-il dans le vers 1 ?
4. Traduisez le texte.
5. Relevez les termes péjoratifs qui désignent, chez les femmes, le rire que réprouve Ovide. Leur refuse-t-il le droit de rire ? Quel vers le prouve ?
6. Ovide est-il misogyne, selon vous ? Justifiez votre réponse.

▶ *Scène de toilette d'une Romaine, IIe siècle, musée de la Civilisation romaine, Rome.*

SUR L'ENSEMBLE DES TEXTES

En quoi *L'Art d'aimer* est-il bien un poème didactique ? (Un texte didactique a pour but de transmettre un enseignement.) Quels en sont les aspects humoristiques ?

Grammaire : les propositions subordonnées de condition

Elles sont principalement introduites par les conjonctions :
si : *si* / **nisi** : *si … ne … pas* / **sive … sive** (ou **seu … seu …**) : *soit … soit …*

Dans ce chapitre figurent trois conditionnelles :

> Pars maxima rerum offendat, <u>si non interiora tegas</u> ; <u>si brevis es</u>, sedeas.
> <u>Si niger aut ingens aut non erit ordine natus</u> / Dens tibi, ridendo, maxima damna feres.

On note la présence de deux modes différents : l'indicatif (phrases 2 et 3) et le subjonctif (phrase 1). L'indicatif est le mode du réel : son emploi dans une conditionnelle suppose que l'on considère la condition comme réalisée ou devant l'être. Le mode subjonctif est utilisé pour exprimer l'ordre ou la défense, le regret, la supposition, la délibération…

I LES SUBORDONNÉES CONDITIONNELLES À L'INDICATIF

	Subordonnées conditionnelles	Propositions principales	Exemples
Condition tenue pour réalisée dans le présent	**si** + INDICATIF PRÉSENT	INDICATIF PRÉSENT	**Si sunt dei, sunt boni.** *S'il est vrai que les dieux existent, ils sont bons.*
Condition tenue pour réalisée dans le passé	**si** + INDICATIF IMPARFAIT	INDICATIF IMPARFAIT	**Si ridebas, laetus eram.** *Si tu riais, j'étais content.*
Condition tenue pour réalisée dans le futur	**si** + INDICATIF FUTUR OU FUTUR ANTÉRIEUR*	INDICATIF FUTUR	**Si hunc librum leges** (ou **legeris**), **laetus ero.** *Si tu lis ce livre, je serai content.*

*Le futur antérieur indique que la condition doit être réalisée avant que l'action de la principale ne s'effectue.

II LES SUBORDONNÉES CONDITIONNELLES AU SUBJONCTIF

	Subordonnées conditionnelles	Propositions principales	Exemples
Potentiel	**si** + SUBJONCTIF PRÉSENT	SUBJONCTIF PRÉSENT	**Si venias, laetus sim.** *Si tu venais, je serais content.* (Cela peut se réaliser.)
Irréel du présent	**si** + SUBJONCTIF IMPARFAIT	SUBJONCTIF IMPARFAIT	**Si venires, laetus essem.** *Si tu venais, je serais content.** (C'est actuellement impossible.)
Irréel du passé	**si** + SUBJONCTIF PLUS-QUE-PARFAIT	SUBJONCTIF PLUS-QUE-PARFAIT	**Si venisses, laetus fuissem.** *Si tu étais venu, j'aurais été content.* (Cela ne s'est pas réalisé dans le passé.)

*Le français ne dispose pas d'une forme qui permette de distinguer le potentiel et l'irréel du présent. Seul le contexte permet d'en apprécier la nuance.

Remarque

Généralement le mode et le temps utilisés en latin sont les mêmes dans la subordonnée et dans la principale ; mais une dissymétrie peut s'installer si la principale exprime une intention particulière.

> **Si heri venisses, hodie laetus essem.** *Si tu étais venu hier, je serais content aujourd'hui.*
> **Si brevis es, sedeas.** *Si tu es petite, reste assise.* (Le conseil s'est substitué à un simple constat.)

■ Vocabulaire et étymologie

I VOCABULAIRE

1. Révision des *Fundamenta*, p. 251

2. Vocabulaire des textes

Noms
crinis, is, m. : *le cheveu*
decor, ris, m. : *la parure, le charme*
gestus, us, m. : *le geste, le mouvement*
pecus, oris, n. : *le troupeau ; ici, le bœuf*

Adjectifs
exiguus, a, um : *petit, mince*
foedus, a, um : *laid, hideux*
imus, a, um : *le bas de …*
pallidus, a, um : *pâle*
turpis, is, e : *laid, honteux*

Mots invariables
nimium : *trop*
utrimque : *des deux côtés*
nescio quid : *je ne sais quoi*

Verbes
cubo, as, are, -bui, -bitum : *être étendu*
evenit (impersonnel) : *il arrive, il se produit*
fleo, es, ere, evi, etum : *pleurer*
fundo, is, ere, fudi, fusum : *verser, répandre*
injicio, is, ere, jeci, jectum : *jeter sur*
perverto, is, ere, ti, sum : *mettre sens dessus dessous*
tego, is, ere, texi, tectum : *couvrir, cacher*
videor, eris, eri, visus sum : *être vu, paraître*

II ÉTYMOLOGIE : LA RACINE DE *ars*

Le mot **ars** a pour racine : **arti-**.
Le nominatif **ars** s'explique par l'évolution suivante : **artis > *arts > *arss > ars.**
Son génitif pluriel est donc **artium** conformément à la déclinaison de **hostis**.

Ce mot désigne :

1. L'art, la technique, c'est-à-dire le savoir-faire, l'habileté, tout ce qui résulte du travail et de l'apprentissage, par opposition aux qualités innées, naturelles que le latin exprime grâce à des termes comme **ingenium, ii, n.**, le don inné, ou **natura, ae, f.**, la disposition naturelle. Ainsi **artes militares** désignent les qualités d'un soldat.
2. L'objet auquel s'applique le savoir-faire ou le talent, à savoir le métier, l'art, la science.
   Ars dicendi : *l'art de l'éloquence.*
3. Les connaissances acquises elles-mêmes, comme les théories, les doctrines, les traités techniques (en particulier rhétoriques), les œuvres d'art. **Ars rhetorica** : *traité de rhétorique.*

On retrouve cette racine dans un certain nombre de composés :

> **artifex, icis, m. (artis + facio)** : *celui qui pratique un art, qui fait un travail manuel : l'artisan, l'ouvrier* – **artificialis, is, e** : *fait avec art* – **artificiose,** adverbe : *avec art* – **artificiosus, a, um** : *obtenu par l'art, adroit.*
>
> **iners, tis (in + ars** ; phénomène d'apophonie, voir chapitre 5) : *sans habileté, sans talent,* ou *sans profession* donc *sans énergie, paresseux* – **inertia, ae, f.** : *ignorance de tout art, paresse.*
>
> **sollers, tis :** (**sollus** : tout entier **+ ars**) : *qui est de toute habileté, adroit* – **sollertia, ae, f.** : *adresse, habileté, ingéniosité* – **sollerter,** adverbe : *habilement.*

Le mot anglais *art* offre la même variété de sens : art, habileté, artifice > *artfull* : astucieux et, dans les mots composés, il désigne des tableaux ou collections.

En français, le mot apparaît, semble-t-il, pour la première fois au XIe siècle, dans *La Chanson de Roland*. Il désigne un savoir, une méthode. C'est à partir du XVIIIe siècle qu'il prend surtout un sens esthétique :
ex : *les Beaux-Arts.*

EXERCICES

1. *Recherchez le ou les sens des mots suivants :*
artefact – artificiel – artificier – artificieux – artisanal – artiste – inertie.

2. *Quelle est la signification des expressions et des citations suivantes ?*
1. L'art et la manière – L'enfance de l'art – Le septième art – Les règles de l'art – Les arts ménagers – L'art dramatique – L'art contemporain.
2. « L'art gâte parfois la nature en cherchant à la perfectionner. » (La Bruyère.)
3. « La critique est aisée mais l'art est difficile. » (Destouches.)
4. « La mission de l'art n'est pas de copier la nature mais de l'exprimer. » (Balzac.)

3. *Précisez la valeur des conditionnelles suivantes. Traduisez les phrases.*
1. Si iste consul factus est, populus Romanus insanus est.
2. Si ridebis, ego quoque ridebo.
3. Si mater ridebat, pueri non flebant.
4. Multa loqueretur, si posset ; mutus est.
5. Puella corpus velamine quodam texisset, si tempus habuisset.
6. In theatro sedeamus, si locus vacuus sit.
7. Si candidae sunt dentes tuae, ride ; sin nigrae, ne risus tuus sonet.

4. *Traduisez les phrases suivantes et justifiez votre traduction.*
1. Si vis pacem, para bellum.
2. Si quis deus mihi largiatur, valde recusem.
3. Si suscipis causam, conficiam commentarios rerum omnium.
4. Praeclare vicissimus, nisi fugientem Lepidus recepisset Antonium.
5. Accommodabo, si potuero.
6. Si nihil litteris adjuvarentur, numquam se ad earum studium contulissent.
7. Ne sim salvus, si aliter scribo ac sentio.
8. Servum vocaret, si quid opus esset.

5. *Même exercice.*
1. Rex non sumptui parcebat, si amicos fidos sibi faciebat.
2. Deleri tota urbs potuit, si imperatores hoc voluissent.
3. Nisi consuli ars militaris fuisset, non vicissent Romani.
4. Si promptius ad epistulam meam responderes, non frustra adventum tuum hodie exspectarem.
5. Si illam orationem dico, credisne multos illam audituros esse ?
6. Philosophus cives suos vituperabat, si mos majorum neglegebatur.
7. Si morieris, nonne omnes amici lacrimas effundent ?
8. Si rota defuerit, tu pede carpe viam.
9. Si (puella) nec blanda nec satis erit tibi comis amanti, perfer et obdura.
10. Puellae ira vires colligat, si gratiam tardius des.

6. Version

L'anniversaire

Magna superstitio[1] tibi sit natalis amicae,
　quaque[2] aliquid dandum est[3], sit atra dies.
Cum bene vitaris, tamen auferet ; invenit artem
　femina, qua cupidi carpat amantis opes.
5　Institor ad dominam veniet discinctus[4] emacem[5] ;
　expediet merces teque sedente suas,
quas illa inspicias, sapere ut videare[6], rogabit[7],
　oscula deinde[8] dabit ; deinde rogabit emas[7].
Hoc fore contentam multos jurabit in annos,
10　nunc opus esse sibi, nunc bene dicet emi ;
si non esse domi, quos des, causabere[9] nummos,
　littera poscetur, ne didicisse juvet[10].

(*L'Art d'aimer*, Livre I, vers 415-426, *Op. cit.*)

NOTES
1. superstitio, nis, f. : *l'attention*
2. quaque : *en toute occasion où …*
3. dandum est : *il faut donner*
4. discinctus, a, um : *au vêtement flottant ou aux manières dégagées*
5. emax, emacis : *qui a la manie d'acheter*
6. sapere ut videare : *« pour que tu aies l'air d'avoir du goût »*
7. quas inspicias rogabit = rogabit ut eas inspicias ; rogabit emas= rogabit ut emas
8. deinde (tibi) dabit
9. causabere = causaberis
10. ne juvet : *traduisez par un futur* (non juvabit)

QUESTIONS
1. Quel est l'antécédent de *qua* au quatrième vers ?
2. Indiquez la valeur du temps le plus utilisé dans les vers 5 à 12. Nommez-le.
3. Analysez la construction de la troisième phrase (de *institor* à *dabit*, vers 5 à 8)
4. Traduisez le texte.
5. Quelle idée Ovide donne-t-il de la femme romaine dans ce texte ?
6. Quels termes ou quels procédés contribuent à bâtir ici une scène de comédie ?

7. Version

Que faire si la femme désirée n'est pas une beauté ?

Quod male fers, adsuesce ; feres bene ; multa vetustas
　lenit, at incipiens omnia sentit amor. […]
Nominibus mollire licet mala. Fusca vocetur,
　nigrior Illyrica cui pice sanguis erit ;
5　si paeta est, Veneris similis, si rava[1], Minervae ;
　sit gracilis, macie quae male viva sua est ;
dic habilem, quaecumque brevis, quae turgida, plenam[2],
　et lateat vitium proximitate boni[3].

(*L'Art d'aimer*, Livre II, vers 647-648 et 657-662.)

Vénus accroupie, marbre de la fin de l'époque hellénistique, musée de Rhodes.

NOTES

1. ravus, a, um : *jaune (mêlé à du gris)*
2. plenus, a, um : *bien en chair, aux formes pleines*
3. et lateat ... boni : *« et que le défaut soit caché par la qualité qui en est la plus proche »*

QUESTIONS

1. À qui s'adresse ici Ovide ? Appuyez-vous sur les marques d'énonciation pour justifier votre réponse.
2. Quelle est la valeur des temps de l'indicatif employés ?
3. Scandez les vers 4, 5 et 6. Quelle longueur trouvez-vous pour les voyelles soulignées : *Illyrica, viva, sua* ? De quels cas s'agit-il ?
4. Traduisez le texte.
5. Expliquez les références à Minerve et Vénus.
6. Comment peut-on définir ici l'art d'aimer ? Qu'en pensez-vous ?

8. Version

Le destin tragique d'une chevelure

Dicebam « medicare tuos desiste capillos. »
  Tingere quam possis, jam tibi nulla coma est [...]
cum gracilis[1] essent tamen et lanuginis[2] instar,
  heu ! male vexatae quanta tulere[3] comae !
5 Quam se praebuerunt[4] ferro patienter et igni,
  ut fieret torto nexilis[5] orbe[6] sinus[7] !
Clamabam « scelus est istos, scelus urere crines ;
  sponte decent ; capiti, ferrea, parce tuo.
Vim procul hinc remove ! non est qui debeat uri ;
10   erudit admotas ipse capillus acus[8]. »
Formonsae periere[3] comae, quas vellet[9] Apollo,
  quas vellet capiti Bacchus inesse suo ;
illis contulerim[10], quas quondam nuda Dione
  pingitur umenti sustinuisse manu[11].
15 Quid male dispositos quereris periisse capillos ?
  Quid speculum maesta ponis, inepta, manu ?

(OVIDE, *Les Amours*, Livre I-14, vers 1 et 2, vers 23 à 36, *Op. cit.*)

NOTES

1. gracilis = graciles (sous-entendez : comae)
2. lanugo, inis, f. : *le duvet*
3. tulere = tulerunt ; periere = perierunt
4. praebuerunt : *sujet,* comae
5. nexilis, is, e : *tressé*
6. orbis, is, m. : *la masse des cheveux*
7. sinus, us, m. : *l'ondulation*
8. acus, us, f. : *l'épingle à cheveux*
9. vellet : *traduire ici :* « *aurait voulu* »
10. contulerim : *je pourrais comparer*
11. quas quondam ... manu : « *que, sur le célèbre tableau, Dioné nue tient dans ses mains humides* ». Dioné, mère de Vénus ; Vénus elle-même. Allusion à la Vénus « anadyomène », œuvre du célèbre peintre Apelle.

QUESTIONS

1. Au vers 2, de quel verbe dépend le verbe *tingere* ? Comment se nomme ce procédé de mise en valeur ? Quel est l'antécédent de *quam* ?
2. Traduisez le texte.
3. Relevez le champ lexical de la violence.
4. Quel reproche est contenu dans le vers 15 ?
5. À quel(s) procédé(s) recourt Ovide pour rendre plaisant son récit ?
6. L'épithète « anadyomène » attribuée à Vénus vient du grec *anaduomenê* (qui surgit de ... la mer en particulier.) Recherchez des informations sur la naissance de Vénus.
7. Le tableau de Botticelli (1445-1510), intitulé *La Naissance de Vénus,* présente-t-il une Vénus « anadyomène » ? Comparez cette Vénus à la statue de la Vénus de Rhodes. Justifiez votre réponse. Laquelle vous paraît illustrer le mieux la figure évoquée par Ovide ?

◀ Sandro BOTTICELLI (1445-1510) : La Naissance de Vénus, *musée des Offices, Florence.*

CHAPITRE 9 : *Ovide : « L'Art d'aimer »* | **121**

L'ornatrix ou être coiffeuse au temps d'Auguste

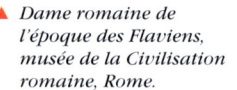

La présence d'une *ornatrix* (coiffeuse) est nécessaire à la femme romaine qui lui confie le soin de sa beauté : c'est elle qui épile sa maîtresse, qui la maquille et qui la coiffe. C'est une artiste qui « peint » le front et les bras de sa maîtresse en blanc, usant abondamment de la céruse (fard blanc), fardant les lèvres et les joues en rouge, les cils et le bord des yeux en noir. Sa stèle funéraire témoigne parfois de sa réputation et de ses références professionnelles.

Mais cette fonction n'est pas sans danger comme l'attestent des remarques de Martial, Juvénal et Ovide. L'épilation ou la chasse impitoyable aux cheveux blancs qui occasionne à la maîtresse quelques souffrances, pourtant consenties, constitue une tâche à haut risque. Une boucle mal placée ou trop importante dans l'édifice savant des coiffures de l'époque suffit à provoquer la colère : l'*ornatrix* reçoit un coup de miroir ou le fouet. Ovide appelle les femmes à se garder de toute mauvaise humeur : « Que la coiffeuse n'ait rien à craindre de vous : je hais les femmes qui lui déchirent la figure avec leurs ongles ou qui prennent une épingle à cheveux et la lui enfoncent dans le bras. Elle dévoue aux dieux infernaux la tête de sa maîtresse, tête qu'elle tient entre ses mains ; en même temps, couverte de sang, elle laisse tomber ses larmes sur cette odieuse chevelure. »

▲ *Dame romaine de l'époque des Flaviens, musée de la Civilisation romaine, Rome.*

Du discours amoureux et des artifices de séduction

1 Comment parler des femmes

A. *Le philosophe Lucrèce prétend que toutes les émotions, y compris l'amour, se fondent sur des illusions. Les hommes ne peuvent, dit-il, y échapper et, aveuglés par cette passion, ils en viennent à voir le contraire de la réalité :*

« Une peau noire a une couleur de miel ; une femme malpropre et puante est une beauté négligée ; a-t-elle les yeux verts, c'est une autre Pallas ; est-elle toute de corde et de bois, c'est une gazelle ; une
5 naine, une sorte de pygmée, est l'une des Grâces, un pur grain de sel ; une géante colossale est une merveille, pleine de majesté. [...] Une mafflue, toute en mamelles, c'est Cérès elle-même venant d'enfanter Bacchus. Un nez camus, c'est une "Silène",
10 une "satyre" ; une lippue devient un nid de baisers. »

LUCRÈCE, *De la Nature*, Livre IV, vers 1160 à 1163 et 1168-1169, traduit par A. Ernout, Les Belles Lettres, Paris, C.U.F., 1997.

B. *Dans* Le Misanthrope *de Molière, aux portraits satiriques tracés par la coquette Célimène la sage Éliante oppose le discours que tiennent les véritables amants.*

« Ils comptent les défauts pour des perfections,
Et savent y donner de favorables noms.
La pâle est au jasmin en blancheur comparable ;
La noire à faire peur, une brune adorable ;
5 La maigre a de la taille et de la liberté ;
La grasse est dans son port pleine de majesté ;
La malpropre sur soi, de peu d'attraits chargée,
Est mise sous le nom de beauté négligée ;
10 La géante paraît une déesse aux yeux ;
La naine, un abrégé des merveilles des cieux. »

MOLIÈRE, *Le Misanthrope*, Acte II, scène 4, vers 715 à 724, 1666.

Question

Que veulent dire Lucrèce et Molière ? Pouvez-vous rapprocher ces textes du texte d'Ovide (version 7, p. 120) ?

2   Pour ou contre les soins de beauté

A. *Dans* Les Précieuses Ridicules, *Molière présente Gorgibus, un « bon bourgeois » qui s'enquiert de sa fille et de sa nièce auprès d'une servante.*

GORGIBUS

Que font-elles ?

MAROTTE

De la pommade pour les lèvres.

GORGIBUS

C'est trop pommadé. Dites-leur qu'elles descendent. *(seul)* Ces pendardes-là, avec leur pommade, ont, je pense, envie de me ruiner. Je ne vois partout que blancs d'œufs, lait virginal, et mille autres brimborions que je ne connais point. Elles ont usé, depuis que nous sommes ici, le lard d'une douzaine de cochons, pour le moins, et quatre valets vivraient tous les jours des pieds de mouton qu'elles emploient.

MOLIÈRE, *Les Précieuses Ridicules,* scène 3, 1659.

B. *Dans un roman épistolaire, Montesquieu fait correspondre deux Persans, dont l'un, en voyage en France, s'étonne devant la mode parisienne :*

« Quelquefois, les coiffures montent insensiblement, et une révolution les fait descendre tout à coup. Il a été un temps que leur hauteur immense mettait le visage d'une femme au milieu d'elle-même. Dans un autre, c'étaient les pieds qui occupaient cette place : les talons faisaient un piédestal, qui les tenait en l'air. [...] On voit quelquefois sur un visage une quantité prodigieuse de mouches, et elles disparaissent toutes le lendemain. Autrefois les femmes avaient de la taille et des dents ; aujourd'hui il n'en est pas question. »

MONTESQUIEU, *Lettres persanes,* Lettre XCIX, 1721.

C. *Un diable facétieux soulève les toits de différentes maisons et découvre à son compagnon ce qui se cache derrière les scènes qu'il voit.*

« J'aperçois dans la maison voisine deux tableaux assez plaisants. L'une est une coquette surannée qui se couche après avoir laissé ses cheveux, ses sourcils et ses dents sur sa toilette. [...] Cette jeune beauté qui vous frappe [...] fait la paire avec la vieille coquette qui loge avec elle. Sa taille, que vous admirez, est une machine qui a épuisé les mécaniques. Sa gorge et ses hanches sont artificielles ; et il n'y a pas longtemps qu'étant allée au sermon, elle laissa tomber ses fesses dans l'auditoire. »

LESAGE, *Le Diable boiteux,* Chapitre III, 1707.

Femme versant du parfum dans un flacon, fresque de la villa Farnesina, Ier siècle, musée des Thermes, Rome.

Question

Distinguez et formulez les critiques contenues dans ces trois textes. Sont-elles présentes chez Ovide ?

Chapitre 10

Horace : L'art d'inviter à table

Horace (65-8 avant J.-C.) est un poète célèbre qui a vécu au temps de l'empereur Auguste : il était l'ami du riche Mécène, très influent à la cour, et de Virgile. Il a composé des « satires », c'est-à-dire des œuvres variées dont la tonalité générale est plutôt comique, et qui sont parfois appelées *sermones*, entretiens. En réalité le mot « satire » est emprunté au champ lexical de la cuisine romaine, et désigne un plat composite qui rassasie *(satiare)*. Cette variété fait l'agrément de la lecture de ces petits poèmes, dans lesquels s'expriment la gaieté, mais aussi la sincérité, d'Horace, désireux de redonner un sens des valeurs à une société qui perd ses repères moraux.

Dans la *Satire* VIII, Horace rencontre un de ses amis, le poète comique Fundanius, qui lui raconte le dîner pris la veille chez le riche Nasidienus, en compagnie de relations communes, notamment Mécène : ils se sont bien amusés aux dépens de leur hôte, aussi prétentieux que ridicule. Après avoir détaillé le menu et les commentaires un peu « lourds » du maître de maison, Fundanius en vient à raconter un incident plein de saveur …

1 Quel désastre !

Interea suspensa graves aulaea[1] ruinas
in patinam[2] fecere[3], trahentia pulveris atri[4]
quantum non Aquilo[5] Campanis[6] excitat agris.
Nos majus veriti, postquam nihil esse pericli
5 sensimus, erigimur. Rufus[7] posito capite, ut si
filius immaturus obisset, flere[8].

HORACE, *Satires*, Livre II, Satire VIII, vers 54-59, texte établi et traduit par F. Villeneuve, Les Belles Lettres, Paris, C.U.F., Paris, 1969.

NOTES

1. *aulaeum, i, n.* : *la tenture recouvrant les murs de la salle à manger*
2. *patina, ae, f.* : *le plat creux, pour faire cuire des aliments, et nom donné à la préparation elle-même*
3. *graves ruinas fecere* : *s'écroulèrent lourdement*
4. *traduisez :* (tantum) *pulveris atri … quantum …*
5. *Aquilo, onis, m.* : *l'Aquilon, vent du Nord*
6. *Campanus, a, um* : *de la Campanie (province du Sud de l'Italie), campanien*
7. *Rufus : Nasidienus Rufus est le nom de l'homme qui les reçoit à dîner*
8. *flere* : *infinitif de narration*

LIRE ET TRADUIRE

1. Identifiez les formes suivantes : *suspensa, trahentia, veriti, posito* ; traduisez-les.

2. Repérez un ablatif absolu et une proposition infinitive : traduisez-les.

3. Traduisez l'ensemble du texte.

◂ Serviteurs servant le vin, bas-relief du IIe siècle, musée de la Civilisation romaine, Rome.

▲ *Romaine allongée sur un lit, mangeant, relief du IIe siècle, musée archéologique de Beyrouth.*

2 QUELQUES AMIS COMPATISSANTS...

Nomentanus¹, l'un des invités, prend la parole :

« **H**eu, Fortuna, quis est crudelior in nos
te deus ? ut semper gaudes inludere rebus
humanis ! » Varius¹ mappa² compescere risum
vix poterat. Balatro¹, suspendens omnia naso³,
5 « Haec est condicio vivendi » aiebat « eoque⁴
responsura tuo numquam est par fama labori.
Tene⁵, ut ego accipiar laute, torquerier⁶ omni
sollicitudine districtum, ne panis adustus,
ne male conditum⁷ jus⁸ apponatur, ut omnes
10 praecincti recte pueri comptique ministrent ?
Adde hos praeterea casus, aulea ruant si,
ut modo⁹ ; si patinam pede lapsus frangat agaso¹⁰.
Sed convivatoris, uti¹¹ ducis, ingenium res
adversae nudare solent, celare secundae. »

HORACE, *Satire* VIII, vers 61-74, *Op. cit.*

NOTES

1. **Nomentanus** *est un « parasite » qui profite d'un repas de luxe ... mais doit servir de « faire-valoir » à Nasidienus.*
   Varius *et* **Balatron (Balatro, onis, m.)** *sont deux autres invités, amis de Mécène, de Fundanius et d'Horace.*
2. **mappa, ae, f.** : *la serviette de table*
3. **suspendere omnia naso** : *se moquer de tout*
4. **eo** *est ici un adverbe : pour cette raison*
5. **tene** : *pronom personnel à l'accusatif suivi de la particule interrogative* -ne, *sujet de l'infinitif exclamatif* **torquerier**
6. **torquerier** : *infinitif passif de* **torqueo** (*cf. vocabulaire*)
7. **condio, is, ire, ivi, itum** : *assaisonner, relever*
8. **jus, juris, n.** : *ici, le jus, la sauce*
9. **ut** *a ici un sens temporel ;* **ut modo** : *comme tout à l'heure*
10. **agaso, onis, m.** : *le palefrenier, un esclave en principe cantonné à l'écurie : Balatron veut-il employer un terme péjoratif pour insister sur la maladresse de ce serviteur ou Nasidienus a-t-il fait appel pour ce repas à du personnel inhabituel ? Dans tous les cas, l'invité rit aux dépens de son hôte.*
11. **uti = ut**

LIRE ET TRADUIRE

1. À qui s'adresse exactement Nomentanus dans les vers 1 à 3 ? Le vocatif vous l'indique. Que fait Varius ? et Balatron ? Retrouvez le verbe introduisant les paroles de ce dernier.

2. Quel est le type de phrase des vers 1 à 3 ? Retrouvez les mots introduisant ces propositions.

3. Même question pour les vers 7 à 10. Votre réponse devrait éclairer le sens de *tene* (rien à voir avec le verbe *teneo*).

4. Relevez et analysez les *ut* et les *ne* de ce passage : traduisez-les en cherchant notamment les modes des verbes subordonnés.

5. Comment identifier, et traduire, les formes *vivendi* (vers 5) et *responsura* (vers 6) ?

6. Traduisez le texte.

3 NASIDIENIUS RETROUVE SON ENTRAIN ...

Nasidienus ad haec : « Tibi di[1], quaecumque preceris]
commoda dent ; ita vir bonus es convivaque comis » ;
et soleas[2] poscit. Tum in lecto[3] quoque videres
stridere secreta divisos aure susurros. » [...]
5   Vibidius[4] dum
quaerit de pueris, num sit quoque fracta lagoena,
quod sibi poscenti non dentur pocula, dumque
ridetur fictis rerum Balatrone secundo,
Nasidiene, redis mutatae frontis, ut arte
10 emendaturus fortunam. [...]
      Quem nos sic fugimus ulti,
ut nihil omnino gustaremus, velut[5] illis[6]
Canidia[7] adflasset[8] pejor serpentibus Afris.

HORACE, *Satire* VIII, vers 75-78, vers 80-85, vers 93-95, *Op. cit.*

NOTES

1. **di** = **dei** *ou* **dii**
2. **solea, ae, f.** : *la sandale (on se déchaussait pour « se mettre à table », sur l'un des trois lits)*
3. **lectus, i, n.** : *le lit de table*
4. **Vibidius** est un parasite de Mécène : depuis le début du repas, il réclame des coupes plus grandes, ce qui met Nasidienus, plutôt avare au fond, en émoi, mais amuse les autres ...
5. **velut** : *comme si ...*
6. **illis** : *sur tous ces plats*
7. **Canidia, ae, f.** : *Canidia ou Canidie : il s'agit d'une redoutable sorcière empoisonneuse*
8. **adflasset** = **adflavisset** ; **adflare + D.** : *répandre son souffle sur*

LIRE ET TRADUIRE

1. Identifiez tous les sujets des verbes (ainsi que les personnes qui prennent la parole et leurs interlocuteurs). Vous retrouvez ainsi, pour chaque verbe, la situation d'énonciation.

2. Analysez et traduisez : *poscenti, fictis, mutatae, emendaturus, ulti.*

3. Repérez les verbes au subjonctif et justifiez leur emploi.

4. Traduisez le texte.

SUR L'ENSEMBLE DES TEXTES

1. Relevez toutes les comparaisons de ces textes : commentez leurs emplois.

2. Trouvez les passages où il est question de mimiques : qu'en pensez-vous ?

3. Après avoir relu tous les textes que vous aurez traduits (y compris les extraits de la partie *Littérature et Civilisation*, p. 133), dites ce qu'on peut reprocher à Nasidienus.

4. Quelles sont les intentions d'Horace ? Que cherche-t-il à prouver ?

*Nature morte avec volailles, fresque du I*er *siècle, musée archéologique national, Naples.*

Grammaire

I. LE GÉRONDIF

Vous avez identifié la forme **vivendi** (texte 2, vers 5) : il s'agit d'un gérondif, forme nominale qui sert de déclinaison à l'infinitif employé comme nom.

1. Formation

Radical ou thème de l'infectum	Suffixe -nd + désinence casuelle	
voca-	-nd-	-um
tene-	-nd-	-um
mitt-e	-nd-	-um
cap-i- e-	-nd-	-um
audi-e	-nd-	-um

Remarques

1. La 3ᵉ et la 4ᵉ conjugaison ajoutent une voyelle thématique à la consonne du radical.

2. Le gérondif des verbes déponents se forme comme celui des verbes actifs et il a un sens actif :
sequor, eris, sequi (3ᵉ conj.) : *suivre*
→ gérondif : **sequendum.**

On peut donc « décliner » ainsi l'infinitif.

Nominatif	vocare
Accusatif	vocare / (ad) vocandum
Génitif	vocandi
Datif	vocando
Ablatif	vocando

2. Emplois

Le gérondif correspond aux emplois de l'infinitif en français dans toutes les fonctions autres que celles de sujet, d'attribut du sujet et de complément d'objet direct, pour lesquelles on emploie la forme de l'infinitif en **-re**.

Le gérondif peut être :

▶ un complément de nom : **Tempus est legendi :** *C'est le moment de lire.*

▶ un complément d'adjectif : **Puer discendi est cupidus :** *L'enfant est désireux d'apprendre.*

▶ un compl. circonstanciel à l'ablatif
 – complément d'origine (+ Ab.) : **A mentiendo abhorreamus :** *Détournons-nous du mensonge.*
 – complément de moyen : **Mens legendo alitur :** *L'esprit se nourrit en lisant.*
 Dans ce cas, on le traduit par un gérondif français (*en* + part. prés.).

▶ un complément de but (**ad** + Ac.), quand ce complément ne dépend pas d'un verbe de mouvement. **Filiam hortatur ad legendum :** *Il exhorte sa fille à lire.*

II. LE PARTICIPE FUTUR ET L'INFINITIF FUTUR

Vous avez trouvé plusieurs participes futurs dans les textes : **responsura, emendaturus.**

1. Formation

Le participe futur appartient à la voix active. Il est formé à partir du supin et terminé par **-urus, -ura, -urum**.

▶ **vocat-urus, vocat-ura, vocat-urum**

Il se décline sur le modèle des adjectifs de la 1ʳᵉ classe : **bonus, a, um.**

CHAPITRE 10 : *Horace : L'art d'inviter à table*

ÉTUDE DE LA LANGUE

2. Emplois

a. Il s'emploie surtout avec le verbe **sum** comme attribut du sujet et peut se traduire de diverses façons, exprimant, selon les cas, l'imminence d'un événement, l'intention ou la disposition de celui qui parle, ou la destination de l'action :

▶ **Scripturus sum :** *Je suis sur le point d'écrire. / Je suis disposé à écrire. / Je suis destiné à écrire.*

N.B. Il exprime la postériorité dans l'interrogation indirecte :

▶ **Quaero quis venturus sit :** *Je demande qui viendra.*

b. Il peut se trouver sans **sum**, apposé à un nom, comme au vers 10 du texte 3.

▶ **Ut arte emendaturus fortunam :** *Comme pour corriger le mauvais sort par son art.*

c. Il sert à former l'infinitif futur : participe futur à l'accusatif + l'infinitif présent de **sum**.

▶ **Victurum esse :** *être destiné à vaincre, sur le point de vaincre, prêt à vaincre.*

d. L'expression du conditionnel dans la proposition infinitive :

– L'infinitif futur permet d'exprimer le conditionnel (le potentiel) dans la proposition infinitive :

▶ **Dicit se, si cras pecuniam habeat, tibi daturum esse :**
Il dit que, si demain il avait de l'argent, il t'en donnerait.

– Pour exprimer l'irréel, on emploie le participe futur et l'auxiliaire **fuisse** :

▶ **Dicit se, si hodie pecuniam haberet, tibi daturum fuisse :**
Il dit que, si aujourd'hui il avait de l'argent (mais il n'en a pas), il t'en donnerait.

▶ **Dicit se, si olim pecuniam habuisset, tibi daturum fuisse :**
Il dit que, si jadis il avait eu de l'argent (mais il n'en avait pas), il t'en aurait donné.

N.B. On sait que l'infinitif futur permet d'exprimer la postériorité dans la proposition infinitive :

▶ **Dicit se cras venturum esse :** *Il dit qu'il viendra demain.*

e. Enfin le participe futur sert à exprimer le conditionnel dans l'interrogation indirecte :

– Le potentiel :
▶ **Quaero quid acturus sis (ou agas), si cras pecuniam habeas :**
Je te demande ce que tu ferais, si demain tu avais de l'argent.

– L'irréel du passé :
▶ **Quaero quid acturus fueris, si olim pecuniam habuisses :**
Je te demande ce que tu aurais fait si jadis tu avais eu de l'argent.
Quaerebam quid acturus fuisses, si ... :
Je te demandais ce que tu aurais fait, si ... .
(On respecte la concordance des temps.)

■ Vocabulaire et étymologie

I VOCABULAIRE

1. Révision des *Fundamenta*, p. 251

2. Vocabulaire des textes

Noms	
casus, us, m. : *la chute*	**poculum, i, n. :** *la coupe*
condicio, onis, f. : *la condition*	**pulvis, eris, m. :** *la poussière*
frons, frontis, f. : *le front*	**ruina, ae, f. :** *la chute*
	sollicitudo, inis, f. : *la sollicitude*

Adjectifs
adversus, a, um : *contraire, ennemi*
ater, atra, atrum : *noir*
crudelis, is, e : *cruel*
secretus, a, um : *secret, à l'écart, sans témoins*
sollicitus, a, um : *inquiet* > **sollicitudo**

Mots invariables
praeterea : *en outre*
velut : *comme*

Verbes
aduro, is, ere, ussi, adustum : *brûler*
divido, is, ere, vidi, visum : *diviser*
erigo, is, ere, rexi, rectum : *redresser, relever (ici, moralement)*
excito, as, are, avi, atum : *exciter, soulever*
frango, is, ere, fregi, fractum : *briser*
illudo, is, ere, lusi, lusum : *jouer, se jouer*
labor, eris, eri, lapsus sum : *glisser*
obeo, is, ire, ii, itum : *s'en aller, mourir*
pendeo, es, ere, pependi > suspendeo : *suspendre*
precor, aris, ari, precatus sum : *prier*
rideo, es, ere, risi, risum : *rire*
ruo, is, ere, rui, rutum : *tomber*
torqueo, es, ere, torsi, tortum : *tordre, tourmenter*
ulciscor, sceris, sci, ultus sum : *venger, se venger de (+ Ac.)*
vereor, eris, eri, veritus sum : *craindre*

II ÉTYMOLOGIE : LES RACINES DE *rideo, gaudeo* ET *ludus*

1. *Rideo*

Les convives s'amusent beaucoup et Horace utilise les mots :
risum (texte 2, vers 3),
ridetur (texte 3, vers 8).

Ces mots sont issus du verbe : **rideo, es, ere, risi, risum** : *rire, être joyeux, se moquer de*.
L'origine de ce verbe est obscure (peut-être la racine sanskrite *krid-*).

En français, ce mot a de multiples sens.

2. *Gaudeo*

Le second mot **gaudes** : *tu te réjouis* (texte 2, vers 2), vient du verbe :
gaudeo, es, ere, gavisus sum : *se réjouir* (< bas-latin : **re-gaudere**) → **gaudium** : *la joie*.

Ce mot a donné, en français, les mots *jouir, jouissance, réjouir* …

3. *Ludus*

On trouve aussi dans le texte d'Horace (texte 2, vers 2) :
inludere : *se jouer de*, qui vient de **ludus, i, m.** : *le jeu*.

– **Ludi, orum, m. pl.** signifie *les jeux organisés officiellement*, à caractère religieux ou non.
Ce mot signifie également *enfantillage, plaisanterie* et … *école*.

– **Ludus** a donné : *ludique, prélude*.
Il vient de **ludere** : *imiter par jeu, se louer de*,
dont voici les composés **alludere** : *évoquer comme par jeu*,
colludere : *se lier avant de jouer*,
eludere : *éviter par jeu, parer un coup*,
illudere (= inludere) : *se jouer de, tromper l'autre ou soi-même (faire illusion)*.

– Le mot français *jouer* vient de **jocus, i** et **jocari** : *plaisanterie en mots, jeu en paroles*.

– Enfin **laetus, a, um** signifie *joyeux* (cf. **laetitia, ae, f.** : *la joie*).

EXERCICES

1. Trouvez le sens et l'origine étymologique de :

ridiculiser – rigolo – risée – risette – rieur – riant – dérision – jouisseur – réjouissance – allusion – collusion – éluder – illusionniste – ludothèque – interlude – jouet – déjouer – rejouer.

2. Traduisez :
1. Nemo facile solus ridet.
2. Ludis circensibus elephanti luserunt.
3. Ad ludendumne an ad pugnandum est ?
4. Romani ludos fecerunt Apollini.
5. In clari magistri ludum parentes filium miserunt.
6. Oratio ludus est homini non hebeti.

3. Traduisez :
1. Tempus fugiendi est.
2. Cogitandi tempus non erat.
3. Plurimae viae ad Romam veniendum confectae erant.
4. Fit fabricando faber.
5. Castigat ridendo mores.
6. Ars dicendi difficilis est.
7. Vigilando, agendo, bene consulendo, prospere omnia cedunt.
8. Breve tempus aetatis satis longus est ad bene vivendum.

4. Traduisez :
1. Timeo ne lecturus sit.
2. Mihi videtur amicum meum heri lecturum fuisse si ei liber fuisset.
3. Bellum scripturus sum quod populus Romanus cum Jugurtha gessit.
4. Erat facturus ludos quidam nobilis.
5. Quoniam eo miseriarum venturus eram, vellem a vobis auxilium petere.
6. Agesilaus, cum Epaminondas Spartam oppugnaret, essetque sine muris oppidum, talem se imperatorem praebuit, ut eo tempore omnibus apparuerit, nisi ille fuisset, Spartam futuram non fuisse.

5. Thème d'imitation

(Révision des temps des verbes)

Quand les tentures tombèrent sur la *patina*, elles entraînèrent les coupes. Nous avions craint un plus grand danger ; Rufus pleurait : Nomentanus lui dit que la Fortune était un dieu cruel et qu'elle se moquait des choses humaines. Pour Varius, c'était le moment de rire … Balatron disait que jamais aux efforts de Rufus ne correspondrait une renommée qui soit digne de lui.

▲ *Un repas familial, relief funéraire du IIe siècle, musée de la Civilisation romaine, Rome.*

6. Version

Les invités au dîner de Nasidienus.

HORATIUS
Sed quis[1] cenantibus una
Fundani, pulchre fuerit tibi, nosse[2] laboro.

FUNDANIUS
Summus ego et prope me Viscus Thurinus et infra,
si memini, Varius, cum Servilio Balatrone
5 Vibidius quos Maecenas adduxerat umbras[3].
Nomentanus erat super ipsum[4], Porcius infra,
ridiculus totas semel absorbere placentas ;
Nomentanus ad hoc qui[5], si quid forte lateret,
indice monstraret digito.

(HORACE, *Satires*, Livre II, satire VIII, vers 18-26, *Op. cit.*)

NOTES
1. quis = quibus
2. nosse = novisse
3. umbras : *attribut du C.O.D.* quos
4. ipsum *désigne Nasidienus qui les reçoit*
5. qui … monstraret : *relative à sens final*

QUESTIONS
1. Faites la liste des invités et regroupez-les par trois.
2. Retrouvez les adverbes et les prépositions de lieu et traduisez-les.
3. Traduisez le texte.

7. Version

Des invités sans-gêne

Tum Vibidius Balatroni :
« Nos nisi damnose[1] bibimus, moriemur inulti »
et calices poscit majores. Vertere[2] pallor
tum parochi[3] faciem, nil[4] sic metuentis ut acris[5]
5 potores, vel quod maledicunt liberius vel
fervida quod subtile exurdant vina palatum.
Invertunt Allifanis[6] vinaria tota
Vibidius Balatroque, secutis omnibus ; imi
convivae lecti nihilum nocuere lagoenis.

(*Satire* VIII, vers 33-41, *Op. cit.*)

NOTES

1. damnose : *« à nous ruiner »*
2. vertere : *infinitif de narration*
3. parochi : *mot d'origine grecque désignant un pourvoyeur public, chargé de loger et nourrir les personnes en mission officielle : traduisez par « pourvoyeur » ou « fournisseur »*
4. nil (= nihil) sic ... ut : *rien comme*
5. acris = acres
6. Allifanis : *d'Allifes, ville réputée pour ses très grandes coupes*

QUESTIONS

1. Traduisez le texte.
2. Quelle peut être la raison de la pâleur du maître de maison ? Fundanius n'en parle pas, pourquoi ?
3. Quels sont les procédés satiriques utilisés par Horace ?

8. Version

Il faut savoir vivre de peu …

Quae virtus et quanta, boni[1], sit vivere parvo ! […]
Discite non inter lances mensasque nitentes,
cum stupet insanis acies fulgoribus et cum
adclinis falsis animus meliora recusat,
5 verum hic inpransi[2] mecum disquirite. Cur hoc ?
Dicam, si potero. Male verum examinat omnis
corruptus judex.

(*Satire* II, vers 1-9, *Op. cit.*)

NOTES

1. boni : *mes chers amis*
2. inpransi = impransi : *à jeun*

QUESTIONS

1. Traduisez le texte.
2. Quelle est la morale qui se dégage de ce texte ?

9. Version

Les avantages d'une vie frugale

Accipe nunc victus tenuis quae quantaque secum
adferat. In primis valeas bene ; nam varias res
ut noceant homini, credas, memor illius escae,
quae simplex olim tibi sederit ; at simul assis
5 miscueris elixa, simul conchylia turdis,
dulcia se in bilem vertent stomachoque tumultum
lenta feret pituita. Vides ut pallidus omnis
cena desurgat dubia ? Quin[1] corpus onustum
10 hesternis vitiis animum quoque praegravat una.

(*Satire* II, vers 70-78, *Op. cit.*)

NOTE

1. quin : *bien plus*

QUESTIONS

1. Traduisez ce texte.
2. En quoi l'hygiène corporelle et l'hygiène morale sont-elles liées ?
3. Quelle leçon Horace nous invite-t-il à tirer de ce texte ?

SUR L'ENSEMBLE DES TEXTES

1. En quoi Nasidienus, l'hôte de la Satire VIII (texte p. 125), est-il déraisonnable ? Que cherche-t-il avant tout ? Comment le poète dénonce-t-il ses défauts ?
2. Montrez que la satire sociale débouche sur une leçon morale.

▲ *Peinture d'architecture, fresque sur enduit du Ier siècle provenant d'une villa au nord de Pompéi, Metropolitan Museum of Art, New York.*

La salle à manger

1 Les repas

Le repas principal, ou *cena*, se prend dans la salle à manger, quand on a fini ses occupations de la journée. Dès la fin du IIe siècle avant J.-C., les personnes de la haute société ont pris l'habitude de manger étendues sur un lit (le peuple ignorera cette coutume), dans une salle rectangulaire (en principe sa longueur est le double de sa largeur), autour d'une table carrée dont un côté demeure réservé au service. Les invités prennent place de façon très hiérarchisée ; la place d'honneur, ou *lectus consularis*, est la place n° 1 du *medius lectus* tandis que le maître de maison prend la place n° 3 de l'*imus lectus*. Les lits étaient en pente, ils « montaient » vers la table et ils étaient recouverts de coussins.

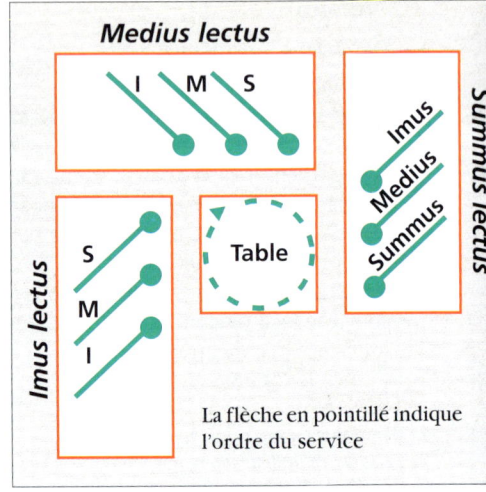

▲ Le *triclinium* (salle à manger)

Au Ier siècle avant J.-C., les femmes, exclues jusque-là, pourront assister à la *cena*. Les enfants ont droit à un escabeau devant le lit de leurs parents. En principe, le nombre maximum d'invités est de neuf.

Recherche

Reconstituez le plan de table du repas décrit à Horace (version 6, p. 130).

2 Le déroulement du repas

L'invité était convié à se déchausser et à se laver les pieds et les mains avant de manger. Il était parfois couronné de fleurs et parfumé. Le lit et la place étant désignés à chaque invité par le maître d'hôtel ou le majordome *(nomenclator)*, les serveurs *(ministratores)* apportent plats et coupes. Des nappes ne recouvriront les tables qu'à partir de Domitien ; on essuie donc les tables de bois ou de marbre après chaque service. Les invités apportaient leur serviette personnelle qu'ils étendaient devant eux pour ne pas salir la literie souvent précieuse ; ils pouvaient poser dans leur serviette quelques bons morceaux et les rapporter ainsi chez eux.

▲ *Banquet*, mosaïque du IVe siècle provenant de Carthage, musée national du Bardo, Tunis.

Les convives disposaient pour manger de couteaux et de cuillères variées (depuis la louche jusqu'à la petite *cochlea* pointue qui permettait de vider œufs et coquillages). Leurs doigts faisaient le reste et étaient rincés avec de l'eau parfumée très régulièrement... Après la première libation aux dieux qui inaugurait le repas, les coupes étaient régulièrement remplies de vins plus ou moins célèbres : on débouchait les amphores, on filtrait le liquide et on le versait dans le cratère. Il était alors mélangé à de l'eau (en moyenne un tiers d'eau), refroidi avec de la neige ou chauffé : ces vins épais n'étaient pas bus purs. On puisait dans le cratère avec des coupes.

Cette *cena* dure plus ou moins longtemps, elle peut être modeste ou très raffinée selon les circonstances, accompagnée ou non de musique, de danses ou de scènes comiques.

3 *Le menu*

En principe, il y a quatre services, ou *fercula* ; on commence souvent par des œufs et on finit par les fruits (d'où l'expression *« ab ovo usque ad mala »* : « depuis l'œuf jusqu'à la pomme », du début jusqu'à la fin). Les Romains aiment beaucoup poissons, crustacés et pâtisseries. Certains historiens ont parfois évoqué l'abondance et le mélange des mets, la recherche excessive des présentations... : il y a, certes, des goinfres mais les fameuses « orgies » ne sont pas habituelles ...

Fundanius donne le menu, dans la Satire *VIII, du repas de Nasidienus :*

On servit d'abord un sanglier de Lucanie, pris, nous dit notre hôte, par un léger vent du midi. Tout autour, des petits plats de raves piquantes, de laitues, de radis, tous mets qui réveillent l'estomac fatigué, de la raiponce[1], de l'allec[2], de la lie de vin de Cos. On desservit, puis un esclave, retroussé haut, essuya avec un torchon de pourpre la table en bois d'érable ; un autre ramassa tout ce qui était tombé et aussi tout ce qui ne servait plus à rien et pouvait gêner les convives.

Hydaspe s'avance, l'esclave noir, portant du Cécube[3], pendant qu'Alcon apporte un vin de Chio coupé d'eau de mer. Alors l'amphitryon : « Si aux vins qu'on vient de présenter tu préférais, Mécène, du vin d'Albe ou du Falerne, j'ai l'un et l'autre. [...]

(Vers 6-17)

Nous autres, menu fretin, nous mangions oiseaux, coquillages, poissons, apprêtés de façon à ne pas nous permettre de reconnaître leur goût habituel. Mon ignorance fut visible, quand Nomentanus me fit passer des filets de plie et de turbot, tels que je n'en avais jamais mangé. C'est encore lui qui m'apprit ensuite que les pommes de paradis sont plus rouges quand on les cueille au déclin de la lune.

(Vers 26-32)

[...] On apporte une murène, dressée sur un plat entre des squilles[4] nageant dans la sauce. À ce moment, l'amphitryon prit la parole : « Quand on l'a pêchée, elle était pleine ; après le frai, la chair eût été moins délicate. Quant à la sauce, voici ce qu'on y a mis : de l'huile vierge du Vénafre, du garum[5] fait avec des intestins de poisson d'Espagne, pendant la cuisson, du vin de cinq ans, récolté en Italie ; une fois le poisson cuit, du vin de Chios (aucun autre ne le remplacerait), du poivre blanc, un peu de vinaigre fait avec du vin de Méthymne. J'ai le premier fait préparer ainsi la roquette[6] verte, l'aunée[7] amère, comme Curtillus l'avait fait pour les oursins, sans les laver : c'est bien préférable à la saumure ordinaire parce que le coquillage rend son eau pendant la cuisson. »

(Vers 42-53)

Des esclaves suivent le maître de maison, porteurs d'un grand plat creux contenant les membres découpés d'une grue, couverts de sel et de farine, le foie d'une oie blanche engraissée avec des figues, des épaules d'un lièvre détachées du reste du corps, sous prétexte que, servies avec les râbles, ce serait un morceau moins fin. Puis apparaissent sur la table des squelettes de merles et de pigeons sans croupions, mets délicats sans doute, s'il ne fallait entendre l'hôte exposer les vertus et donner ses raisons.

Satire VIII, vers 85-89, traduite par F. Richard, Garnier-Flammarion, 1967.

NOTES

1. **raiponce** : *plante potagère, dont on mangeait en salade racines et feuilles*
2. **allec** : *préparation culinaire à base de poisson décomposé*
3. **Cécube** : *plaine du Latium, célèbre pour ses vins ; nom d'un cru célèbre du Latium*
4. **squille** : *petit crustacé*
5. **garum** : *assaisonnement liquide, à base de poisson en décomposition, et d'aromates*
6. **roquette** : *sorte de salade*
7. **aunée** : *plante dont la racine est tonique et aromatique*

Recherche

1. *Montrez que ce repas comporte des mets très élaborés.*
2. *Quel rôle semble jouer Mécène ? Pourquoi, selon vous ? Renseignez-vous sur ce personnage.*
3. *Que cherche à faire le maître de maison ? Pourquoi ?*
4. *Rapprochez la fin du texte d'Horace de ces vers de Molière où deux personnages évoquent l'une de leurs relations :*

ÉLIANTE

Il prend soin d'y servir des mets fort délicats.

CÉLIMÈNE

Oui, mais je voudrais bien qu'il ne s'y servît pas.
C'est un fort méchant plat que sa sotte personne
Et qui gâte, à mon gré, tous les repas qu'il donne.

Le Misanthrope, Acte II, scène 5.

5. *Retrouvez les vers qui terminent la* Satire *VIII, texte 3, p. 126, vers 11-13 : comment réagissent les amis d'Horace ? Pourquoi ?*

Chapitre 11

Juvénal : Les génies méconnus

Juvénal (Decimus Junius Juvenalis) naquit à Aquinum dans le Latium, vers 65 après J.-C. On sait peu de choses de sa vie : il semble avoir fait carrière dans l'éloquence et la déclamation, puis il écrivit les *Satires* après la mort de Domitien (96 après J.-C.).
Il vécut sous les règnes de Trajan et d'Hadrien, et fut, selon certaines sources, exilé en Égypte, où il mourut à une date inconnue.

Dans la *Satire VII*, il déplore la condition misérable des intellectuels à son époque. Selon lui, seul l'empereur (sans doute Hadrien) sait les apprécier : « *Et spes et ratio studiorum in Caesare tantum* », dit le premier vers de cette satire (« La culture n'a d'espoir et de raison d'être que grâce à l'empereur »). Mais la plupart des hommes de « culture » gagnent difficilement leur vie et sont cruellement méconnus.

1 Poète, brise ta plume !

Si qua[1] aliunde putas rerum expectanda[2] tuarum
praesidia atque ideo croceae membrana[3] tabellae
impletur, lignorum aliquid posce ocius et, quae
componis, dona Veneris, Telesine[4], marito[5],
5 aut clude et positos tinea pertunde libellos.
Frange miser calamum vigilataque proelia dele,
qui facis in parva sublimia carmina cella,
ut dignus venias hederis[6] et imagine macra.
Spes nulla ulterior[7] ; didicit jam dives avarus
10 tantum admirari, tantum laudare disertos,
ut pueri Junonis avem[8]. Sed defluit aetas
et pelagi patiens et cassidis atque ligonis[9].
Taedia tunc subeunt animos, tunc seque suamque
Terpsichoren[10] odit facunda et nuda senectus.
15 Accipe nunc artes. Ne quid tibi conferat iste
quem colis et Musarum et Apollinis aede relicta,
ipse facit versus, atque uni cedit Homero
propter mille annos. Et si dulcedine famae
succensus recites, maculosas commodat aedes.
20 Haec longe ferrata domus servire jubetur,
in qua sollicitas imitatur janua portas.
Scit dare libertos extrema in parte sedentes
ordinis et magnas comitum disponere voces ;
nemo dabit regum quanti subsellia constant
25 et quae conducto pendent anabathra tigillo
quaeque reportandis posita est orchestra cathedris.

JUVÉNAL, *Satires*, Satire VII, vers 22 à 47, texte établi et traduit par P. de Labriolle et F. Villeneuve, Les Belles Lettres, Paris, C.U.F., 1971.

[...] Apprends maintenant leurs ruses. Pour ne rien te donner, celui que tu courtises en délaissant les temples des Muses et d'Apollon fait aussi des vers, et ne se juge inférieur qu'à Homère, à cause de ses mille ans. Si, enflammé par la douce perspective de la célébrité, tu veux faire une lecture publique, il te prête un local immonde. Il fait mettre à ta disposition telle maison depuis longtemps barricadée, dont la porte ressemble à celle d'une forteresse sur le qui-vive. Il veut bien te fournir des affranchis qui s'assoient au bout des rangées, et répartir les voix puissantes de ses clients. Mais aucun de ces personnages ne te donnera de quoi payer les banquettes, les gradins échafaudés avec des poutres de location, ni l'orchestre, avec les chaises qu'il faut ramener.

(Traduction des vers 15 à 26.)

NOTES

1. qua = aliqua *après si*
2. expectanda (esse)
3. membrana, ae, f. : *ici, le parchemin*
4. Telesinus, i, m. : *Telesinus, nom d'un poète inconnu, et peut-être imaginaire*
5. Veneris marito : *le mari de Vénus, Vulcain ; ici, le symbole du feu*
6. hedera, ae, f. : *le lierre (symbole d'immortalité)*
7. ulterior : *ici, supplémentaire, autre*
8. Junonis avis (is, f.) : *l'oiseau de Junon, c'est-à-dire le paon*
9. et pelagi patiens et cassidis atque ligonis : *où on supporte la mer, le casque et le hoyau (c'est-à-dire les fatigues de la navigation, de la guerre ou du travail des champs)*
10. suam Terpsichoren (Ac. grec) : *sa Terpsichore, autrement dit sa Muse (Terpsichore est la Muse de la danse)*

LIRE ET TRADUIRE

1. Précisez quelle est la syntaxe de *si* dans la première phrase. Que montre le choix des temps et des modes ?

2. Identifiez le mode et la personne des verbes : *posce* (vers 3) – *dona* (vers 4) – *clude, pertunde* (vers 5) – *frange* (vers 6). À qui s'adresse Juvénal ? Sur quel ton ?

3. Recherchez, dans les conjugaisons p. 244 à p. 250, à quelle forme est le verbe *expectanda* (vers 1). Avec quel nom cette forme est-elle accordée ? Traduisez ce nom et cette forme verbale.

4. Traduisez les vers 1 à 14.

5. Montrez, à partir d'exemples choisis dans le texte latin, que Juvénal mêle ici la satire à la plainte.

▲ *Poète avec sa tablette et son stylet, mosaïque du IIe-IIIe siècle, Rheinisches Landesmuseum, Trèves.*

2 LE SORT DES HISTORIENS ET DES AVOCATS EST-IL PLUS ENVIABLE ?

Vester porro labor fecundior, historiarum
scriptores ? Perit hic¹ plus temporis atque olei plus.
Nullo quippe modo millensima pagina surgit
omnibus et crescit multa damnosa papyro ;
5 sic ingens rerum numerus jubet atque operum lex.
Quae tamen inde seges ? Terrae quis fructus apertae ?
Quis dabit historico quantum daret acta legenti ?
« Sed genus ignavum, quod lecto gaudet et umbra. »
Dic igitur quid causidicis civilia praestent
10 officia et magno comites² in fasce libelli.
Ipsi magna sonant, sed tum cum creditor audit
praecipue, vel si tetigit latus acrior illo
qui venit ad dubium grandi cum codice nomen³.
Tunc immensa cavi spirant mendacia folles
15 conspuiturque sinus : veram deprendere messem
si libet, hinc centum patrimonia causidicorum,
parte alia solum russati pone Lacertae⁴.
Consedere duces, surgis tu pallidus Ajax⁵
dicturus dubia pro libertate bubulco
20 judice. Rumpe miser tensum jecur, ut tibi lasso
figantur virides, scalarum gloria, palmae.
Quod vocis pretium ? Siccus petasunculus⁶ et vas
pelamydum⁷ aut veteres, Maurorum epimenia⁸, bulbi
aut vinum Tiberi devectum, quinque lagonae.

JUVÉNAL, *Satires*, vers 98-121, *Op. cit.*

[...] *Point de mesure : tous, vous accumulez les pages jusqu'à la millième ; vous vous ruinez en papyrus. Ainsi le veut la multiplicité des faits et la loi du genre. Mais que vous en revient-il ? Quelle moisson retirez-vous du sillon ainsi ouvert ? Qui donnera à un historien autant qu'il donnerait à celui qui lit les nouvelles ? « Race de fainéants, dira-t-on, qui n'aime que le lit et l'ombre. »*
(Traduction des vers 3 à 8.)

[...] *Alors du creux de leurs poumons ils expectorent d'énormes mensonges et ils souillent de bave leur poitrine. Si vous voulez vous rendre compte de ce qu'ils récoltent véritablement, mettez d'un côté le patrimoine de cent avocats, d'un autre côté celui du seul Lacerta à la casaque rouge. Les chefs ont pris place, et toi, tel Ajax, tu te lèves tout pâle. Tu as pour juge un bouvier, et tu dois plaider une question douteuse d'affranchissement. Malheureux, tends-toi le foie jusqu'à le rompre, et quand tu te seras bien exténué tu verras se garnir de palmes verdoyantes ton glorieux escalier !*
(Traduction des vers 14 à 21.)

NOTES

1. **hic** : *adverbe*
2. **comites** (ici, adj.) : *qui les accompagnent*
3. **vel si tetigit ... cum codice nomen** : *ou s'ils sont poussés du coude par quelqu'un de plus acharné qui vient avec un grand registre commercial,* pour une créance douteuse. L'avocat devra impérativement gagner une cause s'il a des dettes à rembourser
4. **Lacerta** : *nom, probablement, d'un cocher de char qui portait la couleur rouge aux jeux du cirque. Les cochers étaient adulés du public et faisaient fortune*

SUITE DES NOTES

5. Ajax : *nom d'un guerrier de l'Iliade ; Juvénal parodie ici Homère pour décrire un pauvre avocat*
6. petasunculus, i, m. : *le jambonneau*
7. pelamys, idis, f. : *le thon*
8. epimenia, orum, n. pl. : *les provisions pour un mois*

◀ Instruments d'écriture,
fresque provenant de la maison du banquier,
Pompéi, musée archéologique national, Naples.

LIRE ET TRADUIRE

1. À qui s'adresse Juvénal dans les questions des vers 1-2, 6-7 et 22 ? Traduisez ces questions s'il y a lieu.
2. Traduisez les vers 1 et 2, 9 à 13, et les vers 22 à 24.
3. Relevez des mots appartenant au champ lexical de la quantité. Faut-il plaindre ou critiquer les professions que l'auteur évoque ici ?
4. Relevez les expressions latines les plus satiriques, et analysez les procédés de style employés par Juvénal pour les rendre frappantes.

3 AUJOURD'HUI, PERSONNE NE DONNERAIT À CICÉRON DEUX CENTS SESTERCES

Fidimus eloquio¹ ? Ciceroni nemo ducentos nunc dederit nummos, nisi fulserit anulus ingens. Respicit haec² primum qui litigat, an tibi servi octo, decem comites, an post te sella, togati
5 ante pedes. Ideo conducta Paulus agebat sardonyche, atque ideo pluris quam Gallus agebat, quam Basilus. Rara in tenui facundia panno. Quando licet Basilo flentem producere matrem ? Quis bene dicentem Basilum ferat ? Accipiat te
10 Gallia vel potius nutricula causidicorum Africa, si placuit mercedem ponere linguae.

JUVÉNAL, *Satires*, vers 139-149, *Op. cit.*

[...] Voilà pourquoi Paulus³ plaidait avec une sardoine⁴, qu'il avait louée. Aussi ses plaidoiries étaient-elles plus chères que celles de Gallus et de Basile. On voit rarement un orateur vêtu d'une mince guenille. Permettrait-on à un Basile d'exhiber une mère éplorée ? Qui admettrait d'entendre l'éloquence d'un Basile ? Réfugie-toi en Gaule, ou plutôt en Afrique, terre nourricière des avocats, si tu veux fixer toi-même le prix de tes discours.

(Traduction des vers 5 à 11.)

NOTES

1. eloquium, ii, n. : *l'éloquence*
2. haec *annonce* an : *cela, à savoir si ... ou si*
3. Paulus, Gallus, Basile : *personnages inconnus, probablement des avocats contemporains de Juvénal*
4. sardoine (*ou* onyx) : *pierre précieuse ; l'avocat Paulus portait un bijou précieux qu'il louait pour faire croire qu'il était riche*

LIRE ET TRADUIRE

1. Retrouvez la proposition latine qui correspond au titre de ce passage, puis traduisez entièrement la phrase où elle se trouve.
2. Traduisez les vers 1 à 5 (jusqu'à *pedes*).
3. Que critique ici Juvénal dans la société de son temps ? Relevez dans le texte latin les procédés de la satire.

◀ Liberalitas, *distribution par l'empereur,
sesterce en bronze du IIᵉ siècle après J.-C., Médailler, Lausanne.*

4 MISEROS MAGISTROS !

Declamare doces ? O ferrea pectora Vetti,
cum perimit saevos classis numerosa tyrannos.
Nam quaecumque sedens modo legerat, haec eadem stans
perferet atque eadem cantabit versibus isdem ;
5 occidit miseros crambe repetita magistros.
Quis color et quod sit causae genus atque ubi summa
quaestio, quae veniant diversae forte sagittae,
nosse volunt omnes, mercedem solvere nemo. [...]
Quis gremio[1] Celadi doctique Palaemonis[2] adfert
10 quantum grammaticus meruit labor ? Et tamen ex hoc
quodcumque est, minus est autem quam rhetoris aera,
discipuli custos praemordet acoenonoetus[3]
et qui dispensat frangit sibi. [...]
 Sed vos[4] saevas inponite leges,
15 ut praeceptori verborum regula constet,
ut legat historias, auctores noverit omnes
tamquam[5] ungues digitosque suos, ut forte rogatus
dum petit aut thermas aut Phoebi balnea[6], dicat
nutricem Anchisae[7], nomen patriamque novercae
20 Anchemoli[8], dicat quot Acestes[9] vixerit annis,
quot Siculi Phrygibus[10] vini donaverit urnas.

JUVÉNAL, *Satires*, vers 150-157, 215-219, 229-236, *Op. cit.*

*T*u es professeur de déclamation ? Quelle âme de bronze a Vettius, quand sa classe surchargée exécute les cruels tyrans ! Tout ce que l'élève vient de lire assis, il va le rabâcher encore debout et répéter dans les mêmes termes la même litanie. C'est de ce chou cent fois resservi que meurent les malheureux maîtres. La « couleur » qui convient, le genre auquel la cause appartient, le point cardinal de la question, les traits que pourra peut-être décocher l'adversaire, ils veulent tous savoir tout cela – quant à le payer, personne n'y consent. [...]

NOTES

1. **gremium, ii, n.** : *le pli de la toge* → *la poche*
2. **Celadus, i, m.** : *Céladus*, nom d'un grammairien, l'équivalent de l'instituteur ; **Palaemon, onis, m.** : *Palémon*, grammairien auteur d'une méthode d'enseignement au Ier siècle après J.-C. Le rhéteur, qui enseigne l'art oratoire, est l'équivalent d'un professeur du secondaire.
3. **discipuli custos acoenonoetus** : *le cupide surveillant de l'élève* ; *acoenonoetus* est un mot formé ironiquement par Juvénal à partir de racines grecques, dont le sens littéral est : *qui n'aime pas partager*
4. *Juvénal s'adresse ici aux parents d'élèves*
5. **tanquam** : *comme*
6. **Phoebi balnea** : *les bains de Phébus* (sans doute le nom d'un établissement de bains à Rome)
7. **nutrix (icis, f.) Anchisae** : *la nourrice d'Anchise* ; Anchise est le nom du père d'Énée selon la légende reprise par Virgile dans l'*Énéide*
8. **noverca (ae, f.) Anchemoli** : *la belle-mère d'Anchemolus* ; Anchemolus est l'un des compagnons de Turnus cités dans l'*Énéide*
9. **Aceste** : *roi de Sicile*, cité également dans l'*Énéide*
10. **Phryges, ium, m.pl.** : *les Phrygiens*, ou *les Troyens* ; ce terme désigne chez Virgile Énée et ses compagnons, qui ont fui Troie après la victoire des Grecs.

LIRE ET TRADUIRE

1. Traduisez les vers 9 à 13 (jusqu'à *frangit sibi*).
2. Faites l'analyse logique de la phrase finale (vers 14 à 21, à partir de *Sed vos*) ; que remarquez-vous sur sa structure ? Quel effet veut produire ici l'auteur ? Traduisez.
3. Retrouvez dans le texte l'expression *miseros magistros* et sa traduction. En dehors de la pauvreté, de quels maux ont à se plaindre les maîtres d'école au temps de Juvénal ? Relevez et analysez des exemples de procédés satiriques.

▲ Un maître et son élève, sarcophage en marbre, musée du Louvre, Paris.

SUR L'ENSEMBLE DES TEXTES

1. Quelle est la situation d'énonciation choisie par Juvénal dans cette satire ? Quelles en sont les variantes ? En quoi ce procédé est-il ironique ?
2. Quels sont les autres procédés de l'ironie utilisés par l'auteur ?
3. Quel tableau Juvénal fait-il de la vie intellectuelle sous la dynastie des Antonins ? Faites une recherche pour savoir si cela correspond à la réalité.
4. Quel est le vers utilisé par Juvénal ? Scandez les vers 1 à 5 du premier passage.

▲ *Une classe à Rome, relief de Neumagen, musée de Trier.*

■ Grammaire : l'adjectif verbal

I FORMATION ET SENS

Comme le gérondif, l'adjectif verbal se forme sur le radical de l'infectum à l'aide du suffixe **-nd-** ; mais il a les désinences des adjectifs de la première classe.

L'adjectif verbal est à la voix passive, et il marque l'obligation.

▶ **voca-nd-us, a, um** : *devant être appelé*
 mitte-nd-us, a, um : *devant être envoyé*

II EMPLOIS

1. L'adjectif verbal garde son sens d'obligation

a. Il peut s'employer au neutre dans une expression impersonnelle que l'on traduit généralement par « il faut + infinitif » ; même des verbes intransitifs utilisent cette tournure :

▶ **Audiendum est** : *Il faut entendre.*
 Eundum est : *Il faut aller.*

b. Il peut être attribut du sujet ; le complément d'agent est alors au datif.

▶ **Ille orator mihi audiendus est** : *Je dois entendre ce grand orateur.*
 (= ce grand orateur est à entendre pour moi)

2. L'adjectif verbal remplace le gérondif quand celui-ci devrait avoir un complément d'objet direct

Dans ce cas, on le traduit en français par un infinitif ou par un gérondif.

▶ **Sedemus ad (legendum libros) → ad libros legendos** :
 Nous sommes assis pour lire des livres.

 Tempus est (legendi libros) → librorum legendorum :
 C'est le moment de lire des livres.

 Poetae fimus (componendo carmina) → carminibus componendis :
 Nous devenons poètes en composant des vers.

■ Vocabulaire et étymologie

I VOCABULAIRE

1. Révision des *Fundamenta*, p. 251

2. Vocabulaire des textes

Noms
auctor, oris, m. : *le garant, l'auteur*
digitus, i, m. : *le doigt*
fructus, us, m. : *le fruit, le profit*
imago, inis, f. : *l'image*
libertus, i, m. : *l'affranchi*
maritus, i, m. : *le mari*
merces, edis, f. : *le salaire, la marchandise*
oleum, i, n. : *l'huile (d'olive)*
pretium, ii, n. : *le prix*
tabula, ae, f. : *la planche* > **tabella, ae, f.** : *la tablette (à écrire)*
umbra, ae, f. : *l'ombre*

Adjectif
rarus, a, um : *espacé, rare*

Mots invariables
ideo : *à ce point*
forte : *par hasard*

Verbes
aperio, is, ire, aperui, apertum : *ouvrir*
claudo (-cludo après un préfixe**), is, ere, clausi, clausum** : *fermer*
consto, as, are, stiti : *s'arrêter ; consister en ; (+ Ab. ou G. de prix) coûter ;* impers. **constat** : *il est évident*
cresco, is, ere, crevi, cretum : *croître*
dispono (dis + pono), is, ere, posui, positum : *disposer*
dono, as, are, avi, atum : *donner*
exigo (ex + ago), is, ere, egi, actum : *exiger ; achever*
impono (in + pono), is, ere, posui, positum : *mettre sur, imposer*
sedeo, es, ere, sedi, sessum : *être assis ; séjourner*
servio, is, ire, ii ou **ivi, itum** : *être esclave, servir*
surgo, is, ere, surrexi, surrectum : *se lever*

II ÉTYMOLOGIE : LES THÈMES EN *-on* DE LA 3ᵉ DÉCLINAISON

Les noms du type **homo, hominis** ou **ratio, rationis** (dans le texte 1, **imago, imaginis**) ont un thème (radical + suffixe) terminé par **-on**.

Au nominatif et au vocatif singuliers, il n'y a pas de désinence et le **n** final disparaît : ces deux cas se terminent par **o** (**o** est allongé par la chute du **n**).

▶ homo(n) > homo
  ratio(n) > ratio

Aux autres cas, si le **o** reste long, le radical se termine par **-on.**

▶ ratio, ration-is

Beaucoup de noms masculins et de noms féminins en **-tio** ont un génitif en **-onis** ; si le **o** est bref, il peut se fermer en **i** par apophonie (cf. chapitre 5).

▶ homo, homin-is

Le suffixe **-o(n)** peut être élargi en **-tio(n)** ou en **-tudo(n)**, ce qui donne des suffixes très courants en français (*-tion, -tude*).

▶ leg io, onis, f. > *la lég ion*
  ac tio, tionis, f. > *l'ac tion*
  soli tudo, tudinis, f. > *la soli tude*

▲ *Jeune fille lisant, mosaïque de la maison de Thésée, IIᵉ siècle, Paphos, Chypre.*

CHAPITRE 11 : *Juvénal : Les génies méconnus*

EXERCICES

1. Retrouvez le sens des mots français suivants, et expliquez-en l'étymologie :

aborigène – libidineux – valétudinaire – désuétude – oraison – magnitude – Léon – séditieux – rationnel.

2. Quels sont les différents sens des mots latins suivants ? Que donnent-ils en français ?

formido, inis, f. – ordo, inis, m. – regio, onis, f. – religio, onis, f. – ratio, onis, f.

3. Formez et traduisez les adjectifs verbaux des verbes suivants :

dono – impleo – exigo – claudo – pono – frango – veho – lego – scribo – recito.

4. Traduisez les expressions suivantes :

surgendum est – sedendum est – disponendum est – tremendum est – poscendum est – serviendum est – crescendum est – vigilandum est – fulgendum est – sciendum est.

5. Traduisez les phrases suivantes en latin en utilisant l'adjectif verbal :
1. Il faut écouter le maître.
2. L'esclave doit écouter le maître.
3. Il faut composer un livre.
4. Le poète doit composer un livre.
5. Il ne faut pas casser la tablette.
6. Tu ne dois pas casser la tablette.
7. Il faut fermer la porte.
8. Les affranchis doivent fermer la porte.
9. Il faut apporter de l'huile.
10. Nous devons apporter de l'huile.

6. Traduisez les phrases suivantes :
1. Fenestras claudite ad umbram faciendam.
2. Tempus est thermarum petendarum.
3. Magistri omnes auctores noverunt ad discipulos docendos.
4. Calami poetis frangendi erunt, nisi turpes vivere volent.
5. Nemo istorum divitum scriptoribus mercedem dabit ad oleum papyrumque emendum.

7. Même exercice :
1. Multae paginae miseris historicis scribendae sunt ut creditoribus suis satisfaciant.
2. Libelli tui potius tineis pertundendi quam diviti avaro legendi sunt.
3. Tibi, causidice, magna voce sonandum est, si vis stomachum nonnullis bulbis implere.
4. Cicero nunc nisi anulus in digito fulgeret, causarum dicendarum nullum pretium acciperet.
5. Magistros rogate quae fuerit Anchisae nutrix ad artem aestimandam.

8. Traduisez en utilisant l'adjectif verbal dans l'un ou l'autre de ses emplois (cf. Grammaire, p. 138) :
1. C'est le prix des tablettes à apporter.
2. Donnez à ce pauvre poète l'huile qu'il doit mettre (fundo, is, ere, fudi, fusum) dans sa lampe (lucerna, ae, f.).
3. Le prix des livres qu'il faut composer n'augmentera pas à ce point !
4. Vous voyez les images des dieux en lisant les livres des poètes.
5. Quel est le profit de toutes ces nuits où il faut veiller (vigilo, as, are, avi, atum) ?

9. Même exercice :
1. Cet avocat crie (clamo, as, are, avi, atum) pour exiger son salaire.
2. Le mari s'est levé pour appeler ses affranchis.
3. L'ombre grandit pour remplir la maison.
4. Envoie ton affranchi pour acheter de l'huile.
5. Quel sera le prix (à payer) pour réparer (reparo, as, are, avi, atum) ce honteux dommage ?

10. Version

La manie d'écrire

Nos tamen hoc agimus, tenuique in pulvere sulcos
ducimus et litus sterili versamus aratro.
Nam si discedas[1], laqueo[2] tenet ambitiosi
consuetudo mali, tenet insanabile multos
5 scribendi cacoethes[3] et aegro in corde senescit.
(JUVÉNAL, *Op. cit.*, vers 48 à 52.)

NOTES
1. discedas : *la 2ᵉ personne a ici une valeur générale, et peut se traduire par « on »*
2. laqueus, i, m. : *le lien*
3. cacoethes, is, n. *(mot d'origine grecque)* : *la mauvaise habitude*

QUESTIONS

1. Qui est désigné, selon vous, par le pronom *nos* ?
2. Traduisez les vers 1 et 2, puis expliquez les métaphores qu'ils contiennent.
3. À quel mode et à quel temps sont les verbes : *discedas – tenet* ? Quelles sont les deux tournures de la syntaxe de *si* que cette phrase réunit de façon paradoxale ? Que veut ainsi exprimer le poète ?
4. Comment analysez-vous la forme *scribendi* ? De quel mot dépend-elle ? Traduisez l'expression ainsi formée.
5. Traduisez les vers 3 à 5. Quels traits de caractère Juvénal critique-t-il chez les poètes ?

11. Version

Il existe de grands poètes, capables de mettre en scène les dieux et les héros …

Magnae mentis opus[1] nec de lodice paranda
attonitae[2], currus et equos faciesque deorum
aspicere et qualis Rutulum confundat Erinys[3].

Matériel d'écolier, fresque provenant d'Herculanum, musée archéologique national, Naples.

Nam si Vergilio puer[4] et tolerabile deesset
5 hospitium, caderent omnes a crinibus hydri[5],
   surda nihil gemeret grave bucina[6].

(JUVÉNAL, *Op. cit.*, vers 66 à 71.)

NOTES

1. **opus est** : *(ici) c'est l'œuvre*
2. **attonitae** *se rapporte à* **mentis**
3. **qualis Rutulum confundat Erinys** : *traduisez par : « comment Erinys tourmente le Rutule » ; le nom de « Rutule » désigne chez Virgile Turnus, roi des Rutules (ancien peuple du Latium). Erinys (ou Erinnys) est l'une des Furies, déesses de la vengeance.*
4. **puer, eri, m.** : *ici, l'esclave*
5. **hydrus, i, m.** : *le serpent ; les Erinnyes portaient sur la tête des serpents en guise de cheveux*
6. **surda nihil ... bucina** : *la trompette assourdie n'aurait pas fait entendre ses graves résonances*

QUESTIONS

1. Analysez la forme *paranda*, puis traduisez toute l'expression dont elle fait partie.
2. Traduisez les trois premiers vers.
3. Quelle est la syntaxe de *si* dans les vers 4 à 6 ? Rappelez son sens, puis traduisez ces vers.
4. À quelle condition peut-on être un grand poète selon Juvénal ? Par quel argument justifie-t-il son point de vue, et avec quel exemple ?

12. Version

L'estomac d'un poète est vraiment exigeant !

Non habet infelix Numitor[1] quod mittat amico.
Quintillae[2] quod donet habet, nec defuit illi
unde emeret multa pascendum carne leonem
jam domitum ; constat leviori belua sumptu
5 nimirum[3] et capiunt plus intestina poetae.

(JUVÉNAL, *Op. cit.*, vers 74 à 78.)

NOTES

1. **Numitor, oris, m.** : *Numitor (nom d'homme)*
2. **Quintilla, ae, f.** : *Quintilla (nom de femme)*
3. **nimirum** : *sans doute (avec un sens ironique)*

QUESTIONS

1. Retrouvez la phrase latine qui correspond au titre de cette version.
2. Quelle est la nature des propositions soulignées ? À quel mode sont-elles et pourquoi ? Que faut-il sous-entendre avant *quod* et *unde* ?
3. Comment analysez-vous la forme *pascendum* ? À quel mot se rapporte-t-elle ? Traduisez l'expression ainsi formée.
4. Traduisez le texte ; puis scandez-le, après avoir repéré les élisions (cf. *Annexes*, pp. 238-239)
5. Expliquez l'ironie du vers 5.

13. Version

Les rhéteurs feraient mieux de prendre leur retraite : aujourd'hui, la vie est trop chère !

Balnea sescentis[1] et pluris porticus in qua
gestetur dominus quotiens pluit – anne[2], serenum
expectet spargatque luto jumenta recenti ? [...]
Quanticumque[3] domus, veniet qui fercula docte
5 conponit, veniet qui pulmentaria condit.

(JUVÉNAL, *Op. cit*, vers 178 à 185.)

NOTES

1. **sescentis** *(le verbe est sous-entendu)* : *on dépense six cent mille sesterces*
2. **anne** : *ou bien est-ce que*
3. **quanticumque (sit)** : *aussi cher que soit*

QUESTIONS

1. Comment peut-on traduire *qui* dans l'expression *veniet qui* (vers 4 et 5) ?
2. Après avoir cherché le mot *pulmentarium* dans le dictionnaire, choisissez parmi les différents sens du mot *ferculum* celui qui lui correspond le mieux.
3. Traduisez le texte.
4. Que dénonce ici le poète ? Relevez les traits satiriques.

14. Version

Si Fortuna volet, fiet de rhetore consul ;
si volet haec eadem, fiet de consule rhetor.
Ventidius[1] quid enim ? Quid Tullius[1] ? Anne aliud quam[2]
sidus et occulti miranda potentia fati ?
5 Servis regna dabunt, captivis fata[3] triumphum.
Felix ille tamen corvo quoque rarior albo.

(JUVÉNAL, *Op. cit.*, vers 197 à 202.)

NOTES

1. **Ventidius** : *P. Ventidius Bassus était un homme politique parti de rien et arrivé au consulat en 43 avant J.-C. ; Tullius désigne ici le roi légendaire Servius Tullius.*
2. **anne aliud quam** : *ne serait-ce pas autre chose que*
3. **fata** : *sujet de* **dabunt**

QUESTIONS

1. Analysez la syntaxe de *si* dans la première phrase, puis traduisez.
2. D'où vient la forme *miranda* ? Analysez-la et traduisez l'expression dont elle fait partie, d'abord mot à mot, puis de façon plus élégante.
3. Traduisez le texte. Quel aspect de la civilisation romaine retrouve-t-on dans ce texte ?

CHAPITRE 11 : *Juvénal : Les génies méconnus* | **141**

La monnaie à Rome

Les premières pièces de monnaie

Les premières pièces de monnaie apparaissent à Rome au IVe siècle avant J.-C. : elles sont en bronze et se nomment as (*as, assis,* m.) ; elles pèsent à l'origine un peu moins de 300 grammes. On peut calculer la valeur d'une pièce ancienne à partir du prix actuel d'un gramme du métal dont elle est faite. Ces premières pièces représentaient au revers une proue de navire, et à l'avers le dieu romain Janus dit « bifrons » (à double visage), qui a donné son nom en latin à la porte (*janua*) et au mois de janvier (*Januarius*).

Au début du IIIe siècle avant J.-C.

Au début du IIIe siècle avant J.-C. apparaissent sous l'influence grecque des monnaies d'argent : le sesterce (*sestertius, ii,* m.) et le denier (*denarius, ii,* m.). Le sesterce vaut d'abord 2 as 1/2, puis 4 as, puis 10 as ; le denier vaut 4 sesterces. La valeur de l'as ne cesse de baisser, passant à 109 grammes, puis à un peu plus de 27 grammes de bronze.

En 49 avant J.-C.

En 49 avant J.-C., César crée l'*aureus nummus,* monnaie d'or pur valant 25 deniers. Le sesterce est désormais frappé en bronze.

Sous l'Empire

Sous l'Empire, les classes sociales se définissent par la fortune, évaluée en sesterces : pour faire partie de l'ordre équestre, sorte de riche bourgeoisie, il faut posséder au minimum 400 000 sesterces, et un million de sesterces pour appartenir à l'ordre sénatorial. On a calculé que, sous l'empereur Trajan (98-117 après J.-C.), un million de sesterces représentaient environ 330 000 francs. On écrit généralement les milliers et les millions de sesterces de façon elliptique : *sestertium* devient un substantif neutre avec le sens de : un millier de sesterces, et plus tard de : 100 000 sesterces.

▲ *Monnaie en argent datant du Ier siècle avant J.-C., musée des Thermes, Rome.*

▼ *Monnaie en or datant de Dioclétien, IIIe siècle après J.-C., Documents Jean Vinchon, Paris.*

À la fin du Haut-Empire

À la fin du Haut-Empire, les monnaies ont les mêmes noms, à l'exception du sesterce qui s'appelle désormais *nummus* et qui est frappé en laiton. L'as, qui avait disparu pendant le Ier siècle avant J.-C., ne pèse plus que 9 grammes.

Les monnaies étaient frappées dans le temple de *Juno Moneta* (Junon la Conseillère) : le mot *moneta* finira par signifier « monnaie », et donnera ce mot en français.

On trouve dans les comédies d'inspiration grecque de Plaute et de Térence la mention de monnaies grecques, en particulier la « drachme » (δραχμή) et la « mine » (μνᾶ) (cf. p. 149).

Les poètes et l'argent

En France, sous l'Ancien Régime, poètes et artistes vivaient des subsides du roi et des grands, comme au temps de Juvénal. Ils devaient souvent quémander pour les obtenir, comme le montrent ces exemples.

1. RUTEBEUF (XIIIᵉ SIÈCLE)

Rutebeuf adresse une requête, probablement au roi Philippe le Hardi, en ces termes :

Je ne sais par où je commence
Tant ai de matière abondance
Pour parler de ma pauvreté
Pour Dieu vous pri[1], franc Roi de France
5 Que me donniez quelque chevance[2]
Si[3] ferez trop grand[4] charité. [...]

RUTEBEUF, *La Pauvreté Rutebeuf*, vers 1 à 6.

NOTES
1. pri : *orthographe ancienne de « prie »*
2. chevance : *argent*
3. « si » : *ainsi*
4. grand : *le féminin des adjectifs issus d'adjectifs latins de la 2ᵉ classe était semblable au masculin*

2. JEAN DE MEUNG

Jean de Meung, qui continua Le Roman de la Rose *commencé par Guillaume de Lorris (XIIIᵉ siècle), blâme les nobles et les riches qui méprisent les « clercs », c'est-à-dire les intellectuels, pourtant bien plus « nobles » qu'eux.*

Mais hélas les temps sont venus
Où les bons, qui toute leur vie
Étudient la philosophie,
S'en vont en pays étranger
5 Pour sens et valeur rechercher
Et souffrent grande pauvreté,
Comme mendiants et endettés ;
Ils sont sans souliers, sans habits,
Nul ne les aime, ou les chérit ;
10 Les rois les prisent moins que pomme,
Eux qui pourtant sont gentilshommes.
[...]

3. CLÉMENT MAROT (1496-1544)

Clément Marot écrit une épigramme au roi de Navarre pour réclamer une nouvelle jument (« haquenée », en langage de l'époque).

Mon second roi, j'ai une haquenée
D'assez bon poil, mais vieille comme moi
À tout le moins ; longtemps a qu'elle est née,
Dont[1] elle est faible et son maître en émoi.
5 La pauvre bête, aux signes que je voi[2],
Dit qu'à grand peine ira jusqu'à Narbonne :
Si vous voulez en donner une bonne,
Savez[3] comment Marot l'acceptera ?
D'aussi bon cœur comme la sienne il donne
10 Au fin premier qui la demandera.

Clément MAROT, *Épigrammes*.

NOTES
1. dont = *c'est pourquoi*
2. voi : *orthographe ancienne pour « vois »*
3. savez : *l'ancien et le moyen français, comme le latin, n'utilisent pas toujours le pronom personnel sujet*

Questions

1. Retrouvez, dans ces textes, des thèmes évoqués dans la Satire VII de Juvénal.
2. Quel est le ton de chacun de ces textes ? Justifiez votre réponse en relevant quelques exemples.

lectures

Curculio

INTRODUCTION

■ **L'auteur**

Plaute naquit en 251 ou 250 avant J.-C., à Sarsina, en Ombrie. Sa biographie est mal connue. Il s'appelait Titus Maccius (ou Maccus) Plautus. *Maccius* est un nom de famille *(gentilice)* fréquent chez les Osques et les Ombriens, peuples du centre de l'Italie ; *Maccus* est un surnom *(cognomen)* désignant, dans les comédies appelées « atellanes », le personnage du souffre-douleur que Plaute a joué dans ses débuts. Les deux noms sont donc vraisemblables. Quant à *Plautus*, c'est un surnom qui veut dire « pieds plats », souvent donné aux acteurs comiques qui ne portaient pas de chaussures hautes (les cothurnes) comme les acteurs des tragédies, mais des souliers plats *(soccus)*.

Il vint sans doute très jeune à Rome, car il maîtrise parfaitement le latin et apprit également le grec. D'abord acteur comique, il se lance sans succès dans les affaires commerciales puis se met, vers 210 avant J.-C., à écrire des pièces inspirées de l'auteur grec Ménandre (vers 342-vers 292 avant J.-C.) qui plaisent au public. On appelle ce genre de pièces *comoedia palliata*, parce que les acteurs y portent le *pallium*, manteau grec. Il passe pour avoir composé cent trente pièces ; seules vingt nous sont parvenues. Le schéma en est presque toujours le même : un fils de famille aime une jeune fille réduite à l'esclavage ; il reçoit l'aide d'un esclave astucieux et l'on découvre finalement que la jeune fille est de condition libre.

Plaute est mort vers 184 avant J.-C.

▲ *Le théâtre de Side, IIe siècle, Turquie.*

Le théâtre à Rome

Lié à l'origine aux cultes et aux processions religieuses, le théâtre connut plusieurs formes successives : des danses d'origine étrusque, puis des improvisations parlées, ensuite des spectacles à la fois chantés et parlés exécutés sur des textes appris par des comédiens professionnels (les histrions). Ce sont les *saturae*, sortes de pots-pourris.

Avant Plaute, en 240 avant J.-C., le poète Livius Andronicus, chargé d'organiser les Jeux en l'honneur de Jupiter *(Ludi Magni)*, avait donné pour la première fois à Rome une tragédie inspirée d'un auteur grec, puis il fit représenter des comédies imitées directement du théâtre grec de Ménandre. À cette « comédie nouvelle », très codée, dont les personnages sont des caricatures, Plaute mêle des éléments de la *satura* latine traditionnelle (cf. chapitre 10, p. 124) ; la musique et le chant y occupent une place importante. Les personnages tous interprétés par des hommes, correspondent à des types immuables, facilement identifiables : les vieillards sont vêtus de blanc, les jeunes gens d'étoffes multicolores, les esclaves portent une tunique courte et une perruque rousse, et sont maquillés en rouge vif ; le parasite tient son manteau roulé sous le bras, la courtisane est vêtue de jaune. Les personnages féminins ont le visage fardé de blanc et les hommes libres de brun. La gestuelle est également expressive : les esclaves sautillent sans cesse sur place. La musique est très présente chez Plaute : dans une grande partie des dialogues *(diverbia)*, déclamés avec un accompagnement instrumental, la flûte en général *(tibia)*, et dans les parties chantées *(cantica)*, confiées au *cantor* et mimées par l'acteur. Le public romain y est extrêmement sensible ainsi qu'à la métrique ; la pièce est écrite en sénaires iambiques (cf. Annexes, *Métrique*) pour les dialogues et en vers variés pour les parties chantées.

▲ *Un masque tragique, peinture du Ier siècle, villa des mystères, Pompéi.*

La langue de Plaute

Quelques formes anciennes subsistent chez cet auteur ; les exemples suivants permettront de retrouver les formes équivalentes.

1. Orthographe

   tuos = tuus, tuom = tuum ;   *quom = cum ;*   *quojus = cujus ;*
   voster = vester ;   *quoi = cui ;*   *volt = vult*
   pessumus = pessimus ;

   Certaines formes sont syncopées :   *periclum = periculum ; hercle = hercule.*

2. Déclinaison

   Souvent la particule *-ce* (ou *-c*) renforce les démonstratifs :
   istaec, istanc, horunc, illic, istic = istae, istam, horum, illi, isti.

3. Conjugaison

   De nombreuses formes sont syncopées *(parasti = paravisti)*,
   ou contractées *(certumst = certum est ; nullust = nullus est ; viden ? = videsne ? ; vidistin ? = vidistine ? ; sis = si vis ; sultis = si vultis).*

   Le verbe *esse* a parfois un subjonctif irrégulier : *siem, sies, siet ...* au lieu de *sim, sis, sit ...*

Lectures suivies 2 : Plaute, Curculio | **145**

lectures

■ La pièce

La pièce que nous allons étudier est une comédie en cinq actes écrite probablement en 193 avant J.-C. Les personnages de la pièce portent des noms suggestifs. *Curculio* signifie littéralement « le charançon », c'est-à-dire un insecte parasite du blé, mais aussi un ver. Nous traduisons librement ce nom par « l'Asticot » qui désigne familièrement un petit personnage débrouillard. *Planesium* renvoie à l'idée de vagabondage, d'errance. *Cappadox* correspond à l'origine géographique du *leno* (marchand d'esclaves) : la Cappadoce. L'esclave *Palinure*, lui, fait songer au pilote d'Énée qui, pris d'un sommeil invincible, tomba dans la mer. Le nom du banquier *Lycon* signifie en grec « le loup ». La vieille *Leaena* porte un nom qui la rapproche du *leno* et fait d'elle une entremetteuse. Enfin, le nom du militaire *Therapontigonus Platagidorus* est forgé à partir de quatre racines grecques et pourrait être traduit par « fils d'esclave, apporté par des castagnettes », ce qui semble très péjoratif.

◀ Musiciens sur une scène de théâtre, mosaïque romaine, villa de Cicéron, Pompéi, musée archéologique national, Naples.

Acte I

1. UN AMOUR DE PORTE

Un jeune homme, Phédrome, s'avance, un flambeau à la main, accompagné d'esclaves qui portent un vase plein de vin et une coupe. Palinure, un esclave, lui demande où il va. Ses pas, dit-il, le portent vers une porte proche du temple d'Esculape, une porte qui lui est, dit-il, plus chère que ses yeux : « illud ostium(st) oculissimum ».

PHAEDROMUS :	Salve ! valuistin'ostium occlusissumum ?	
PALINURUS :	Caruitne febris te heri vel nudiustertius[1],	
	Et heri cenavistine ?	
PHAEDROMUS :	Deridesne me ?	
PALINURUS :	Quid tu ergo, insane, rogitas valeatne ostium ?	
5 PHAEDROMUS :	Bellissimum hercle vidi et taciturnissimum.	
	Numquam ullum verbum muttit[2], cum aperitur tacet ;	
	Cum illa[3] noctu clanculum[4] ad me exit, tacet.	

PLAUTE, *Curculio*, I, 1, vers 16 à 22, texte établi par A. Ernout, Les Belles Lettres, Paris, C.U.F., 1972.

NOTES

1. nudiustertius, a, um : *qui date de trois jours*
2. muttio, is, ire : *grincer*
3. illa : *ce démonstratif renvoie à* **Planésium**, *la bien-aimée de Phédrome*
4. clanculum : *en cachette*

suivies 2

QUESTIONS

1. Transcrivez, dans une langue plus classique et sans élision, les formes trouvées chez Plaute : *valuistin'* ; *occlusissumum* ; *hercle*.
2. Relevez les formules interrogatives, directes et indirectes en précisant dans ce dernier cas le verbe introducteur.
3. À qui s'adresse Phédrome au vers 1 ? Quel est le procédé comique utilisé ?
4. Traduisez le texte.

2. Un confident peu réceptif

Palinure met en garde Phédrome : il ne s'agit pas d'apporter le trouble dans une maison honnête ! Or la maison est celle d'un marchand d'esclaves, un leno.

PHAEDROMUS :	Lenonis hae sunt aedes...
PALINURUS :	Male istis evenat[1] !
PHAEDROMUS :	Qui[2]...
PALINURUS :	Quia scelestam servitutem serviunt[3].
PHAEDROMUS :	Obloquere.
PALINURUS :	Fiat ; maxume.
PHAEDROMUS :	Etiam taces ?
PALINURUS :	Nempe obloqui me jusseras.
PHAEDROMUS :	At nunc veto.
5	Sed ut tibi occepi dicere ei ancillula est.
PALINURUS :	Nempe huic lenoni qui hic habitat ?
PHAEDROMUS :	Recte tenes.
PALINURUS :	Minus formidabo ne excidat.
PHAEDROMUS :	Odiosus es.
	Eam volt meretricem facere. Ea me deperit ;
	Ego autem cum illa facere nolo mutuum[4].
10 PALINURUS :	Quid ita ?
PHAEDROMUS :	Quia proprium facio[5] ; amo pariter simul.

Op. cit., I, 1, vers 39 à 48.

NOTES

1. evenat = eveniat
2. qui : *sous-entendez* leno
3. serviunt : *a pour sujet* aedes *(vers 1)*
4. mutuum, i, n. : *un prêt*
5. proprium facio : *traduisez par « je la veux pour moi seul »*

▲ *Masques de théâtre, mosaïque de la villa Adriana, musée Capitolin, Rome.*

QUESTIONS

1. Analysez les formes : *obloquere* ; *fiat* ; *obloqui* ; *occepi* ; *habitat* ; *facere*.
2. Traduisez le texte.
3. Observez la distribution des répliques et les vers 3-4 et 6-7 ; sur quoi repose le comique de cette scène ?
4. Quels éléments de l'exposition figurent dans les deux extraits déjà proposés ?

lectures

3. UN CURIEUX COMPORTEMENT

Le leno *est malade et couché dans le temple d'Esculape, mais il a le sens des affaires et tourmente Phédrome. Celui-ci se confie à Palinure.*

PHAEDROMUS : Alias me poscit pro illa triginta minas,
Alias talentum magnum ; neque quicquam queo
Aequi bonique ab eo impetrare.

PALINURUS :   Injuriu's,
Qui quod lenoni nulli est id[1] ab eo petas.

5 PHAEDROMUS : Nunc hinc parasitum in Cariam[2] misi meum
Petitum argentum a meo sodali mutuum ;
Quod si non affert, quo me vortam[3] nescio.

PALINURUS : Si deos salutas, dextrovorsum[4] censeo.

PHAEDROMUS : Nunc ara Veneris haec est ante horunc fores ;
10 Me inferre Veneri vovi jajentaculum[5].

PALINURUS : Quid ? an[6] te pones Veneri jajentaculo ?

PHAEDROMUS : Me, te atque hosce omnes[7].

PALINURUS :   Tum tu Venerem vomere vis.

PHAEDROMUS : Cedo, puere, sinum[8].

PALINURUS :   Quid facturu's ?

PHAEDROMUS :   Jam scies.
Anus hic solet cubare custos janitrix –
15 Nomen Leaenaest – multibiba atque merobiba[9].

PALINURUS : Quasi tu lagoenam[10] dicas, ubi vinum Chium[10]
Solet esse.

PHAEDROMUS :   Quid opus verbis ? vinosissima[9] est ;
Eaque extemplo ubi ego vino has conspersi fores,
De odore adesse me scit, aperit ilico.

Op. cit., I, 1, vers 63 à 81.

NOTES

1. **id quod lenoni nulli est** : « ce que ne possède aucun **leno** » ; il s'agit de la pudeur
2. **Caria, ae, f.** : la Carie, province d'Asie Mineure
3. **vortam** = vertam
4. **dextrovorsum** : « du côté droit »
5. **jajentaculum, i, n.** : le déjeuner
6. **an** : « est-ce que par hasard ? »
7. **hosce omnes** : Phédrome montre le public en disant ces mots
8. **cedo, puere, sinum** : « garçon, passe-moi la cruche ! » ; cette cruche contient du vin
9. **multibibus, a, um** : qui boit beaucoup ; **merobibus, a, um** : qui boit du vin pur ; **vinosus, a, um** : adonné au vin
10. **lagoena, ae, f.** : la bouteille ; **Chius, a, um** : de Chios, île de la mer Égée

QUESTIONS

1. Identifiez la forme *petitum* au vers 6. Quel est son sens ?
2. Faites l'analyse de la phrase de Palinure, fin du vers 3 et vers 4 ; à quel mode est le verbe *petas* ?
3. À quel mode sont les propositions conditionnelles, vers 7 et 8 ? Traduisez-les en apportant les nuances nécessaires.
4. Quel est le champ lexical qui définit le *leno* dans les premiers vers ? Quel est celui qui définit la vieille femme dans les derniers ?
5. Traduisez.
6. Expliquez le comique des vers 11 et 12.

◀ *Scène de comédie, mosaïque du IIe-IIIe siècle après J.-C., musée archéologique, Sousse, Tunisie.*

4. Une vieille ivrognesse

Enfin Leaena, la vieille femme, sort de la maison ; elle a senti l'odeur du vin versé par Phédrome à la porte.

LEAENA : Flos veteris vini meis naribus objectust ;
Ejus amor cupidam me huc prolicit per tenebras.
Ubi ubi est, prope me est. Evax ! habeo.
Salve, anime mi, Liberi lepos ;
5   Ut veteris vetusti cupida sum !
Nam omnium unguentum[1] odor prae tuo nauteast.
Tu mihi stacta, tu cinnamum, tu rosa,
Tu crocinum et casia es, tu telinum.

Op. cit., I, 2, vers 96 à 101.

NOTE

1. **unguentum** : *forme ancienne de génitif pluriel* = **unguentorum**

QUESTIONS

1. À qui s'adresse Leaena ? Qui est représenté par les expressions au vocatif et le pronom *tu* ? Formulez une hypothèse.

2. Vous connaissez un des mots de l'accumulation dans les vers 7 et 8. Que désignent vraisemblablement les autres ? Vérifiez dans le dictionnaire. Puis trouvez quels termes annonçaient ce champ lexical.

3. Recherchez qui est *Liber*.

4. Traduisez le texte.

5. Les vers utilisés sont-ils les mêmes que dans la scène 1 ? (cf. *Introduction*, p. 145.)

6. De quel genre de scène cette tirade est-elle la parodie ? Justifiez votre réponse en citant les mots latins.

SUR L'ENSEMBLE DES TEXTES

Analysez les rapports entre maîtres et esclaves et rapprochez-les de situations semblables dans le théâtre français, par exemple, chez Molière ou Beaumarchais.

En latin dans le texte

Trahit sua quemque voluptas :
Chacun a son penchant qui l'entraîne.   (Virgile)

VOCABULAIRE DES TEXTES

Noms

aedes, ium, f. pl. : *la maison*
anus, us, f. : *la vieille femme*
custos, -dis, m. ou f. : *le gardien, la gardienne*
foris, is, f. : *surtout au pluriel, la porte*
janitrix, icis, f. : *la femme qui garde l'entrée*
leno, nis, m. : *le marchand d'esclaves, l'entremetteur*
meretrix, icis, f. : *la courtisane*
mina, ae, f. : *la mine d'argent (100 drachmes)*
talentum, i, n. : *le talent qui vaut 60, voire 80 mines*

Adjectifs

insanus, a, um : *fou*
scelestus, a, um : *criminel, maudit*

Mots invariables

alias … alias : *tantôt … tantôt*
extemplo : *sur-le-champ, aussitôt*
nempe : *c'est un fait, n'est-ce pas*

Verbes

careo, es, ere, carui : *être privé de*
depereo, is, ire, rii, itum : *mourir, en particulier d'amour*
  → *aimer éperdument qqn.*
derideo, is, ere, risi, risum (tr.) : *se moquer, railler*
impetro, as, are, avi, atum : *obtenir*
obloquor, eris, i, locutus sum : *couper la parole, contredire*
occipio, is, ere, cepi, ceptum : *commencer*
prolicio, is, ere : *allécher, attirer*
queo, is, ire, ivi, itum : *pouvoir, être en état de*
veto, as, are, vetui, vetitum : *interdire, empêcher*
voveo, es, ere, vovi, votum : *faire un vœu, promettre*

Révision des *Fundamenta*, p. 251

Acte II

Grâce à la vieille Leaena, Phédrome a eu un entretien amoureux avec Planésium, à qui il a promis la liberté dès que le parasite Curculio (l'Asticot) serait revenu avec l'argent.

1. Un *leno* bien mal en point

Le leno *Cappadox sort du temple d'Esculape, dieu de la médecine : il a le ventre enflé, et se plaint. Tout à coup, il aperçoit Palinure.*

CAPPADOX : Estne hic Palinurus Phaedromi ?
PALINURUS : Quis hic est homo
Cum collativo[1] ventre atque oculis herbeis ?
De forma novi, colore non queo
Novisse. Jamjam novi ; leno est Cappadox.
5 Congrediar.
CAPPADOX : Salve, Palinure ...
PALINURUS : O scelerum caput
Salveto, quid agis ?
CAPPADOX : Vivo...
PALINURUS : Nempe ut dignus es.
Sed quid tibi est ?
CAPPADOX : Lien[2] enecat, renes dolent,
Pulmones distrahuntur, cruciatur jecur,
10 Radices cordis pereunt, hirae omnes dolent.
PALINURUS : Tum te igitur morbus agitat hepatiarius.
CAPPADOX : Lien dierectust.
PALINURUS : Ambula ; id lieni optumust[3].
CAPPADOX : Facile est miserum inridere.
PALINURUS : Quin tu aliquot dies
Perdura, dum intestina exputescunt tibi ;
15 Nunc dum salsura[4] sat bona est. Si id feceris,
Venire[5] poteris intestinis vilius.

Op. cit., II, 1, vers 230-244.

NOTES

1. collativus, a, um : *littéralement « qui reçoit toutes les offrandes »* ; Palinure se moque du gros ventre du **leno**
2. lien, lienis, n. : *la rate*
3. optumust = optimum est
4. salsura, ae, f. : *la salaison*
5. venire : *infinitif de* veneo, is, ire, venii, venitum (*composé de* eo) : *être mis en vente* ; Palinure suggère au **leno** de vendre ses boyaux plus cher que sa propre personne !

▲ *Scène de théâtre, fresque de Pompéi, musée archéologique national, Naples.*

QUESTIONS

1. Relevez et traduisez les caractéristiques du dialogue comique : verbes à l'impératif ; formes elliptiques du verbe *sum* réduit à -*st* et accolé au mot précédent ; expressions injurieuses.

2. D'après le champ lexical dominant des vers 8 à 16, de quoi parlent les personnages ? Traduisez la réplique de Cappadox au vers 13 ; que montre-t-elle sur le ton et l'attitude de l'esclave Palinure ?

3. Quelle est la syntaxe de *si* aux vers 15 et 16 ? Traduisez cette dernière phrase, en veillant à l'emploi des temps et des modes en français.

4. Traduisez le dialogue, d'abord mot à mot, puis en essayant de rendre le mieux possible le comique des répliques en français.

2. LE PARASITE A UN GRAND APPÉTIT !

Palinure se débarrasse du leno, *au moment où celui-ci, le prenant pour un prêtre d'Esculape, lui demande d'interpréter son rêve de la nuit précédente. Le cuisinier chargé d'apprêter le repas du parasite paraît fort opportunément et Palinure lui confie le* leno. *Un nouveau personnage fait son entrée : c'est le parasite de Phédrome, nommé l'Asticot (Curculio). Il revient de Carie avec un grand appétit, qu'il lui faut satisfaire au plus vite. Ce passage est ce que l'on appelle un* canticus *: le chanteur* (cantor) *interprète le texte avec les musiciens, tandis que l'acteur mime les gestes.*

CURCULIO :   Date viam mihi, noti atque ignoti, dum ego hic officium meum
　　　　　　Facio. Fugite omnes, abite et de via secedite,
　　　　　　Ne quem in cursu capite aut cubito aut pectore offendam aut genu.
　　　　　　Ita nunc subito propere et celere objectumst mihi negotium ;
　　　5　　Nec usquam quisquamst[1] tam opulentus, qui mi obsistat in via,
　　　　　　Nec strategus[2] nec tyrannus quisquam, nec agoranomus,
　　　　　　Nec demarchus nec comarchus[2], nec cum tanta gloria,
　　　　　　Quin[1] cadat, quin capite sistat in via de semita.

Op. cit., II, 3, vers 279-287.

NOTES

1. nec quisquam est ... quin + *subjonctif* : et il n'y a personne qui ne ...
2. strategus, i, m. ; agoranomus, i, m. ; demarchus, i, m. ; comarchus, i, m. : *le stratège, l'agoranome, le démarque, le comarque (noms de magistrats grecs : le stratège était une sorte de préfet ; l'agoranome surveillait les marchés, le démarque administrait la circonscription appelée « dème », le comarque administrait un village)*

QUESTIONS

1. À quel mode sont les verbes aux vers 1 et 2 ? aux vers 5 à 8 ? Quel est le ton du parasite au début de ce monologue ?
2. De qui parle l'Asticot dans les vers 5 à 8 ?
3. Quel est le procédé stylistique employé dans les vers 5 à 8 ? Quel effet produit-il ?
4. Traduisez le monologue. Comment Plaute montre-t-il que le parasite est pressé de se faire servir son repas chez Phédrome ?

▲ *Masque avec feuilles d'acanthes, mosaïque romaine de Tuscolo, musée national romain, Rome.*

3. UNE MISSION BIEN DÉCEVANTE

Phédrome annonce à l'Asticot qu'il va se régaler. Mais, en échange, le parasite n'a que de mauvaises nouvelles : l'ami à qui il devait emprunter de l'argent en Carie n'a plus un sou ! Phédrome est catastrophé. Mais l'Asticot a plus d'un tour dans son sac ...

CURCULIO : [...] Forte aspicio militem ;
Aggredior hominem, saluto adveniens ; « Salve, inquit mihi,
Prendit dextram, seducit, rogat quid veniam Cariam ;
Dico me advenisse animi causa[1]. Ibi me interrogat,
5 Ecquem in Epidauro Lyconem tarpezitam[2] noverim.
Dico me novisse. « Quid ? lenonem Cappadocem ? » Annuo
Visitasse. « Sed quid eum vis ? » – « Quia de illo emi virginem
Triginta minis, vestem, aurum ; et pro his[3] decem coaccedunt minae. »
« Dedisti tu argentum ? » inquam. « Immo id apud tarpezitam situm est
10 Illum quem dixi Lyconidem, atque ei mandavi, qui anulo
Meo tabellas obsignatas attulisset, ut daret
Operam, ut mulierem a lenone cum auro et veste abduceret. »
Postquam hoc mihi narravit, abeo ab illo. Revocat me ilico,
Vocat ad cenam. Religio fuit, denegare nolui.

Op. cit., II, 3, vers 337-350.

NOTES

1. **animi causa** : *pour le plaisir*
2. **tarpezita**, *pour* **trapezita, ae, m.** : *le banquier (mot grec)*
3. **pro his** : *pour cela (l'expression renvoie aux mots* **vestem** *et* **aurum***)*

QUESTIONS

1. Quel personnage a rencontré le parasite ? Repérez du vers 2 au vers 4 les verbes à la 3ᵉ personne qui indiquent ce qu'il fait, et traduisez-les.

2. Du vers 6 au vers 12, identifiez quels sont les interlocuteurs pour chacune des répliques rapportées au style direct, en repérant les propositions incises. De qui et de quoi a-t-il été question dans cette conversation ? Citez et traduisez les mots latins qui le montrent.

3. Faites l'analyse logique de la phrase qui va du vers 9 à 12 (« Immo ... abduceret »). À quelle personne sont les verbes ? Quels sont leurs sujets ? Traduisez ces phrases minimales.

4. Traduisez les vers 1 à 14 ; pour traduire le vers 14, étudiez les différents sens du mot *religio* dans le tableau récapitulatif du Gaffiot reproduit ci-dessous : lequel faut-il choisir ici ?

¶1 "scrupule, délicatesse, conscience"
¶2 "scrupule religieux" ¶3 "respect"
¶4 "croyance religieuse, religion"
¶5 "pratiques religieuses, culte"
¶6 "respect, sainteté, caractère sacré"
¶7 "engagement sacré" ¶8 "chose sainte, objet sacré" ¶9 "sentiment de culpabilité" ¶10 "consécration religieuse", "interdiction frappant certains jours réputés malheureux".

▲ *Une scène de théâtre, relief du Iᵉʳ siècle, musée de la Civilisation romaine, Rome.*

suivies 2

4. SAUVÉ PAR LES DÉS !

Curculio continue son récit.

CURCULIO : Postquam cenati atque appoti, talos poscit sibi in manum.
Provocat me in aleam, ut ego ludam. Pono[1] pallium ;
Ille suum anulum opposivit[1], invocat Planesium[2].

PHAEDROMUS : Meosne amores ?

CURCULIO : 5 Tace parumper. Jacit volturios[3] quattuor.
Talos arripio, invoco almam meam nutricem Herculem,
Jacto basilicum[4]. Propino magnum poclum. Ille ebibit,
Caput deponit, condormiscit. Ego ei subduco anulum.
Deduco pedes de lecto clam, ne miles sentiat.

Op. cit., II, 3, vers 354-361.

NOTES

1. *pono, oppono* : *ici, termes de jeu : mettre en gage*
2. *Planesium, ii, n.* : *Planésium (nom de la jeune fille dont Phédrome est amoureux)*
3. *volturius, ii, m.* : *le vautour ; ici, un mauvais coup au jeu de dés*
4. *basilicus, i, m.* : *le coup du roi, un coup de dés gagnant*

QUESTIONS

1. Traduisez ces vers.
2. Quelle est la situation à la fin de l'Acte II ? Phédrome a-t-il une chance de reprendre sa bien-aimée ?

SUR L'ENSEMBLE DES TEXTES

1. Quels personnages-types de la comédie sont apparus successivement à l'Acte II ? Quels sont leurs travers respectifs ?
2. Étudiez la manière dont Plaute ridiculise ces personnages.

En latin dans le texte

Alea jacta est : Le dé est jeté.

César prononça cette phrase lorsqu'il franchit le Rubicon (*cf.* chapitre 14, p. 196) ; on pourrait appliquer cette formule à l'Asticot !

VOCABULAIRE DES TEXTES

Noms

argentum, i, n. : *l'argent (métal)*
aurum, i, n. : *l'or*
color, oris, m. : *la couleur, le teint*
cor, cordis, n. : *le cœur*
cursus, us, m. : *la course*
mulier, eris, f. : *la femme*
opera, ae, f. : *le travail, l'aide*
  > **operam dare alicui** : *aider quelqu'un*
pallium, i, n. : *le pallium, manteau grec*
virgo, inis, f. : *la jeune fille*

Adjectifs

celer, eris, ere : *rapide*
ignotus, a, um : *inconnu*
notus, a, um : *connu*
tristis, is, e : *triste*

Verbes

agito, as, are, avi, atum : *agiter, tourmenter*
aspicio, is, ere, spexi, spectum : *apercevoir*
contineo, es, ere, tinui, tentum : *contenir*
jacio, is, ere, jeci, jactum : *jeter*
jacto, as, are, avi, atum : *renverser*
offendo, is, ere, offendi, offensum : *heurter, rencontrer*
taceo, es, ere, tacui, tacitum : *se taire*
vito, as, are, avi, atum : *éviter*

Révision des *Fundamenta*, p. 251

lectures

Acte III

Cet acte ne comporte qu'une seule scène.

1. QUELQUES AMABILITÉS

L'Asticot a bien mangé. Le voici maintenant déguisé en domestique d'un militaire et affublé d'un bandeau sur l'œil ; il avise alors Lycon, le banquier.

CURCULIO :		Heus tu, te volo[1].
LYCO :	Unocule[2], salve.	
CURCULIO :		Quaeso, deridesne ?
LYCO :	De Coclitum[3] prosapia[4] te esse arbitror. Nam hi sunt unoculi.	
CURCULIO : 5		Catapulta hoc ictum est mihi Apud Sicyonem.
LYCO :		Nam quid id refert mea[5] An aula[6] quassa cum cinere effossus siet[7] ?
	[...]	
CURCULIO :	Lyconem quaero tarpezitam[8].	
LYCO :		Dic mihi, Quid eum nunc quaeris ? Aut cujati's[9] ?
CURCULIO :		Eloquar :
10	Ab Therapontigono Platagidoro[10] milite.	
LYCO :	Novi edepol nomen, nam mihi istoc[11] nomine, Dum scribo, explevi totas ceras[12] quattuor. Sed quid Lyconem quaeris ?	
CURCULIO :		Mandatumst mihi, Ut has tabellas ad eum ferrem.
LYCO :		Quis tu homo es ?
CURCULIO : 15	Libertus illius, quem omnes Summanum[13] vocant.	

Op. cit., III, vers 391-396 et vers 406-413.

NOTES

1. **volo** : *traduisez par « je cherche »*
2. **unocule** : *de quels éléments est formé ce mot inventé par Plaute ? Comment peut-on le traduire ?*
3. **Cocles, itis, m.** : *Horatius Coclès (le Borgne) est un héros légendaire de Rome qui défendit seul un pont contre l'invasion étrusque et perdit un œil dans la bataille*
4. **prosapia, ae, f.** : *le lignage, la famille*
5. **quid id refert mea** : *« que m'importe ? »*
6. **aula, ae, f.** : *ici, le pot, la marmite*
7. **siet** *(forme archaïque)* = **sit** ; *Lycon désigne Curculio à la 3e personne pour lui montrer son mépris et son indifférence*
8. **tarpezita, ae, m.** (cf. Acte II) : *le banquier*
9. **cujati's** = **cujati es** : *ici, de la part de qui viens-tu ?*
10. **Therapontigonus Platagidorus** : *nom forgé par Plaute : « fils d'esclave, apporté par des castagnettes », cf. p. 146 ; le militaire a un nom ronflant mais très dépréciatif ... On peut comparer ce personnage à celui du Matamore (Plaute,* Miles gloriosus, *imité par Corneille dans* L'Illusion comique*)*
11. **istoc** = **isto**
12. **cera, ae, f.** : *la tablette de cire*
13. **Summanus, i, m.** : *nom forgé par Plaute par jeu de mots à partir de l'expression* **sub mane**, *à l'aube, et du verbe* **sub-mano**, *arroser, pisser ; on pourrait traduire par : « celui qui pisse à l'aube »*

QUESTIONS

1. Relevez et traduisez mot à mot les noms et les expressions à caractère injurieux, en vous aidant des notes ; puis imaginez-en une traduction comique.

2. Traduisez ce passage. Comment les personnages se présentent-ils ? Que fait pressentir ce début ?

2. LA LETTRE DU MILITAIRE

Lycon se présente : c'est bien lui que recherche l'Asticot, qui se fait passer pour un certain Summanus, valet du militaire. Le parasite remet alors au banquier un message consigné sur des tablettes : c'est, dit-il, une lettre de son maître, le militaire. Lycon la lit à haute voix.

LYCO : « Miles Lyconi in Epidauro hospiti
Suo Therapontigonus Platagidorus plurimam
Salutem dicit. »

CURCULIO : Meus hic est, hamum vorat[1].

LYCO : « Tecum oro et quaeso[2], qui has tabellas adferet
5   Tibi, ut ei detur quam istic[3] emi virginem[4]
Quod te praesente isti egi teque interprete[5],
Et aurum et vestem. Jam scis ut convenerit :
Argentum des lenoni, huic des virginem. »

Op. cit., III, vers 429-436.

NOTES

1. **hamum vorat** : *il mord à l'hameçon, il se laisse berner ; cette phrase est dite en aparté*
2. **quaeso** : *construisez* quaeso ut detur ei qui ... adferet
3. **istic** : *là (c'est-à-dire à Épidaure, la ville de Lycon, destinataire de la lettre ; rappelons que* iste *renvoie à la 2ᵉ personne)*
4. **quam emi virginem** = virginem quam emi
5. **te praesente ... teque interprete** : *formule juridique à l'ablatif absolu : en ta présence et par ton entremise*

QUESTIONS

1. Quelle est la formule d'adresse de la lettre ? Traduisez-la. Quel est exactement le sens du mot *hospes, itis, m.*, ici ?
2. Traduisez le vers 3, puis le reste de la lettre. Par quelles formules le parasite a-t-il su lui donner un caractère sérieux et crédible ?

▼ Théâtre d'Aphrodisias (fin de l'époque hellénistique), Turquie : capacité de 10 000 places.

3. Un vrai valet de Matamore !

Lycon est tout de même intrigué après la lecture de la lettre.

LYCO :   Ubi ipsust[1] ? Cur non venit ?

CURCULIO :   Ego dicam tibi :
    Quia nudiusquartus[2] venimus in Cariam
    Ex India ; ibi nunc statuam volt[3] dare auream
    Solidam faciundam[4] ex auro Philippo[5], quae siet
5   Septempedalis, factis monimentum[4] suis.

LYCO :   Quam ob rem istuc ?

CURCULIO :   Dicam : quia enim Persas, Paphlagonas,
    Sinopas, Arabes, Caras, Cretanos, Syros,
    Rhodiam atque Lyciam[6], Perediam et Perbibesiam,
    Centauromachiam et Classiam Unomammiam[7]
10 Lybiamque[6] oram omnem et omnem Conterebromiam[7],
    Dimidiam partem nationum usque omnium
    Subegit solus intra viginti dies.

LYCO :   Vah !

CURCULIO :   Quid mirare[8] ?

LYCO :   Quia enim in cavea si forent
    Conclusi itidem ut pulli gallinacei[9],
15 Ita non potuere uno anno circumirier[10].
    Credo hercle te esse ab illo : nam ita nugas blatis[11].

CURCULIO :   Immo etiam porro, si vis, dicam.

LYCO :   Nil moror[12].
    Sequere[8] hac : te absolvam qua advenisti gratia[13].

Op. cit., III, vers 437-454.

À ce moment, le leno *arrive ; l'Asticot et le banquier le convainquent rapidement de donner la jeune fille au prétendu valet du militaire, puisqu'il va recevoir son argent. L'Asticot part donc avec Planésie.*

NOTES

1. ipsus = ipse
2. nudiusquartus : *voilà le quatrième jour → il y a trois jours*
3. volt = vult *(sujet sous-entendu :* miles*)*
4. faciundam = faciendam ; monimentum = monumentum *(formes archaïques)*
5. aurum Philippum : *l'or du philippe ; le philippe était une monnaie d'or pur frappée par le roi Philippe de Macédoine*
6. Persa, ae, m. : *le Perse ;* Paphlago, onis, m. : *le Paphlagonien (en Asie Mineure) ;* Sinopa, ae, m. : *le Sinopéen (Sinope est une ville de Paphlagonie) ;* Arabes, um, m. : *les Arabes ;* Cares, um, m. : *les Cariens ;* Cretani, orum, m. : *les Crétois ;* Syri, orum, m. : *les Syriens ;* Rhodia, ae, f. : *la Rhodie, Rhodes ;* Lycia, ae, f. : *la Lycie (région d'Asie Mineure) ;* Lybia, ae, f. : *la Libye. Tous ces noms sont de vrais noms géographiques.*
7. Peredia, ae, f. *et* Perbibesia, ae, f. : *noms fantaisistes forgés par Plaute, et qu'on peut traduire par : le pays des Goinfres et le pays des Buveurs ;* Centauromachia, ae, f. : *la Centauromachie, nom grec d'une bataille de Centaures, ici utilisé pour désigner un pays imaginaire ;* Classia Unomammia, ae, f. *(mot inventé) : l'armée des Seins uniques (allusion aux légendaires Amazones qui n'avaient qu'un seul sein) ;* Conterebromius, a, um : *qui foule beaucoup de raisin (Bromius est un surnom de Bacchus)*
8. mirare = miraris ; sequere : *impératif, 2ᵉ personne du singulier*
9. in cavea si forent conclusi itidem ut pulli gallinacei : *même si (ces pays) étaient enfermés comme des poulets dans une cage*
10. circumirier = circumiri : *être encerclés*
11. nugas blatis : *tu dis n'importe quoi*
12. nil moror : *je ne m'attarde pas → je n'y tiens pas*
13. qua gratia : *ici, l'affaire pour laquelle*

QUESTIONS

1. Traduisez la question de Lycon au vers 1 ; quelle est sa réaction ?
2. Qui parle le plus dans cette partie de la scène ? Pourquoi ? Trouvez les procédés employés des vers 6 à 12, en isolant et en traduisant la phrase minimale, et en vous aidant des notes.
3. Traduisez le vers 16 (*illo* désigne le militaire) ; Lycon est-il dupe de l'Asticot ?
4. Traduisez tout ce passage en essayant d'en rendre le comique en français. Quels talents l'Asticot a-t-il dû déployer pour servir les intérêts de Phédrome ? Est-il parvenu à ses fins ?

suivies 2

VOCABULAIRE DES TEXTES

Noms
cinis, eris, n. : *la cendre*
hospes, itis, m. : *l'hôte (qui invite ou qui est invité)*
ictus, us, m. : *le coup*
  < **icio, is, ere, ici, ictum** : *frapper*
natio, onis, f. : *le peuple, la nation*

Adjectif
praesens, entis (participe présent du verbe **praesum**) : *présent*

Mots invariables
ecce : *voici* (**eccum = ecce eum** : *le voici*)
heu, heus : *hé (interpellation) ; hélas*
immo : *bien au contraire, bien plus*
porro : *en avant, plus loin*
quattuor : *quatre* (cf. Annexes, p. 242)
septem : *sept* (cf. Annexes, p. 242)
viginti : *vingt* (cf. Annexes, p. 242)

Verbes
adjuvo, as, are, avi, atum : *aider*
caveo, es, ere, cavi, cautum (**ne** + subjonctif ou + subjonctif seul) : *prendre garde, éviter que*
emo, is, ere, emi, emptum : *acheter*
juro, as, are et **juror, aris, ari, atus sum** : *jurer*
moneo, es, ere, monui, monitum : *avertir, conseiller*
moror, aris, ari, atus sum : *s'attarder*
quatio, is, ere, quassum (sans parfait ; le radical devient **-cutio** après un préfixe) : *secouer*
refert : *il importe*
  > **quid refert mea, tua ?** : *Que m'importe ? Que t'importe ?*
solvo, is, ere, solvi, solutum : *résoudre*
  > **absolvo** : *résoudre, acquitter*
subigo (sub + ago), is, ere, egi, actum : *contraindre, soumettre*

Révision des *Fundamenta*, p. 251

En latin dans le texte

Vae victis ! **Malheur aux vaincus !**

Ces paroles furent adressées par le Gaulois Brennus aux Romains lors de l'invasion de Rome par les Gaulois (390 avant J.-C.). Le soldat fanfaron pourrait adresser les mêmes mots au banquier et au *leno* qu'il a facilement dupés.

▲ Préparatifs d'une représentation scénique, mosaïque de Pompéi, musée archéologique national, Naples.

Acte IV

Au début de l'Acte IV, Plaute emprunte à la comédie grecque la *parabase*, un monologue dans lequel l'auteur rompait, provisoirement et de manière plaisante, l'illusion dramatique pour présenter ses doléances ou réclamer du public un vote qui lui fût favorable. En effet, dans la Grèce antique, comédies et tragédies étaient représentées à l'occasion de grandes manifestations religieuses, comme les *Jeux Pythiques*, à Delphes, et un jury récompensait les meilleurs auteurs.

1. LES BONNES ADRESSES

Ici, le chorège (choragus), *citoyen chargé, à Athènes, de financer le spectacle, de recruter les acteurs, s'adresse au public : il admire l'habileté de l'Asticot tout en redoutant d'être lui-même victime du talent de ce personnage qu'a enrôlé Phédrome. Pendant que le parasite est sorti, le chorège prétend épargner aux spectateurs de trop longues recherches en leur indiquant où trouver les personnes qu'ils désirent rencontrer.*

CHORAGUS :
    Qui perjurum convenire vult hominem, ito in comitium ;
    Qui mendacem et gloriosum, apud Cloacinae[1] sacrum.
    Ditis[2] damnosos[3] maritos sub basilica[4] quaerito.
    Ibidem erunt scorta exoleta quique stipulari solent ;
5   Symbolarum collatores[5] apud forum piscarium.
    In foro infimo boni homines atque dites ambulant ;
    In medio propter canalem[6] ibi ostentatores meri[7].
    Confidentes garrulique et malevoli supra lacum[8],
    Qui alteri de nihilo[9] audacter dicunt contumeliam
10   Et qui ipsi sat[10] habent quod in se possit vere dicier[11].
    Sub Veteribus[12] ibi sunt qui dant quique accipiunt fenore.
    Pone[13] aedem Castoris ibi sunt subito[14] quibus credas male.
    In Tusco vico[15] ibi sunt homines qui ipsi sese venditant.

Op. cit., IV, 1, vers 470 à 482.

NOTES

1. **Cloacina** : « *purificatrice* », *surnom de Vénus chez les Sabins*
2. **ditis** = **dites** = **divites** : « *riches* »
3. **damnosus, a, um** : *ici*, « *qui se ruine* »
4. **sub basilica** : « *autour de la basilique* » ; *la basilique (sans doute Sempronia) était un édifice avec portiques intérieur et extérieur, servant de tribunal, de bourse du commerce, abritant des boutiques et lieu de promenade*
5. **collator (-is, m.) symbolarum** : « *amateur de pique-nique* »
6. **canalis, is, m.** : *désigne le caniveau qui se déversait dans l'égout de Rome, la* **cloaca maxima**
7. **ostentatores meri** : « *de vrais m'as-tu vu* »
8. **lacus, us, m.** (*sous-entendu* **Curtius**) : *lac dallé au milieu duquel se trouve un puits de pierre*
9. **de nihilo** : *pour rien, sans raison*
10. **sat** = **satis**
11. **dicier** = **dici**
12. **Veteres** : « *les Vieilles Boutiques* »
13. **pone** + Ac. : *derrière*
14. **subito** : *porte sur* **credas**
15. **Tuscus vicus (-i, m.)** : « *rue des Étrusques* », *où étaient exposés aussi les esclaves à vendre, souvent dénudés pour que leurs qualités et défauts physiques apparaissent* **de visu**

QUESTIONS

1. Relevez toutes les indications de lieu (avec, le cas échéant, la préposition qui les introduit).
Repérez-les sur le plan du forum, p. 159.

2. Rétablissez les termes sous-entendus dans les vers 2 et 5.

3. Quel est le cas de *alteri* dans l'expression *contumeliam alteri dicere* (vers 9) ?
Quel est le cas de *ipsi* au vers 10 ?

4. *credas* : quelle valeur prend ici la deuxième personne au vers 12 ?

5. Repérez les relatives à l'indicatif et au subjonctif. Précisez-en la valeur.

6. Traduisez le texte.

7. Énoncez les critiques formulées par le chorège et classez-les.

2. Parole de leno !

Le chorège se tait car les personnages reparaissent sur la scène : le parasite, le leno, le banquier et la jeune fille. Le banquier Lycon a rappelé au leno sa promesse de rendre l'argent versé si la jeune fille s'avérait être née libre.

CAPPADOX : Memini et mancipio[1] tibi dabo.

CURCULIO : Egon[2] ab lenone quicquam
Mancipio[1] accipiam, quibus[3] sui nil est nisi una lingua,
Qui[3] abjurant, siquid[4] creditum est ? alienos mancupatis,
Alienos manu emittis alienisque imperatis,
5 Nec vobis auctor ullus est nec vosmet[5] estis ulli.
Item genus est lenonium inter homines meo quidem animo[6]
Ut muscae, culices, cimices pedesque pulicesque[7].
Odio et malo et molestiae, bono usui estis nulli[8],
Nec vobiscum quisquam in foro frugi consistere audet ;
10 Qui constitit, culpant[9] eum, conspicitur, vituperatur,
Eum rem fidemque perdere, tam etsi[10] nil fecit, aiunt.

LYCO : Edepol lenones meo animo[6] novisti, lusce, lepide[11].

Op. cit., IV, 2, vers 487 à 505.

NOTES

1. **dare / accipere mancipio** : « *vendre / acheter sous garantie* » (*mancipium, ii, n. : la propriété*)
2. **egon** = egone ?
3. **quibus / qui** : *ont pour antécédent sous-entendu* **lenones** (« *des marchands d'esclaves* »)
4. **siquid** = si quid
5. **vosmet** = *vous-mêmes*
6. **meo animo** : « *à mon avis* »
7. **musca, ae, f.** : *la mouche ;*
culex, icis, m. : *le moustique, le cousin ;*
cimex, icis, m. : *la punaise ;*
pedis, is, m. : *le pou ;*
pulex, cis, m. : *la puce*
8. **odio → nulli** : « *vous êtes odieux, malfaisants, nuisibles, et incapables de rendre service à personne* » (*esse odio alicui, construction de* **esse** *avec un double datif, « être un objet de haine pour quelqu'un »*)
9. **culpant** : *traduisez la 3e personne du pluriel par « on »*
10. **tam etsi** = tametsi
11. **lepide** : « *joliment bien* »

QUESTIONS

1. Quelle construction est utilisée au vers 11 ? Par quel verbe est-elle introduite ?
2. Quel est le cas de *ulli* (vers 5), de *nulli* (vers 8) ?
Précisez la fonction de l'un et de l'autre dans leur phrase.
3. Traduisez le texte.
4. Résumez les griefs formulés à l'égard des lénos.
À quoi tient le comique de ces propos ?

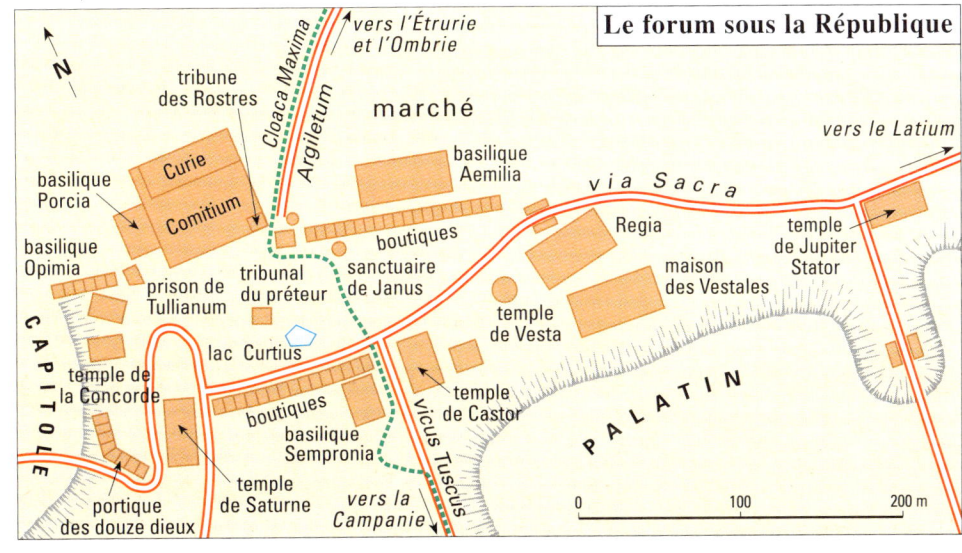

Le forum sous la République

3. À CHACUN SES ARMES

L'Asticot a obtenu la jeune fille, ses vêtements, son or ; mais le militaire Thérapontigonus qu'il a berné survient et s'en prend d'abord à Lycon qui affirme avoir remis la jeune esclave Planésie à l'affranchi Summanus (l'Asticot déguisé). Thérapontigonus n'entend pas en rester là. Il rencontre, à la sortie d'un temple, Cappadox, le leno*, persuadé d'avoir rempli ses engagements. Celui-ci menace d'une rossée le militaire qui lui réclame, l'épée à la main, la jeune fille qui lui avait été confiée.*

THERAPONTIGONUS : Leno minitatur mihi,
Meaeque pugnae proeliares plurumae optritae[1] jacent ?
At ita me machaera et clipeus[2] [...].
Bene juvent pugnantem in acie ; nisi mi[3] virgo redditur,
5   Jam ego te faciam ut hic formicae frustillatim differant[4].

CAPPADOX : At ita me volsellae, pecten, speculum, calamistrum[5] eum
Bene me amassint[6] meaque axicia linteumque extersui[7],
Ut ego tua magnifica verba[8] neque istas tuas magnas minas
Non pluris facio[9] quam ancillam meam quae latrinam lavat.
Ego illam reddidi qui[10] argentum a te attulit.

THE. : 10 Quis is est homo ?

CA. : Tuum libertum sese aiebat esse Summanum.

Op. cit., IV, 3, vers 572 à 582.

NOTES

1. optritae = obtritae (< obtero, is, ere, trivi, tritum : *écraser, mépriser*)
2. *vers incomplet*
3. mi = mihi
4. differo, fers, ferre : *ici, emporter de tous côtés, disséminer*
5. volsella, ae, f. : *la pince à épiler ;*
pecten, inis, m. : *le peigne ;* speculum, i, n. : *le miroir ;* calamistrum, i, n. *ou* calamister, tri, m. : *le fer à friser*
6. ita ... bene me amassint ... ut : « *(ils) se seront souciés de moi autant que ...* »
7. extersus, us, m. : *l'action d'essuyer ;* linteum, i, n. : *la serviette*
8. magnifica verba : *des fanfaronnades*
9. pluris facio *(+ génitif de prix) : je fais plus de cas de*
10. qui = ei qui

QUESTIONS

1. Justifiez la présence du temps et du mode de *juvent* et *redditur* au vers 4.
2. Traduisez le texte.
3. Commentez la réaction du militaire au vers 2 en vous appuyant sur le champ lexical présent dans son discours.
4. À quoi tient le comique de la réplique de Cappadox ?

En latin dans le texte

Castigat ridendo mores : Elle (la comédie) corrige les mœurs par le rire.

VOCABULAIRE DES TEXTES

Noms
ancilla, ae, f. : *la servante, l'esclave*
contumelia, ae, f. : *l'injure, l'outrage*
lingua, ae, f. : *la langue*
minae, arum, f. pl. : *les menaces*
molestia, ae, f : *la peine, le désagrément*
sacrum, i, n. : *le temple, le sanctuaire*

Adjectifs
ferox, -cis : *hautain, fier*
iratus, a, um (*de irascor*) : *en colère, irrité*
infimus, a, um : *d'en bas, le bas de ...*
mendax, cis : *trompeur, menteur*

Mots invariables
audacter : *avec audace*
vere : *en vérité*

Verbes
ambulo, as, are, avi, atum : *se promener*
impero, as, are, avi, atum : *commander*
juvo, as, are, juvi, jutum : *aider être utile*
minitor, aris, ari, atus sum (+ D.) : *menacer*
usui esse alicui : *être utile à quelqu'un*

Révision des *Fundamenta*, p. 251

suivies 2

Acte V

Le militaire Thérapontigonus a compris comment l'Asticot a pu le berner : il lui a dérobé l'anneau qui lui sert de sceau. Or, Planésie s'intéresse à cet anneau. C'est celui que portait son père ! Pressé de questions, le parasite ne se laisse pas faire et répète qu'il a escamoté l'anneau au militaire en jouant aux dés.

1. OÙ IL EST QUESTION DE RECONNAISSANCE

Thérapontigonus réclame son bien : l'argent ou la fille ! Mais Phédrome veut le traîner au tribunal pour avoir acheté une fille de naissance libre. Thérapontigonus refuse et roue de coups l'Asticot.

PLANESIUM :	Phaedrome, obsecro, serva me !
PHAEDROMUS :	Tamquam me et genium[1] meum.
	Miles, quaeso, ut mihi dicas unde illum habeas anulum,
	Quem parasitus hic te elusit.
PLANESIUM :	Per tua genua te obsecro
	Ut nos facias certiores.
THERAPONTIGONUS :	Quid istuc ad vos attinet[2] ?
5	Quaeratis chlamydem et machaeram hanc unde ad me pervenerit.
CURCULLIO :	Ut fastidit gloriosus[3] !
THE. :	Mitte istum ; ego dicam omnia.
CUR. :	Nil est quod ille dicit.
PLA. :	Fac me certiorem, obsecro.
THE. :	Ego dicam ; surge. Hanc rem agite atque animum advortite.
	Pater meus habuit Periphanes[4] [...]
10	Is priusquam moritur mihi dedit tamquam suo,
	Ut aequum fuerat, filio ...
PLA. :	Pro Juppiter[5] !
THE. :	Et isti me heredem fecit.
PLA. :	O Pietas mea,
	Serva me, quando ego te servavi sedulo.
	Frater mi, salve.
THE. :	Qui[6] credam ego istuc ? Cedo[7],
15	Si vera memoras, quae fuit mater tua ?
PLA. :	Cleobula.
THE. :	Nutrix quae fuit ?
PLA. :	Archestrata.
	Ea me spectatum tulerat per Dionysia[8].
	Postquam illo ventum est, jam ut me collocaverat,
	Exoritur ventus turbo[9] ; spectacla[10] ibi ruunt ;
20	Ego pertimesco. Ibi me nescioquis arripit
	Timidam atque pavidam, nec vivam nec mortuam ;
	Nec quo me pacto[11] abstulerit possum dicere.

▲ *Masques, sculpture trouvée à Sabratha, Libye.*

NOTES

1. **genius, ii, m.** : *le génie, dieu particulier qui veillait sur chaque homme dès sa naissance et disparaissait avec lui*
2. **adtineo, es, ere, tinui, tentum** : *avoir rapport à*
3. **gloriosus** : *« le fanfaron »* (cf. **Miles gloriosus** : *« Le Soldat fanfaron »*, une autre comédie de Plaute)
4. *vers incomplet ; on peut sous-entendre* **anulum** *après* **habuit**
5. **pro Juppiter !** (Juppiter, Jovis, m.) : *Par Jupiter !*
6. **qui** *(adverbe)* : *comment*
7. **cedo** *(impératif)* : *« voyons ! » ou « donne ! »*
8. **Dionysia, orum, n. pl.** : *les fêtes de Bacchus*
9. **turbo, inis, m.** : *le tourbillon*
10. **spectacla = spectacula** (n. pl.) ; *ici, les gradins*
11. **quo pacto** : *comment*

lectures

THE. :	Memini istanc turbam fieri ; sed tu dic mihi,
	Ubi is est homo qui te surripuit ?
PLA. :	Nescio ;
25	Verum[12] hunc servavi semper mecum una anulum,
	Cum hoc olim perii[13].
THE. :	Cedo[7], ut inspiciam.
CUR. :	Sanan[14] es,
	quae isti committas ?
PLA. :	Sine modo[15].
THE. :	Pro Juppiter[5] !
	Hic est quem ego tibi misi natali die ;
	Tam facile novi quam me. Salve, mea soror.
PLA. : 30	Frater mi, salve.
PHA. :	Deos volo bene vortere
	Istam rem[16] vobis.
CUR. :	Et ego nobis omnibus :
	Tu ut hodie adveniens cenam des sororiam,
	Hic nuptialem cras dabit ; promittimus.

Op. cit., V, 2, vers 628 à 661.

12. **verum** : *mais*
13. **hoc perii** : *traduisez par « j'ai disparu »*
14. **sanan ?** = sanane ?
15. **sine modo** : *« laisse faire »*
16. **deos … bene vortere istam rem** : *« que les dieux donnent un tour favorable à votre affaire »*

QUESTIONS

1. Retrouvez la valeur de *ut* dans les propositions suivantes : *ut … dicas* (vers 3) ; *ut … facias* (vers 4) ; *ut fastidit* (vers 6) ; *ut aequum fuerat* (vers 11) ; *ut … collocaverat* (vers 18) ; *ut inspiciam* (vers 26) ; *ut hodie adveniens* (vers 32).
2. Analysez et justifiez les formes : *credam* (vers 14) ; *spectatum* (vers 17) ; *abstulerit* (vers 22) ; *committas* (vers 27).
3. Traduisez le texte.
4. Reconstituez les étapes de cette scène de reconnaissance.
5. Quel est le rôle des interventions de l'Asticot ?

2. LE JUGEMENT EST RENDU

Pressé par Phédrome et par l'Asticot, le militaire consent au mariage du jeune homme avec Planésie. Tous se tournent vers le leno *pour qu'il rende l'argent de la vente, comme il s'y était engagé, puisque la jeune fille est née libre. Devant ce tribunal improvisé, Cappadox nie, mais l'Asticot a été, avec Lycon, témoin de la transaction et n'entend pas se taire.*

PHAE. :	Nunc adeo, ut te scire possis, leno, meam sententiam,
	Libera haec est, hic hujus frater est, haec autem illius soror.
	Haec mihi nubet, tu huic argentum redde ; hoc judicium meum est.
THE. :	Tu autem in nervo[1] jam jacebis, nisi mi argentum redditur.
CA. : 5	Hercle istam rem judicasti[2] perfidiose, Phaedrome.
	Et tibi oberit et te, miles, di deaeque perduint[3].
	Tu me sequere.
THE. :	Quo sequar te ?
CA. :	Ad trapezitam meum,
	Ad praetorem ; nam inde rem solvo omnibus quibus debeo.
THE. :	Ego te in nervom[1], haud ad praetorem hinc rapiam[4], ni argentum refers.
CA. : 10	Ego te vehementer perire cupio, ne tu nescias.
THE. :	Itane vero ?
CA. :	Ita hercle vero.
THE. :	Novi ego hos pugnos[5] meos.

NOTES

1. **nervus, i, m.** : *le nerf ; ici, les fers, la prison* (nervom = nervum)
2. **judicasti** = judicavisti
3. **perduint** = perdant : *ancienne forme de subjonctif de* perdere : *détruire, causer la perte de*
4. **rapio, is, ere, rapui, raptum** : *ici, traîner, entraîner*
5. **pugnus, i, m.** : *le poing*

suivies 2

CA. : Quid tum ?
THE. : « Quid tum » rogitas ? Hisce[6] ego, si tu me irritaveris, Placidum te hodie reddam.
CA. : Age ergo ; recipe actutum[7]. Licet.
PH. : Tu, miles, apud me cenabis ; hodie fient nuptiae.
THE. : Quae res bene vortat mi[8] et vobis ! Spectatores, plaudite.

Op. cit., V, 3, vers 715 à 729.

6. hisce = his
7. recipe actutum : « *tu vas être payé tout de suite !* »
8. quae res bene vortat mi : « *que cela me porte bonheur !* »

QUESTIONS

1. Retrouvez quatre impératifs dans le texte et analysez leurs formes.
2. Traduisez en essayant de rendre compte des jeux de mots et des répétitions.
3. Reconstituez les champs lexicaux du procès et de l'objet du litige. Sont-ils à leur place dans la comédie ?
4. Quels procédés stylistiques remarquez-vous dans la joute verbale de Thérapontigonus et de Cappadox ?
5. Que pensez-vous du dénouement ?

◀ *Joueuse de lyre, fresque de Pompéi, musée archéologique national, Naples.*

SUR L'ENSEMBLE DES TEXTES

1. Recherchez, dans le théâtre de Molière, des scènes de reconnaissance. Quelle comparaison pouvez-vous faire avec celle que vous venez de traduire ?
2. Récapitulez, dans toute la pièce, les caractéristiques de Curculio, l'Asticot parasite.
3. Comparez, dans la pièce de Plaute, les personnages de Palinure et de Curculio. Retrouvez, chez Molière, ces deux types de valets.
4. Analysez la relation entre maîtres et esclaves dans cette pièce.

En latin dans le texte

Acta est fabula : La pièce est jouée.

VOCABULAIRE DES TEXTES

Noms
heres, heredis, m. : *l'héritier*
negotium, ii, n. : *l'affaire, l'occupation*
turba, ae, f. : *la foule, l'agitation*

Adjectifs
aequus, a, um : *égal, juste*
pavidus, a, um : *effrayé*
placidus, a, um : *calme*
timidus, a, um : *craintif*

Mots invariables
celeriter : *rapidement*
cras : *demain*

hodie : *aujourd'hui*
olim : *un jour*
priusquam (+ *indicatif ou subjonctif*) : *avant que*
vehementer : *fortement, violemment*

Verbes
ceno, as, are, avi, atum : *dîner*
committo, is, ere, commisi, commissum : *confier, entreprendre*
memoro, as, are, avi, atum : *rappeler, raconter*
obsecro, as, are, avi, atum : *supplier*
obsum, obes, obesse, obfui (+ D.) : *nuire*
quaeso, is, ere, quaesivi, quaesitum : *prier, demander*

Révision des *Fundamenta*, p. 251

lectures

Satiricon

INTRODUCTION

■ L'auteur

Selon la tradition, le *Satiricon* a été écrit par Pétrone. Nous ne savons pratiquement rien de cet auteur. Les érudits l'identifient à Caius (le prénom reste incertain) Petronius Arbiter dont il est notamment question dans les *Annales* de l'historien Tacite au livre XVI et qui vécut au Ier siècle après J.-C., sous le règne de Néron. Tacite le présente comme un amateur de plaisirs, vivant la nuit et dormant le jour. Il aurait été proconsul en Bithynie, puis consul et y aurait accompli sa tâche « avec vigueur ». Revenu à Rome, il devint l'un des favoris de l'empereur Néron ; il fut alors surnommé *elegantiae arbiter* (« l'arbitre du bon goût »), parce que l'empereur se rendait systématiquement à son avis dans le domaine des plaisirs et des fêtes. Un autre favori de Néron, Tigellin, jaloux, machina un complot pour le perdre et l'impliqua dans la conjuration de Pison en 65 après J.-C. Pétrone, qui connaissait la cruauté de Néron, préféra prendre les devants et, si l'on en croit Tacite, mit en scène d'une façon particulièrement mélodramatique son suicide. Il se serait ainsi ouvert les veines et se les serait refermées à plusieurs reprises.

■ Le *Satiricon*

Ce que nous possédons sous ce nom est un ensemble en prose avec plusieurs passages en vers constitué de trois éléments :
– des extraits courts,
– des passages longs,
– une scène entière, la *Cena Trimalchionis* (« le dîner chez Trimalcion »).
Le tout représente quelque deux cents pages et n'est qu'une petite partie de l'ensemble : certains spécialistes de l'œuvre estiment que nous n'en posséderions que le trente-cinquième ! Aussi est-il impossible de comprendre de façon sûre la trame de ce « roman ». On peut tout de même observer qu'il est dans la lignée des romans d'amour et d'aventures grecs ; qu'il présente souvent le même type d'inspiration comique et grossière que les *Milésiennes* du Grec Aristide (IIe siècle avant J.-C.). Mais on peut trouver aussi des œuvres similaires chez les Latins : ainsi en est-il des *Satires Ménippées* de Varron (Ier siècle avant J.-C.) ou de l'*Apocolocyntosis* (récit burlesque de la mort de l'empereur Claude) du philosophe Sénèque, contemporain de Pétrone.
Le titre de l'œuvre n'est pas établi avec certitude : *Satiricon* est le génitif pluriel de type grec de l'adjectif *satiricus, a, um* et rappelle les titres des romans d'amour grecs (par exemple : *Ephesiacon* = Ἐφεσιακῶν, [le livre des] *Éphésiaques* de Xénophon d'Éphèse). On trouve aussi *Satira* ; ce titre, probablement, évoquait le plat composite favori des Romains (cf. p. 124). Il peut être pour nous une indication du contenu « varié » de ce roman unique dans toute la latinité.
Le héros du roman, comme les autres personnages, porte un nom grec, Encolpe. C'est un lettré : au début du roman il défend une conception traditionnelle de l'éloquence. C'est lui le narrateur. Autour de lui gravitent plusieurs personnages de débauchés : son compagnon, Ascylte, leur « mignon », Giton, et le vieux poète Eumolpe, ridicule aède qui pastiche la *Pharsale* de Lucain (cf. chapitre 12) et l'*Énéide* de Virgile. Ces personnages vivent des aventures diverses dans le sud de l'Italie, près de Naples sans doute ; ils sont notamment invités à un banquet par un certain Trimalcion, un riche affranchi vaniteux d'origine orientale, dont le nom signifie à peu près « très puissant ». C'est de cette partie du roman que nous proposons une lecture suivie.

suivies 3

▲ *Reconstitution de l'atrium de la maison de Marcus Lucretius, Pompéi par Niccolini (1854-1890), Bibliothèque des Arts décoratifs, Paris.*

■ L'époque de Néron

Quarante ans à peine séparent la mort d'Auguste (14 après J.-C.) de l'avènement de Néron (54 après J.-C.), mais tout a changé en ces quelques années. Les successeurs d'Auguste (Tibère, Caligula, Claude, Néron) sont jugés par les historiens romains comme des faibles ou des extravagants. Les « valeurs » augustéennes tombent en désuétude, même si l'Empire, grâce à l'administration mise en place par Auguste, fonctionne admirablement. Le point culminant de cette décadence est atteint avec Néron.

Auguste avait encouragé le mariage et essayé d'instituer une sorte de code de bonne conduite pour la famille impériale. Néron n'a aucun souci du « Qu'en-dira-t-on ? » et il se livre à la débauche avec ses favoris. L'empereur avait été confié dans sa jeunesse au philosophe Sénèque, qui ne lui avait pas fait étudier les anciens orateurs ; on ne l'avait pas davantage instruit en philosophie, sur les injonctions de sa mère, Agrippine. En revanche, on développa ses aptitudes artistiques : Néron écrivait de la poésie, il aimait la peinture et la sculpture, il adorait le théâtre et la musique et se produisit dans les théâtres grecs lors d'une tournée en province.

Le portrait de Néron par Tacite est une telle caricature que certains ont pensé qu'il ne reflétait pas la vérité et que l'historien y dénigrait l'empereur. On raconte ainsi que l'empereur aurait fait mettre le feu en 64 après J.-C. à un quartier de Rome vétuste afin de pouvoir y bâtir son palais, la *Domus Aurea* (dont il subsiste des vestiges souterrains), gigantesque demeure d'un luxe inouï, dominée par une statue de l'empereur de 40 m de haut, dressée dans le vestibule, avec une pièce d'eau si vaste qu'elle occupait tout l'actuel emplacement du Colisée ! La conduite de Néron et les meurtres qu'il ordonna provoquèrent des complots : le plus célèbre est celui de Pison en 65. Il fut réprimé dans le sang et de nombreuses personnalités – dont Sénèque et peut-être Pétrone – furent contraintes au suicide. Mais trois ans plus tard, en 68, le Sénat finit par déclarer l'empereur « ennemi public » : n'importe qui pouvait donc l'assassiner et Néron préféra mettre fin à ses jours.

C'est dans ce contexte de licence et de violence qu'il faut replacer le *Satiricon*, roman burlesque et réaliste, qui est une dénonciation des mœurs de l'époque de Néron. Le cinéaste italien Fellini a tiré de cette œuvre la matière de son célèbre film, le *Satyricon* (1968).

lectures

I L'ARRIVÉE CHEZ TRIMALCION

Encolpe et son compagnon Ascylte (cf. p. 165) ont été invités par un certain Trimalcion, un homme tout à fait chic. Ils se sont habillés pour la circonstance et arrivent devant la maison de leur hôte.

1. LA PORTE D'ENTRÉE

▲ *Villa de Poppea à Oplontis, milieu du Ier siècle avant J.-C.*

Ad januam pervenimus, in cujus poste libellus erat cum hac inscriptione fixus : QVISQVIS SERVVS SINE DOMINICO IVSSV FORAS EXIERIT ACCIPIET PLAGAS CENTVM. In aditu autem ipso stabat ostiarius¹
5 prasinatus, cerasino succinctus cingulo, atque in lance argentea pisum purgabat. Super limen autem cavea² pendebat aurea in qua pica varia³ intrantes salutabat.
Ceterum ego dum omnia stupeo, paene resupinatus
10 crura mea fregi⁴. Ad sinistram enim intrantibus non longe ab ostiarii cella canis ingens, catena vinctus, in pariete erat pictus superque quadrata littera⁵ scriptum CAVE CANEM. Et collegae quidem mei riserunt. Ego autem collecto spiritu⁶ non destiti totum parietem
15 persequi⁷. Erat autem venalicium cum titulis pictum, et ipse Trimalchio capillatus caduceum tenebat Minervaque ducente Romam intrabat. Hinc quemadmodum ratiocinari didicisset, deinque dispensator factus esset, omnia diligenter curiosus pictor cum
20 inscriptione reddiderat. In deficiente vero jam porticu levatum mento in tribunal excelsum Mercurius rapiebat. Praesto erat Fortuna cornu abundanti copiosa et tres Parcae aurea pensa torquentes⁸. Notavi etiam in porticu gregem cursorum cum magistro se
25 exercentem. Praeterea grande armarium⁹ in angulo vidi, in cujus aedicula erant Lares argentei positi Venerisque signum marmoreum et pyxis aurea non pusilla, in qua barbam ipsius¹⁰ conditam esse dicebant. Interrogare ergo atriensem¹¹ coepi, quas in
30 medio picturas haberent. « Iliada et Odyssian, inquit, ac Laenatis gladiatorium munus. »

PÉTRONE, *Satiricon*, § 28, texte établi et traduit par A. Ernout,
Les Belles Lettres, Paris, C.U.F., 1970.

NOTES

1. **ostiarius, i, m., prasinatus, cerasino succinctus cingulo** : *un portier habillé de vert, portant une ceinture couleur cerise*
2. **cavea, ae, f.** : *la cage*
3. **pica, (ae, f.), varia** : *une pie tachetée*
4. **ceterum ... fregi** : « *du reste, tandis que je regardais tout cela avec admiration, j'ai failli tomber sur le dos et me briser les jambes !* »
5. **quadrata littera** : « *en lettres capitales* »
6. **collecto spiritu** : « *ayant repris mon souffle* »
7. **persequor, eris, i, persecutus sum** : *parcourir, examiner en détail*
8. **erat autem** (ligne 15) ... **torquentes** : « *eh bien, il y avait là, peint, un marché aux esclaves avec leurs écriteaux au cou, et Trimalcion lui-même, jeune esclave chevelu, portait le caducée et, sous la conduite de Minerve, entrait dans Rome. Puis, on voyait comment il avait appris à compter et comment, par la suite, il était devenu intendant : le peintre pointilleux avait représenté dans leurs plus infimes détails les scènes en les assortissant de légendes. Enfin, là où le portique se terminait, Mercure, soulevant Trimalcion par le menton, l'emportait vers une haute estrade. Près de lui se tenaient la Fortune tenant une corne d'abondance débordante et les trois Parques filant la laine d'or.* »
9. **armarium [...] in cujus aedicula** : « *une armoire [...] dans la niche de laquelle* »
10. **ipsius** = Trimalchionis
11. **atriensis, is, m.** : *le concierge (l'esclave chargé de surveiller l'atrium)*

QUESTIONS

1. Recherchez, dans l'extrait, les verbes à la 1re personne. Sont-ils tous au singulier ?
2. Pourquoi le narrateur a-t-il failli tomber à la renverse ? Justifiez votre réponse en relevant des expressions en latin que vous traduirez.
3. Complétez la traduction.
4. Retrouvez l'itinéraire du narrateur sur le plan de la *domus* romaine (voir p. 177).
5. Quel effet produisent les fresques représentant Trimalcion à côté des peintures inspirées de l'*Iliade* et de l'*Odyssée* ?

suivies 3

2. UNE SCÈNE COMIQUE : « DEXTRO PEDE ! »

Le narrateur et ses compagnons ont atteint l'antichambre du triclinium *(salle à manger), où un intendant vérifie des comptes. Ils s'apprêtent à entrer, mais...*

His repleti voluptatibus cum conaremur in triclinium intrare, exclamavit unus ex pueris, qui super hoc officium erat positus[1] : « Dextro pede ! » Sine dubio paulisper trepidavimus, ne contra praeceptum aliquis
5   nostrum[2] limen transiret.
Ceterum ut pariter movimus dextros gressus[3], servus nobis despoliatus[4] procubuit ad pedes ac rogare coepit, ut se[5] poenae eriperemus : nec magnum esse peccatum suum, propter quod periclitaretur ; sub-
10 ducta enim sibi vestimenta dispensatoris in balneo, quae vix fuissent decem sestertiorum[6].
Retulimus ergo dextros pedes, dispensatoremque in atrio aureos numerantem deprecati sumus ut servo remitteret poenam. Superbus ille sustulit vultum et[7] :
15 « Non tam jactura me movet, inquit, quam neglegentia nequissimi servi. Vestimenta mea cubitoria perdidit, quae mihi natali meo cliens quidam donaverat, Tyria sine dubio, sed jam semel lota[8]. Quid ergo est ? dono vobis eum. »
20 Obligati tam grandi beneficio cum intrassemus triclinium, occurrit nobis ille idem servus, pro quo rogaveramus, et stupentibus spississima basia impegit gratias agens humanitati nostrae[9]. « Ad summam[10], statim scietis, ait, cui dederitis beneficium. Vinum
25 dominicum ministratoris[11] gratia est. »

PÉTRONE, *Satiricon*, § 30-31, *Op. cit.*

NOTES

1. **unus ex pueris ... erat positus** : « un des esclaves, dont c'était le travail »
2. **nostrum** : G. *de nos*
3. **ceterum ... gressus** : « or, tandis que nous avions ensemble avancé du pied droit »
4. **despoliatus, a, um** : ici, « sans vêtements »
5. **se** : *le pronom réfléchi* se *désigne ici l'esclave sujet de* **rogare coepit**
6. **nec magnum → sestertium** : *les propositions infinitives (vous sous-entendrez* **esse** *dans l'expression «* **subducta ... vestimenta** *») et les propositions au subjonctif sont des paroles rapportées ; il s'agit d'un discours indirect libre. Traduisez : « [il disait que] la faute n'était pas grande, qui le mettait en danger ; qu'on lui avait, en effet, subtilisé aux bains des vêtements appartenant à l'intendant, lesquels valaient à grand peine dix sesterces »*
7. **retulimus ... sustulit vultum et** : « Nous ramenâmes le pied droit en arrière et partîmes supplier l'intendant qui comptait ses pièces d'or dans l'atrium de bien vouloir renoncer au châtiment. Il releva la tête avec hauteur et »
8. **Tyria sine dubio, sed jam semel lota** (*apposition à* **vestimenta**) : « de Tyr (c'est-à-dire teints à la pourpre de Tyr), très certainement, mais déjà lavés une fois ! »
9. **Obligati ... nostrae** : « *Tandis que, reconnaissants pour une si grande faveur, nous étions entrés dans la salle à manger, ce même esclave pour lequel nous avions intercédé vint en courant à notre rencontre et, à notre grande stupeur, nous appliqua une pluie de baisers tout en nous remerciant de notre gentillesse.* »
10. **ad summam** : « *pour finir* »
11. **ministrator, oris, m.** : *l'esclave qui sert à table, le serviteur, l'échanson*

QUESTIONS

1. Dans le premier paragraphe, que signifie littéralement l'expression *dextro pede !* ? Recherchez, dans un dictionnaire, le sens figuré de *dexter, dextera, um* et de son contraire *sinister, sinistra, um / laevus, a, um* ? Quelle est la portée symbolique de cette action ? Traduisez le 1er paragraphe.

2. Quel nouveau personnage intervient dans le 2e paragraphe ? Que lui est-il arrivé ? Traduisez ce paragraphe.

3. Qui parle dans le 3e paragraphe ? Quelle valeur ont les vêtements volés ? Recherchez ce qu'est un *cliens*. Traduisez ce paragraphe.

4. De quelle façon l'esclave entend-il montrer sa reconnaissance au narrateur et à ses amis ? Quelle est sa fonction pendant le banquet ? Traduisez la fin de ce dernier paragraphe.

5. Montrez, à l'aide d'éléments pris dans le texte, que cet extrait est une scène de comédie pleine de fantaisie.

Iphigénie en Tauride, ▶
peinture de la maison de Pinario Ceriale, Pompéi.

lectures

3. LE MAÎTRE DE MAISON

In his eramus lautitiis, cum Trimalchio ad symphoniam[1] allatus est, positusque inter cervicalia[2] minutissima expressit imprudentibus[3] risum. Pallio enim coccineo adrasum excluserat caput, circaque oneratas veste cervices laticlaviam immiserat mappam fimbriis hinc atque illinc pendentibus[4]. Habebat etiam in minimo digito sinistrae manus anulum grandem subauratum[5], extremo vero articulo digiti sequentis minorem, ut mihi videbatur, totum aureum, sed plane ferreis veluti stellis ferruminatum[6]. Et ne has tantum ostenderet divitias, dextrum nudavit lacertum armilla aurea cultum et eboreo circulo lamina splendente conexo[7].

PÉTRONE, *Satiricon*, § 32, *Op. cit.*

NOTES

1. **ad symphoniam** : « *au son d'un orchestre* »
2. **cervical, is, n.** : *le coussin*
3. **imprudentibus** : *littéralement, « à ceux qui ne savaient pas »* ; *traduisez* : « *aux invités, qui ne s'y attendaient pas* »
4. **Pallio enim ... pendentibus** : « *En effet, d'un manteau écarlate il laissait dépasser sa tête tondue et autour de son cou couvert par le vêtement il avait mis une serviette à bordure pourpre avec des franges qui pendaient de-ci de-là.* »
5. **subauratum** : « *légèrement doré* » ; *seuls les chevaliers avaient le droit de porter un anneau en or massif au petit doigt de la main gauche*
6. **sed plane ... ferruminatum** : « *mais entièrement décoré de sortes d'étoiles en fer qu'on y avait soudées* »
7. **armilla aurea ... conexo** : « *orné d'un bracelet en or et d'un cercle d'ivoire attaché par une plaque étincelante.* »

QUESTIONS

1. À quelle voix est le verbe *allatus est* ? Traduisez la première phrase. Quelle impression donne l'entrée de l'hôte ? Commentez le mot *imprudentibus*.
2. Quels ornements exhibe Trimalcion ? Faites-en le relevé en latin et donnez la traduction des expressions relevées. Quelle impression, à votre avis, veut-il donner à ses invités ?
3. Terminez votre traduction de l'extrait.

SUR L'ENSEMBLE DES TEXTES

1. Que pensez-vous des notations de couleur dans ces extraits ? Pourquoi le narrateur y est-il si sensible ? Que dénotent-elles de la psychologie de Trimalcion ?
2. Comparez le mode de vie de Trimalcion à celui que prône Caton (cf. chapitre 2).
3. Le narrateur est-il un habitué de ces fêtes ? Relevez quelques indices pour justifier votre réponse.

En latin dans le texte

Dextro pede ! Du pied droit !
On entre du pied droit pour éviter le mauvais sort.
Cave canem ! Prends garde au chien !
Attention ! Chien méchant !

VOCABULAIRE DES TEXTES

Noms
cena, ae, f. : *le dîner*
cervix, icis, f. *(le mot est souvent utilisé au pl. comme ici)* : *le cou*
cliens, ntis, m. : *le client (le protégé d'un* **patronus***, d'un riche qui assure sa subsistance)*
janua, ae, f. : *la porte*
lacertus, i, m. : *le muscle, le bras*
lamina, ae, f. : *la lame, la plaque*
lanx, lancis, f. : *le plat, le plateau*
lautitia, ae, f. : *la somptuosité ; généralement au pl. avec le sens de « les raffinements, l'élégance »*
postis, is, m. : *le montant de la porte*
praeceptum, i, n. : *l'ordre, la leçon*
principium, ii, n. : *le commencement*

Adjectifs
extremus, a, um : *dernier, situé tout au bout*
summus, a, um : *le plus haut* → **ad summam** : *pour finir*

Mot invariable
interim : *pendant ce temps-là*

Verbes
accurro, is, ere, accurri (accucurri) : *accourir*
adspergo, is, ere, adspersi, adspersum : *répandre, asperger*
desisto, is, ere, stiti, stitum : *renoncer à, cesser*
figo, is, ere, fixi, fixum : *enfoncer, fixer*
nudo, as, are, avi, atum : *mettre à nu, déshabiller*
onero, as, are, avi, atum : *charger, couvrir*
 ≠ **exonero, as, are, avi, atum** : *décharger, alléger*
ostendo, is, ere, di, ostensum : *montrer*
purgo, as, are, avi, atum : *nettoyer, purger, disculper*
 < **purus**
splendeo, es, ere : *briller, étinceler*
subjicio, is, ere, subjeci, subjectum : *placer sous*
tergeo, es, ere, tersi, tersum : *essuyer, sécher*

Révision des *Fundamenta*, p. 251

suivies 3

II Le Banquet (1)

▲ *Scène de banquet, fresque du IIᵉ siècle avant J.-C., musée des Thermes, Rome.*

1. L'accueil des invités

Dans le triclinium *(cf. chapitre 10), des esclaves sont chargés d'accueillir les convives.*

Tandem ergo discubuimus, pueris Alexandrinis¹ aquam in manus nivatam infundentibus, aliisque insequentibus ad pedes ac paronychia² cum ingenti subtilitate tollentibus. Ac ne in hoc quidem tam
5 molesto tacebant officio, sed obiter cantabant.
Ego experiri volui an tota familia³ cantaret, itaque potionem poposci. Paratissimus puer non minus me acido cantico excepit, et quisquis aliquid rogatus erat ut daret⁴. Pantomimi chorum, non patris familiae tri-
10 clinium crederes⁵.

Pétrone, *Satiricon*, § 31, *Op. cit.*

NOTES

1. **Alexandrinus, a, um** : *originaire d'Alexandrie (en Égypte)*
2. **paronychia, orum, n. pl.** : *les « envies », c'est-à-dire les peaux mortes entourant les ongles*
3. **familia, ae, f.** : *le groupe des esclaves, la « valetaille »*
4. **Paratissimus → daret** : « *Avec empressement, un esclave accueillit ma demande en chantant d'une voix aussi aigrelette, et c'est ce que faisaient tous ceux à qui l'on demandait de donner quelque chose.* »
5. **crederes** : *attention à ce subjonctif imparfait à la 2ᵉ personne (cf.* Grammaire, *chapitre 6)*

QUESTIONS

1. Traduisez la 1ʳᵉ phrase. Quelle est la tâche des esclaves ? Comment expliquez-vous cet accueil ?

2. Complétez la traduction. Comment Encolpe juge-t-il cet accueil ? Relevez en latin une métaphore significative et commentez-la.

3. Quelles sont ici les marques de luxe et de raffinement de l'hôte Trimalcion ?

lectures

2. LES ENTRÉES

Trimalcion a été porté à table par ses esclaves. Voici les entrées ...

Gustantibus adhuc nobis repositorium[1] allatum est cum corbe[2], in quo gallina[3] erat lignea patentibus in orbem alis, quales esse solent quae incubant ova[4]. Accessere[5] continuo duo servi et symphonia strepente scrutari paleam coeperunt, erutaque subinde pavonina[6] ova divisere[5] convivis.

Convertit ad hanc scenam Trimalchio vultum et[7] : « Amici, ait, pavonis[8] ova gallinae jussi supponi[9]. Et mehercules timeo ne jam concepti[10] sint. Temptemus tamen, si[11] adhuc sorbilia[12] sunt. »

Accipimus nos cochlearia non minus selibras pendentia, ovaque ex farina pingui figurata pertundimus[13].

Ego quidem paene projeci[14] partem meam, nam videbatur mihi jam in pullum coisse[15]. Deinde ut audivi veterem convivam : « Hic[16] nescio quid boni[17] debet esse », persecutus putamen[18] manu, pinguissimam ficedulam[19] inveni piperato vitello circumdatam.

PÉTRONE, *Satiricon*, § 34, *Op. cit.*

NOTES

1. repositorium, ii, n. : *un plateau*
2. corbis, is, m. : *la corbeille* (cf. allemand : « der Korb »)
3. gallina, ae, f. : *la poule* (cf. les gallinacées)
4. quales → ova : *« comme sont généralement celles qui couvent des œufs »*
5. accessere = accesserunt ; divisere = diviserunt
6. pavoninus, a, um : *de paon*
7. Convertit → vultum et ... ait : *« à la vue de cette scène, Trimalcion tourna la tête et nous dit »*
8. pavo, onis, m. : *le paon*
9. suppono, is, ere, supposui, -positum : *placer quelque chose (+ Ac.) sous (+ D.) ; faire couver à*
10. conceptus, a, um : *conçu, couvé*
11. si : *ici, « pour voir si »*
12. sorbilis, is, e : *qu'on peut gober*
13. Accipimus → pertundimus : *« Nous recevons des petites cuillères pesant bien une demi-livre (≈ 165 g) et nous perçons nos œufs qui étaient modelés dans de la pâte »*
14. projicio, is, ere, projeci, projectum : *jeter au loin, rejeter*
15. in pullum coisse (cum + eo) : *« s'être transformé en poussin »*
16. hic = *adverbe*
17. nesquio quid boni : *« quelque chose de bon »*
18. putamen, minis, n. : *la coquille, la croûte*
19. ficedula (ae, f.), piperato vitello circumdata : *« un bec-figue » (oiseau comestible) entouré de jaune d'œuf poivré*

QUESTIONS

1. Traduisez le 1er paragraphe. Dans le 2e paragraphe, qui prononce les paroles au style direct ? Traduisez ce paragraphe. Que nous révèlent ces paroles sur le caractère de Trimalcion ?

2. Lisez le 3e paragraphe et sa traduction en note, puis traduisez le dernier paragraphe. La réaction d'Encolpe est-elle la même que celle des autres convives ?

3. LE SQUELETTE D'ARGENT

On sert alors aux convives un vieux vin de Falerne, particulièrement réputé et coûteux.

Potantibus ergo nobis et accuratissime lautitias mirantibus larvam[1] argenteam attulit servus sic aptatam ut articuli ejus vertebraeque laxatae in omnem partem flecterentur. Hanc cum super mensam semel iterumque abjecisset, et catenatio mobilis[2] aliquot figuras exprimeret, Trimalchio adjecit :
« Eheu nos miseros, quam totus homuncio[3] nil[4] est ! Sic erimus cuncti, postquam nos auferet Orcus[5]. Ergo vivamus, dum licet esse bene. »

PÉTRONE, *Satiricon*, § 36, *Op. cit.*

NOTES

1. larva, ae, f. : *le fantôme, le squelette*
2. catenatio (onis, f.) mobilis : *l'assemblage mobile*
3. homuncio, onis, m. (*diminutif de* homo) : *le pauvre petit homme*
4. nil = nihil
5. Orcus, i, m. : *Orcus (équivalent du Pluton grec), dieu de la mort et des Enfers*

QUESTIONS

1. Qu'apporte-t-on à la table ? Que fait Trimalcion ?

2. À quel genre littéraire appartiennent les paroles de Trimalcion ? Commentez-les.

3. Traduisez cet extrait.

4. Quelle conception de la vie défend ici Trimalcion ?

suivies 3

4. « CARPE, CARPE ! »

Les convives semblent peu empressés de goûter à un nouveau plat, qu'ils trouvent « grossier », mais ce plat en cache un autre. Trimalcion est ravi de sa surprise.

« Carpe[1] ! », inquit. Processit statim scissor[2] et ad symphoniam gesticulatus ita laceravit obsonium[3], ut putares essedarium hydraule cantante pugnare[4]. Ingerebat nihilo minus Trimalchio lentissima voce :
5 « Carpe ! Carpe ! »
Ego suspicatus ad aliquam urbanitatem totiens iteratam vocem[5] pertinere, non erubui[6] eum qui supra me accumbebat, hoc ipsum interrogare. At ille, qui sae-
10 pius ejusmodi ludos spectaverat : « Vides illum, inquit, qui obsonium carpit ? Carpus vocatur. Ita quotiescumque[7] dicit 'Carpe', eodem verbo et vocat et imperat. ».

PÉTRONE, *Satiricon*, § 36, *Op. cit.*

NOTES

1. **Carpe** : *cette forme peut venir du verbe* **carpo, is, ere, carpsi, carptum** *(cueillir, découper) ou du nom propre d'esclave* **Carpus, i, m.** (Carpus, « le Fruit »)
2. **scissor, oris, m.** : *celui qui découpe, l'écuyer tranchant*
3. **obsonium, ii, n.** : *les victuailles, le plat*
4. **ut putares ... pugnare** : « *si bien qu'on eût dit un gladiateur combattant sur un char au son de l'orgue* »
5. **vox, vocis, f.** : *ici, le mot*
6. **erubesco, is, ere, erubui** : *devenir rouge, rougir, avoir honte ;* construisez : « *non erubui hoc ipsum interrogare eum qui supra me accumbebat* » ; *interrogare est ici construit avec deux accusatifs : celui de la chose qu'on demande et celui de la personne à qui s'adresse la demande*
7. **quotiescumque** : « *chaque fois que* »

▲ *Rinceaux, masque et oiseaux, fresque de Pompéi, musée du Louvre, Paris.*

QUESTIONS

1. Traduisez le dernier paragraphe. Pouvez-vous expliquer le jeu de mots sur *Carpe* ?
2. Traduisez le reste du passage ; que nous révèle une nouvelle fois cette mise en scène sur le personnage de Trimalcion ?

En latin dans le texte

Carpe diem ! Cueille le jour !
Profite du moment présent !
Horace, *Odes*, 1, 11, 8.

VOCABULAIRE DES TEXTES

Noms
ala, ae, f. : *l'aile*
conviva, ae, m. : *le convive*
margo, inis, f. : *le bord*
mensa, ae, f. : *la table* (cf. espagnol : *la mesa*)
orbis, is, m. : *le cercle*
ovum, i, n. : *l'œuf*
pondus, eris, n. : *le poids*

Adjectifs
lautus, a, um : *riche*
molestus, a, um : *pénible*
pinguis, is, e : *gras*

Verbes
discumbo, is, ere, cubui, cubitum : *se coucher, s'allonger*
eruo, is, ere, erui, erutum : *tirer en creusant, extraire*
experior, riris, riri, expertus sum : *faire l'expérience, vérifier*
infundo, is, ere, fudi, fusum : *verser sur*
inscribo, is, ere, inscripsi, inscriptum : *inscrire ; écrire sur*
insequor, eris, i, insecutus sum : *suivre*
pertineo, es, ere, tinui, tentum (ad + Ac.) : *avoir un rapport avec, concerner*

Révision des *Fundamenta*, p. 251

lectures

III LE BANQUET (II)

1. LES EMBARRAS GASTRIQUES DE TRIMALCION

Trimalcion s'est éclipsé ; le voici qui revient...

« Ignoscite mihi, inquit, amici, multis jam diebus venter mihi non respondit. Nec medici se inveniunt. Profuit mihi tamen maleicorium et taeda ex aceto. Spero tamen, jam veterem pudorem sibi imponet.
5 Alioquin circa stomachum mihi sonat, putes taurum. Itaque si quis vestrum voluerit sua re causa facere, non est quod illum pudeatur. Nemo nostrum solide natus est[1]. Ego nullum puto tam magnum tormentum esse quam continere. Hoc solum vetare ne Jovis[2]
10 potest. Rides, Fortunata[3], quae soles me nocte desomnem facere ? Nec tamen in triclinio ullum vetuo[4] facere quod se juvet[5], et medici vetant continere. Vel si quid plus venit, omnia foras parata sunt : aqua, lasani et cetera minutalia. Credite mihi, anathymiasis
15 si in cerebrum it, et in toto corpore fluctum facit. Multos scio periisse, dum nolunt sibi verum dicere[6]. » Gratias agimus liberalitati indulgentiaeque eius, et subinde castigamus crebris potiunculis[7] risum. Nec adhuc sciebamus nos in medio lautitiarum, quod
20 aiunt, clivo laborare[8].

PÉTRONE, *Satiricon*, § 47, *Op. cit.*

NOTES

1. **Nec medici → natus est :** « *Même les médecins ne s'y retrouvent pas ! Pourtant l'écorce de pommier et les aiguilles de pin marinées au vinaigre m'ont fait du bien. Et j'espère bien qu'il retrouvera bientôt le sens de la discipline ! À part ça, ça résonne tout autour de mon estomac comme s'il y avait un taureau. C'est pourquoi si l'un d'entre vous a justement envie de faire, il n'a pas à en avoir honte ! Aucun d'entre nous n'est né sans une ouverture !* »
2. **Jovis** = Juppiter *(il s'agit d'un N. archaïque)*
3. **Fortunata** : *la femme de Trimalcion*
4. **vetuo** = veto
5. **facere quod se juvet** : « *se soulager* »
6. **Vel si → verum dicere :** « *Eh bien ! si l'envie est plus pressante, tout est prêt dehors : l'eau, les pots de chambre et tous ces petits riens. Croyez-moi, si les miasmes montent au cerveau, ils provoquent des troubles dans tout le corps. Et j'en connais beaucoup qui sont morts, pour n'avoir pas voulu reconnaître la vérité.* »
7. **potiuncula, ae, f.** : *le petit coup, la rasade*
8. **in medio clivo laboro, as, are, avi, atum** : *peiner en plein milieu d'une pente*

QUESTIONS

1. Traduisez cet extrait.
2. Avec l'aide de la traduction et d'un dictionnaire, expliquez le sens habituel du mot *pudor* et son emploi ici.
3. Comment comprenez-vous la phrase : *Nemo nostrum solide natus est* (lignes 7-8) ? L'adverbe *solide* signifie « d'un seul tenant ».
4. À partir de la ligne 17, comment interprétez-vous le rire *(risus)* des assistants ?
5. Que pensez-vous de l'expression *in medio lautitiarum clivo laborare* (lignes 19-20) ? À quel moment Encolpe et ses amis se font-ils cette réflexion : lors du banquet ou plus tard ? Est-elle ironique ou dénote-t-elle un jugement sur le dîner ?
6. Comment Pétrone complète-t-il, dans ce passage, le portrait de Trimalcion ?

◀ *Mosaïque d'une abside du* frigidarium *de la villa du Casale, fin* IIIe*-début* IVe *siècle, Piazza Armerina, Sicile.*

suivies 3

▲ *Le* Satyricon *de Fellini.*

2. « VOCA COCUM IN MEDIO ! » FAITES VENIR LE CHEF !

Trimalcion propose alors aux convives de choisir un cochon pour qu'il soit immédiatement rôti en cuisine. Quelques instants plus tard, on apporte un plat contenant un porc gigantesque et les convives s'étonnent de la rapidité des cuisiniers. Mais Trimalcion est perplexe...

Deinde magis magisque Trimalchio intuens eum :
« Quid ? quid ? inquit, porcus hic non est exinteratus[1] ?
Non mehercules est. Voca, voca cocum in medio[2]. »
Cum constitisset ad mensam cocus tristis et diceret se
5 oblitum esse exinterare : « Quid, oblitus ? Trimalchio
exclamat, putes illum piper et cuminum non conjecisse[3] ! Despolia ! » Non fit mora, despoliatur cocus
atque inter duos tortores maestus consistit.
Deprecari tamen omnes coeperunt et dicere : « Solet
10 fieri. – Rogamus mittas. – Postea si fecerit, nemo nostrum pro illo rogabit. » Ego crudelissimae severitatis,
non potui me tenere, sed inclinatus ad aurem
Agamemnonis[4] : « Plane, inquam, hic debet servus

NOTES

1. **exintero, as, are, avi, atum** : *vider, enlever les entrailles*
2. **in medio** : *au milieu (de nous)*
3. **putes ... non conjecisse** : *« à le voir, on pourrait croire qu'il a oublié de mettre du sel et du cumin ! »*
4. **Solet fieri → Agamemnonis** : *traduisez par : « – Ces choses-là, ça arrive ! – Nous t'en prions : laisse-le ! – Si jamais ça lui arrive encore, aucun d'entre nous ne te demandera sa grâce ! » Pour ma part, je ne pus me départir de la plus cruelle des sévérités, et, penché à l'oreille d'Agamemnon ...*

Lectures suivies 3 : Pétrone, *Satiricon* | **173**

lectures

esse nequissimus : aliquis obliviceretur[5] porcum
exinterare ? Non mehercules illi ignoscerem, si piscem praeterisset. »
At non Trimalchio, qui relaxato in hilaritatem vultu[6] :
« Ergo, inquit, quia tam malae memoriae es, palam nobis illum exintera. » Recepta cocus tunica cultrum arripuit, porcique ventrem hinc atque illinc timida manu secuit. Nec mora, ex plagis ponderis inclinatione crescentibus[7] tomacula cum botulis effusa sunt.

Pétrone, *Satiricon*, § 49, Op. cit.

NOTES

5. **obliviceretur** : *subjonctif d'indignation à traduire par un conditionnel*
6. **relaxato in hilaritatem vultu** : « *déridant son front et retrouvant sa bonne humeur* »
7. **ex plagis → crescentibus** : « *par les plaies qui ne cessaient de s'élargir sous le poids* »

QUESTIONS

1. Quels sentiments indiquent chez Trimalcion les répétitions de *quid* et de *voca* dans les lignes 1 à 3 ? Traduisez ce paragraphe.

2. Dans les lignes 4 à 8, quels sont les deux adjectifs qui dépeignent l'attitude du cuisinier ? À quelle punition semble-t-il destiné ? Comment comprenez-vous la réflexion de Trimalcion : *putes illum piper et cuminum non conjecisse* ? Traduisez ce paragraphe.

3. Dans les lignes 9 à 16, comparez la réaction d'Encolpe et celle des autres : laquelle vous paraît la plus normale ?

4. La « pointe » de cette anecdote est-elle vraiment étonnante ? Justifiez votre réponse en vous référant à d'autres extraits déjà lus.

3. Deus ex machina …

Suivent de longues conversations et discussions entre Trimalcion et ses invités. Mais, au milieu de ce tumulte …

Repente lacunaria[1] sonare coeperunt totumque triclinium intremuit. Consternatus ego exsurrexi, et timui ne per tectum petauristarius[2] aliquis descenderet. Nec minus reliqui convivae mirantes erexere[3] vultus expectantes quid novi de caelo nuntiaretur.

Ecce autem diductis[4] lacunaribus subito circulus ingens, de cupa videlicet grandi excussus, demittitur, cujus per totum orbem coronae aureae cum alabastris unguenti[5] pendebant.

Pétrone, *Satiricon*, § 60, Op. cit.

NOTES

1. **lacunar, aris, n.** : *le panneau, le caisson d'un plafond*
2. **petauristarius, ii, m.** : *un équilibriste*
3. **erexere** = erexerunt (*de* erigo)
4. **diduco, is, ere, diduxi, diductum** : *écarter*
5. **alabastrum (i, n.) unguenti** : *la fiole de parfum*

QUESTIONS

1. Dans le 1er paragraphe, quels termes soulignent la surprise de l'assistance ? Traduisez ce passage.

2. Traduisez le second paragraphe. Cette mise en scène vous rappelle-t-elle des scènes déjà étudiées ? Quel en est le but ?

4. Le dessert est servi …

Nec ullus tot malorum[1] finis fuisset, nisi epidipnis[2] esset allata, turdi siliginei uvis passis nucibusque farsi[3]. Insecuta sunt Cydonia etiam mala[4] spinis confixa, ut echinos efficerent. Et haec quidem tolerabilia erant, si non fericulum longe monstrosius effecisset ut vel[5] fame perire mallemus.
Nam cum positus esset, ut nos putabamus, anser altilis[6] circaque pisces et omnium genera avium : « Amici, inquit Trimalchio, quicquid videtis hic positum, de uno corpore est factum. »
Ego scilicet homo prudentissimus, statim intellexi quid esset, et respiciens Agamemnon[7] : « Mirabor, inquam, nisi omnia ista de fimo facta sunt aut certe de luto. Vidi Romae Saturnalibus ejusmodi cenarum imaginem fieri[8] ».

Pétrone, *Satiricon*, § 69, Op. cit.

suivies 3

NOTES

1. **malorum** : *les « malheurs » dont il est question sont sans doute les spectacles affligeants dont le narrateur vient d'être le témoin ; néanmoins, il est possible aussi qu'il parle du banquet comme d'une succession de malheurs, de mauvaises choses*
2. **epidipnis, idis, f.** : *le dessert (terme grec)*
3. **turdi siliginei uvis passis nucibusque farsi** : *« des grives en fleur de froment farcies de raisins secs et de noix »*
4. **Cydonium malum (i, n.)** : *le coing*
5. **vel** : *plutôt*
6. **anser (eris, m.) altilis** : *une oie grasse*
7. **Agamemnon** : *forme d'Ac. singulier*
8. **Vidi → fieri** : *« J'ai vu à Rome, pendant les Saturnales, imiter ainsi des dîners entiers »* ; *pour les* Saturnales, *cf. chapitre 6.*

QUESTIONS

1. Traduisez cet extrait.
2. Encolpe est-il toujours le naïf qu'il était au début du banquet ? Comment a-t-il évolué ? Justifiez votre réponse en vous servant aussi des passages déjà étudiés.

▲ *Pêches et carafe de verre, fresque romaine provenant d'Herculanum, musée archéologique national, Naples.*

SUR L'ENSEMBLE DES TEXTES

1. Quelle image vous faites-vous de Trimalcion ?
2. Encolpe se conduit-il comme les autres invités ? Vous justifierez vos réponses à l'aide de citations prises dans les textes 1 à 4 et aussi dans *Satiricon* I et II.

En latin dans le texte

Quid novi ?
Quoi de neuf ? Quelles sont les nouvelles ?

On peut répondre par la formule attribuée au roi Salomon dans la *Bible* (*Ecclésiaste*, 1, 10) :
Nihil novi sub sole ! Rien de neuf sous le soleil !

VOCABULAIRE DES TEXTES

Noms
aper, apri, m. : *le sanglier*
avis, avis, f. : *l'oiseau*
indulgentia, ae, f. : *la bonté*
liberalitas, atis, f. : *la générosité*
piscis, is, m. : *le poisson*
sus, suis, m. : *le cochon*
tormentum, i, n. : *la torture*
uber, eris, n. : *la mamelle* (→ *l'exubérance*)

Adjectifs
albus, a, um : *blanc*
creber, bra, um : *serré, nombreux*
maestus, a, um : *affligé*

Mots invariables
circa (+ Ac.) : *tout autour, autour de*

extra (+ Ac.) : *à l'extérieur de*
praecipue : *surtout*

Verbes
castigo, as, are, avi, atum : *punir, réprimer*
consurgo, is, ere, consurrexi, consurrectum : *se lever ensemble, d'un seul bloc*
effundo, is, ere, effudi, effusum : *répandre*
exsurgo, is, ere, exsurrexi, exsurrectum : *se lever*
ignosco, is, ere, ignovi, ignotum (+ D.) : *pardonner à*
immineo, es, ere (+ D.) : *s'élever au-dessus de, menacer, être penché sur*
mundo, as, are, avi, atum : *nettoyer*
obliviscor, eris, i, oblitus sum : *oublier*
tremo, is, ere, ui, : *trembler*
    → **intremo, is, ere** : *trembler*

Révision des *Fundamenta*, **p. 251**

lectures

IV Propos de table et amusements

1. Où il est question de la fortune de Trimalcion

Ipse Trimalchio fundos habet, quantum milvi volant, nummorum nummos¹. Argentum in ostiarii illius cella plus jacet, quam quisquam in fortunis habet. Familia vero – babae ! babae ! – non mehercules²
5 puto decumam³ partem esse quae dominum suum noverit. Ad summam, quemvis ex istis babaecalis in rutae folium conjiciet⁴.

« Nec est quod putes⁵ illum quicquam emere. Omnia domi nascuntur : lana, credrae⁶, piper ; lacte gallina-
10 ceum si quaesieris, invenies. Ad summam, parum illi bona lana nascebatur ; arietes a Tarento emit, et eos culavit in gregem. Mel Atticum ut domi nasceretur, apes ab Athenis jussit afferri ; obiter et vernaculae quae sunt, meliusculae a Graeculis fient⁷. Ecce intra
15 hos dies scripsit, ut illi ex India⁸ semen boletorum mitteretur. Nam mulam quidem nullam habet, quae non ex onagro⁹ nata sit. Vides tot culcitras : nulla non aut conchyliatum aut coccineum tomentum habet¹⁰. Tanta est animi¹¹ beatitudo ! »

Pétrone, *Satiricon*, § 37, *Op. cit.*

NOTES

1. **quantum milvi volant, nummos nummorum** : « *qui s'étendent aussi loin que volent les rapaces, avec, en plus, du fric en veux-tu en voilà* »
2. **babae ! babae !** : « *ah ! là là !* » ; **mehercules** : « *par Hercule !* »
3. **decuma (= decima) pars, partis, f.** : *la dixième partie, le dixième*
4. **Ad summam → conjiciet** : « *Pour finir, il roulerait dans une feuille de chou n'importe lequel de ces imbéciles (littéralement : « ces types qui font « babai ! » à tout bout de champ »)*
5. **non est quod putes** : « *il ne faut pas que tu penses* »
6. **credrae** : *peut-être des cédrats, sortes de citrons (seuls agrumes connus des Anciens)*
7. **Ad summam → a Graeculis fient** : « *Pour finir, la laine qu'on produisait n'était pas assez bonne ! Il a acheté et fait venir des béliers de Tarente et leur a fait saillir son troupeau. Le miel attique, pour le produire chez lui, il a ordonné de faire venir des abeilles d'Athènes ! Par la même occasion, nos petites abeilles domestiques vont devenir un tantinet meilleures grâce aux grecques.* »
8. **India, ae, f.** : *l'Inde (réputée pour ses bolets)*
9. **onager / onagrus, i, m.** : *l'onagre, l'âne sauvage*
10. **Vides tot → habet** : « *tu vois tous ces coussins ? Il n'y en a pas un qui n'ait un rembourrage pourpre ou écarlate* »
11. **animi** : *ne pas traduire ce génitif*

QUESTIONS

1. Dans le premier paragraphe, par quels détails la richesse de Trimalcion est-elle soulignée ? Comment le narrateur laisse-t-il deviner son admiration à son interlocuteur Encolpe ? Relevez les hyperboles.
2. Traduisez le premier paragraphe.
3. Dans le 2ᵉ paragraphe, comment comprenez-vous : *lacte (= lac) gallinaceum si quaesiveris, invenies* (l. 9-10) ? Traduisez et expliquez cette plaisanterie.
4. Trimalcion a-t-il, à votre avis, des connaissances biologiques ? Justifiez votre réponse.
5. Complétez la traduction du 2ᵉ paragraphe. Quel trait de caractère de Trimalcion est ici une nouvelle fois souligné ?

2. Le convive Séleucus revient d'un enterrement...

« Ego, inquit, non cotidie lavor ; baliscus¹ enim fullo² est : aqua dentes habet, et cor nostrum cotidie liquescit³. Sed cum mulsi pultarium obduxi⁴, frigori laecasin⁵ dico. Nec sane lavare potui ; fui enim hodie in
5 funus.

Homo bellus, tam bonus Chrysanthus animam ebulliit⁶. Modo, modo me appellavit. Videor mihi cum illo loqui. Heu, eheu ! Utres inflati⁷ ambulamus. Minoris quam muscae sumus⁸. Illae tamen aliquam
10 virtutem habent ; nos non pluris sumus⁸ quam bullae⁹. Et quid si non abstinax fuisset ! Quinque dies

NOTES

1. **baliscus, i, m.** : *le bain*
2. **fullo, onis, m.** : *le foulon, le dégraisseur*
3. **liquesco, is, ere, licui** : *devenir liquide, s'amollir*
4. **mulsi pultarium obduco** : *boire un pot de vin miellé*
5. **laecasin** : *infinitif grec du verbe « laikazô » : se prostituer ; traduisez par « se faire voir »*
6. **ebullio, is, ire, ivi, itum** : *faire sortir en bouillonnant ;* **ebullire animam** : *rendre l'âme*
7. **uter (utris, m.), inflatus** : *une outre gonflée*
8. **minoris esse quam / non pluris esse quam** : *valoir moins que/ ne pas valoir plus que*
9. **bulla, ae, f.** : *une bulle (d'eau)*

suivies 3

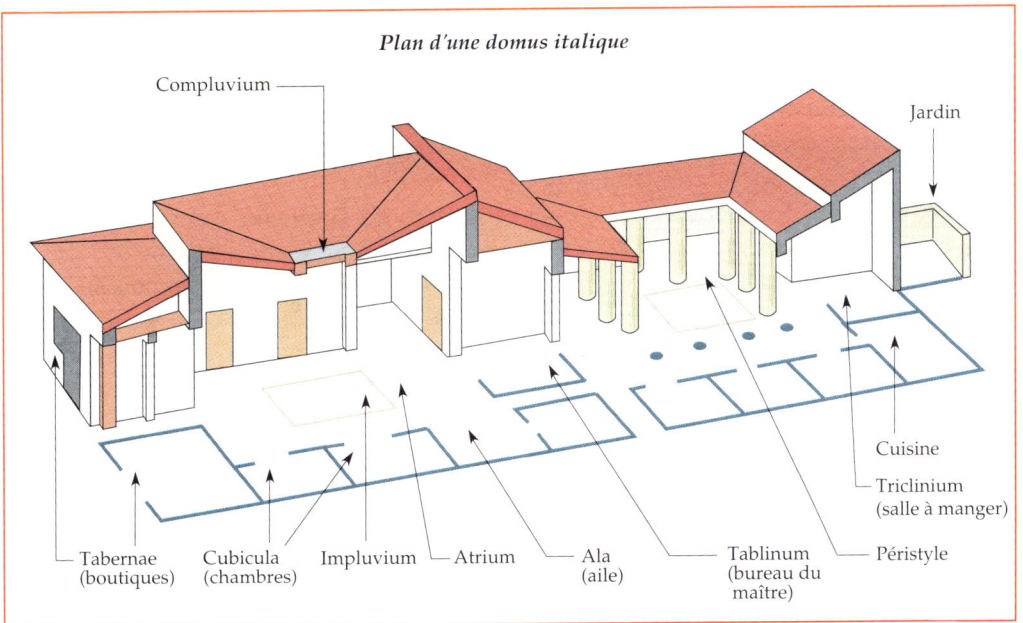

Plan d'une domus italique

aquam in os suum non conjecit, non micam panis. Tamen abiit ad plures. Medici illum perdiderunt, immo magis malus fatus ; medicus enim nihil aliud est
15 quam animi consolatio. Tamen bene elatus est, vitali lecto, stragulis bonis[10]. Planctus est optime – manu misit[11] aliquot – etiam si maligne illum ploravit uxor. Quid si non illam optime accepisset[12] ? Sed mulier quae mulier milvinum genus[13]. Neminem nihil[14] boni
20 facere oportet ; aeque est enim ac si[15] in puteum conjicias. Sed antiquus amor cancer[16] est. »

Pétrone, *Satiricon*, § 38, *Op. cit.*

10. **vitali lecto, stragulis bonis** : « *sur son lit de vivant, avec de bonnes couvertures* »
11. **manu mitto, is, ere, misi, missum** : *affranchir*
12. **accipio, is, ere, accepi, acceptum** : *ici, traiter*
13. **Sed mulier → genus** : « *Mais les femmes, toutes les femmes, c'est une vraie engeance de rapaces* »
14. **neminem nihil** : *ces deux négations ne s'annulent pas*
15. **aeque est enim ac si** : « *c'est tout comme si* »
16. **cancer, cancri, m.** : *le crabe, le chancre*

QUESTIONS

1. Pourquoi le narrateur ne se baigne-t-il pas tous les jours ? Pourquoi ne s'est-il pas baigné aujourd'hui ? Traduisez le premier paragraphe.

2. Dans le deuxième paragraphe, examinez les verbes : à quel temps sont ceux qui sont à la 1re personne ? Pourquoi selon vous ? Comment expliquez-vous l'usage de la 1re personne du pluriel ? Qui cette personne désigne-t-elle ?

3. Relevez les deux expressions qui signalent la mort de Chrysanthus (« Fleur d'Or », en grec). Que pensez-vous du rapprochement *ebulliit* / *bullae* ? Quel est le sens de *ad plures* (l. 13) ?

4. Les idées toutes faites : que dit le narrateur des médecins ? À quoi devrait se résumer leur rôle ? Que dit-il des femmes ?

5. Traduisez le 2e paragraphe.

▲ *Autel des Lares* : pater familias *entre deux génies, fresque de la maison des Vettii, Pompéi.*

Lectures suivies 3 : Pétrone, *Satiricon*

lectures

3. D'ÉTRANGES JEUX DE GLADIATEURS !

La conversation se poursuit sur ce thème ... Puis l'un des convives annonce qu'il y aura bientôt des jeux ; un autre se souvient de jeux bien étranges qu'avait organisés un certain Nortanus ...

Dedit gladiatores sestertiarios[1] jam decrepitos, quos si sufflasses[2], cecidissent ; jam meliores bestiarios[3] vidi. Occidit de lucerna[4] equites ; putares eos gallos gallinaceos[5] : alter burdubasta, alter loripes, tertiarius
5   mortuus pro mortuo, qui haberet nervia praecisa. Unus alicujus flaturae fuit Thraex, qui et ipse ad dictata pugnavit[6]. Ad summam, omnes postea secti sunt[7] ; adeo de magna turba « Adhibete[8] » acceperant : plane fugae merae[9]. « Munus[10] tamen, inquit, tibi
10 dedi » : et ego tibi plodo. Computa, et tibi plus do quam accepi. Manus manum lavat.

PÉTRONE, *Satiricon*, § 45, *Op. cit.*

NOTES

1. **sestertiarius, a, um** : « à trois sous « (litt. : « qui valent un sesterce (= 2,5 as) »
2. **sufflasses = sufflavisses** (< *sufflo*, *tr.* : *souffler sur*)
3. **bestiarius, ii, m.** : « bestiaire » (gladiateur de moindre qualité qu'on opposait à des bêtes sauvages)
4. **de lucerna** : « provenant d'une lampe » → « semblables à des figures de candélabres »
5. **gallos gallinaceos** : *(sous-entendez* esse *dans cette subordonnée infinitive)* : « des coqs »
6. **alter → pugnavit** : *« le premier était une vraie bête de somme, le second un traîne-savate, le troisième mort avant que d'être mort et qui avait les muscles sectionnés. Un seul avait un certain souffle, un Thrace et même celui-là s'en tenait strictement aux ordres reçus ! » (Le Thrace est un type de gladiateur.)*
7. **secti sunt** : « *furent déchirés par le fouet* »
8. **adhibete** : « *allez-y !* »
9. **plane fugae merae** : « *et vraiment ce n'était plus que fuite* »
10. **munus, eris, n.** : *ici, le spectacle, le combat de gladiateurs*

QUESTIONS

1. Que reproche le narrateur à l'organisateur du combat ? La fin du texte est un dialogue : qui sont les deux intervenants ?
2. Traduisez le passage.
3. La description des combattants vous paraît-elle réaliste ? Justifiez votre point de vue.
4. Quelle signification donnez-vous à la dernière phrase ?

4. OÙ TRIMALCION SE MONTRE UN FIN CONNAISSEUR DE LA LITTÉRATURE GRECQUE ...

La conversation a pris un tour littéraire : l'un des convives, Agamemnon, est prié de se livrer à une « controversia », sorte de déclamation où l'on soutient d'abord une thèse, puis la thèse opposée. Après cette déclamation, Trimalcion prend Agamemnon à partie.

« Rogo, inquit, Agamemnon mihi carissime, numquid duodecim aerumnas Herculis tenes[1], aut de Ulixe fabulam, quemadmodum illi Cyclops pollicem poricino[2] extorsit ? Solebam haec ego puer apud
5   Homerum legere. »

PÉTRONE, *Satiricon*, § 48, *Op. cit.*

NOTES

1. **teneo** : *ici, se rappeler*
2. **poricino** : *traduisez « avec une pince »*

QUESTIONS

1. Traduisez cet extrait.
2. Que pensez-vous du souvenir qu'a gardé Trimalcion de sa lecture d'Homère ? Dans un autre passage, il déclarait : *litteras didici. […] tres bybliothecas habeo, unam Graecam, alteram Latinam :* traduisez et commentez.

suivies 3

5. LES VASES DE CORINTHE : UNE AUTRE « PERLE » DE TRIMALCION

Trimalcion prétend posséder de vrais bronzes de Corinthe ; or, ces derniers sont rarissimes, car leur fabrication a probablement cessé. Aussi Encolpe est-il tout ouïe.

« Solus sum qui vera Corinthea[1] habeam. » Exspectabam ut pro reliqua insolentia[2] diceret sibi vasa Corintho afferri. Sed ille melius : « Et forsitan, inquit, quaeris quare solus Corinthea vera possideam : quia
5 scilicet aerarius, a quo emo, Corinthus vocatur. Quid est autem Corintheum, nisi quis Corinthum habeat ? Et ne me putetis nesapium[3] esse, valde bene scio, unde primum Corinthea nata sint. Cum Ilium captum est, Hannibal, homo vafer et magnus stelio[4], omnes
10 statuas aeneas et aureas et argenteas in unum rogum congessit et eas incendit ; factae sunt in unum aera[5] miscellanea. Ita ex hac massa fabri sustulerunt et fecerunt catilla[6] et paropsides et statuncula. Sic Corinthea nata sunt, ex omnibus in unum, nec hoc nec illud.
15 Ignoscetis mihi quod dixero : ego malo mihi vitrea, certe non olunt. Quod si non frangerentur, mallem mihi quam aurum ; nunc autem vilia sunt[7]. »

PÉTRONE, *Satiricon*, § 50, *Op. cit.*

NOTES

1. Corintheus, a, um : *de Corinthe* (Corinthus, i, f. : *[la ville de] Corinthe*)
2. pro reliqua insolentia : « *en raison de son habituelle vantardise* »
3. nesapius, a, um : *insensé, ignorant* (mot forgé par Pétrone)
4. stelio, onis, m : *le stellion, une sorte de lézard symbole de la fourberie ; on peut traduire (en changeant légèrement le sens) par « caméléon »*
5. aes, aeris, n. : *l'airain, le bronze ; traduisez ici par « métal »* ; miscellaneus, a, um : *mêlé, mélangé, de toutes sortes (cf. anglais* miscellaneous*)*
6. catillum, i, n. : *l'assiette* ; paropsis, idis, f. : *le plat* ; statunculum, i, n. : *la statuette*
7. Ignoscetis → vilia sunt : « *Vous me pardonnerez pour ce que je m'en vais dire : moi, pour mon usage, je préfère le verre : lui, en tout cas, n'a pas d'odeur. Et s'il ne se brisait pas, je le préférerais à l'or ; mais malheureusement comme il est il ne vaut rien !* »

QUESTIONS

1. Relevez tous les noms propres de l'extrait et recherchez ce qu'ils désignent.
2. Relevez les quatre formes verbales au subjonctif et expliquez l'emploi de ce mode.
3. Traduisez le 1er paragraphe (lignes 1 à 6).
4. Quelle expression indique un jugement de Trimalcion par Encolpe ? Comment le personnage de Trimalcion a-t-il évolué aux yeux de ce narrateur témoin ?
5. À partir de la ligne 7, que pensez-vous des connaissances historiques et littéraires de Trimalcion ? Pourquoi, ici, à votre avis, le narrateur s'abstient-il de tout commentaire ?
6. Traduisez ce paragraphe.
7. Quels éléments pouvons-nous ajouter à notre connaissance du personnage de Trimalcion à la lumière de ces anecdotes ?

▶ *Colonnes d'un palais, fresque en trompe-l'œil provenant de la villa de Poppea.*

lectures

6. Un autre aperçu de la culture de Trimalcion

Le secrétaire de Trimalcion est venu lui donner, devant tous ses invités, des nouvelles de ses différents domaines ; puis la soirée reprend son cours joyeux avec l'entrée d'équilibristes.

Baro insulsissimus[1] cum scalis constitit puerumque jussit per gradus et in summa parte odaria saltare[2], circulos deinde ardentes transire et dentibus amphoram sustinere.

5 Mirabatur haec solus Trimalchio dicebatque ingratum artificium[3] esse : ceterum duo esse in rebus humanis, quae libentissime spectaret, petauristarios et cornicines[4] ; reliqua, animalia, acroemata, tricas meras esse[5]. « Nam et comoedos, inquit, emeram, sed
10 malui illos Atellanam[6] facere, et choraulen[7] meum jussi Latine cantare. »

Pétrone, *Satiricon*, § 53, *Op. cit.*

NOTES

1. baro (onis, m.) insulsissimus : « un lourdaud totalement idiot »
2. per gradus → saltare : « de danser en montant les échelons et, parvenu au sommet, d'interpréter des chants » (*saltare* signifie « danser » et « interpréter des chants »)
3. artificium, ii, n. : *le métier*
4. petauristarius, ii, m. : *l'équilibriste* ; cornicen, cornicinis, m. : *le sonneur de cor*
5. reliqua → meras esse : « tout le reste, les animaux, les concerts, ne sont que pures balivernes »
6. Atellana, ae, f. : *sorte de farce typiquement romaine*
7. choraules, m. *(mot grec ; choraulen est l'Ac. singulier) : flûtiste (grec) qui accompagne le chœur* ; Latine cantare : « interpréter des airs latins »

QUESTIONS

1. Dans le 1er paragraphe, quel genre de spectacle est représenté ? Traduisez ce paragraphe.
2. Traduisez le second paragraphe. Où vont les préférences de Trimalcion ? Comment expliquez-vous qu'il fasse représenter des Atellanes par ses comédiens grecs et jouer des airs latins à son flûtiste grec ?
3. Commentez cette notation du narrateur : *Mirabatur haec solus Trimalcio* (ligne 5).

En latin dans le texte

Manus manum lavat (texte, p. 178)
Une main lave l'autre.
→ Une méchanceté peut être rachetée par un bienfait.

Cf. « Que ma main droite ignore ce que fait ma main gauche ! »

VOCABULAIRE DES TEXTES

Noms

eques, equitis, m. : *le cavalier ; le chevalier romain*
familia, ae, f. : *la famille (groupe constitué des parents et enfants et de l'ensemble des esclaves) ; souvent :* « *les esclaves* »
frigus, frigoris, n. : *le froid*
funus, funeris, n. : *les funérailles*
gladiator, oris, m. : *le gladiateur (celui qui combat au glaive,* **gladius, ii, m.***)*
insolentia, ae, f. : *le manque d'habitude, la nouveauté, le manque de modération*
leo, leonis, m. : *le lion*
panis, is, m. : *le pain*
siccitas, atis, f. : *la sécheresse*
vas, vasis, n. *(pluriel :* **vasa, orum***) : le vase*

Adjectifs

siccus, a, um : *sec*
stolatus, a, um : *revêtu de la* **stola** *(ici, longue robe des matrones romaines), d'où* **stolata, ae, f.** : *la matrone*

Mots invariables

cotidie / cottidie / quotidie : *chaque jour*
mehercules : *par Hercule !*
scilicet : *manifestement, évidemment*
valde : *parfaitement*

Verbes

attineo, es, ere, attinui, attentum : *tenir, toucher à, concerner*
conjicio, is, ere, conjeci, conjectum : *jeter dans*
exoro, as, are, avi, atum : *demander (+ Ac. de la personne et Ac. de la chose demandée)*
gaudeo, es, ere, gavisus sum : *se réjouir*
misereor, eris, eri, miser(i)tus sum (+ G.) : *prendre en pitié*
operio, is, ire, operui, opertum : *couvrir*
persevero, as, are, avi, atum : *continuer*
plango, is, ere, planxi, planctum : *frapper, se frapper la poitrine (en signe de douleur), se lamenter ; pleurer qch/qqn*

Révision des *Fundamenta*, p. 251

V. Qui est vraiment Trimalcion ?

1. Fortunata, la femme de Trimalcion

Dès le commencement du banquet, Encolpe est intrigué par le manège d'une femme qui ne cesse de courir de tous côtés ; il interroge son voisin de table.

« Uxor, inquit, Trimalchionis, Fortunata appellatur, quae nummos modio metitur. Et modo, modo quid fuit ? Ignoscet mihi genius tuus[1], noluisses de manu illius panem accipere. Nunc, nec quid nec quare[2], in
5 caelum abiit et Trimalchionis topanta[3] est. Ad summam, mero meridie si dixerit illi tenebras esse, credet. Ipse nescit quid habeat, adeo saplutus[4] est ; sed haec lupatria[5] providet omnia, et ubi non putes[6]. Est sicca, sobria, bonorum consiliorum : tantum auri vides. Est
10 tamen malae linguae, pica pulvinaris[7]. Quem amat, amat ; quem non amat, non amat. »

Pétrone, *Satiricon*, § 37, *Op. cit.*

NOTES

1. **genius (ii, m.) tuus** : « ton génie » ; chaque Romain avait ainsi un dieu particulier qui veillait sur lui (cf. *Littérature et Civilisation*, chapitre 6)
2. **nec quid nec quare** : « sans qu'on sache ni pourquoi, ni comment »
3. **topanta** (*ou* **tapanta** = *gr.* « *ta panta* » : « tout, le tout ») : traduisez par : « un dieu / une déesse »
4. **saplutus, a, um** (= *gr.* « *zaploutos* ») : très riche, richissime
5. **lupatria, ae, f.** : *la charogne*
6. **et ubi non putes** : « et même là où on le croirait pas »
7. **pulvinaris, is, e** : *d'oreiller*

QUESTIONS

1. À quel temps et à quel mode sont les verbes *ignoscet* et *noluisses* (ligne 3) ? Comment pouvez-vous traduire ces formes ?
2. Quel est le mode de *habeat* (ligne 7) ? Pourquoi ?
3. Traduisez le passage.
4. Que peut-on imaginer du passé de Fortunata ? Justifiez votre réponse et commentez le nom de Fortunata.
5. Quelle est l'influence de Fortunata sur Trimalcion ? Justifiez votre réponse.
6. Quel regard le convive porte-t-il sur Fortunata ? Relevez quelques mots caractéristiques.

▲ Bracelet en or incrusté d'onyx du IIe-IIIe siècle, Kunsthistorisches Museum, Vienne.

2. Le testament de Trimalcion

Au cours de la soirée, Trimalcion, sous l'effet de la boisson, devient sentimental et fait part aux convives de son testament.

« Amici, inquit, et servi homines sunt et aeque unum lactem[1] biberunt, etiam si illos malus fatus oppresserit. Tamen me salvo[2] cito aquam liberam gustabunt. Ad summam, omnes illos in testamento meo manu
5 mitto[3]. Philargyro[4] etiam fundum lego et contubernalem[5] suam, Carioni[4] quoque insulam et vicesimam et lectum stratum[6]. Nam Fortunatam meam heredem

NOTES

1. **lactem** : *Ac. sing. m.* = *lac* (< *lac, lactis, n.* : *le lait*)
2. **me salvo** : *Ab. absolu*
3. **manu mitto, is, ere, misi, missum** : *affranchir, libérer*
4. **Philargyrus, i, m.** : *Philargyre* ; **Cario, onis, m.** : *Carion* ; ce sont des esclaves de Trimalcion
5. **contubernalis, is, f.** : *la compagne*
6. **insulam et vicesimam et lectum stratum** : « un îlot d'habitation, le vingtième de ma fortune et un lit tout fait »

lectures

facio, et commendo illam omnibus amicis meis. Et haec ideo omnia publico, ut familia mea jam nunc sic
10 me amet tanquam mortuum. »

PÉTRONE, *Satiricon*, § 71, *Op. cit.*

QUESTIONS

1. Traduisez cet extrait.
2. Quelle sont les dernières volontés de Trimalcion ? Pourquoi, selon lui, est-il utile de les dévoiler d'ores et déjà ?
3. Quel est l'avenir de Fortunata ? Comment expliquez-vous le legs fait à Carion ? Comment entendez-vous le *nam* dans la phrase : *Nam Fortunatam meam heredem facio* (ligne 7) ?

3. DES DÉBUTS DIFFICILES…

Trimalcion raconte son histoire à ses invités.

« Tam magnus ex Asia veni, quam hic candelabrus est. Ad summam, quotidie me solebam ad illum metiri, et ut celerius rostrum barbatum[1] haberem, labra de lucerna[2] ungebam. Tamen ad delicias ipsimi annos
5 quattuordecim fui[3]. Nec turpe est, quod dominus jubet. Ego tamen et ipsimae satis faciebam[4]. Scitis quid dicam : taceo, quia non sum de gloriosis. Ceterum, quemadmodum di volunt, dominus in domo factus sum, et ecce cepi ipsimi cerebellum[5].
10 Quid multa ? coheredem me Caesari[6] fecit, et accepi patrimonium laticlavium[7]. »

PÉTRONE, *Satiricon*, § 75, *Op. cit.*

NOTES

1. *rostrum barbatum* : *un bec poilu* → « *du poil au bec* »
2. *de lucerna* : « *avec l'huile de la lampe* »
3. *ad delicias ipsimi […] fui* : « *je fis les délices de mon maître* »
4. *et ipsimae satis faciebam* : « *je contentais aussi la patronne* »
5. *ecce cepi ipsimi cerebellum* : « *et voici que le patron n'avait plus que moi dans la cervelle* »
6. *coheredem Caesari* : « *cohéritier de César* » ; *les riches prenaient cette précaution pour éviter la confiscation de leurs biens*
7. *patrimonium (ii, n.) laticlavium* : *un patrimoine de sénateur*

QUESTIONS

1. Que veut dire Trimalcion quand il emploie l'expression : *dominus in domo factus sum* (lignes 8-9) ?
2. Traduisez cet extrait.
3. Comment Trimalcion est-il entré en possession d'une fortune de patricien ?
4. Reportez-vous à *Satiricon* 1, p. 166, texte 1 : quel détail de la fresque de l'entrée cet épisode rappelle-t-il ?

4. APRÈS LA PLUIE, LE BEAU TEMPS…

« Nemini tamen nihil satis est. Concupivi negotiari. Ne multis vos morer, quinque naves aedificavi[1], oneravi vinum – et tunc erat contra aurum[2] – misi Romam. Putares me hoc jussisse : omnes naves naufragarunt[3].
5 Factum, non fabula[4]. Uno die Neptunus trecenties sestertium[5] devoravit. »
« Putatis me defecisse ? Non mehercules mi[6] haec jactura gusti fuit[7], tanquam nihil facti. Alteras feci majores et meliores et feliciores, ut nemo non[8] me virum for-
10 tem diceret. Scis, magna navis magnam fortitudinem habet. Oneravi rursus vinum, lardum, fabam, seplasium[9], mancipia[10]. Hoc loco[11] Fortunata rem piam fecit : omne enim aurum suum, omnia vestimenta vendidit et mi[6] centum aureos in manu posuit. Hoc
15 fuit peculii mei fermentum. Cito fit quod di volunt. Uno cursu centies sestertium[12] corrotundavi. »

PÉTRONE, *Satiricon*, § 76, *Op. cit.*

NOTES

1. *aedifico, as, are, avi, atum* : *faire construire*
2. *et tunc erat contra aurum* : « *et à cette époque-là, il valait de l'or* »
3. *naufragarunt = naufragaverunt < naufrago, as, are, avi, atum* : *faire naufrage*
4. *sous-entendez le verbe* est
5. *trecenties sestertium* : *trente millions de sesterces*
6. *mi = mihi*
7. *non […] gusti fuit, tanquam nihil facti* : « *ne fut qu'une bouchée de pain, comme si rien n'était arrivé* »
8. *nemo non* : « *personne ne … pas* » = « *tout le monde* »
9. *seplasium, ii, n.* : *le parfum*
10. *mancipia, orum, n. pl.* : *des esclaves*
11. *hoc loco* : *à ce moment-là*
12. *centies sestertium* : *dix millions de sesterces*

suivies 3

QUESTIONS

1. À quel temps sont la plupart des phrases de ce passage ? À quelle forme de discours appartient ce texte ?

2. Quel est le mode de *morer* (ligne 2) ? de *putares* (ligne 4) ? Traduisez les deux phrases qui contiennent ces verbes.

3. Certaines phrases sont au présent. Relevez-les. Pourquoi à votre avis ? Justifiez votre réponse.

4. Traduisez le passage.

5. Qu'est-il arrivé à Trimalcion ? À qui en attribue-t-il la faute ?

6. Quel trait de caractère de Trimalcion retrouvons-nous dans cet extrait ?

5. LA FORTUNE !

« Statim redemi fundos omnes, qui patroni mei fuerant. Aedifico domum, venalicia coemo, jumenta ; quicquid tangebam, crescebat tanquam favus. Postquam coepi plus habere quam tota patria mea habet, manum de tabula[1] : sustuli me de negotiatione[2] et coepi libertos fenerare[3]. »

NOTES

1. **manum de tabula** : *expression imagée provenant du monde des joueurs ; traduisez par « je me retire du jeu »*
2. **negotiatio, onis, f.** : *le commerce*
3. **libertos fenerare** : *« prêter à intérêt aux affranchis »*

▼ *Vue d'un port vers 70 après J.-C., musée archéologique national, Naples.*

Lectures suivies 3 : Pétrone, Satiricon

lectures

Trimalcion évoque alors la visite d'un astrologue qui lui a prédit une longue vie.

« Quod si contigerit⁴ fundos Apuliae jungere, satis vivus pervenero⁵. Interim dum Mercurius vigilat, aedificavi hanc domum. Ut scitis, casula⁶ erat ; nunc templum est. Habet quattuor cenationes, cubicula viginti, porticus marmoratos duos, susum⁷ cellationem⁸, cubiculum in quo ipse dormio, viperae hujus sessorium⁹, ostiarii cellam perbonam ; hospitium¹⁰ hospites capit. Ad summam, Scaurus¹¹ cum huc venit, nusquam mavoluit hospitari, et habet ad mare paternum hospitium¹⁰. Et multa alia sunt, quae statim vobis ostendam. Credite, mihi : assem habeas, assem valeas ; habes, habeberis¹². Sic amicus vester, qui fuit rana¹³, nunc est rex. »

PÉTRONE, *Satiricon*, § 77, *Op. cit.*

NOTES

4. **quod si contigerit** : « *et si j'arrive à* »
5. **satis vivus pervenero** : « *j'en aurai assez fait dans ma vie* »
6. **casula, ae, f.** : *une masure*
7. **susum = sursum** : *en haut (à l'étage)*
8. **cellatio, onis, f.** : *un appartement*
9. **viperae hujus sessorium** : *le repaire de ma vipère (i.e. Fortunata !)*
10. **hospitium, ii, n.** : *un logement* ; **hospitium hospites capit** : « *les chambres d'amis suffisent à tous mes hôtes* »
11. **Scaurus, i, m.** : *un personnage ami de Trimalcion*
12. **assem habeas, assem valeas ; habes, habeberis** : « *si tu n'as qu'un sou, tu vaux un sou ! si tu as un trésor, tu seras un vrai trésor !* » ; le jeu de mots sur le sens et la voix de **habeo** est évidemment intraduisible…
13. **rana, ae, f.** : *la grenouille* ; là encore un jeu de mots (**rex**/**rana** ; **rana** ne ressemblerait-il pas à **regina** dans la prononciation populaire qui est celle de Trimalcion ?) ; on peut proposer : *nabot / Napo… léon !*

QUESTIONS

1. Par quels moyens stylistiques Trimalcion suggère-t-il l'immensité de sa richesse ?
2. Vers quelles activités se tourne-t-il quand il abandonne le commerce ?
3. Relevez quelques antithèses qui mettent en évidence l'ascension sociale dont Trimalcion a bénéficié.
4. Traduisez le passage.

Trimalcion fait alors apporter les vêtements et les objets qu'il a prévus pour sa mort et l'on assiste à un simulacre de ses funérailles ! Arrivent des joueurs de cor (son spectacle favori, on s'en souvient).
À la fin du récit, le vacarme attire tout le voisinage et alerte le poste de vigiles (sortes de pompiers) : les soldats du feu enfoncent les portes, jettent des seaux d'eau et les amis, Encolpe, Ascylte et Giton, profitent du tumulte pour s'enfuir.

SUR L'ENSEMBLE DES TEXTES

1. Rappelez quelle était l'origine sociale de Trimalcion. Quelle est sa situation au moment du banquet ?
2. Comment Trimalcion considère-t-il les esclaves ? Cela l'empêche-t-il de les exploiter pour autant ?
3. Le « cas » de Trimalcion peut-il correspondre à une réalité ?
4. Le narrateur admire-t-il Trimalcion ? Quel jugement transparaît dans les différentes anecdotes que vous avez pu lire ?
5. Comparez le récit que fait Trimalcion de son ascension sociale à la description de la fresque de l'atrium par Encolpe (p. 166) ; peut-on dire que, dans les deux cas, il s'agit de représentations idéalisées ?

En latin dans le texte

Cito fit quod di volunt.
Ce que les dieux veulent arrive vite !

(texte 4, p. 182)

suivies 3

◀ Vue d'une chambre de la villa Poppea, milieu du Ier siècle avant J.-C.

VOCABULAIRE DES TEXTES

Noms
cella, ae, f. : *le cellier, la pièce, la cellule*
cubiculum, i, n. : *la chambre à coucher*
fortitudo, fortitudinis, f. : *le courage, la vaillance*
jactura, ae, f. : *la perte*
onus, eris, n. : *la charge*
patronus, i, m. : *le patron, le protecteur (du client), l'avocat, l'ancien maître (d'un affranchi)*
tenebrae, arum, f. pl. : *les ténèbres*

Adjectifs
pius, a, um : *pieux*
sobrius, a, um : *sobre, économe*

Mots invariables
cito : *vite*
quemadmodum : *comme, de même que*

Verbes
aedifico, as, are, avi, atum : *construire, faire construire*
commendo, as, are, avi, atum : *recommander*
contingo (< cum + tango), is, ere, contigi, contactum : *atteindre* (**contingit** : *« il arrive »*)
publico, as, are, avi, atum : *rendre public, publier*
tango, is, ere, tetigi, tactum : *toucher*
vendo, is, ere, vendidi, venditum : *vendre*
vigilo, as, are, avi, atum : *veiller*

Révision des *Fundamenta*, p. 251

Lectures suivies 3 : Pétrone, *Satiricon*

Partie III
Histoire et épopée

Séquence 1
César, chef de guerre

Chapitre 12 — Portraits de César — 188

Chapitre 13 — Jules César exhorte ses troupes — 198

Séquence 2
Événements de la guerre civile

Chapitre 14 — Le passage du Rubicon — 208

Chapitre 15 — La bataille de Pharsale — 218

Chapitre 16 — La mort de Pompée — 228

Annexes — 238

▲ Scènes de bataille entre Romains et Barbares figurant sur un sarcophage en marbre du IIIe siècle, musée Capitolin, Rome.

CHAPITRE 12

Portraits de César

La carrière exceptionnelle de Jules César (100-44 avant J.-C.) est connue grâce à des historiens : César lui-même, auteur de *La Guerre des Gaules* et de *La Guerre civile*, et son biographe Suétone. Mais, elle inspira également le poète Lucain, qui écrivit à son sujet une longue épopée intitulée *La Pharsale*.

L'objectif de ces chapitres est de comparer le regard de l'historien et celui du poète sur un même personnage et sur un même événement.

1 CÉSAR VU PAR SUÉTONE

Suétone (Caius Suetonius Tranquillus, vers 70 – vers 122 après J.-C.), historien romain, fut nommé par Hadrien secrétaire ab epistulis *de l'Empire, c'est-à-dire haut fonctionnaire chargé de superviser toute la correspondance officielle, puis il fut disgracié, sans doute à la suite d'intrigues. Il est surtout célèbre pour les* Vies des douze Césars, *série de onze biographies d'empereurs, à laquelle il faut ajouter celle de Jules César, qui n'a jamais été empereur, mais simplement dictateur (cf. p. 196). Jules César, à sa mort, fut divinisé et son nom fut repris comme un titre par tous les empereurs de Rome.*

Suétone raconte d'abord la vie de César ; puis il brosse de lui un portrait contrasté : aspect physique, description peu complaisante de sa vie privée, enfin, qualités particulières de l'homme de guerre. Voici ce dernier passage.

1 INCREDIBILIS CELERITAS

Armorum et equitandi peritissimus, laboris ultra fidem patiens erat. In agmine nonnumquam equo, saepius pedibus anteibat, capite detecto, seu sol seu imber esset ; longissimas vias incredibili celeritate confecit, expeditus, meritoria raeda[1], centena passuum milia in singulos dies ; si flumina morarentur, nando traiciens[2] vel innixus inflatis utribus[3], ut persaepe nuntios de se[4] praevenerit.

SUÉTONE, *César*, § 57, texte établi et traduit par H. Ailloud, Les Belles Lettres, Paris, C.U.F., 1967.

NOTES
1. meritoria raeda : « *dans une voiture de location* »
2. traiciens = trajiciens
3. innixus inflatis utribus : *soutenu par des outres gonflées*
4. de se : *complète* nuntios

▶ *Buste de Jules César, musée de la Civilisation romaine, Rome.*

LIRE ET TRADUIRE

1. Traduisez ce passage.
2. Quelle est la qualité principale de César d'après cet extrait ? Citez les termes latins qui le montrent.

2 César au combat

Proelia non tantum destinato[1], sed ex occasione sumebat ac saepe ab itinere[2] statim, interdum spurcissimis tempestatibus, cum minime quis moturum[3] putaret ; nec nisi tempore extremo ad dimicandum
5 cunctatior factus est, quo saepius vicisset, hoc minus experiendos[4] casus opinans nihilque se tantum adquisiturum[3] victoria, quantum auferre calamitas posset. Nullum umquam hostem fudit, quin[5] castris quoque exueret ; ita ut nullum spatium perterritis
10 dabat. Ancipiti proelio equos dimittebat et in primis suum, quo[6] major permanendi necessitas imponeretur auxilio fugae erepto.

Utebatur autem equo insigni, pedibus prope humanis et in modum digitorum ungulis fissis, quem
15 natum apud se, cum haruspices imperium orbis terrae significare domino pronuntiassent, magna cura aluit nec patientem sessoris alterius[7] primus ascendit ; cujus etiam instar[8] pro aede Veneris Genetricis postea dedicavit.

SUÉTONE, *César*, § 60, *Op. cit.*

.... *et il ne devint plus hésitant à combattre que dans les derniers temps, en pensant que, plus il avait remporté de victoires, moins il devait prendre de risques, et qu'il ne gagnerait en rien par une victoire ce qu'une défaite pourrait lui faire perdre.*

NOTES

1. **destinato** (adv.) : *traduisez par : en l'ayant décidé d'avance*
2. **ab itinere** : *aussitôt après la marche, sans aucune halte*
3. **moturum** (esse) : *proposition infinitive dont le sujet* se *est sous-entendu : qu'il (César) passerait à l'action* ; **adquisiturum** (esse)
4. **experiendos** (esse)
5. **quin** : *traduisez par : sans que, ou sans + infinitif*
6. **quo major necessitas imponeretur** : « *pour que la nécessité s'imposât plus impérieusement* »
7. **nec patientem sessoris alterius** : « *et qu'il ne supportait pas d'autre cavalier* » *(que lui-même) ; la négation* nec *ne porte que sur* patientem
8. **instar** (nom indéclinable) : *ici, la statue*

LIRE ET TRADUIRE

1. Traduisez les phrases soulignées.
2. Faites l'analyse logique de la phrase latine traduite, en la disposant en colonnes selon le schéma suivant : Prop. principale | Prop. sub. du 1er niveau* | Prop. sub. du 2e niveau* | Prop. sub. du 3e niveau*

   *1er niveau = qui dépend de la principale ; 2e niveau = qui dépend d'une subordonnée du 1er niveau ; 3e niveau = qui dépend d'une subordonnée du 2e niveau

   a. À quel personnage appartiennent les pensées rapportées par les propositions subordonnées du 2e et du 3e niveau ?
   b. Quelle nuance Suétone apporte-t-il au portrait de César dans cette phrase particulièrement complexe ?

3. Que révèle l'anecdote du cheval sur le caractère de César ?
4. Quelles sont les qualités de César chef de guerre d'après ce passage ? Relevez les mots latins qui le montrent avec leur traduction.

3 La défaite n'est jamais fatale

Inclinatam aciem solus saepe restituit obsistens fugientibus resistensque singulos et contortis faucibus convertens in hostem et quidem adeo[1] plerumque trepidos, ut aquilifer[2] moranti[3] se[4] cuspide[5] sit comminatus, alius in manu detinentis reliquerit signum[6].

SUÉTONE, *César*, § 62, *Op. cit.*

NOTES

1. **adeo ... ut** + subjonctif : *(consécutive)* « *à tel point que* »
2. **aquilifer** : *le porte-enseigne, légionnaire chargé de porter l' « aigle », enseigne ou emblème de la légion*
3. **moranti** (sous-entendez **Caesari**) : *complément au D. de comminatus sit*
4. **se** : *réfléchi, Ac. complément de* moranti, *renvoie à* aquilifer
5. **cuspis, idis,** f. : *la pointe, l'une des extrémités pointue de l'enseigne, que l'on fichait en terre pour signifier aux soldats de faire halte*
6. **signum, i,** n. : *ici, l'enseigne*

LIRE ET TRADUIRE

1. Traduisez cette phrase.
2. Quel trait de caractère de César l'auteur veut-il mettre en valeur, en particulier par la succession des participes présents ?

4 Un exploit sportif de César

Alexandriae circa oppugnationem pontis, eruptione hostium subita compulsus[1] in scapham, pluribus[2] eodem[3] praecipitantibus, cum desilisset in mare, nando[4] per ducentos passus evasit ad proximam navem, elata laeva[5], ne libelli quos tenebat madefierent, paludamentum mordicus[6] trahens, ne spolio poteretur[7] hostis.

Suétone, *César*, § 64, *Op. cit.*

> **NOTES**
>
> 1. **compulsus** : *poussé ; traduisez par : obligé de sauter*
> 2. **pluribus** (militibus)
> 3. **eodem** : *au même endroit*
> 4. **nando** : *en nageant, à la nage*
> 5. **elata laeva** *(Ablatif absolu)* : *la main gauche levée*
> 6. **mordicus** *(adv.)*: *en mordant, entre ses dents*
> 7. **potior, iris, iri, potitus sum** *(+Ab.)* : *s'emparer de*

◀ Maquette d'une villa en Gaule septentrionale, musée Boucher de Perthes, Abbeville.

LIRE ET TRADUIRE

1. Relevez et traduisez les indications de lieux.
2. Repérez les ablatifs absolus (notamment en utilisant les notes) et traduisez-les.
3. Quel est le verbe principal de cette phrase ? Qui en est le sujet ?
4. Traduisez la phrase. Par quels procédés stylistiques Suétone montre-t-il le courage et la détermination de César ?

5 César et ses soldats

Militem[1] neque a moribus neque a fortuna probabat[2], sed tantum a viribus tractabatque[3] pari severitate atque indulgentia. Non enim ubique ac semper, sed cum hostis in proximo esset, coercebat : tum maxime exactor[4] gravissimus disciplinae, ut neque itineris neque proelii tempus denuntiaret, sed paratum et intentum[5] momentis omnibus quo vellet subito educeret. Quod[6] etiam sine causa plerumque faciebat, praecipue pluviis et festis diebus.

Suétone, *César*, § 65, *Op. cit.*

> **NOTES**
>
> 1. **militem** : *singulier à valeur de pluriel*
> 2. **probo, as, are, avi, atum** *(a / ab + Ab.): juger (qqn) d'après*
> 3. **tracto, as, are** : *traiter (qqn)*
> 4. **exactor (erat) gravissimus disciplinae** : *traduisez par : il exigeait une discipline très stricte*
> 5. **paratum et intentum** *(sous-entendu : militem) : des troupes prêtes et en alerte*
> 6. **quod** *(relatif de liaison) : et cela*

LIRE ET TRADUIRE

1. Lisez plusieurs fois le texte ; quelles sont les deux attitudes de César à l'égard des soldats ?
2. Par quel terme est exprimée l'opposition dans les trois premières phrases ? Relevez les groupes de mots qui s'opposent, et traduisez-les.
3. Traduisez l'ensemble du passage. Comment César s'y prenait-il pour stimuler les soldats ?

2 César vu par Lucain

Lucain (Marcus Annaeus Lucanus, 39-65 après J.-C.) naquit à Cordoue, en Espagne, comme son oncle, le philosophe Sénèque, dans une famille équestre de lettrés. Poète au talent précoce, il fut admis à la cour de l'empereur Néron ; mais, compromis dans la conjuration de Pison (cf. p. 164), il dut, à vingt-six ans, se donner la mort.

En 62, à vingt-trois ans, il composa une épopée (cf. Littérature et Civilisation, p. 197) en dix chants et en hexamètres dactyliques, restée inachevée, sur la guerre civile qui opposa César et Pompée, et qui se termina par la victoire de César à Pharsale, en 48 avant J.-C. Au livre I, après avoir exposé les causes de la guerre civile, Lucain dresse le portrait des deux chefs : Pompée est comparé à un « immense chêne dans un champ fertile » (« qualis frugifero quercus sublimis in agro »).

Voici ensuite le portrait de César.

... Sed non in Caesare tantum
Nomen erat nec fama ducis, sed nescia virtus
Stare loco, solusque pudor non vincere bello ;
Acer et indomitus, quo spes, quoque ira vocasset,
5 Ferre manum, et numquam temerando parcere ferro.
Successus urgere suos, instare favori
Numinis, impellens quidquid sibi summa petenti
Obstaret, gaudensque viam fecisse ruina.
Qualiter expressum ventis per nubila fulmen
10 Aetheris impulsi sonitu mundique fragore
Emicuit rupitque diem populosque paventes
Terruit obliqua praestringens lumina flamma ;
In sua templa furit, nullaque exire vetante
Materia magnamque cadens magnamque revertens
15 Dat stragem late sparsosque recolligit ignes.

César, lui, n'avait pas seulement un nom, et la réputation d'un chef, mais un courage incapable de tenir en place ; il mettait un point d'honneur à ne vaincre que par la guerre ; rude et indomptable, il attaquait là où l'appelait l'espoir, là où l'appelait la colère ; et jamais il n'hésitait à souiller de sang son épée. Il accumulait les victoires, sollicitait la faveur des dieux, repoussant tout ce qui faisait obstacle à ses hautes ambitions, heureux de s'ouvrir la route par des ruines. Ainsi, l'éclair, poussé par le vent au travers des nuages, éblouit et déchire le jour par le grondement du ciel qui vacille et un fracas universel terrifie les peuples épouvantés par son regard aigu plein de flammes obliques ; il fond sur ses propres temples, et, sans qu'aucune matière fasse obstacle à son élan, qu'il tombe ou qu'il remonte, il sème le désastre, et rassemble ses feux épars.

LUCAIN, *La Guerre civile* ou *La Pharsale*, Livre I, vers 143 à 157, texte établi et traduit par A. Bourgery, Les Belles Lettres, Paris, C.U.F., 1967.

LIRE ET TRADUIRE

1. Lisez le texte latin en le faisant correspondre par groupes de mots à la traduction.
2. Quelle image Lucain donne-t-il ici de César ? De quels procédés stylistiques se sert-il dans les vers 1 à 8 ? Puis dans les vers 8 à 15 ? Citez des exemples en latin avec leur traduction.
3. Scandez en particulier les vers 7, 9 et 12 afin de déterminer le cas et le genre des noms terminés par -*a*.

SUR L'ENSEMBLE DES TEXTES

1. Le personnage de César que présentent ces deux auteurs est-il le même ? Quelles nuances apporte chacun d'eux à son image ?
2. Quels procédés stylistiques sont communs à l'historien et au poète épique ? Quels procédés sont au contraire spécifiques à chaque genre littéraire ? Citez des exemples en latin avec leur traduction.

▲ *Buste en marbre de Jules César, musée archéologique national, Naples.*

■ Grammaire : le discours indirect
Transposition des propositions indépendantes ou principales

Voici comment est rapportée, dans le texte de Suétone, la pensée de César.

▶ | Nec ... cunctatior factus est, opinans | hoc minus experiendos (esse) casus |
|---|---|
| PROPOSITION PRINCIPALE | PROPOSITION INFINITIVE |
| *Et il devint plus hésitant, en pensant* | *qu'il fallait prendre d'autant moins de risques.* |

Cette phrase contient un discours indirect. En discours direct, on trouverait :

▶ **Hoc minus experiendi sunt casus :** *Il faut prendre d'autant moins de risques.*

On appelle discours indirect, par opposition au discours direct, des paroles ou des pensées rapportées sous forme de subordonnée, et non telles qu'elles ont été formulées.

I LES MODES

En latin, les deux modes utilisés dans le discours indirect sont l'infinitif et le subjonctif.

Les paroles ou les pensées exprimées au discours direct dans une proposition indépendante ou principale sont transposées de trois manières différentes selon le type de phrase utilisé, comme le montre le tableau suivant :

Discours direct	Discours indirect
1. Proposition déclarative AFFIRMATION OU NÉGATION	Proposition infinitive (cf. p. 56)
▶ **Marcus venit.** *Marcus vient.* ▶ **Marcus non venit.** *Marcus ne vient pas.*	**Dico Marcum venire.** *Je dis que Marcus vient.* **Dico Marcum non venire.** *Je dis que Marcus ne vient pas.*
2. Proposition interrogative ▶ **Quis venit ?** *Qui vient ?*	Proposition interrogative indirecte au subjonctif (cf. p. 97)* **Quaero quis veniat.** *Je demande qui vient.*
3. Proposition injonctive ORDRE ▶ **Veni !** *Viens !*	Proposition complétive au subjonctif, généralement sans **ut** ou **ne** **Dico (impero) venias.** *Je te dis (t'ordonne) de venir.*

Les propositions infinitives et les propositions au subjonctif obéissent aux règles de concordance des temps (revues p. 56 et p. 97).

* Cas particulier

La transposition de l'interrogation oratoire (une question qui équivaut à une affirmation forte et ne demande aucune réponse, très utilisée par les orateurs) se fait à l'aide de la proposition infinitive.

▶ **Quousque tandem Catilina, abutere patientia nostra ?**
Jusqu'à quand, Catilina, abuseras-tu de notre patience ? (CICÉRON, *Première Catilinaire*)

▶ **Cicero quaerit quousque Catilinam senatus patientia abusurum esse.**
Cicéron demande jusqu'à quand Catilina abusera de la patience du sénat.

II LE RÉFLÉCHI

1. Règle habituelle

Le pronom personnel **se** et le pronom-adjectif possessif **suus, a, um**, dont le sens est réfléchi, renvoient habituellement au sujet de la phrase.

▶ **Se videt :** *Il se voit.*
Suum vultum videt : *Il voit son (propre) visage.*

2. Règle particulière au discours indirect

Dans le discours indirect, les réfléchis renvoient aussi au sujet du verbe introducteur signifiant *dire, penser, demander, ordonner*.

▶ **Dicit se venturum esse :** *Il dit qu'il (lui-même) viendra.*
   Vir dicit cives se laudare : *L'homme dit que ses concitoyens le louent (ou se louent).*

N.B. On pourra trouver, dans le style indirect, les deux sortes de réfléchis.

▶ **Caesar Labieno imperat ut ad se suas copias adducat :**
   César ordonne à Labiénus de lui amener (à lui-même, César) ses troupes (celles de Labiénus).

■ Vocabulaire et étymologie

I VOCABULAIRE

1. Révision des *Fundamenta*, p. 251
2. Vocabulaire des textes

Noms
aether, eris, m. : *l'éther, le ciel*
auxilium, ii, n. : *l'aide*
dominus, i, m. : *le maître de maison*
fulmen, inis, n. : *la foudre*
imber, bris, m. : *la pluie*
materia, ae, f. : *le bois ; la matière*
mundus, i, m. : *le monde, l'ordre*
nubes, is, f. : *le nuage*
numen, inis, n. : *la divinité*
pudor, oris, m. : *la pudeur, la honte* (**esse pudori alicui** : *être une cause de honte pour qqn.*)
tempestas, atis, f. : *le temps qu'il fait ; la tempête*
victoria, ae, f. : *la victoire*

Adjectif
insignis, is, e : *remarquable*

Mots invariables
adeo : *jusque-là*
late (adv.) : *largement*
postea : *ensuite*
prope : *presque*
statim : *aussitôt*
tantum … quantum : *autant … que*
ultra (+ Ac.) : *au-delà de*
umquam : *une fois*

Verbes
aufero, aufers, auferre, abstuli, ablatum (ab+ fero) : *emporter*
conficio, is, ere, -feci, -fectum : *achever*
converto, is, ere, -verti, -versum : *retourner ; traduire*
parco, is, ere, peperci, parcitum *ou* **parsum (+ D.)** : *épargner*
spargo, is, ere, sparsi, sparsum : *répandre, disperser*

II ÉTYMOLOGIE : LA RACINE DE *fulmen*

Lucain compare César à la foudre, en utilisant le mot **fulmen**.
Ce mot est formé à partir de la racine **ful-**, qui peut se réduire aux consonnes **fl-** et s'élargir par les consonnes **g, m,** ou **v** ou par les voyelles **u** et **a**, comme le montrent les exemples suivants :

fulg-eo, es, ere, fulsi : *briller*
fulm -en, inis, n. : *la foudre*
fla-gro, as, are, avi, atum : *brûler*
fla-mma, ae, f. : *la flamme*
fulv-us, a, um : *fauve (adjectif de couleur)*

En grec, on trouve le verbe *phlegô* (brûler), *phlox* (la flamme).
En allemand, cette racine se retrouve dans *der Blick* (le regard), *der Blitz* (l'éclair).

EXERCICES

1. *Trouvez les mots français issus des mots latins suivants ; vous préciserez le sens des mots latins et des mots français :*
fulgur, uris, n. – fulmino, as, are, avi, atum – flagro, as, are, avi, atum – flamma, ae, f.

2. *Traduisez les phrases suivantes, puis transposez-les au style indirect en les faisant précéder de* Dixit *(attention à la concordance des temps) :*
1. Auxilia expedita sunt.
2. Hannibal victoria sua uti nescit.
3. Postea fulmina sparserunt nubes.
4. Acies in fugam statim convertitur.
5. In tanta tempestate navigare non vult.

3. *Même exercice, en commençant la phrase par :* Dominus dixit *et en supprimant les répétitions (attention à la concordance des temps) :*
1. Domini amici tantum victoria ejus gaudebunt quantum senatores.
2. Dominus caput suum propter imbrem tegebat.
3. Dominus servos ad amicos vocandos dimisit.
4. Milites mei circum oppidum fossam quindecim pedes latam foderant.
5. Hoc scelus mihi pudori erit.

4. *Traduisez les phrases suivantes, puis transposez-les au style indirect en les faisant précéder du verbe* Quaerit *(attention à la concordance des temps) :*
1. Cur signa non conferuntur ?
2. Ubi milites fossam fodient ?
3. Quis in tanta tempestate navigare vult ?
4. Quamdiu etiam furor iste tuus, Catilina, nos eludet ?
5. Heus, qui dominus in cervicibus nostris impositus est ?

5. *Même exercice, en commençant la phrase par* Dominus quaesivit *et en supprimant les répétitions (attention à la concordance des temps) :*
1. Dominusne servos suos ad amicos vocandos dimittit ?
2. Nonne pater meus prope centum annos confecit ?
3. Quare invidiae ejus materiam semper dabo ?
4. Quo dimittuntur domini servi ?
5. Quando victoria nostra gaudere possumus ?

6. *Traduisez les phrases suivantes, puis transposez-les au discours indirect en les faisant précéder de* Imperat *(attention à la concordance des temps) :*
1. Statim conferte signa !
2. Nolite navigare in tanta tempestate !
3. Dux victorum hostium mulieribus puerisque parcat !
4. Istum proconsulem e provincia dimittite !
5. Noli amicitias in graves inimicitias convertere !

7. *Même exercice, en commençant la phrase par* Dominus dicebat, *et en supprimant les répétitions (attention à la concordance des temps) :*
1. Magna numina cum domino precemur.
2. O Neptune, noli naves meos late tempestate spargere !
3. Milites fossam fodiant !
4. Exeant ex aedibus suis !
5. Auribus meis parce !

8. Version

Discours de César aux soldats avant l'arrivée de Juba.

Ce roi de Numidie avait pris parti pour Pompée contre César et les soldats avaient peur de lui. L'épisode se situe en 49 avant J.-C.

Scitote, inquit, paucissimis his diebus regem adfuturum cum decem legionibus, equitum triginta, levis armaturae[1] centum milibus, elephantis trecentis. Proinde desinant quidam quaerere ultra aut opinari[2] mihique, qui compertum habeo[3], credant ; aut quidem vetustissima nave impositos, quocumque vento in quascumque terras jubeo avehi.

(SUÉTONE, *César*, § 66, *Op. cit.*)

NOTES
1. levis armatura, ae, f. : *une armée légèrement équipée, des soldats armés légèrement*
2. opinor, aris, ari, atus sum : *faire des conjectures, se poser des questions*
3. compertum habeo : *je suis bien renseigné*

QUESTIONS

1. Quelle sorte de proposition complète le verbe *scitote* ? Trouvez et traduisez son sujet et son verbe. Que faut-il ajouter à la forme verbale pour la traduction ?

2. À quel mode sont les verbes *desinant* et *credant* ? Quel est ici le sens de ce mode ?

3. Traduisez ce texte.

9. *Transposez au discours indirect le discours de César de « Proinde desinant » à « avehi », en commençant par « Caesar militibus dicit »* (habeo *deviendra* habeat).

10. Version

César laisse des libertés à ses soldats.

Ac nonnumquam post magnam pugnam atque victoriam remisso officiorum munere licentiam omnem passim lasciviendi permittebat, jactare[1] solitus « milites suos etiam unguentatos bene pugnare posse ».

(SUÉTONE, *César*, § 67, *Op. cit.*)

NOTE
1. jacto, as, are : *se vanter*

▲ *Denier en argent représentant une scène relative à la guerre sociale (90-88 avant J.-C.), musée des Thermes, Rome.*

QUESTIONS

1. La proposition mise entre guillemets est-elle au discours direct ou indirect ? Justifiez votre réponse et traduisez cette proposition.
2. À qui renvoie le réfléchi *suos* ?
3. Traduisez le texte.

11. Version

César ne jugeait pas les hommes selon leurs origines.

Jam autem rerum potens quosdam etiam infimi generis ad amplissimos honores provexit, cum ob id culparetur, professus[1] palam, « si grassatorum et sicariorum ope in tuenda sua dignitate[2] usus esset, talibus quoque se parem gratiam relaturum. »

(Suétone, *César*, § 72, *Op. cit.*)

NOTES
1. professus : *sous-entendez* est
2. dignitas, atis, f. : *l'honneur*

QUESTIONS

1. La phrase mise entre guillemets est-elle au discours direct ou au discours indirect ? Justifiez votre réponse.
2. À qui se rapportent les réfléchis *sua* et *se* ?
3. Traduisez le texte.

12. Version

Vives discussions au sénat en 49 avant J.-C., qui mèneront au déclenchement de la guerre civile : César a demandé la faveur d'être candidat au consulat sans être présent à Rome, ce qui en principe n'est pas autorisé par la loi.

Incitat L. Lentulus consul senatum ; reipublicae se non defuturum pollicetur, si[1] audacter ac fortiter sententias dicere velint ; sin[2] Caesarem respiciant atque ejus gratiam sequantur, ut superioribus fecerint[3] temporibus, se sibi consilium capturum neque senatus auctoritati obtemperaturum ; habere se quoque ad Caesaris gratiam atque amicitiam receptum. In eandem sententiam loquitur Scipio : Pompeio esse in animo rei publicae non deesse, si senatus sequatur ; si cunctetur atque agat lenius, nequiquam ejus auxilium, si postea velit, senatum imploraturum.

(César, *Guerre civile*, Livre I, 1, texte établi par P. Fabre, Les Belles Lettres, Paris, C.U.F, 1997.)

NOTES
1. si + subjonctif présent : *traduisez en français par : si + indicatif présent*
2. sin : *si au contraire*
3. ut fecerint : *traduisez par : comme ils l'ont fait*

QUESTIONS

1. Quels sont les deux orateurs qui se succèdent ? Par quel verbe sont introduits leurs discours respectifs ? Quelles propositions en dépendent ?
2. Après quels participes faut-il sous-entendre le verbe *esse* ?
3. À quel personnage se rapportent les réfléchis *se* et *sibi* ?
4. Traduisez le texte.

▲ *Détail d'une scène de bataille entre Romains et Barbares figurant sur un sarcophage en marbre du IIIe siècle, musée Capitolin, Rome.*

Chapitre 12 : *Portraits de César*

1. Jules César

Jules César (Caius Julius Caesar) est issu d'une vieille famille patricienne de Rome, les *Julii*. Il prétend descendre de Vénus elle-même, qui, d'après la légende (développée plus tard par Virgile dans l'*Énéide*), fut la mère d'Énée, l'ancêtre des Romains, dont le fils se nommait *Iule*.

L'ascension politique

Malgré ses origines aristocratiques, il choisit le parti des *populares* (parti populaire, cf. p. 63) par tactique, afin d'accéder au pouvoir. En 61, il s'entend avec Pompée et Crassus pour former le premier triumvirat (cf. p. 63) : Pompée y apporte l'appui de l'armée, Crassus l'argent, et César le soutien du parti populaire. Après son consulat en 59, César obtient le gouvernement de la Gaule ; la conquête de cette immense province (58-52 avant J.-C.) lui permettra d'acquérir la gloire militaire et d'entrer en rivalité avec Pompée pour prendre le pouvoir. Il

▲ *Buste de César datant du Ier siècle après J.-C., Berlin.*

écrit au Sénat pour obtenir l'autorisation de briguer un second consulat, ce qui est illégal : en principe, on ne peut être deux fois consul ; et il faut être présent à Rome pour poser sa candidature. Il a le soutien des tribuns de la plèbe, mais les consuls en exercice font obstacle à sa demande, et le Sénat les suit. César franchit alors avec son armée le Rubicon, petit fleuve séparant le territoire des Gaules de celui de Rome. Il prononce alors la célèbre phrase *Alea jacta est* (« Le sort en est jeté »). Cet acte est un véritable coup d'État, car avant de rentrer sur le territoire romain, un général victorieux doit licencier ses troupes. Pompée s'enfuit en Grèce ; César le poursuit : une bataille a lieu à Pharsale en 48. L'armée de Pompée est vaincue, et ce général réfugié en Égypte y est assassiné sur l'ordre du roi Ptolémée.

César assassiné

Après un séjour en Égypte où il a une liaison avec la reine Cléopâtre, César revient à Rome et se fait nommer dictateur à vie, au mépris des institutions républicaines. Il entreprend des réformes ; mais en 44, aux Ides de mars (15 mars), il est assassiné en pleine séance du Sénat par une conjuration d'aristocrates. Il reconnaît parmi ses assassins son fils adoptif Brutus, et meurt en s'écriant en grec : « Toi aussi, mon fils ! » (en latin : *« Tu quoque, mi fili ! »*)

L'héritage de César

Le nom de César fut ensuite revendiqué par Octave, autre fils adoptif et héritier de César, qui devint l'empereur Auguste : Octave, dit Suétone, « prit le nom de Gaius César, puis le surnom d'Auguste ». Comme lui, tous les empereurs romains accolèrent à leur nom celui de César ; c'est pourquoi on confond souvent avec eux Jules César, qui pourtant n'a jamais été empereur. Plus tard, ce nom fut emprunté par l'empereur d'Allemagne (le Kaiser) et par celui de Russie (le tsar).

2. L'histoire et le genre épique

Dans l'Antiquité, les historiens apparaissent à l'époque dite « classique » de la civilisation grecque et romaine : Hérodote écrivit à Athènes, au ve siècle, l'histoire des guerres médiques, et Thucydide, au ive siècle, celle de la guerre du Péloponnèse. Le premier historien romain, Cornélius Népos, écrivit au i[er] siècle avant J.-C. ; il fut suivi par César lui-même, qui écrivit sa propre histoire, puis par Salluste, Tite-Live (auteur de l'*Histoire romaine*), Suétone et Tacite.

L'épopée en Grèce : Homère

Le genre épique ou épopée est plus ancien ; il apparaît dans l'Antiquité avec Homère, le premier écrivain grec connu. L'*Iliade* et l'*Odyssée* datent du viiie siècle avant J.-C., mais les légendes que ces textes contiennent ont été d'abord longuement transmises par la tradition orale. Les poèmes épiques (ou épopées) sont des récits à caractère héroïque, qui mettent en valeur les exploits de personnages hors du commun sous la forme de chants très longs, destinés à être récités en musique devant un public aristocratique. Les aèdes (chanteurs) vont de palais en palais déclamer les exploits d'Achille ou d'Ulysse. Le vers d'Homère est l'hexamètre dactylique, le plus solennel des mètres antiques. Les personnages y sont caractérisés par des « épithètes homériques » (« Achille aux pieds légers », « Ulysse aux mille tours », « Athéna aux yeux pers ») ; de longues comparaisons les assimilent à des animaux sauvages ou à des phénomènes de la nature, afin d'accentuer leur force ou leur majesté. Achille poursuivant Hector est comparé à un oiseau de proie : « Ainsi, dans les montagnes, le milan, rapide entre les oiseaux, d'un élan aisé, fond sur la palombe timide. Elle, se dérobe et fuit. Lui, avec des cris aigus, se rapproche, à bonds pressés : son cœur lui enjoint de la prendre. »

(*Iliade*, chant XXII)

L'épopée à Rome

Sous l'influence de l'empereur Auguste, Virgile renouvellera le genre épique avec la composition de l'*Énéide*, récit du voyage d'Énée et de son installation en Italie ; par cette épopée, les Romains se créaient une histoire plus ancienne et se donnaient le prestige d'un ancêtre divin leur permettant de rivaliser avec les Grecs. Lucain, avec *La Pharsale*, continue en ce sens. Comme Homère, Virgile et Lucain emploient l'hexamètre dactylique (cf. p. 239) ; leurs héros sont hors du commun, ce que souligne abondamment l'usage des métaphores et des comparaisons.

Détail d'un skyphos : ambassade auprès d'Achille : Briséis s'en va, musée du Louvre, Paris.

Recherche

Relisez le début de l'Iliade, de l'Odyssée et de l'Énéide. Cherchez les caractéristiques de l'épopée.

Chapitre 13
Jules César exhorte ses troupes

Jules César, le vainqueur des Gaules, relate dans *Les Commentaires sur la Guerre civile* les campagnes militaires de 49 et 48 avant J.-C. qui constituent le début de la guerre civile entre César et Pompée. César est à Ravenne avec une partie de son armée et il tente de négocier avec le Sénat et Pompée avant de se séparer de ses fidèles légions.

1 Discours de César à ses soldats avant le passage du Rubicon
(janvier 49)

Le Sénat vote l'obligation pour César d'abandonner son commandement à une date fixée ; après des débats houleux un sénatus-consulte ultime est pris le 7 janvier 49 avant J.-C., (malgré l'opposition des tribuns de la plèbe, Antoine et Cassius, deux partisans de César). Cette décision du Sénat donne aux consuls et aux magistrats les pleins pouvoirs pour défendre l'État menacé par César qui peut ainsi légitimer la guerre civile. Il reste au général à convaincre ses soldats...

◀ *Légionnaire romain, IIe-Ier siècle avant J.-C., musée de la Civilisation romaine, Rome.*

Quibus rebus cognitis, Caesar apud milites contionatur. Omnium temporum injurias inimicorum in se commemorat ; a quibus deductum ac depravatum Pompeium queritur invidia atque obtrectatione laudis suae, cujus ipse honori et digni-
5 tati semper faverit adjutorque fuerit.
Quotienscumque sit decretum[1], darent operam magistratus, ne quid res publica detrimenti caperet, qua voce et quo senatus consulto populus Romanus ad arma sit vocatus, **factum[2] in[3] perniciosis legibus, in[3] vi[4] tribunicia, in[3] seces-
10 sione populi, templis locisque editioribus occupatis** ; [...] quarum rerum illo tempore nihil factum[5], ne cogitatum[5] quidem. Hortatur, cujus imperatoris ductu VIIII annis rem publicam felicissime gesserint plurimaque proelia secunda fecerint, omnem Galliam Germaniamque pacaverint, ut ejus existima-
15 tionem dignitatemque ab inimicis defendant.
Conclamant legionis XIII quae aderat milites (hanc enim initio tumultus evocaverat, reliquae nondum convenerant) sese paratos esse imperatoris sui tribunorumque plebis injurias defendere.

César, *Guerre civile*, Livre I, VII, 1, 5 à 7, texte établi par P. Fabre, Les Belles Lettres, Paris, C.U.F., 1997.

NOTES
1. **sit decretum** *se construit ici directement avec le subjonctif* (**darent**) *sans conjonction. ; le verbe* **decernere** *introduit l'interrogation indirecte*
2. **factum** = (id esse) factum
3. **in** (+ Ab.) : « à l'occasion de »
4. **vi** : *ici, le coup de force*
5. **factum, cogitatum** = factum (esse), cogitatum (esse)

▲ *Combat entre cavaliers romains et germains,
détails d'un sarcophage d'un général de Marc-Aurèle, musée national, Rome.*

LIRE ET TRADUIRE

1. Traduisez le premier (l. 1) et le dernier (l. 16 à 19) paragraphes. Quelles sont les réactions des soldats à la fin du discours ? Pouvez-vous en déduire les thèmes abordés par le général dans sa harangue ?

2. Relevez et traduisez les verbes introducteurs des paroles de César dans les lignes 2 à 15, puis repérez les pronoms personnels et observez la ponctuation : dites s'il s'agit d'un discours direct ou d'un discours rapporté.

3. Les injustices infligées à César (l. 2 à 5) :
   a. Relevez les termes qui renvoient à César et qui indiquent comment ses ennemis l'ont traité.
   b. Quels sont les personnages en présence dans ces lignes ?
   c. Faites l'analyse logique de cette phrase.
   d. Traduisez le paragraphe 2.

4. Un senatus-consulte injustifié (l. 6 à 11).
   a. Relevez les verbes conjugués du paragraphe 3 : que constatez-vous ?
   b. Traduisez le passage (l. 6 à 11) en commençant par : « César ajoute que … » et en construisant la phrase à l'aide de la typographie (prop. subordonnée du 1er niveau en rouge ; prop. subordonnée du 2e niveau en bleu ; prop. subordonnée du 3e niveau en vert ; prop. subordonnée du 4e niveau en noir).

5. Traduisez la phrase (l. 12 à 15) après l'avoir analysée ; construisez-la ainsi :
   Hortatur (milites sous-entendu)
   *ut … defendant … dignitatem ejus imperatoris
   cujus ductu … gesserint, … fecerint, … pacaverint*

6. Quels sont les arguments de César pour convaincre ses hommes ? Quel est le plus convaincant selon vous ?

CHAPITRE 13 : *Jules César exhorte ses troupes*

2 La même harangue présentée par Lucain dans *La Pharsale*

1 Un traitement indigne des sercices rendus à l'État

Convocat armatos extemplo ad signa¹ maniplos,
utque satis trepidum turba coeunte tumultum
conposuit vultu dextraque silentia jussit :
« Bellorum o socii, qui mille pericula Martis
5 mecum » ait « experti decimo jam vincitis anno,
hoc cruor arctois² meruit diffusus in arvis
vulneraque et mortes hiemesque sub Alpibus³ actae ?
non secus ingenti bellorum Roma tumultu
concutitur quam. si Poenus⁴ transcenderit Alpes
10 Hannibal : implentur validae tirone cohortes ;
in classem cadit omne nemus ; terraque marique
jussus Caesar agi⁵. Quid ? si mihi signa jacerent
Marte sub adverso ruerentque in terga feroces
Gallorum populi⁶ ? Nunc cum fortuna secundis
15 mecum rebus agat superique ad summa vocantes,
tentamur. » [...]

LUCAIN, *La Guerre civile* ou *La Pharsale*, Livre I, vers 295 à 311, texte établi et traduit par A. Bourgery, Les Belles Lettres, Paris, C.U.F., 1967.

Il appelle aussitôt auprès des enseignes les manipules en armes ; quand il eut, d'un regard, calmé le désordre tumultueux de l'assemblée et commandé d'un geste le silence :
[...]
les cohortes se complètent et se fortifient de recrues ; tous les bois tombent pour une flotte ; sur terre et sur mer l'ordre est de chasser César. Que serait-ce si mes enseignes étaient tombées sous les coups de Mars et si sur notre dos se ruaient les peuplades farouches des Gaulois ? Mais non, c'est à l'heure où la fortune seconde mes entreprises, où le ciel nous appelle aux plus hautes destinées, qu'on s'attaque à nous !

NOTES

1. **ad signa** : chaque manipule, unité tactique de la légion (cf. Littérature et Civilisation), regroupant deux centuries, avait une enseigne particulière, tandis que la cohorte et la centurie n'en avaient pas
2. **arctois** : adjectif désignant, chez Lucain, toute région située au Nord (cf. l'Arctique), pour César la Gaule, la Grande-Bretagne et la Germanie
3. **sub Alpibus** : « au pied des Alpes » : cette expression désigne assez improprement la Gaule transalpine
4. **Poenus ... Hannibal** : les guerres puniques, et surtout le personnage du Carthaginois Hannibal (247-143 avant J.-C.), représentent le danger le plus terrible qu'ait connu Rome dans son histoire
5. **jussus Caesar agi** : Pompée a en effet reçu l'ordre, en décembre 50, de s'opposer à César par tous les moyens militaires qu'il jugerait opportuns ; le sénatus-consulte du 7 janvier 49 (qu'évoque le discours de César) est voté comme un dernier recours contre les entreprises de César. Le verbe **agere** fait partie du vocabulaire de la chasse et signifie traquer, chasser un animal sauvage...
6. **feroces Gallorum populi** : depuis la prise de Rome par les Gaulois en 390 avant J.-C., les Romains ont peur d'une nouvelle invasion

◀ *Deux légionnaires à l'assaut, détail d'une base de colonne trouvée à Magonza en Allemagne, musée de la Civilisation romaine, Rome.*

LIRE ET TRADUIRE

1. a. Comparez l'introduction de César (l. 1 du texte 1) et celle de Lucain (vers 1 à 3 du texte 2) : longueur ; précisions données.
   b. Retrouvez les mots latins caractérisant l'attitude de César.
   c. Repérez une allitération dans le vers 2 : que peut-elle suggérer ?

2. Que pouvez-vous dire sur la présentation du discours de César faite par Lucain ? Opposez-la à celle de César, p. 198. Quelles sont les intentions des deux auteurs, le général et le poète épique ?

3. À quel passage du texte de César, p. 198, correspondent les vers 4-7 ?

4. Traduisez ces vers.

5. Commentez, dans le texte de Lucain, les expressions suivantes en les comparant aux termes employés par César (texte 1) : **a.** *bellorum o socii* (vers 4) ; **b.** *mille pericula Martis* (vers 4) ; **c.** *vincitis* (vers 5).

6. Relevez, chez Lucain, quelques effets de style expressifs, nommez-les et commentez-les : rejets, exagérations, métaphores, répétitions…

2 Si les valeureux soldats de César n'obtiennent pas les récompenses qu'ils méritent, qu'ils les prennent par la force !

« Mihi si merces erepta laborum est,
his saltem longi non cum[1] duce praemia belli
reddantur[2] ; miles sub quolibet iste[3] triumphet.
Conferet exanguis quo se post bella senectus ?
5 Quae sedes erit emeritis[4] ? Quae rura[5] dabuntur,
quae noster veteranus aret ? Quae moenia[6] fessis[7] ? [...]
Tollite jampridem victricia, tollite, signa
viribus utendum est quas fecimus. Arma tenenti
omnia dat qui justa negat. Nec numina derunt[8] ;
10 nam neque praeda meis neque regnum quaeritur armis :
detrahimus dominos[9] Urbi servire paratae. »

Lucain, *La Guerre civile* ou *La Pharsale*, Livre I, vers 340-345 et 347-351, *Op. cit.*

[...] « Levez, levez vos enseignes longtemps victorieuses. Il faut user des forces que nous nous sommes données. À qui prend les armes, c'est tout donner que de tout refuser. Les divinités mêmes seront avec nous ; car ce que cherchent nos armes, ce ne sont ni du butin ni un royaume : nous enlevons ses maîtres à Rome avant qu'elle soit esclave. »

NOTES
1. non cum = sine
2. reddantur : ici, « donner à quelqu'un ce qui lui est dû »
3. iste : hic, il s'agit des soldats de César, ceux auxquels il s'adresse
4. emeritis : ce sont les soldats qui ont achevé leur temps de service → « les vétérans »
5. rura : les terres, celles qu'on attribue aux vétérans
6. moenia : il s'agit des colonies militaires
7. *sous-entendez* dabuntur
8. derunt = deerunt : César, grand pontife, est convaincu d'être protégé par les dieux…
9. dominos : il s'agit de Pompée, bien sûr, et de ses partisans

LIRE ET TRADUIRE

1. Traduisez les vers 1-6.

2. Commentez la ponctuation et la construction des phrases : quel sentiment traduisent-elles ? Quelles réactions César cherche-t-il à susciter ?

3. Quels arguments développe le général dans les vers 1 à 11 ? Les retrouvez-vous dans le texte de César (texte 1) ?

Un porte-enseigne, bronze du Ier siècle, musée archéologique, Chieti.

Chapitre 13 : *Jules César exhorte ses troupes* | **201**

Grammaire : le discours indirect
Transposition des propositions subordonnées

Nous avons vu au chapitre 12 que, lorsqu'une phrase passe au discours indirect, les propositions indépendantes ou principales passent au mode infinitif ou subjonctif selon le type auquel elles appartiennent. Les propositions subordonnées, elles, passent **toutes au subjonctif** quel que soit le mode qu'elles avaient au discours direct.

> **Cunctatior factus est, opinans hoc minus experiendos (esse) casus quo saepius vicisset.**
> PROPOSITION INFINITIVE   PROPOSITION AU SUBJONCTIF
>
> *Il (César) devint plus hésitant, en pensant qu'il fallait prendre d'autant moins de risques qu'il avait été plus souvent vainqueur.* (Suétone, *César*, LX)

Si la pensée de César était formulée au discours direct, on aurait :

> **Hoc minus experiendi sunt casus, quo saepius vici.**
> *Il me faut d'autant moins prendre de risques que j'ai été plus souvent vainqueur.*

Autres exemples

Discours direct

> **Marcus ad amicos venit qui in Etruria vivunt.**
> PROPOSITION PRINCIPALE   PROPOSITION SUBORDONNÉE AU SUBJONCTIF
>
> *Marcus vient chez des amis qui vivent en Étrurie.*

Discours indirect

> **Dico Marcum ad amicos venire qui in Etruria vivant.**
> PROPOSITION INFINITIVE   PROPOSITION SUBORDONNÉE AU SUBJONCTIF
>
> *Je dis que Marcus vient chez des amis qui vivent en Étrurie.*

Remarque

Il existe deux exceptions à cette règle.
- Après la conjonction **dum** + indicatif présent, le temps et le mode ne changent pas.
- Quand la proposition relative exprime une vérité générale, le temps et le mode ne changent pas.

Vocabulaire et étymologie

I. Vocabulaire

1. Révision des *Fundamenta*, p. 251

2. Vocabulaire des textes

Noms
adjutor, oris, m. (< adjuvo, as, are, avi, atum) : *celui qui aide*
arvum, i, n. : *le champ labouré*
cruor, cruoris, m. : *le sang*
detrimentum, i, n. : *le détriment, le préjudice*
hiems, hiemis, f. : *l'hiver*
imperator, oris, m. : *le général en chef*
obtrectatio, onis, f. : *le dénigrement, l'action de rabaisser*
praemium, ii, n. : *la récompense, le salaire*
sedes, is, f. : *la demeure, le siège*
senectus, utis, f. : *la vieillesse*
tumultus, us, m. : *le bruit, le tumulte*

Adjectifs
decimus, a, um : *dixième*
editus, a, um : *élevé, haut*
exanguis = exsanguis, e : *qui n'a pas de sang, blême, sans force, faible*
fessus, a, um : *fatigué*

Mots invariables **felicissime > felix, icis** ; *très heureusement* **nondum** : *ne … pas encore* **quilibet, quaelibet, quodlibet** : *n'importe qui* **saltem** : *du moins* **secus** : *autrement* ; **non secus quam** : *pas autrement que …* **Verbes** **aro, as, are, aravi, atum** : *labourer* **concutio, is, ere, cussi, cussum** : *agiter, secouer, ébranler* **contionor, aris, ari, atus sum** : *prononcer une harangue*	**decerno, is, ere, crevi, cretum** : *décider* **deduco, is, ere, duxi, ductum** : *détourner* **depravo, as, are, avi, atum** : *déformer ; dépraver, corrompre* **experior, iris, iri, expertus sum** : *faire l'expérience de* **faveo, es, ere, favi, fautum (+ D.)** : *être favorable à, favoriser* **mereo, es, ere, ui, itum** : *recevoir comme prix, mériter* **occupo, as, are, avi, atum** : *occuper* **queror, eris, i, questus sum (+ Ac.)** : *se plaindre de* **transcendo, is, ere, scendi, scensum** : *franchir, escalader*

II   ÉTYMOLOGIE : LA RACINE DE *legio*

Le mot **legio, legionis, f.** se rattache à la racine de **lego, is, ere, legi, lectum** : *ramasser, cueillir, choisir.*

Le sens premier de **legio, onis**

Le sens premier de **legio** est : *le choix, la faculté de choisir* ; le premier sens « militaire » est : *la division de l'armée.*

Le mot « légion » a pris par analogie, dès le Moyen Âge, le sens de « grande troupe », « grand nombre de » (expression « être légion »).

Ce terme de l'histoire romaine a été repris pour s'appliquer à une division de l'armée française créée en 1534 par François Ier. La « Légion franche étrangère » désignait en 1792 un corps de volontaires étrangers au service de la France. Aujourd'hui, la « Légion étrangère » assure des missions de maintien de l'ordre à l'étranger.

La « Légion d'honneur », qui a été instituée par Napoléon Bonaparte en 1802, désigne une décoration récompensant les services rendus à l'État français.

Legionarius, i, m. : *légionnaire,* « soldat appartenant à une légion ».

Au sens de « choisir », on rattache également :

– **elegans, antis** : *élégant, celui qui sait choisir ou qui est bien choisi*
– **eligo, is, ere, elegi, electum** : *élire*
– **electio, onis, f.** : *le choix*

Des mots latins fréquents sont dérivés du verbe **lego**, comme :

– **colligo, is, ere, legi, collectum** : *ramasser ensemble*
– **collecta, ae, f.** : *la collecte > la collection*
– **collega, ae, m.** : *le collègue, celui qui partage un pouvoir commun avec d'autres*
– **collegium, ii, n.** : *le collège, le groupe, d'abord religieux (« le sacré collège ») puis laïc*

Autres dérivés de **lego** :

– **selectio, onis, f.** : *la sélection*
– **deligo, is, ere, delegi, delectum** : *cueillir en choisissant*
   > **delectus, us, m.** : *choix et levée d'hommes dans le vocabulaire de l'armée.*

On peut rattacher à la même racine des mots comme :

– **diligere** : *aimer* ; **diligens, entis** : *qui aime, qui est soigneux, zélé* ; **diligentia, ae, f.** : *la diligence*
– **neglegere** : *négliger (ne pas choisir)* ; **neglegentia, ae, f.** : *la négligence*
– **intellegere** : *comprendre (choisir par l'esprit)* ; **intellegentia, ae, f.** : *l'intelligence*

EXERCICES

1. Retrouvez l'origine et le sens des mots suivants :
une collecte – un intellectuel – négligent – diligent – un électeur – un légat – sélectif – l'intellect – prédilection – collégial.

2. Mettez au style direct le paragraphe 2 du texte de César p. 198 : vous commencerez votre texte par « milites … » ; vous l'écrirez à la première personne du singulier.

3. Traduisez le texte suivant, en vous inspirant du texte de César, p. 198 :
Un sénatus-consulte a toujours été décidé contre des lois pernicieuses ou contre des coups de force des tribuns ; or actuellement on n'avait rien fait, rien imaginé seulement de semblable. Je vous le demande, défendez l'honneur contre mes ennemis, vous qui avez pendant de nombreuses années gagné tant de batailles et pacifié toute la Gaule.

4. Mettez au style indirect le passage de Lucain, p. 200 (vers 5 à 7, experti … actae). Vous commencerez votre texte par : Caesar militibus dixit, et vous considérerez la phrase comme une affirmation (c'est une interrogation oratoire, cf. p. 192).

5. Même exercice à propos des vers de Lucain, p. 201 (vers 1 à 6), en substituant au verbe introducteur dicere, à partir du vers 4, le verbe quaesivit : « il demanda » … (Revoyez les règles de concordance des temps au subjonctif, chapitre 7.)

6. Version

César et ses soldats

    Nec milites[1] suos pro contione, sed blandiore nomine « commilitones » appellabat, habebatque tam cultos[2], ut argento et auro politis armis ornaret, simul et ad speciem et quo[3] tenaciores eorum in proelio essent metu damni[4].
5 Quibus rebus et devotissimos sibi et fortissimos reddidit. Ingresso civile bellum[5] centuriones cujusque legionis singulos equites[6] e viatico suo optulerunt[7], universi milites gratuitam et sine frumento stipendioque operam, cum tenuiorum tutelam locupletiores in se contulissent[8].

(Suétone, *César*, 67-68, *Op. cit.*)

NOTES

1. **milites** : *traduisez par « il ne donnait pas le nom de "soldats" ; il n'appelait pas "soldats" »*
2. **cultos** : *bien équipés*
3. **quo** + *comparatif : pour que*
4. **damni** : *traduisez par « de les perdre »*
5. **ingresso civile bellum** : *traduisez par « au début de la guerre civile »*
6. **singulos equites** : *traduisez par « chacun l'équipement d'un cavalier »*
7. **optulerunt** = obtulerunt < offero
8. **conferre in se tutelam …** : *se charger de l'entretien de*

▲ *Emblème de la XXᵉ légion impériale, Iᵉʳ siècle, musée de la Civilisation romaine, Rome.*

QUESTIONS

1. Repérez les comparatifs et superlatifs du texte.

2. Traduisez le texte en vous aidant des notes.

3. Ces anecdotes de Suétone vont-elles dans le sens de ce que les textes de César et de Lucain vous ont appris ? Justifiez votre réponse.

7. Version

Pompée se prépare à la guerre civile

    Copias suas exponit[1] : legiones habere sese paratas X ; praeterea cognitum compertumque sibi alieno esse animo in Caesarem milites neque iis posse persuaderi uti[2] eum defendant aut sequantur saltem. […] Tota Italia
5 dilectus habentur, arma imperantur, pecuniae a municipiis exiguntur, e fanis tolluntur, omnia divina humanaque jura permiscentur.

(César, *Guerre civile*, I, 6, *Op. cit.*)

NOTES

1. **exponit** : *sujet Pompée*
2. **uti** = ut

QUESTIONS

1. Traduisez le texte.

2. Quel est l'objectif de César quand il écrit ce texte juste avant la harangue (texte 1, p. 198) ?

8. Version

Un soldat dévoué

[…] Summi tum munera pili[1]
Laelius emeritique[2] gerens insignia doni,
servati civis[3] referentem praemia quercum :
« Si licet, exclamat, Romani maxime rector
5 nominis, et jus est veras expromere voces :
quod tam lenta tuas tenuit patientia vires,
conquerimur. »

(LUCAIN, *La Pharsale,* Livre I, vers 356-362, *Op. cit.*)

NOTES

1. **summi pili** : primipile : *il s'agit du centurion qui commandait le premier manipule de la première cohorte, un sous-officier courageux et dévoué*
2. **emeriti** : *mérité*
3. **servati civis** : *d'un citoyen sauvé : en effet, la couronne de chêne récompensait celui qui avait sauvé la vie d'un citoyen romain*

QUESTION

Traduisez le texte.

9. Version

Une armée enthousiaste

[…] His cunctae adsensere cohortes
elatasque alte quaecumque[1] ad bella vocaret,
promisere manus. It tantus ad aethera clamor
quantus, piniferae boreas cum Thracius Ossae[2]
5 rupibus incubuit, curvato[3] robore pressae
fit sonus aut rursus redeuntis in aethera silvae[4].

(LUCAIN, *La Pharsale,* Livre I, vers 386-391, *Op. cit.*)

NOTES

1. **quaecumque** : « *n'importe quelles* « *(se rapporte à* bella*)*
2. *l'***Ossa** *est une montagne de Thessalie ;* **Thracius** *: de Thrace, désigne le Nord, et se rapporte au vent Borée, ici. Le Borée ou Aquilon est un vent du Nord, froid et violent.*
3. **curvato** : *plié, courbé*
4. **sonus ... pressae aut rursus redeuntis silvae** : « *le fracas de la forêt qui s'écrase ... ou qui se relève à nouveau* »

QUESTIONS

1. Traduisez le texte mot à mot, puis essayez de reprendre votre traduction pour la rendre poétique.
2. Expliquez la comparaison des vers 3 à 6.

▲ *L'Aigle romaine, symbole de l'empire, bronze du II*e*-III*e *siècle après J.-C., musée des Antiquités, Saint-Germain-en-Laye.*

◄ *Groupe de légionnaires, arc de Constantin, Rome.*

L'armée romaine

1 L'ORGANISATION DE LA LÉGION

■ Marius crée en 107 avant J.-C. une armée permanente en y faisant entrer les *proletarii*, les pauvres, souvent au chômage. En s'engageant, ceux-ci trouvent un véritable métier et servent l'armée jusqu'à leur retraite : on les appelle alors les vétérans (de *vetus, veteris* : vieux).

■ Il réorganise la légion, unité de l'infanterie, élément essentiel de la conquête romaine. Chaque légion (commandée par le général en chef, *dux*) comprend 6 000 hommes, répartis en 10 cohortes ; chaque cohorte est divisée en 3 manipules qui sont répartis en 2 centuries.

■ Au Ier siècle, tous les légionnaires arborent un casque, une cuirasse en cotte de mailles, un bouclier semi-cylindrique *(scutum)*, deux javelots de deux mètres de long pesant plus d'un kilogramme chacun *(pilum)*, un glaive court *(gladius)*.

▲ *La panoplie du légionnaire, bas-relief provenant d'une tombe du Ier siècle après J.-C., Kunsthistorisches Museum, Vienne.*

2 ADMINISTRATION ET RÉCOMPENSES

■ La solde *(stipendium)* a été sans cesse augmentée depuis sa création en 406 avant J.-C. : César l'a doublée ! Elle est de 6 as par jour pour un soldat, de 12 as pour les centurions. Chacun, selon son grade, touche une part du butin.

■ À sa retraite (après vingt ans de service), le soldat, devenu *miles emeritus,* touche une somme importante et obtient des terres à exploiter.

■ Les soldats peuvent recevoir des « éloges » et toutes sortes de décorations : bracelets, colliers, médailles, armes d'honneur et couronnes. Ces dernières récompensent des actions variées :
– celui qui a franchi le premier mur d'une place forte obtient la *corona muralis*,
– celui qui a pris le premier un retranchement, la *corona vallaris* (< *vallum*, le retranchement),
– celui qui a sauvé un citoyen romain, la *corona civica* (de feuilles de chêne, dit Lucain),
– l'officier supérieur qui a délivré une armée ou une ville, la *corona graminea* (« de gazon »).

■ Les généraux obtiennent d'autres récompenses :
– le titre d'*imperator*, en cas de victoire,
– les *supplicationes* ou actions de grâces, prières publiques décrétées par le Sénat,
– les *ovationes*, ou entrée solennelle à Rome du général vainqueur, coiffé d'une couronne de myrte *(corona ovalis)* avec immolation d'une brebis,
– les triomphes *(triumphi)* : défilé en cortège de l'armée victorieuse. Le général, précédé des prisonniers et du butin, est monté sur un char doré tiré par des chevaux blancs, vêtu de pourpre et d'or et couronné de laurier *(corona triumphalis)*. Le cortège traverse toute la ville et se rend, par la Voie Sacrée, au Capitole, pour y offrir un grand sacrifice.

Un autre général célèbre : Napoléon

1 UN DISCOURS À SES SOLDATS

Au lendemain de la victoire d'Austerlitz, le 2 décembre 1805, Napoléon Bonaparte écrit la proclamation suivante :

Soldats !
Je suis content de vous. Vous avez, à la journée d'Austerlitz, justifié tout ce que j'attendais de votre intrépidité ; vous avez décoré vos aigles d'une
5 immortelle gloire ; une armée de cent mille hommes, commandée par les empereurs de Russie et d'Autriche, a été, en moins de quatre heures, ou coupée, ou dispersée. Quarante drapeaux, les étendards de la Garde impériale, de la
10 Garde russe, cent vingt pièces de canon, vingt généraux, plus de trente mille prisonniers sont les résultats de cette journée à jamais célèbre !... Soldats, lorsque tout ce qui est nécessaire pour assurer le bonheur et la prospérité de notre patrie
15 sera accompli, je vous ramènerai en France. Là, vous serez l'objet de mes tendres sollicitudes. Mon peuple vous reverra avec joie, et il vous suffira de dire : « J'étais à la bataille d'Austerlitz », pour qu'on vous réponde : Voilà un BRAVE ! »

Questions

1. Retrouvez des passages de ce discours évoquant les paroles de Jules César.
2. Napoléon a cité un symbole de son armée qui rappelle l'armée romaine : lequel ?
3. Quel est le rapport qu'entretient le général avec ses soldats, d'après cette proclamation ?
4. Pensez-vous, en relisant les textes de ce chapitre, que César ait été lié à son armée de la même manière ?

2 DEUX SYMBOLES EMPRUNTÉS À L'ARMÉE ROMAINE

■ **La « Légion d'honneur »** : créée le 29 floréal an X (19 mai 1802) par Napoléon pour récompenser des services rendus à l'État ; déjà la Révolution, qui avait aboli les décorations de la monarchie, s'était inspirée de Rome et avait créé les « armes d'honneur ». Bonaparte, lui, a repris la *legio honoratorum* des Romains, et cette distinction a connu très tôt un grand prestige ; la devise de l'ordre est « Honneur et Patrie » et l'insigne comporte une couronne de chêne et de laurier.

▲ *J.-L. DAVID*, Bonaparte franchissant le col du Grand-Saint-Bernard, *huile sur toile, château de Versailles.*

■ **L'aigle impériale** (le mot aigle est féminin en héraldique et dans le vocabulaire militaire) : oiseau de Zeus, puis de Jupiter patron de Rome, l'aigle est un symbole de l'armée romaine, repris par bien des dynasties, de Charlemagne aux rois de Germanie et de Byzance, de Prusse... Napoléon, pour se distinguer des autres pays, fit dessiner pour ses armoiries une aigle romaine sur un foudre (ici, un faisceau enflammé attribut de Jupiter), les ailes baissées, et cet animal, reproduit en métal, fut placé au sommet des drapeaux et étendards distribués après le sacre de 1804. C'est cet oiseau qui donna son nom aux bannières napoléoniennes (relisez la proclamation ci-dessus), et l'Empereur le considérait comme plus important que le drapeau tricolore qu'il surmontait...

Questions

1. Qu'est-ce qui, dans la tenue de Bonaparte sur le tableau, rappelle l'armée romaine ? Commentez ces ressemblances.
2. Que pensez-vous de son cheval (couleur, attitude) ?
3. Quelle impression domine ici ? Analysez le décor, le mouvement du tableau, l'absence d'autres personnages...

Chapitre 14

Le passage du Rubicon

Après la mort de Clodius (cf. p. 65), le Sénat, inquiet du sort de la République, veut que Pompée soit nommé consul unique. Comme nous l'avons vu au chapitre 12, César, encore occupé à la conquête de la Gaule, obtient des tribuns de la plèbe de pouvoir se présenter au consulat tout en étant absent de Rome, ce que la loi ne permet pas.
Voyant que le Sénat tergiverse pour lui répondre, il décide d'opérer un coup de force en 49 avant J.-C. : il descend jusqu'à Ravenne, et s'approche du Rubicon, le fleuve qui sert de frontière entre l'État romain et la Gaule.

1 Le passage du Rubicon selon Suétone

1 Au bord du Rubicon

Cum ergo sublatam tribunorum intercessionem[1] ipsosque urbe cessisse nuntiatum esset, praemissis confestim clam cohortibus, ne qua suspicio moveretur, et spectaculo publico per dissimulationem
5 interfuit et formam qua ludum gladiatorium erat aedificaturus consideravit[2] et ex consuetudine convivio se frequenti dedit. Dein post solis occasum mulis e proximo pistrino ad vehiculum junctis occultissimum iter modico comitatu ingressus est ;
10 et cum luminibus extinctis decessisset via[3], diu errabundus tandem ad lucem duce[4] reperto per angustissimos tramites pedibus evasit. Consecutusque[5] cohortes ad Rubiconem flumen, qui provinciae ejus finis erat, paulum constitit, ac reputans quantum
15 moliretur[6], conversus ad proximos : « Etiam nunc », inquit, « regredi possumus ; quod si ponticulum transierimus, omnia armis agenda erunt ».

SUÉTONE, *César*, § 31, texte établi et traduit par H. Ailloud, Les Belles Lettres, Paris, C.U.F., 1967.

NOTES

1. sublatam (esse) tribunorum intercessionem : *« que l'on avait passé outre à l'opposition des tribuns »* ; il s'agit des tribuns de la plèbe favorables à César, M. Antonius et Q. Cassius
2. formam qua ludum gladiatorium erat aedificaturus consideravit : *« il examina le plan d'une école de gladiateurs qu'il voulait faire construire*
3. decessisset via : *il perdit sa route*
4. dux, ducis, m. : *ici, un guide*
5. consecutus : *ayant rejoint*
6. reputans quantum moliretur : *songeant à la portée de son entreprise*

LIRE ET TRADUIRE

1. Dans la première phrase, repérez les propositions circonstancielles de temps et les ablatifs absolus, et traduisez-les.

2. Faites l'analyse logique de la première phrase selon le schéma proposé en Grammaire, p. 212. La traduction y est donnée en mot à mot ; essayez de l'améliorer.

3. Dans les deux phrases suivantes, repérez : les compléments circonstanciels de temps ; les propositions subordonnées circonstancielles de temps ; les ablatifs absolus. Quelles sont, d'après ce premier repérage, les principales actions qui se succèdent ?

4. Traduisez ces deux dernières phrases.

◀ *J. Fouquet (1420-1481), Le Passage du Rubicon, musée du Louvre, Paris.*

2 ALEA JACTA EST

Cunctanti[1] ostentum tale factum est. Quidam eximia magnitudine et forma in proximo sedens repente apparuit harundine canens[2] ; ad quem audiendum cum praeter pastores plurimi etiam ex stationibus milites concurrissent interque eos et[3] aeneatores, rapta ab uno tuba prosilivit ad flumen et ingenti spiritu[4] classicum exorsus[5] pertendit ad alteram ripam. Tunc Caesar : « Eatur[6] », inquit, « quo deorum ostenta et inimicorum iniquitas vocat. Jacta alea est », inquit.

Atque ita trajecto exercitu, adhibitis tribunis plebis, qui pulsi supervenerant[7], pro contione[8] fidem militum flens ac veste a pectore discissa[9] invocavit.

SUÉTONE, *César*, § 32, *Op. cit.*

NOTES

1. **cunctanti** : *à lui (César) qui hésitait*
2. **harundine canens** : *jouant du pipeau*
3. **et** : *ici, aussi, également*
4. **ingenti spiritu** : *avec un souffle très puissant*
5. **classicum exorsus** : *ayant lancé la sonnerie des trompettes*
6. **eatur** : *qu'on aille, allons*
7. **pulsi supervenerant** : *ils étaient venus, chassés de Rome*
8. **pro contione ... militum** : *devant l'assemblée des soldats*
9. **flens ac veste a pectore discissa** : *« en pleurant et en déchirant ses vêtements sur sa poitrine »* ; *ce geste symbolise dans l'Antiquité une violente émotion*

LIRE ET TRADUIRE

1. Traduisez les mots et les expressions : *ostentum – quidam eximia magnitudine et forma apparuit*. Quel phénomène étrange se produit devant le Rubicon ? Traduisez ensuite le début du texte jusqu'à *canens*.

2. Quel est le personnage représenté par *quem* dans l'expression *ad quem audiendum* (l. 3-4), et qui est ensuite le sujet des verbes *prosilivit* et *pertendit* ?

3. Repérez les propositions circonstancielles de temps et les ablatifs absolus, puis traduisez la phrase qui va de *ad quem audiendum* à *ad alteram ripam*.

4. Traduisez la fin du texte. Comment Suétone explique-t-il la décision de César ? Quelle image nous donne-t-il de ce personnage ? En quoi cette attitude est-elle typiquement romaine ?

2 LE PASSAGE DU RUBICON, SELON LUCAIN

3 La vision de César

Jam gelidas Caesar cursu[1] superaverat Alpes
ingentisque[2] animo[1] motus bellumque futurum
ceperat[3]. Ut ventum est parvi Rubiconis ad undas,
ingens visa[4] duci patriae trepidantis imago[5]
5 clara per obscuram voltu[6] maestissima noctem,
turrigero canos effundens vertice[7] crines,
caesarie[8] lacera nudisque adstare[9] lacertis[10]
et gemitu permixta[11] loqui[9] : « Quo tenditis ultra[12] ?
Quo fertis mea signa, viri ? Si jure venitis,
10 si cives, huc usque licet[13]. » Tunc perculit horror
membra ducis, riguere comae, gressumque cohercens
languor in extrema tenuit vestigia ripa,
Mox ait : « O magnae qui moenia prospicis urbis
Tarpeia de rupe, Tonans, Phrygiique penates
15 gentis Juleae et rapti secreta Quirini
et residens celsa Latiaris Juppiter Alba
Vestalesque foci summique o numinis instar,
Roma, fave coeptis ; non te furialibus armis
persequor ; en adsum, victor terra marique,
20 Caesar, ubique tuus (liceat modo), nunc quoque, miles.
Ille erit, ille nocens, qui me tibi fecerit hostem. »

LUCAIN, *La Guerre civile*, ou *La Pharsale*, Livre I, vers 183 à 203, texte établi et traduit par A. Bourgery, Les Belles Lettres, Paris, C.U.F., 1967.

[...] Alors un frisson secoua les membres du chef ; ses cheveux se hérissèrent ; la torpeur, enchaînant ses pieds, retint ses pas sur l'extrême bord du fleuve. Bientôt il dit : « Ô toi, qui regardes les murailles de la grande ville du haut de la roche Tarpéienne[14], Dieu du tonnerre, pénates phrygiens de la famille Julia[15], enlèvement mystérieux de Quirinus[16], Jupiter Latiaris[17] qui résides sur les hauteurs d'Albe, foyer des Vestales, et toi, l'égale des plus grandes déesses, Rome, favorisez mon entreprise ; je ne te poursuis pas avec les armes des Furies : me voici, vainqueur sur terre et sur mer, César, partout ton soldat pourvu que je le puisse, et maintenant encore. Celui-là, celui-là sera le coupable, qui aura fait de moi ton ennemi. »

NOTES

1. (in) cursu, (in) animo
2. ingentis = ingentes
3. ceperat : *ici, il avait décidé*
4. visa (est) duci : *apparut au chef (c'est-à-dire à César)*
5. imago, inis, f. : *ici, le fantôme*
6. voltu = vultu
7. turrigero effundens vertice : *répandant autour de sa tête couronnée de tours*
8. caesaries, ei, f. : *la chevelure*
9. adstare ; loqui : *infinitifs de narration ; traduisez par « elle se dressait ; elle disait »*
10. lacerti, orum, m. pl. : *les bras*
11. gemitu permixta : *des paroles mêlées de sanglots*
12. quo tenditis ultra ? : *où allez-vous encore ?*
13. huc usque licet : *vous pouvez venir jusque-là*
14. La roche Tarpéienne était l'une des falaises du Capitole romain d'où l'on précipitait les condamnés à mort ; la première condamnée fut **Tarpéia**, qui avait livré Rome aux Sabins
15. Jules César prétendait descendre d'Énée, héros phrygien (= troyen) dont le fils se nommait **Iule**
16. **Quirinus** est le nom donné à Romulus lors de son apothéose (disparition qui le transforma en dieu)
17. **Jupiter Latiaris** (= du Latium) est le nom donné à ce dieu pendant les fêtes latines qui lui sont consacrées sur le mont Albain

LIRE ET TRADUIRE

1. Traduisez les vers 1 à 10 (jusqu'à *licet*).

2. Quel personnage apparaît à César ? Par quels procédés Lucain souligne-t-il l'aspect extraordinaire de cette vision ?

3. Que montre la longue liste des vocatifs dans la prière de César ? Justifie-t-il sa décision ?

◀ Soldats romains, relief du IIIe siècle, musée de la Civilisation gallo-romaine, Lyon.

4 Le Rubicon est franchi

Inde moras solvit belli tumidumque per amnem
signa tulit propere ; sic ut squalentibus arvis
aestiferae Libyes viso leo comminus hoste
subsedit dubius, totam dum colligit iram ;
5 mox ubi se saevae stimulavit verbere caudae
erexitque jubam et vasto grave murmur hiatu
infremuit, tunc, torta levis si lancea Mauri
haereat aut latum subeant venabula pectus,
per ferrum tanti securus volneris exit.
10 <u>Fonte cadit modico parvisque inpellitur undis
puniceus[1] Rubicon, dum fervida canduit aestas,
perque imas serpit valles et Gallica certus
limes ab Ausoniis[2] disterminat arva colonis.
Tum vires praebebat hiemps, atque auxerat undas
15 tertia jam gravido pluvialis Cynthia[3] cornu
et madidis euri resolutae flatibus Alpes.</u>
Primus in obliquum sonipes opponitur amnem
excepturus aquas ; molli tum cetera rumpit
turba vado faciles jam fracti fluminis undas.
20 Caesar, ut adversam superato gurgite ripam
attigit Hesperiae vetitis et constitit arvis,
« Hic », ait, « hic pacem temerataque jura relinquo ;
te, Fortuna, sequor ; procul hinc jam foedera sunto[4].
Credidimus fatis, utendum est judice[5] bello. »

LUCAIN, *La Guerre civile,* ou *La Pharsale*, Livre I, vers 204 à 227,
Op. cit.

Puis il rejeta tout retard à la guerre et porta les enseignes hâtivement dans les eaux gonflées du fleuve ; ainsi, quand, dans les plaines ridées de la brûlante Libye, le lion voit venir l'ennemi de près, il s'arrête hésitant pour concentrer toute sa colère ; puis, après s'être excité en se battant de sa queue sauvage, il hérisse sa crinière et pousse un rugissement formidable de sa gueule énorme ; alors si la lance du Maure agile vibre et vient se loger dans ses flancs ou si l'épieu pénètre dans sa large poitrine, insoucieux de la blessure, il se fraie une issue à travers le fer.

[...] D'abord le coursier au sabot sonore forme barrière contre le courant transversal et reçoit l'impulsion des ondes ; puis le reste de la foule, par un gué accessible, rompt sans peine les eaux du fleuve déjà brisé.

NOTES

1. **puniceus, a, um :** *pourpre ;* le nom du Rubicon est apparenté à la racine de **rubeo,** *être rouge*
2. **Ausonii, orum, m. pl. :** *les Ausoniens,* nom archaïque des Italiens
3. **Cynthia, ae, f. :** *Cynthia,* l'un des noms de Diane, déesse de la lune
4. **sunto :** *qu'ils soient* (impératif futur de **sum** à la 3e personne du pluriel)
5. **judex, icis, m. :** *ici, l'arbitre*

▼ *Soldats, relief provenant de Tralles, musée archéologique, Istanbul.*

LIRE ET TRADUIRE

1. À quoi est comparé César dans les vers 1 à 9 ? Relevez en latin et en français les termes utilisés pour cette comparaison. Quelle image Lucain donne-t-il de César ?
2. Scandez les vers 12 et 13, puis les vers 15 et 16 ; à quel genre, quel nombre et quel cas sont les adjectifs *Gallica – tertia* ? Avec quels noms sont-ils accordés ?
3. Traduisez les vers soulignés. Comment le Rubicon y est-il décrit, ainsi que dans les vers 17 à 19 ? Que veut exprimer ici le poète ?
4. Quelles expressions du texte de Lucain correspondent à la formule *Alea jacta est* ? Le sens en est-il exactement le même ?

SUR L'ENSEMBLE DES TEXTES

1. Relevez les événements qui diffèrent dans les deux récits. Quelle interprétation de cet épisode de l'histoire suggère chacun des auteurs ?
2. Comment le poète transforme-t-il le passage du Rubicon en épopée ? Y a-t-il des éléments épiques chez Suétone ?

Grammaire : Les phrases très complexes
Rappel des sens de *cum*

I COMMENT ANALYSER UNE PHRASE LATINE TRÈS COMPLEXE

Lorsqu'une phrase latine comporte de multiples propositions subordonnées, dont des propositions infinitives, et des ablatifs absolus, il est utile de la disposer sous forme de tableau, en isolant dans la première colonne les propositions principales, et dans les colonnes suivantes les propositions subordonnées du 1er niveau (qui dépendent d'une principale), du 2e niveau (qui dépendent d'une subordonnée du 1er niveau), du 3e niveau (qui dépendent d'une subordonnée du 2e niveau), et ainsi de suite. L'ordre suivi est celui de la phrase et donc de sa lecture ou de sa traduction. On indiquera par la typographie les propositions infinitives (soulignées ici) et les ablatifs absolus (mis en italique).

On pourra aussi trouver à l'intérieur de ces phrases complexes des paroles ou des pensées rapportées sous forme de discours indirect (cf. chapitres 12 et 13).

Suétone, *César*, XXXI, (texte 1, p. 208)

Prop. principales	Prop. sub. 1er niveau	Prop. sub. 2e niveau
	Cum ergo →	<u>sublatam tribunorum intercessionem ipsosque urbe cessisse</u>
	↓ nuntiatum esse *praemissis confestim clam cohortibus*	
et spectaculo publico per dissimulationem interfuit et formam, →		ne qua suspicio moveretur
↓ consideravit et ex consuetudine convivio se frequenti dedit.	qua ludum gladiatorium erat aedificaturus	
	Donc, comme il avait appris →	que l'on avait passé outre à l'opposition des tribuns et qu'eux-mêmes avaient quitté Rome,
	après avoir fait partir en avant quelques cohortes secrètement	
il vint assister à un spectacle public pour donner le change, examina le plan d'une école de gladiateurs → et dîna en nombreuse compagnie comme à son habitude.	qu'il voulait faire construire	afin qu'aucun soupçon ne soit éveillé

II LES DIFFÉRENTS SENS DE *cum*

Préposition	Conjonction de coordination	Conjonction de subordination
cum (+ Ab.) : *avec*	**cum … tum :** *d'une part … d'autre part*	1. **cum** + indicatif : *quand* 2. **cum** + subjonctif : *alors que puisque ; bien que*
Ceno cum amicis : *Je dîne avec des amis.*	**cum in ceteris rebus, tum in bello :** *d'une part dans les autres occasions, d'autre part à la guerre*	1. **Cum dominus adest, servus tacet.** *Quand le maître est là, l'esclave se tait.* 2. **Cum absit a culpa, accusatur** *Alors qu'il est innocent, il est accusé.*

■ Vocabulaire et étymologie

I VOCABULAIRE

1. Révision des *Fundamenta*, p. 251

2. Vocabulaire des textes

Noms
- **amnis, is, m.** : *le fleuve*
- **cornu, us, n ; :** *la corne ; l'aile d'une armée*
- **fons, fontis, m.** : *la source ; la fontaine*
- **membrum, i, n.** : *le membre*
- **moenia, ium, n. pl.** : *les remparts*
- **spiritus, us, m.** : *le souffle ; l'esprit*
- **tribunus, i, m.** : *le tribun*

Adjectifs
- **dubius, a, um** : *douteux*
- **mollis, is, e** : *mou ; doux*
- **nudus, a, um** : *nu*
- **ruber, bra, brum** : *rouge*
  > **Rubico** ou **Rubicon, onis, m.** : *le Rubicon*

Mots invariables
- **praeter (+ Ac.)** : *outre, sauf*
- **procul** : *loin*

Verbes
- **consisto, is, ere, constiti** : *s'arrêter*
- **haereo, es, ere, haesi, haesum** : *être collé*
- **intersum, -es, -esse, -fui (inter + sum)** : *participer ;*
  interest (impersonnel) : *il importe*
- **noceo, es, ere, nocui, nocitum (+D.)** : *nuire (à)*
- **reperio, is, ire, repperi, repertum** : *trouver*
- **supero, as, are, avi, atum** : *l'emporter sur*
- **tendo, is, ere, tetendi, tensum ou tentum** : *tendre, étendre*

II ÉTYMOLOGIE : LA RACINE DE *ruber* ET DE *Rubicon*

Cette racine se trouve en latin sous trois formes : **rub-** (ou **rob-**), **ruf-** et **rut-** (ou **rud-**).
On la trouve en allemand et en anglais *(rot, red)*.
Voici des exemples de mots latins et français issus de cette racine.

1. Racine rub-/ rob-
- **ruber, bra, brum** : *rouge* > **rubrica, ae, f.** : *la terre rouge*, d'où la couleur rouge utilisée pour écrire les inscriptions officielles, puis l'inscription elle-même ; dans les manuscrits, la première lettre d'un paragraphe était souvent écrite en rouge, d'où le sens d'initiale d'un paragraphe.
- **robigo, inis, f.** : *la rouille* (du blé, et des métaux)
- **robur, roboris, n.** : *le chêne rouge, le rouvre,* d'où l'idée de solidité contenue dans l'adjectif **robustus, a, um** : *de chêne, dur comme du chêne.*

2. Racine ruf-
- **rufus, a, um** : *roux*

3. Racine rut-/ rud-
- **russus, a, um (< rud-tus)** : *roux*
- **rutilus, a, um** : *rouge éclatant*

Trajan et ses soldats, bas-relief provenant d'Éphèse, musée archéologique d'Éphèse.

1. Quel est le sens (ou quels sont les sens) des mots français suivants ? Expliquez-le par l'étymologie :

rubéole – rutiler – rubicond – rubigineux – rubrique – rousseur – corroborer – robustesse – rubis.

2. Quelle est la nature de cum et quel est son sens dans les phrases suivantes ? Traduisez-les.
1. Consules sedebant cum tribunis plebis.
2. Cum cohortes non reperirentur, imperator milites paulum consistere jussit.
3. Narcissus cum usque ad fontem pervenit, nihil praeter imaginem suam considerare potuit.
4. Iter fecistis cum pedibus tum in navibus, secundum amnium ripas.
5. Cum cantores magno spiritu canant, nemo in tanta turba eos audit.

3. Faites l'analyse logique de la phrase suivante en utilisant la disposition en tableau proposée p. 212, et en vous aidant de la typographie (l'ablatif absolu est en italique) :

Ubi cum mandatu PR. (praetoris) jure dicundo conventus circumiret[1] Gadisque[2] venisset, *animadversa apud Herculis templum Magni Alexandri imagine* ingemuit et quasi pertaesus[3] ignaviam suam, quod nihil tum a se memorabile actum esset in aetate, qua jam Alexander orbem terrarum subegisset, missionem continuo efflagitavit[4] ad captandas quam primum majorum rerum occasiones in urbe.

(Suétone, § 7, *Op. cit.*)

NOTES
1. jure dicundo conventus circumiret : *il (César) parcourait les assemblées « en disant le droit »* → *les tribunaux*
2. Gadis = Gades, ium, f. pl. : *Gadès, ville d'Espagne (aujourd'hui Cadix)*
3. pertaesus, a, um (+ Ac.) : *dégoûté, las de*
4. missionem continuo efflagitavit : *il demanda aussitôt un congé*

4. Traduisez le texte de l'exercice 3.

5. Faites l'analyse logique de la phrase suivante sous forme de tableau, comme à l'exercice 3 :

Unus ex eo tempore omnia in re publica et ad arbitrium administravit, ut nonnulli urbanorum, cum quid per jocum testandi gratia signarent[1], non Caesare et Bibulo, sed Julio et Caesare consulibus actum[2] scriberent, bis eundem praeponentes nomine atque cognomine, utque vulgo mox ferrentur hi versus :
Non Bibulo quiddam nuper, sed Caesare factum est :
Nam Bibulo fieri consule nil memini[3].

(Suétone, § 20, *Op. cit.*)

NOTES
1. quid testandi gratia signarent : *ils doivent signer un acte pour le rendre authentique*
2. consulibus actum : *fait sous le consulat de ...*
3. Traduction des vers : *Telle chose n'a pas été faite dernièrement par Bibulus, mais par César : qu'a donc fait le consul Bibulus ? Rien, que je sache.*

6. Traduisez le texte de l'exercice 5.

7. Faites l'analyse logique de la phrase suivante sous forme de tableau, en soulignant les propositions infinitives et les ablatifs absolus (attention aux différentes natures de cum) :

Inter quae[1], consternata Publi Clodi caede re publica, cum senatus unum consulem nominatimque Gnaeum Pompeium fieri[2] censuisset, egit[3] cum tribunis plebis collegam se Pompeio destinantibus[4], id[5] potius ad populum ferrent, ut absenti sibi, quandoque imperii tempus expleri[6] coepisset, petitio secundi consulatus daretur, ne ea causa maturius et inperfecto adhuc bello decederet.

(Suétone, § 26, *Op. cit.*)

NOTES
1. inter quae : *sur ces entrefaites*
2. consul fieri : *être élu consul*
3. agere cum aliquo : *se mettre d'accord avec quelqu'un*
4. destinantibus *(participe présent accordé avec* tribunis*)* : *qui voulaient*
5. id *annonce* ut : *ceci ... à savoir que*
6. imperii tempus expleri : *achever la durée de son commandement (César est proconsul en Gaule et en termine la conquête)*

8. Traduisez le texte de l'exercice 7.

9. Version

César choisit la Gaule pour son proconsulat.

Socero igitur generoque suffragantibus ex omni provinciarum copia Gallias potissimum elegit, cujus emolumento et oportunitate[1] idonea sit materia triumphorum. Et initio quidem Galliam Cisalpinam[2] Illyrico[3] adjecto lege
5 Vatinia[4] accepit ; mox per senatum Comatam[5] quoque, veritis[6] patribus ne, si ipsi negassent[7], populus et hanc daret. Quo gaudio elatus non temperavit quin[8] paucos post dies frequenti curia jactaret : « invitis et gementibus adversaris adeptum[9] se quae concupisset, proinde
10 ex eo[10] insultaturum[9] omnium capitibus » ; ac negante quodam per contumeliam facile hoc ulli feminae[11] fore[12], responderit quasi adludens : « in Syria quoque regnasse[13] Sameramin[14] magnamque Asiae partem Amazonas[15] tenuisse quondam ».

(Suétone, § 22, *Op. cit.*)

NOTES
1. cujus emolumento et oportunitate : *ce passage ne semble pas être complet dans les manuscrits ; traduisez par « dont il espérait que, grâce à sa richesse et aux occasions qu'elle offrirait »*

2. **Gallia cisalpina** : *la Gaule cisalpine, partie de la Gaule située au nord de l'Italie, donc du côté italien des Alpes*
3. **Illyricum** : *l'Illyrie, région située au Nord-Est de la mer Adriatique*
4. **lex Vatinia** : *la loi Vatinia, loi votée par le peuple sur la proposition du tribun de la plèbe Vatinius*
5. **(Gallia) Comata** : *la Gaule Chevelue, nom donné par les Romains à toute la partie de la Gaule qui n'était pas encore une province romaine, car les Gaulois portaient les cheveux longs*
6. **veritis** : *participe à l'ablatif pluriel de* vereor ; vereor ne + *subjonctif = craindre que*
7. **negassent** = negavissent
8. **non temperavit quin** : *il ne se gêna pas pour que*
9. **adeptum (esse) ; insultaturum (esse)**
10. **proinde ex eo** : *désormais, grâce à cela*
11. **ulli feminae** : *à une femme ; un sénateur utilise ce terme pour parler de César de façon injurieuse*
12. **fore** = futurum esse
13. **regnasse** = regnavisse
14. **Sameramin** : *Ac. de* Semiramis, is, f. : *Sémiramis, ancienne reine de Babylone*
15. **Amazona, ae, f.** : *l'Amazone ; les Amazones étaient un peuple légendaire formé uniquement de femmes à la réputation de guerrières redoutables*

QUESTIONS

1. Traduisez les deux premières phrases (l. 1 à 7). Qu'a obtenu César ?
2. Par quels verbes sont annoncées les phrases mises entre guillemets ? Sont-elles au discours direct ou au discours indirect ? Justifiez votre réponse.
3. Traduisez les phrases mises entre guillemets ainsi que les verbes qui les annoncent et leurs sujets.
4. Faites l'analyse logique de la troisième phrase (l. 7 à 14) sous forme de tableau, en y intégrant les propositions déjà analysées et traduites. Puis traduisez l'ensemble de la phrase.

10. Version

Discussions au sénat après réception de la lettre de César demandant l'autorisation de se représenter au consulat. Le consul Lentulus et Scipion ont mis le sénat en garde contre César.

Dixerat aliquis leniorem sententiam, ut primo M. Marcellus[1], ingressus in eam orationem, non oportere ante de ea re ad senatum referri[2] quam[3] dilectus tota Italia habiti[4] et exercitus conscripti essent, quo praesidio[5] tuto et libere senatus quae vellet decernere auderet ; ut M. Calidius[1], qui censebat ut Pompeius in suas provincias[6] proficisceretur, ne quae esset armorum causa ; timere Caesarem, correptis ab eo duabus legionibus, ne ad ejus periculum[7] reservare et retinere eas ad urbem Pompeius videretur ; ut M. Rufus[1], qui sententiam Calidi paucis fere mutatis verbis sequebatur.

(CÉSAR, *Guerre civile*, Livre I, 2, texte établi par P. Fabre, Les Belles Lettres, Paris, C.U.F., 1997.)

NOTES

1. **ut M. Marcellus, ut M. Calidius, ut M. Rufus** : *comme M. Marcellus, comme M. Calidius, comme M. Rufus (M. est l'abréviation de Marcus)*
2. **de ea re ad senatum referri** : *mettre cette question à l'ordre du jour du sénat*
3. **ante ... quam** = antequam
4. **dilectus (delectus) habere** : *lever des troupes, recruter des soldats*
5. **quo praesidio** : *sous la protection desquel(le)s*
6. **provincias** : *Pompée avait été nommé proconsul des Espagnes*
7. **ad ejus periculum** : *traduisez par « pour le menacer » (il s'agit de César)*

QUESTIONS

1. Faites l'analyse logique de cette phrase sous forme de tableau, en soulignant les paroles rapportées au discours indirect.
2. Traduisez les paroles rapportées.
3. Complétez la traduction à l'aide des propositions qui introduisent le discours indirect.
4. Expliquez l'emploi du réfléchi *suas* (*provincias*).
5. Quelles mesures recommandent les orateurs au sénat ? dans quel but ?

▲ *Porte-enseigne figurant une province romaine, détail des reliefs des provinces romaines ornant le soubassement du temple d'Hadrien au Champ de Mars, musée Capitolin, Rome.*

Les institutions républicaines

Les principales instances du gouvernement de la République romaine sont :

1 Les comices, ou assemblées

La République (509-27 avant J.-C.) a créé successivement plusieurs sortes de comices, mais la création de nouveaux comices n'a pas fait disparaître ceux des époques précédentes. Il en résulte une organisation complexe, où trois types d'assemblées coexistent.

1 ▪ Les comices curiates, assemblées de patriciens, dont le rôle s'est réduit à des questions religieuses ;

2 ▪ Les comices centuriates, créées par le roi Servius Tullius au ve siècle avant J.-C., sont des assemblées comprenant presque toute la société romaine, mais où le pouvoir appartient aux riches. Les citoyens sont répartis en cinq classes selon leur fortune ; à l'intérieur de chaque classe, ils sont regroupés en centuries (à l'origine, 100 citoyens). Mais la première classe compte 18 centuries équestres (classe des chevaliers, les plus riches), plus 70 centuries ; les autres classes comptent 70 centuries. Les citoyens les plus pauvres sont dits « hors-classe ». Les classes votent toujours par centuries, en commençant par la première ; le vote est acquis pratiquement dès que la deuxième ou la troisième classe a voté : les plus pauvres ne votent jamais dans ces comices. Ils élisent les magistrats supérieurs (préteurs et consuls) et votent certaines lois.

◀ *Denier d'argent de la République représentant une scène de vote, Documents Jean Vinchon, Paris.*

3 ▪ Les comices tributes, à l'origine réunions de plébéiens (qui se révoltèrent en 494 avant J.-C. contre les patriciens) ; au IIIe siècle, le peuple entier en fait partie et on y vote par tête. Les comices tributes élisent les tribuns de la plèbe, les questeurs et les édiles, et votent la plupart des lois.

▲ *Scène de recensement et de sacrifice à Mars, marbre du IIe siècle avant J.-C., musée du Louvre, Paris.*

2 LES MAGISTRATS

Tous les magistrats romains ont des pouvoirs à la fois politiques et religieux (le droit de prendre les auspices) ; en effet, à Rome, la religion n'est pas séparée du pouvoir.

On distingue plusieurs types de magistratures.

1 ▪ Le cursus honorum (course des honneurs) comporte quatre degrés : **questeur, édile, préteur, consul**. On ne peut se présenter qu'une fois à chaque degré, et on n'occupe la charge qu'un an. Les charges de questeur (finances) et d'édile (gestion municipale) sont des magistratures inférieures, celles de préteur (affaires juridiques) et de consul (sorte de président de la République) sont des magistratures supérieures, qui donnent à ceux qui les exercent l'*imperium* : pouvoir de vie et de mort. Chaque année sont élus deux consuls, qui donnent leur nom à l'année.

2 ▪ Les propréteurs et les proconsuls sont d'anciens préteurs et d'anciens consuls auxquels on confie le gouvernement d'une province : ainsi, César fut le proconsul des Gaules.

3 ▪ Les charges des censeurs et des tribuns de la plèbe ne font pas partie du cursus honorum.

Les deux censeurs sont d'anciens consuls élus tous les cinq ans, et qui exercent leur charge pendant 18 mois. Ils recensent les citoyens, recrutent le sénat et surveillent les mœurs.

Les tribuns de la plèbe (deux à l'origine, dix au Ve siècle), obligatoirement plébéiens, convoquent les comices tributes et ont le droit de *veto (jus intercessionis)* contre tous les autres magistrats, excepté le dictateur (voir ci-dessous). Ce droit permet aux tribuns d'interrompre n'importe quel discours ou débat par le mot *veto* (j'interdis). Ils sont inviolables, ce qui leur confère une très grande puissance.

4 ▪ Le dictateur et le maître de cavalerie sont des magistrats nommés de façon exceptionnelle par le sénat en cas de crise : choisis parmi d'anciens consuls, ils ont les pleins pouvoirs pendant 6 mois, et remplacent tous les autres magistrats, sauf les tribuns de la plèbe.

Lorsque César se fait nommer dictateur à vie, c'est donc une illégalité dans le système républicain.

▲ *Officiers et soldats prétoriens, IIe siècle avant J.-C., musée du Louvre, Paris.*

3 LE SÉNAT

Le Sénat est la plus haute autorité du gouvernement de Rome. Il est formé d'anciens magistrats, nommés à vie ; la liste de ses membres est établie par les censeurs. Il y avait 300 sénateurs jusqu'au Ier siècle avant J.-C., 900 sous César.

Le Sénat gère le budget de l'État ; il dirige la politique extérieure et décide de la guerre ou de la paix. Le vote du Sénat s'appelle *senatus-consultum* (sénatus-consulte). Les sénateurs se distinguent des autres citoyens par le port d'une toge à bande pourpre *(laticlava)*.

Chapitre 15

La bataille de Pharsale

Après avoir franchi le Rubicon à la tête de ses troupes, César continua sa marche triomphale en Italie, tandis que Pompée et ses partisans évacuaient Rome et partaient pour la Grèce. Il subit un demi-échec à Marseille (contre les partisans de Pompée commandés par Domitius, cf p. 225) qu'il dut assiéger et en Espagne. Finalement victorieux en Occident, élu consul en 48, il passa en Épire à la recherche d'un contact avec Pompée, maître de l'Orient. C'est en Thessalie, à Pharsale, qu'eut lieu le 9 août 48 le combat décisif : Pompée l'accepta à contre-cœur, semble-t-il, poussé par son état-major ; il est à la tête d'une armée supérieure en nombre : cent dix cohortes contre quatre-vingts dans le camp de César.

1 La bataille vue par César

1 Première attaque des Césariens

Sed nostri milites dato signo cum infestis pilis procucurrissent atque animum advertissent[1] non concurri[2] a Pompeianis, usu periti ac superioribus[3] pugnis exercitati sua sponte represserunt et ad
5 medium fere spatium constiterunt, ne consumptis viribus adpropinquarent, parvoque intermisso temporis spatio ac rursus renovato cursu pila miserunt celeriterque, ut erat praeceptum a Caesare, gladios strinxerunt.

(SUITE EN TRADUCTION)

Les Pompéiens, sans doute, se montrèrent à la hauteur de la situation. Non seulement ils supportèrent la salve des projectiles ennemis, mais ils résistèrent au choc des légions, gardèrent leur formation et, après avoir lancé leurs javelots, tirèrent l'épée.

CÉSAR, *Guerre civile*, Livre III, § XCIII, texte établi et traduit par P. Fabre, Les Belles Lettres, Paris, C.U.F., tome II, 1997.

NOTES

1. **animum advertissent** = **animadvertissent** : *constater, remarquer*
2. **concurri** : *infinitif passif impersonnel (complément de* **animadvertissent***) : il n'y avait pas de mouvement d'attaque de la part de ...*
3. **superioribus** < **superior, ioris** : *sens temporel : antérieur*

▼ *Scène de combat, bas-relief du IIᵉ siècle avant J.-C., musée archéologique, Aquilée.*

LIRE ET TRADUIRE

1. Construisez cette phrase complexe :
   a. Repérez les connecteurs logiques, distinguez les coordonnants des subordonnants, retrouvez leur sens. Pour *ut* et *ne,* revoyez la partie grammaire de ce chapitre.
   b. Repérez les verbes conjugués et analysez-les ; rattachez-les aux subordonnants et retrouvez les propositions principales. Recopiez-les et traduisez-les en repérant les ablatifs absolus : aidez-vous du vocabulaire et du dictionnaire.
   c. Complétez la traduction en insérant les subordonnées.
2. En quoi l'attitude des Pompéiens est-elle déconcertante ? Quel jugement César porte-t-il sur les soldats de Pompée ?
3. Quelles sont les qualités des soldats de César d'après leur général ?

2 L'ATTAQUE DE LA CAVALERIE

Eodem tempore equites ab sinistro Pompei cornu, ut erat imperatum, universi procucurrerunt, omnisque multitudo sagittariorum se profudit. Quorum impetum noster equitatus non tulit, sed paulum loco
5 motus cessit, equitesque Pompei hoc acrius instare et se turmatim explicare aciemque nostra a latere aperto[1] circumire coeperunt.

CÉSAR, *Guerre civile*, Livre III, § XCIII, *Op. cit.*

NOTE

1. *a latere aperto* : par le flanc droit, c'est-à-dire découvert, car le bouclier protecteur est porté à gauche

LIRE ET TRADUIRE

1. Relevez les mots appartenant au champ lexical de la guerre en vous aidant du vocabulaire et d'un dictionnaire.
2. Traduisez le passage en distinguant bien les deux adversaires.
3. Quelle va être, selon vous, la tactique choisie par César pour sortir de cette mauvaise passe ?

3 LA RIPOSTE DE CÉSAR

Quod ubi Caesar animum advertit, quartae aciei quam instituerat sex cohortium numero, dedit signum[1]. Illae celeriter procucurrerunt infestisque signis tanta vi in Pompei equites impe-
5 tum fecerunt, ut eorum nemo consisteret omnesque conversi non solum loco excederent, sed protinus incitati fuga montes altissimos peterent.

CÉSAR, *Guerre civile*, Livre III, § XCIII, *Op. cit.*

NOTE

1. *César avait prévu* (cf. chapitre LXXXIX, *Op. cit.*) *l'attaque de son aile droite par la cavalerie de Pompée ; il avait formé une quatrième ligne* (**quarta acies**, *prélevée sur les cohortes de la troisième ligne) de soldats pour lui résister et devait donner le signal de l'attaque avec un fanion* (**vexillo**).

▲ Un cavalier romain piétinant un Barbare, statuette de bronze du Ier siècle, Kunsthistorisches Museum, Vienne.

LIRE ET TRADUIRE

1. Relevez les propositions subordonnées et traduisez le texte ; pour identifier les différentes valeurs de *ut*, revoyez la partie grammaire de ce chapitre.
2. Pourquoi peut-on dire que cette attaque est une réussite pour César et les siens ?

2 LA BATAILLE VUE PAR LUCAIN

1 LE COMBAT

Alors l'air strident s'engouffra dans les fifres, la charge jaillit des cors, alors des trompettes osèrent donner le signal, alors le fracas gagna l'éther et monta jusqu'au sommet de l'Olympe reculé, loin du séjour des nuages,
5 *là où le tonnerre ne se fait jamais entendre[1]. […]*
On répand d'innombrables traits en formulant des vœux opposés : les uns[2] souhaitent de blesser, les autres[3] de ficher les traits en terre et de conserver les mains pures. Tout va au gré du hasard et la Fortune incertaine rend
10 *coupable qui elle veut. Mais quelle faible part du désastre est laissée aux traits et au fer qui vole ! À elle seule l'épée suffit aux haines entre citoyens et conduit les bras dans les entrailles romaines[4].*

LUCAIN, *La Pharsale*, Livre VII (vers 475-479 et 485-491), texte établi et traduit par A. Bourgery, Les Belles Lettres, Paris, C.U.F., tome II, 1967.

NOTES

1. Que représente l'Olympe dans la mythologie ?
2. *Les uns* : il s'agit des Césariens qui sont les plus condamnables aux yeux de Lucain.
3. *Les autres* : il s'agit des Pompéiens innocentés par Lucain ; est-ce à cause de l'attitude passive ordonnée par Pompée au début de la bataille ? cf. le texte de César p. 218
4. Dans ce corps à corps, les épées provoquent des blessures très graves en touchant les organes vitaux

▲ *L'empereur Trajan à la tête de ses troupes romaines contre les Daces, musée des Thermes, Rome.*

2 PREMIÈRE ATTAQUE DES CÉSARIENS

Pompei densis acies stipata catervis
junxerat in seriem nexis umbonibus¹ arma
vixque habitura locum dextras ac tela movendi
constiterat² gladiosque suos compressa timebat.
5 Praecipiti cursu vaesanum³ Caesaris agmen
in densos agitur cuneos perque arma, per hostem
quaerit iter.

LUCAIN, *La Pharsale*, Livre VII, vers 492-498, *Op. cit.*

NOTES

1. **umbo, onis, m.** : *bouclier*
2. **vix constiterat habitura locum ...** : « *et (elle) avait du mal à trouver la place de mouvoir ...* »
3. **vaesanum** *ou* **vesanus, a, um** : *fou, insensé*

3 ATTAQUE DE LA CAVALERIE

Ut primum toto diduxit cornua campo
Pompeianus eques bellique¹ per ultima fudit
sparsa per extremos levis armatura maniplos
insequitur saevasque manus inmittit in hostem.
5 Illic quaeque² suo miscet gens proelia telo
Romanus cunctis petitur cruor ; inde sagittae,
inde cadunt mortes.

LUCAIN, *La Pharsale*, Livre VII, vers 506-512, *Op. cit.*

NOTES

1. **per ultima belli** : *sur les extrêmes limites du champ de bataille*
2. **quaeque** : *chaque ; cf. la grammaire, p. 222 : Lucain veut dire que chaque peuple a ses armes et ses tactiques propres*

4 LA RIPOSTE DE CÉSAR

Ferro subtexitur aether
noxque super campos telis conserta pependit
cum Caesar metuens, ne frons¹ sibi prima laboret²
incursu, tenet obliquas post signa cohortes
5 inque latus belli³, qua⁴ se vagus⁵ hostis agebat,
emittit subitum non motis cornibus agmen.
(SUITE EN TRADUCTION)
Une fois semée, la panique les gagne tous et les destins suivirent un cours favorable à César.

LUCAIN, *La Pharsale*, Livre VII, vers 519-524 ; vers 544 et 545, *Op. cit.*

NOTES

1. **frons prima** : *ici, première ligne*
2. **laboro, as, are** : *ici, être dans l'embarras, peiner*
3. **belli** : **bellum** *a, ici, le sens de bataille*
4. **qua** : *relatif adverbial : par où*
5. **vagus** : *sans ordre*

LIRE ET TRADUIRE

1. Repérez le champ lexical du combat dans les textes de Lucain.
2. Après avoir repéré les connecteurs logiques et construit les phrases, traduisez chacune des parties en latin.
3. Quelles sont les caractéristiques de chacune des deux armées ? Qu'en pensez-vous ?
4. Relevez, dans les textes de Lucain, des mots indiquant que le poète prend parti. Quel est son choix ? Pourquoi, selon vous ?
5. Trouve-t-on une prise de position dans le texte de César, p. 218-219 ? Quel est l'objectif de chacun des deux écrivains ? Vous êtes en présence de deux œuvres bien différentes, un récit « historique » et une épopée ; pouvez-vous les comparer en analysant, en particulier, les procédés de style et les techniques de la narration ?
6. Un texte épique :
   a. Commentez le début du combat (texte 1, donné en traduction) en particulier les allusions à l'Olympe et à la Fortune.
   b. Relevez les métaphores du texte 4 de Lucain : qu'expriment-elles ?
   c. Relevez, dans les textes de Lucain, des exagérations, des répétitions : quelle impression donnent-elles ?

Grammaire

I. LES EMPLOIS DE *ut*

Il introduit des subordonnées de sens variés et peut être suivi de l'indicatif et du subjonctif.

Mode	Sens	Exemples
Indicatif	MANIÈRE : *comment* NÉGATION : **ut non**	**Ut vales ?** *Comment vas-tu ?*
	COMPARAISON : *comme, ainsi que* Peut être en corrélation avec **ut, ita, sic** … NÉGATION : **ut non**	**Ut sementem feceris ita metes.** *Comme tu auras semé, tu récolteras.*
	TEMPS : *quand, comme* Peut être renforcé par : **primum, statim, continuo** NÉGATION : **ut non**	**Qui ut peroravit, surrexit Clodius.** *Dès que celui-ci eut parlé, Clodius se leva.*
Subjonctif	Introduit une complétive : *que* – SUJET, après **accidit, fit, evenit** : (*il arrive*). NÉGATION : **ut non** – C.O.D. après les verbes de volonté, d'effort. NÉGATION : **ne** (qui remplace **ut**)	**Saepe accidit ut erremus.** *Il arrive souvent que nous nous trompions.* **Opto ut venias, ne venias.** *Je souhaite que tu viennes, que tu ne viennes pas.*
	BUT : *pour que, afin que* NÉGATION : **ne** (qui remplace **ut**) – **Quo** introduit une finale contenant un comparatif – **Neve, neu** coordonnent deux finales négatives	**Memoriam exercemus ut augeat, ne minuat.** *Nous exerçons notre mémoire pour qu'elle se développe, qu'elle ne diminue pas.* **Tace quo melius discas.** *Tais-toi pour mieux apprendre.*
	CONSÉQUENCE : *de telle sorte que* Peut être en corrélation avec **tam, ita, sic** avec ou sans adjectif NÉGATION : **ut non** **quin** remplace généralement **ut non** quand la principale est négative	**Tam prudens est ut decipi non possit.** *Il est si avisé qu'on ne peut le tromper.* **Haruspex numquam haruspicem adspiciebat quin rideret.** *Un haruspice ne regardait jamais un autre haruspice sans rire.*
Latinismes	– COMPARATIF + **quam ut** + SUBJ : *trop pour* – **Tantum abest ut** + IND … **ut** + SUBJ : *il s'en faut de beaucoup pour que* – **Tam ut, tantum ut** + SUBJ : *assez pour*	**Lenius me reprehendisti quam ut offenderer.** *Tu m'as repris trop doucement pour me froisser.*

CHAPITRE 15 : *La bataille de Pharsale*

II Les emplois de *quisque*, chacun (pronom), chaque (adjectif)

Quisque, quaeque, quidque (pour le pronom) **quodque** pour l'adjectif) se décline comme **quis**, le suffixe **-que** reste invariable. Il s'emploie surtout dans quatre cas.

Emplois de quisque	Sens	Exemples
Après un réfléchi (pronom personnel ou adjectif possessif)	*chacun*	**Sua quisque diligit.** (**sua** : Ac. pluriel neutre substantivé) *Chacun aime son bien.*
Après un superlatif	*tous les …*	**Optimus quisque** (Toujours au singulier.) *Tous les meilleurs.*
Après un adjectif ordinal	*un sur …*	**Decimus quisque periit.** (Toujours au singulier.) *Un sur dix a péri.*
Après un relatif	*chacun*	**Quod quisque habet defendit.** *Chacun défend ce qu'il possède.* (Mot à mot : *Ce que chacun possède, il le défend.*)

En dehors de ces emplois on emploie plutôt :
unusquisque, unaquaeque, unumquidque (unumquodque) : *chaque, chacun,* dans lequel les deux mots se déclinent.

Vocabulaire et étymologie

I Vocabulaire

1. Révision des *Fundamenta*, p. 251
2. Vocabulaire des textes

Noms

equitatus, us, m. : *la cavalerie*
incursus, us, m. : *le heurt, le choc, l'attaque*
manipulus, i, m. : *le manipule : trentième partie de la légion = 200 hommes*
manus, us, f. : *vocabulaire militaire : la troupe*
multitudo, inis, f. : *la multitude, le grand nombre*

Adjectifs

infestus, a, um : *dirigé contre, ennemi, hostile*
peritus, a, um : *expérimenté*

Mots invariables

acrius : *comparatif de* **acriter** : *avec acharnement*
paulum : *un peu*
protinus : *aussitôt*
sponte (mea, tua, sua) : *de mon, de ton, de son propre mouvement, spontanément*
turmatim : *par escadron*

Verbes

adpropinquo (appropinquo), as, are, avi, atum : *s'approcher de*
adverto, is, ere, verti, versum : *tourner vers ; faire attention à (+* **animum***)*
certo, as, are, avi, atum : *combattre*
concurro, is, ere, cucurri, cursum : *courir*
consero, is, ere, serui, sertum (+ Ab.) : *attacher ensemble, réunir, former en attachant*
converto, is, ere, verti, versum : *tourner, retourner, se retourner*
dimico, as, are, avi, atum : *lutter*
excedo, is, ere, cessi, cessum (+ Ab.) : *quitter, s'en aller*
explico, as, are, avi, atum : *se déployer*
intermitto, is, ere, misi, missum : *laisser passer*

misceo, es, ere, ui, mixtum : *se mélanger*
praecipio, is, ere, cepi, ceptum : *recommander*
procurro, is, ere, procucurri (procurri), cursum : *courir*
profundo, is, ere, fudi, fusum ; *répandre, se répandre*
renovo, as, are, avi, atum : *renouveler, remettre en état*
reprimo, is, ere, pressi, pressum : *arrêter, empêcher d'avancer, s'arrêter*
stringo, is, ere, strinxi, strictum : *tirer ; dégainer*
subtexo, is, ere, texui, textum : *tisser dessous, étendre par-dessous*

Quelques expressions appartenant au champ lexical de la bataille
a sinistro cornu : *sur l'aile gauche*
a fronte : *de front*
a latere : *de flanc*
ad gladios ! : *aux armes !*
ad arma currere, concurrere : *courir aux armes*
cladem accipere : *essuyer une défaite*
concursu ! : *pas de charge !*
dato signo : *au signal donné*
infestis pilis : *« en joue ! » ; les javelots dirigés contre l'ennemi*
levis armatura : *l'infanterie légère*
loco cedere/excedere : *céder du terrain, reculer*
signa inferre : *en avant ! passer à l'attaque*

II ÉTYMOLOGIE : LES RACINES DE *hostis*

1 Les origines du mot

Ce mot vient de l'indo-européen et signifie d'abord *hôte*, comme le mot anglais *guest*, issu de la même racine.

– Ensuite, le mot **hospes** (< **hostis**) a pris le sens de *hôte* et a donné **hospitalis** : *hospitalier* et **hospitium** : *action de recevoir comme hôte, gîte* ; ce mot est formé de la réunion du mot **hostis** et de la racine indo-européenne *pet-/pot-* qui ajoute une idée de domination : il signifie au départ « le maître de l'hôte ».

– **Hostis** signifie, par conséquent, au début *l'étranger qu'on reçoit* (sachant qu'on sera reçu de la même façon), avec échange de cadeaux.
  > **Hostia** : *la victime du sacrifice* : on cherche à compenser la mauvaise volonté des divinités.

– Le mot *otage* (< **hostis**) signifie, dès le Moyen Âge, *la personne (l'hôte) que l'on garde comme garantie de l'exécution d'une promesse ou d'un traité*. À l'époque révolutionnaire, ce mot a pris le sens qu'on lui connaît : quelqu'un dont on s'empare et que l'on utilise comme moyen de pression.

2 L'évolution du sens

Finalement, ce mot a signifié : *étranger à la communauté, à la citoyenneté,* donc ennemi potentiel, puis ennemi tout court. C'est ainsi que l'emploie César dans le sens de « hostile » : ce mot, apparu en France au XVe siècle, n'était plus utilisé, quand la Révolution française l'a repris avec le sens de « ce qui manifeste une attitude d'ennemi ».

Scène de combat romain, sarcophage en marbre du IIIe siècle, musée des Thermes, Rome.

EXERCICES

1. *Expliquez par l'étymologie le sens de :*
hôtesse de l'air – hôtellerie – hospitalité – inhospitalier – les hostilités – hospice – Hôtel-Dieu – hospitaliser.

2. *Traduisez ces phrases, après avoir analysé l'emploi de* ut *(ou* ne*).*
1. Tu velim, ut consuesti, nos absentes diligas, et defendas.
2. Labienum (Labienus, nom d'homme) hortatur ut ad eam diem revertatur.
3. Vetus est lex amicitiae, ut idem amici semper velint.
4. Da operam ne quid contra aequitatem contendas
5. Ne qua seditio aut bellum oriretur, anxius erat.

3. *Même exercice.*
1. Justitiae primum est munus, ne cui quis noceat.
2. Tantum abest ut malum mors sit, ut verear ne homini nihil bonum aliud sit potius.
3. Ut vere dicam, Demosthenes Ciceronem eloquentia vincit.
4. Cavebam ne cui suspicionem darem.
5. Cum quod scriberem ad te nihil haberem, tamen ne quem diem intermitterem, has dedi litteras.

4. *Même exercice.*
1. Ut quisque nuntium acceperat, decurrere ad litus.
2. L. Thorius erat ita non superstitiosus, ut illa plurima in sua patria sacrificia et fana contemneret ; ita non timidus ad mortem, ut in acie sit ob republicam interfectus.
3. Accidit ut nonnulli milites, qui lignationis causa in silvas discessissent, repentini equitum adventu interciperentur.
4. Ut magistratibus leges, ita populo praesunt magistratus.
5. Ut illos de re publica libros dedisti (ici = faire paraître), omnes te laudant.

5. Version

Une victoire éclatante pour César

Eodem tempore tertiam aciem Caesar quae quieta fuerat et se ad id tempus loco tenuerat procurrere jussit. Ita cum recentes atque integri defessis successissent, alii autem a tergo adorirentur, sustinere Pompeiani non
5 potuerunt atque universi terga verterunt. Neque vero Caesarem fefellit[1] quin ab iis cohortibus quae contra equitatum in quarta acie conlocatae essent, initium victoriae oriretur[2], ut[3] ipse in cohortandis milites pronuntiaverat.

(CÉSAR, *Guerre civile*, Livre III, § XCIV, texte établi par P. Fabre, Les Belles Lettres, Paris, C.U.F., 1997)

NOTES

1. neque Caesarem fefellit quin ... : « *et il n'échappa pas à César que ...* »

▲ *Denier romain en argent représentant une scène de la guerre de 90-88 avant J.-C. : l'Italie serre la main à Rome en signe de paix, musée des Thermes, Rome.*

2. *on attend plutôt :* oriturum esse, *le sujet de ce verbe est* initium victoriae *: « la cause déterminante de la victoire viendrait des cohortes qui ... »*
3. ut *est ici construit avec l'indicatif*

QUESTIONS

1. Repérez les connecteurs logiques et faites la construction des phrases comme vous avez appris à le faire.

2. Traduisez le texte.

3. Commentez la dernière phrase : quelle qualité de César met-elle en évidence ?

6. Version

L'horreur de la guerre civile

Hanc fuge, mens[1], partem belli tenebrisque relinque,
nullaque[2] tantorum discat me vate malorum[3],
quam multum liceat bellis civilibus[4], aetas.
A[5] potius pereant lacrimae pereantque querellae :
5 quicquid[6] in hac acie gessisti, Roma, tacebo.

(LUCAIN, *La Pharsale*, VII, vers 552-556, *Op. cit.*)

NOTES

1. mens : *Lucain s'adresse à lui-même*
2. nulla ... aetas : *rapprocher ces mots*
3. tantorum me vate malorum : *grâce à moi qui ai chanté tous ces malheurs »*
4. quam multum ... civilibus : *tout ce que se permettent les guerres civiles*
5. A = ah : *Ah !*
6. quidquid < quisquis : *relatif : tout ce que*

QUESTIONS

1. Relevez, analysez et traduisez les verbes conjugués.
2. Traduisez le texte.
3. Quel sentiment le poète exprime-t-il ?

7. Version

Le bilan de la bataille

In eo proelio non amplius ducentos milites desideravit[1], sed centuriones, fortes viros, circiter XXX amisit. […] Ex Pompeiano exercitu circiter milia XV[2] cecidisse videbantur, sed in deditionem venerunt amplius milia XXIIII, [5] […] multi praeterea in finitimas civitates refugerunt, signaque militaria ex proelio ad Caesarem sunt relata CLXXX et aquilae IX.

L. Domitius[3] ex castris in montem refugiens, cum vires eum lassitudine defecissent, ab equitibus est interfectus.

(César, *Guerre Civile*, Livre III, § XCIX, *Op. cit.*)

NOTES

1. desideravit : *déplorer la perte de*
2. XV milia : *ce chiffre est contesté par Plutarque, Appien et Asinus Pollion qui évoquent 6000 morts*
3. L. Domitius : *il s'agit du Pompéien évoqué p. 218*

QUESTIONS

1. Traduisez ce texte.
2. Quels sont les éléments retenus par César pour ce bilan ?
3. Que nous apprend César à propos de Domitius ? Lucain avait-il mentionné ce détail ? Pourquoi ?

▲ *Monnaie romaine du IIIe siècle avant J.-C. : on y voit l'aigle et l'inscription ROMA, musée des Thermes, Rome.*

8. Version

Le bilan de Pharsale

Non istas[1] habuit pugnae Pharsalia partes[2]
quas aliae clades : illic[3] per fata virorum,
per populos hic Roma perit ; quod[4] militis illic[3]
mors hic gentis erat. […]
[5] Majus[5] ab hac acie, quam quod sua saecula[6] ferrent,
vulnus habent populi ; plus est, quam vita salusque
quod perit : in totum mundi prosternimur aevum.
Vincitur his gladiis[7] omnis quae[8] serviat aetas.

(Lucain, *La Pharsale*, VII, vers 632-640, *Op. Cit.*)

NOTES

1. istas partes : *annonce le relatif* quas : *ne pas traduire ce démonstratif*
2. partes : *a, ici, le sens de rôle*
3. illic : *s'oppose à* hic (vers 3) : *il s'agit des autres batailles* (aliae clades) *de l'histoire romaine, par opposition à celle de Pharsale (cf.* hac acie : *dans cette bataille, vers 5)*
4. quod : *valeur explicative : ce qui …*
5. majus … vulnus … quam quod : *une blessure trop grave pour que …*
6. sua saecula : *il s'agit des « générations des peuples » qui ont subi cette bataille*
7. construire : his gladiis *(Ab. complément d'agent)* vincitur omnis aetas quae serviat …
8. quae : *introduit une relative au subjonctif à sens consécutif*

QUESTIONS

1. Traduisez le texte.
2. Quelle est l'analyse de Lucain à propos de Pharsale ? Cela ne justifie-t-il pas le titre choisi pour son épopée ?
3. Comparez ce bilan de la bataille à celui de César (version 7). Sur quels plans différents se placent César et Lucain ? Appuyez-vous sur l'étude des champs lexicaux.

▲ *Monnaie romaine en or (IIIe siècle avant J.-C.) : on y voit le dieu Mars, musée des Thermes, Rome.*

Tactique et stratégie

1 La composition de l'armée pendant la bataille de Pharsale

La légion constituait l'unité principale de l'infanterie. Mais, dans les textes de ce chapitre on voit apparaître, à côté de cette infanterie lourde, une infanterie légère *(levis armatura)*, dont l'unité est l'*auxilium*, qui vient appuyer l'action de la cavalerie.

La cavalerie joue ici un rôle important, puisqu'elle fait reculer les soldats de César dans un premier temps : un détachement de 600 cavaliers, appelé *vexillatio* (du nom de son enseigne le *vexillum*), vient en effet s'ajouter aux légionnaires et aux troupes auxiliaires. À côté de cette cavalerie, on trouve une cavalerie auxiliaire, appelée *alae* : chaque aile comprend 300 ou 500 cavaliers, répartis en *turmae* de 30 à 50 hommes. Chaque turme compte 3 ou 5 décuries *(decuriae)* ; on trouve le mot *turmatim* dans le texte, p. 219 : par bataillon.

Cavalier romain (combat entre Romains et Barbares), détail du sarcophage en marbre de Ludovisi, musée des Thermes, Rome.

2 La bataille de Pharsale

La légion se présente sur trois lignes en quinconce. Elle est répartie en 10 cohortes.

César avait prévu une attaque de la cavalerie de Pompée sur l'aile droite de son armée (c'est le point faible des soldats, protégés à gauche par leur bouclier). Il disposait de 22 000 hommes, nous dit-il (contre plus de 45 000 hommes du côté de Pompée). Prévoyant une parade contre cette attaque, il avait prélevé avant la bataille une cohorte par légion sur sa 3e ligne, formant ainsi une 4e ligne chargée de résister à la cavalerie de Pompée.

Finalement, le plan prévu par César s'est déroulé parfaitement. La cavalerie de Pompée décontenança les Césariens mais la 4e ligne la mit en déroute, puis massacra archers et frondeurs venus à la rescousse. Cependant, la 3e ligne de troupes « fraîches », prévue par César, remplaça les troupes fatiguées par la bataille et la chaleur (c'est l'été, il est presque midi).

César ordonna la prise du camp de Pompée tandis que ce dernier s'enfuit avec une escorte de trente cavaliers et partit en bateau. César poursuivit le reste de l'armée ennemie dans les montagnes environnantes jusqu'à l'aube suivante et il entreprit les pourparlers en vue d'une capitulation.

Monnaie romaine du IIe siècle représentant un navire impérial, Bibliothèque nationale, Paris.

L'horreur de la guerre civile

1 LUCAIN

Lucain, scandalisé par cette guerre civile, qui dresse les citoyens les uns contre les autres, condamne César, d'après lui à l'origine de ce carnage.

Il dresse un tableau épouvantable du champ de bataille de Pharsale à la fin du livre VII. Voici la conclusion :

« Malheureuse terre thessalienne, par quel crime as-tu offensé les dieux pour être accablée par tous ces morts, toutes ces victimes d'une destinée criminelle ? Combien de temps faudra-t-il pour que l'avenir oublieux te pardonne les pertes de la guerre ? Quelle moisson s'élèvera dont la tige ne soit pas teinte du sang qui l'infecte ? Quelle charrue pourras-tu conduire sans violer les mânes romains ? [...]
Les paysans fuiraient ces plaines peuplées d'ombres, les troupeaux ne voudraient pas des buissons, aucun berger n'oserait permettre au bétail d'arracher l'herbe née de nos ossements ; comme ces régions que l'action d'un soleil excessif ou la glace rendent impropres à faire vivre des hommes, tu t'étendrais nue et ignorée, si tu avais été non la première mais la seule à porter les crimes de la guerre ? Dieux du ciel, laissez-nous haïr les terres coupables. »

LUCAIN, *La Pharsale,* Livre VII, *Op. cit.*

Questions

1. À qui s'adresse le poète ?
2. Que veut-il dire ?
3. Relevez quelques effets de style donnant à ce texte un ton épique.

2 RONSARD

Un poète français du XVIᵉ siècle dénonce les « Misères de (son) temps ». Il s'adresse à la reine, Catherine de Médicis, et gémit sur les guerres de Religion (entre les catholiques et les protestants) qui divisent et ensanglantent la France.

Voici quelques extraits de ses Discours :

Ô toi, historien, qui d'encre non menteuse
Écris de notre temps l'histoire monstrueuse,
Raconte à nos enfants tout ce malheur fatal,
Afin qu'en te lisant ils pleurent notre mal,
Et qu'ils prennent exemple aux péchés de leurs pères,]
De peur de ne tomber en pareilles misères. [...]
Mars, enflé de faux zèle et de fausse apparences,
Ainsi qu'une furie agite notre France. [...]
Tel voit-on le poulain, dont la bouche est trop forte
Par bois et par rochers son écuyer emporte,
Et malgré l'éperon, la houssine et la main,
Se gourme de sa bride et n'obéit au frein ;
Ainsi la France court, en armes, divisée,
Depuis que la raison n'est plus autorisée.

RONSARD, *Discours des Misères de ce temps,* 1563.

Madame, je serais ou du plomb ou du bois,
Si moi que la nature a fait naître François,
Aux races à venir je ne contais la peine
Et l'extrême malheur dont notre France est pleine.
Je veux, de siècle en siècle, au monde publier
D'une plume de fer sur un papier d'acier,
Que ses propres enfants l'ont prise et dévêtue,
Et jusques à la mort vilainement battue.

RONSARD, *Continuation du Discours des misères de ce temps,* 1564.

Questions

1. Lisez ces deux extraits de Ronsard et comparez-les au texte de Lucain.
2. Retrouvez, dans ces poèmes, des passages épiques et commentez-les.

Chapitre 16

La mort de Pompée

Pompée, battu et poursuivi par César, se rend en Asie Mineure, puis cherche refuge en Égypte auprès du tout jeune roi Ptolémée XIII – il a douze ans –, fils de Ptolémée Aulète dont Pompée avait rétabli le pouvoir perdu à la suite d'une révolte. Des conversations se lient entre les messagers de Pompée et des soldats du roi dont certains avaient servi sous les ordres de Pompée.

1 La mort de Pompée racontée par César

His tunc cognitis rebus, amici regis, qui propter aetatem ejus in procuratione erant regni[1], sive timore adducti, ut postea praedicabant, sollicitato exercitu regio, ne Pompeius Alexandriam
5 Aegyptumque occuparet, sive despecta ejus fortuna, ut plerumque in calamitate ex amicis inimici existunt, iis qui erant ab eo missi palam liberaliter responderunt eumque ad regem venire jusserunt ; ipsi[2] clam consilio inito Achillam[3], praefectum
10 regium, singulari hominem audacia, et L. Septimium[4], tribunum militum, ad interficiendum Pompeium miserunt. Ab his liberaliter ipse appellatus et quadam notitia Septimi productus[5], quod bello praedonum[6] apud eum ordinem[7] duxerat, naviculam
15 parvulam conscendit cum paucis suis ; ibi ab Achilla et Septimio interficitur. Item L. Lentulus[8] comprenditur ab rege et in custodia necatur.

César, *Guerre civile,* texte établi par P. Fabre, revu par A. Balland, Les Belles Lettres, Paris, C.U.F., 1997.

NOTES

1. procuratio (-onis, f.) regni : *la régence*
2. ipsi = amici regis
3. Achillas, -ae, m. : *stratège de Ptolémée XIII et membre du conseil de régence du jeune roi*
4. L. Septimius, i, m. : *ancien centurion de l'armée pompéienne pendant la guerre menée par Pompée contre les pirates, en 67 avant J.-C., devenu ensuite tribun militaire*
5. quadam notitia Septimi productus : « *rendu confiant parce qu'il connaissait un peu Septimius* »
6. bellum (-i, n.) praedonum : « *la guerre contre les pirates* » (cf. note 4)
7. ordo, inis, m. : ici, « *une centurie* » (cf. chapitre 15)
8. L. Lentulus, i, m. : *adversaire de César, il participe peut-être à la bataille de Pharsale et débarque en Égypte le lendemain de la mort de Pompée*

LIRE ET TRADUIRE

1. Faites l'analyse logique de la première phrase de « *his tunc cognitis rebus → venire jusserunt* ». *Sive ... sive* : indique une alternative entre deux hypothèses et signifie : « soit ... soit » ; la subordonnée introduite par *ne* développe le nom *timore* : « la crainte que ... ».

2. Relevez quatre ablatifs absolus et précisez-en la valeur circonstancielle.

3. Quel sens ont les adverbes *palam* et *clam* ? Que peut-on supposer du sens des lignes où ils figurent ?

4. Traduisez le texte.

5. Comment l'historien explique-t-il le comportement des Égyptiens, l'attitude de Pompée ? Par quels procédés cherche-t-il à faire preuve d'objectivité ?

6. Est-il question de César dans ce passage ? Qui porte ici la responsabilité du meurtre ?

7. Quelle phrase relate la mort de Pompée ? Commentez sa brièveté.

▲ G. BANDINI (XVIᵉ siècle), L'Assassinat de Pompée par un officier d'Antoine, galerie Nationale, Parme.

2 LA MORT DE POMPÉE SELON LUCAIN

1 LES PRÉPARATIFS

Convaincu par les discours de ses ministres qui arguent de la raison d'État et flattent son amour-propre, l'enfant roi prend avec joie la décision de faire tuer Pompée. C'est Achillas qui est chargé de l'exécution de celui que Lucain désigne par Magnus, titre décerné à Pompée par Sylla après les succès remportés sur les partisans de Marius.

Magnus et auxilio remorum[1] infanda petebat
litora ; quem contra non longa vecta biremi
appulerat scelerata manus, Magnoque patere
fingens regna Phari[2], celsae de puppe carinae
5 in parvam jubet ire ratem litusque[3] malignum
incusat bimaremque vadis frangentibus aestum,
qui vetet externas terris adpellere classes.

LUCAIN, *La Pharsale*, Livre VIII, vers 561-568, texte établi par
A. Bourgery, Les Belles Lettres, Paris, C.U.F., Tome II, 1967.

NOTES

1. auxilio remorum : « à la rame »
2. Pharos, i, m : *Pharos, île d'Égypte, près d'Alexandrie*
3. litusque malignum incusat bimaremque vadis frangentibus aestum : « il met en cause un rivage dangereux et un courant fluctuant avec des bancs de sable perfides ». L'expression **bimarem aestum** désigne les courants contraires en face de l'embouchure du Nil ; ces courants déplacent des bancs de sable (**vadis**) qui brisent (**frangentibus**) les navires

LIRE ET TRADUIRE

1. Scandez les vers 1 à 3 pour déterminer les groupes de mots dans ces vers (cf. *Annexes*, p. 239).
2. Que désigne le mot *manus* au vers 3 ? Quel est le sujet des verbes *appulerat, jubet, incusat* ?
3. Traduisez le texte.
4. Lucain prend-il position dans ce récit ? Citez le texte latin pour justifier votre réponse.

CHAPITRE 16 : *La mort de Pompée*

2 Un meurtre odieux, une grande âme

Pompée devine quel destin on lui prépare : il préfère, écrit Lucain, la mort à la crainte et empêche son épouse Cornélia de le suivre avec son fils, l'invitant à attendre loin du rivage. La suite se déroule sous les yeux de ces deux témoins anxieux.

                    Transire parantem[1]
Romanus Pharia[2] miles de puppe salutat
Septimius, qui (pro superum pudor[3] ! arma satelles[4]
regia gestabat posito deformia pilo,
5 immanis, violentus, atrox, nullaque ferarum
mitior in caedes. [...]
                           Jam venerat horae
terminus extremae, Phariamque[2] ablatus in alnum[5]
perdiderat jam jura sui. Tum stringere ferrum
10 regia monstra parant. Ut vidit comminus ensis[6],
involvit vultus[7] atque, indignatus apertum
Fortunae praebere, caput ; tunc lumina pressit[8]
continuitque animam, ne quas effundere voces
vellet et aeternam fletu corrumpere famam. [...]

LUCAIN, *La Pharsale,* Livre VIII, vers 595-600 et 610-617, *Op. cit.*

NOTES

1. **parantem** : sous-entendez **eum** qui renvoie à Pompée
2. **Pharius, a, um** : *de Pharos*
3. **pro superum pudor** : « quelle honte devant les dieux ! » ; **superum** est une forme ancienne de génitif pluriel de **superi, orum, m. pl.** : *les dieux d'en haut*
4. **satelles, itis, m.** : *garde du corps, courtisan, complice*
5. **alnus, i, f.** : *l'aulne* ; ce mot désigne, ici, le radeau en bois d'aulne sur lequel monte Pompée
6. **ensis** = **enses**
7. **involvit vultus** : ce geste est destiné à préserver la lumière de la souillure que représente un meurtre. Il a un caractère religieux.
8. **lumina pressit** : « il mit ses mains sur ses yeux » (**lumina**, en poésie, désigne les yeux)

LIRE ET TRADUIRE

1. Scandez le vers 5 : à quel cas est *nulla* ? Quelle est sa fonction par rapport à *mitior* ?

2. Quels temps sont utilisés dans les principales de ce récit au passé ? Quelle est leur valeur ? Justifiez l'emploi aux vers 7 et 9 du temps de *venerat* et *perdiderat*.

3. Au vers 13, *quas* équivaut à *aliquas* ; expliquez la présence de cette forme.

4. Relevez les indications de temps. Quel rôle jouent-elles dans le récit ?

5. Traduisez.

6. Comment s'exprime le mépris de Lucain pour Septimius (cf. notes 3 et 4) ?

7. Après avoir cherché le sens du mot « stoïcien » dans un dictionnaire, dites si l'attitude de Pompée devant la mort est conforme à celle d'un Stoïcien.

◀ *Buste de Pompée, copie de l'époque de Claude, musée archéologique, Venise.*

3 LE COMBLE DE L'HORREUR

Frappé à mort, Pompée (désigné ici par le surnom de Magnus*) souhaite rester digne face à un trépas qu'il pense devoir à son beau-père, César. Son visage par-delà la mort gardera l'expression de cette dignité.*

At Magni cum terga[1] sonent et pectora[1] ferro,
permansisse[2] decus sacrae venerabile formae
iratamque deis faciem, nil ultima mortis[3]
ex habitu vultuque viri mutasse[2] fatentur[4]
5 qui lacerum videre[5] caput. Nam saevus in ipso
Septimius sceleris majus scelus invenit actu[6]
ac retegit sacros scisso velamine vultus
semianimis Magni spirantiaque occupat[7] ora
collaque in obliquo ponit languentia transtro.
10 Tunc nervos venasque secat nodosaque frangit
ossa diu ; nondum artis erat[8] caput ense rotare.

LUCAIN, *La Pharsale,* Livre VIII, vers 663-673, *Op. cit.*

NOTES

1. terga, pectora : *pluriels poétiques*
2. permansisse, mutasse (= mutavisse) *sont les verbes de deux propositions infinitives qui dépendent de* fatentur
3. ultima mortis : « *les derniers moments, la dernière heure* »
4. fatentur *a pour sujet* (ei) qui lacerum videre caput.
5. videre = viderunt
6. majus actu : « *plus grand à faire* » ; actu *est le supin en* -u *de* ago
7. occupat : *s'empare de*
8. est *+ génitif :* c'est le propre de, cela appartient à ...

LIRE ET TRADUIRE

1. Faites l'analyse logique de la première phrase (vers 1 à 5).
2. Reconstituez les groupes de mots dans la deuxième phrase (vers 5 à 9).
3. Traduisez le texte.
4. Quels champs lexicaux sont attachés à Magnus ? à Septimius ? Quel effet Lucain recherche-t-il ?
5. Quelle signification prend le geste de Septimius que Lucain détaille de façon réaliste ? Quelle formule du texte aurait pu servir de titre à ce passage ?

Officier romain, bas-relief d'une tombe trouvée à Troie, musée de Troie.

SUR L'ENSEMBLE DES TEXTES

Comparez les relations que font César et Lucain de la mort de Pompée : contenu narratif, registre, intention.

CHAPITRE 16 : *La mort de Pompée*

Grammaire

I Le participe

Le participe est un mode caractérisé par une double valeur.

1. Adjectif ou nom

Il se comporte comme un adjectif (épithète, attribut, mis en apposition) et s'accorde en genre, nombre et cas avec le nom ou pronom auquel il se rapporte.

▶ **Victi, milites fugerunt.** *Vaincus, les soldats s'enfuirent.*
Videmus equos currentes. *Nous voyons les chevaux courir (courant).*
Scripturus sum. *J'ai l'intention d'écrire (Je suis sur le point d'écrire).*

Ces participes peuvent aussi être substantivés c'est-à-dire jouer le rôle d'un nom.

▶ **spectantes** : *les spectateurs*
pugnantium fortitudo : *le courage des combattants*
Morituri te salutant. *Les condamnés (ceux qui vont mourir) te saluent.*

2. Verbe

Il appartient toujours au système verbal et possède trois temps : le parfait, le présent, le futur pour exprimer l'antériorité, la simultanéité, la postériorité. Cependant, le latin dispose de moins de formes que le français. Voici les différentes formes du participe latin (cf. p. 245 à 250).

	Parfait	Présent	Futur
Actif		vocans, -antis : *appelant*	vocaturus, -a, -um : *sur le point d'appeler*
Passif	vocatus, -a, -um : *ayant été appelé, appelé*		
Déponent FORME PASSIVE, MAIS SENS ACTIF	imitatus, -a, -um : *ayant imité*	imitans, -antis : *imitant*	imitaturus, -a, -um : *sur le point d'imiter*

Il peut recevoir à son tour des compléments et exprime au parfait et au présent des nuances circonstancielles, parfois soulignées par un adverbe, que la traduction doit rendre en fonction du contexte.

▶ **Tumultum audientes, latrones fugiunt.**
CAUSE   *Parce qu'ils entendent du bruit, les voleurs s'enfuient.*
TEMPS   *Lorsqu'ils entendent du bruit, les voleurs s'enfuient.*
CONDITION   *S'ils entendent du bruit, les voleurs s'enfuient.*
Tumultum audientes, latrones non fugiunt.
CONCESSION   *Bien qu'ils entendent du bruit, les voleurs ne s'enfuient pas.*

II L'ablatif absolu

Dans cette proposition participiale à valeur circonstancielle, le sujet exprimé (différent de celui de la proposition dans laquelle il se trouve) est à l'ablatif et le verbe au participe présent ou passé, à l'ablatif également. Cette proposition peut à son tour recevoir complément, attribut, adverbe…

▶ **Partibus factis, verba fecit leo.** *Les parts faites, le lion prononça ces paroles.*
Romulo regnante, … *(Romulus régnant) Sous le règne de Romulus / Alors que Romulus régnait …*

Remarque : le verbe **esse** n'a pas de participe présent ; celui-ci est donc sous-entendu :

▶ **Cicerone consule** : *(Cicéron étant consul) Sous le consulat de Cicéron.*

■ Vocabulaire et étymologie

I VOCABULAIRE

1. Révision des *Fundamenta*, p. 251

2. Vocabulaire des textes

Noms
- **aestus, us, m.** : *l'ardeur, l'agitation de la mer*
- **caedes, is, f.** : *le meurtre, le massacre*
- **classis, is, f.** : *la flotte*
- **custodia, ae, f.** : *la garde, la prison*
- **facies, ei, f.** : *le visage*
- **fera, ae, f.** : *la bête sauvage*
- **habitus, us, m.** : *l'aspect, l'habitude*
- **monstrum, i, n.** : *le fait prodigieux, le monstre*
- **os, ossis, n.** : *l'os*

Adjectifs
- **externus, a, um** : *extérieur, étranger*
- **immanis, is, e** : *cruel*
- **infandus, a, um** : *dont on ne doit pas parler, abominable*
- **mitis, is, e** : *doux*
- **saevus, a, um** : *cruel, inhumain*

Mots invariables
- **nondum** : *ne ... pas encore*
- **plerumque** : *la plupart du temps*

Verbes
- **corrumpo, is, ere, -rupui, -ruptum** : *détruire, gâter*
- **existo = exsisto, is, ere, -stiti** : *sortir de, s'élever*
- **fateor, eris, eri, fassus sum** : *avouer, déclarer*
- **praebeo, es, ere, -bui, -bitum** : *présenter, fournir*
- **seco, as, are, secui, sectum** : *couper*
- **sollicito, as, are, avi, atum** : *agiter, tourmenter, presser de*
- **sono, as, are, sonui, sonitum** : *faire entendre, retentir*

II ÉTYMOLOGIE : LA RACINE DE *fateor*

Dans les textes de Lucain figurent les mots suivants : infanda, famam, fatentur.

On y retrouve la même origine : la racine **fa-** présente dans un verbe dont seules certaines formes sont employées : ***for**, fa-ris, fa-ri, fa-tus sum* : *parler*.

De cette racine découlent directement des noms et des adjectifs :

- **fabula, ae, f.** : *ce qui est dit, l'objet d'un discours fictif ou non, un récit* (de là les fables et leurs auteurs, les fabulistes) ;
- **fama, ae, f.** : *ce que l'on dit de quelqu'un, la réputation.*
- **facundus, a, um** : *disert, qui parle avec facilité ;*
- **famosus, a, um** : *qui fait parler de lui, en bien ou en mal* (mais le français n'a retenu que le sens mélioratif : fameux) ;
- **infans, -tis** : *qui ne parle pas* comme le tout jeune enfant, le bébé ;
- **infandus, a, um** : *qu'on ne peut raconter, abominable* ;
- **nefandus, -a, -um** : *impie, criminel.*

De l'élargissement en -t de la racine :

- De **fat** (**a** bref) proviennent le verbe **fateor, -eris, -eri, fassus sum** : *avouer, proclamer* et ses dérivés, **confiteor** : *j'avoue, je confesse* ; **profiteor** : *je déclare publiquement* (la confession, la profession de foi en sont issues) ; le phénomène d'apophonie, visible dans les verbes **confiteri** et **profiteri**, se retrouve dans l'expression présente chez Plaute : **infitias ire** : *nier.*
- Enfin, élargie encore en **-t**, la racine **fat** (**a** long) se trouve dans le **fatum** : *le destin* (souvent personnifié) que les dieux prononcent pour chaque individu et d'où est dérivé l'adjectif **fatalis, -is, -e** : *du destin, fatal, qui donne la mort.*

CHAPITRE 16 : *La mort de Pompée* | 233

1. *Précisez le sens des expressions suivantes :*
un souvenir ineffable – condamné pour infanticide – se livrer à des enfantillages – un procès pour diffamation – une erreur fatale – une fameuse canaille – un trésor fabuleux – le jour fatidique – une affabulation avérée – faire profession d'athéisme – un lieu mal famé – il a de la faconde – être sauvé de l'infamie – un professeur de latin – on infantilise les téléspectateurs – *Jacques le fataliste* de Diderot – les *Confessions* de J.-J. Rousseau – le fameux Caton – une femme fatale – un homme affable.

2. *Identifiez (temps, voix, cas, genre, nombre) et traduisez les participes suivants. Attention ! Plusieurs solutions existent parfois.*
paratis – necantibus – missos – interfecturi – mittentis – respondentes – sollicitatam – fassurum – corrupti – sonantium – ablatae – fatenti – occupato – sectura – responso – occupantis – invenientem – sectis – praebentia – inventorum – parans – interfectum – necatas – sollicitante.

3. *Formez les participes indiqués entre parenthèses des verbes suivants :*
paro, as, are, avi, atum : préparer (participe parfait passif au G. plur. des trois genres) – contineo, es, ere, tinui, tentum : contenir (participe futur actif à l'Ac. sing. des trois genres) – corrumpo, is, ere, rupui, ruptum : détruire (participe présent actif à l'Ab. sing. des trois genres) – interficio, is, ere, feci, fectum : tuer (participe futur actif au N. plur. des trois genres) – invenio, is, ire, veni, ventum : trouver (participe parfait passif au D. sing. des trois genres).

4. *Traduisez les phrases suivantes.*
1. Convivae recubantes frigidam aquam petierunt.
2. Cognitis his rebus, Pompeius diurnis eo nocturnisque itineribus contendit.
3. In furto comprehensus, miles exemplo castigatur.
4. Incertum erat procul intuentibus scelus.
5. Imminenti periculo territa, mulier domo egrediebatur.
6. Recipe gloriam tibi propositam.
7. Post, mutato consilio, Caesar paulo ultra eum locum castra transtulit.
8. Ascendunt triremes laturi auxilium.
9. Homines confusum quiddam sonantes.
10. Eae legiones bello confecto missae sunt.

5. *Même exercice.*
1. L. Pisone A. Gabinio consulibus, multae leges latae sunt.
2. Nemo ferre impetum hostium tam acriter venientium potest.
3. Nondum periculo appropinquante, omnes placidi erant.
4. Habitus corporis quiescenti erat similis.
5. Quibus rebus effectis, Caesar milites hortatus est.
6. Plurima opera mansura condidit.
7. Raedis equisque comprehensis, dux mortem effugit.
8. Cohortes, Scipione ducente, ad hostem pervenerunt.
9. His litteris acceptis, ipse iter in Macedoniam parare incepit.
10. Ille homo vixerat quasi semper victurus.
11. Jacens studebam.

6. *Reconstituez ce récit de Pline le Jeune en traduisant les passages en latin intercalés dans le résumé suivant.*

Une histoire de fantôme.

À Athènes, dans une maison, on entendait la nuit des bruits de chaînes. **Mox apparebat idolum, senex macie et squalore confectus, promissa barba** [...] Celui-ci secouait des chaînes. **Inde inhabitantibus tristes diraeque noctes per metum vigilabantur ; vigiliam morbus et crescente formidine mors sequebatur. [...] Deserta inde et damnata solitudine domus totaque illi monstro relicta.** Un philosophe, séduit par le prix de la maison, qui était à louer, et par le caractère étonnant de l'histoire qu'on lui avait racontée, décida de s'y installer. La nuit, il s'installa pour écrire [...] **ne vacua mens audita simulacra et inanes sibi metus fingeret.** Alors qu'il se concentre sur son travail, il entend les bruits de chaînes de plus en plus proches. **Respicit, videt, agnoscitque narratam sibi effigiem. Stabat innuebatque digito similis vocanti.** Le philosophe se penche de nouveau sur son travail. **Illa (effigies) scribentis capiti catenis insonabat.** Il décide alors de suivre le fantôme qui l'entraîne dans la cour puis à un endroit disparaît, abandonnant son compagnon. **Desertus herbas et folia concerpta signum loco ponit.** Le lendemain, le philosophe se rend auprès des magistrats qui ordonnent de creuser à cet endroit. **Inveniuntur ossa inserta catenis et implicata [...] ; collecta publice sepeliuntur. Domus postea rite conditis manibus caruit.**

(PLINE LE JEUNE, *Lettres,* Livre VII, § 27, texte établi par A.-M. Guillemin, Les Belles Lettres, Paris, C.U.F., 1989.)

7. Version

Une mort annoncée

Suétone rapporte que des prodiges annoncèrent à César son assassinat.

Proximis diebus equorum greges, quos in trajiciendo Rubiconi flumini consecrarat[1] ac vagos et sine custode dimiserat, comperit pertinacissime pabulo abstinere ubertimque flere. Et immolantem haruspex Spurinna monuit « caveret periculum, quod non ultra Martias Idus proferretur. » Pridie autem easdem Idus avem regaliolum cum laureo ramulo Pompeianae curiae se inferentem[2] volucres varii generis ex proximo nemore persecutae ibidem discerpserunt.

(SUÉTONE, *Vie des douze Césars,* tome 1, texte établi par H. Ailloud, Les Belles Lettres, Paris, C.U.F., 1996.)

NOTES

1. consecrarat = consecraverat
2. **se inferre** *(+ D.)* : se porter, se rendre dans, sur ...

QUESTIONS

1. D'après l'introduction, quel est le sujet commun des verbes : *consecrarat, dimiserat, comperit* ? À quel cas est *greges* ?
2. De quel type de proposition est suivi le verbe *comperit* ?
3. Quel nom faut-il sous-entendre devant *immolantem* ?
4. Cherchez, dans la dernière phrase, la structure de base : sujet-verbe-complément direct.
5. Traduisez le texte.

8. Version

La mort de Britannicus

Le jeune empereur Néron cherche à se débarrasser de son demi-frère Britannicus naguère dépossédé du pouvoir à son profit. Il recourt aux services de l'empoisonneuse Locuste. Au cours d'un banquet ...

Illic epulante Britannico, quia cibos potusque ejus delectus ex ministris gustu explorabat, ne omitteretur institutum aut utriusque morte proderetur scelus, talis dolus repertus est. Innoxia adhuc ac praecalida et libata gustu potio traditur Britannico ; dein, postquam fervore aspernabatur, frigida in aqua adfunditur venenum[1], quod ita cunctos ejus artus pervasit ut vox pariter et spiritus raperentur.
Trepidatur a circumsedentibus ; diffugiunt imprudentes ; at quibus altior intellectus[2] resistunt defixi et Neronem intuentes. Ille, ut erat reclinis et nescio similis, solitum[3] ita ait per comitialem morbum[4] quo prima ab infantia adflictaretur Britannicus, et reddituros[3] paulatim visus sensusque.

(TACITE, *Annales*, XIII, 16, texte établi par H. Goelzer, Les Belles Lettres, Paris, C.U.F., 1966.)

NOTES

1. **frigida ... venenum** : *traduisez*, « on ajoute, avec l'eau froide, le poison »
2. *sous-entendez* est
3. **solitum** : *sous-entendez* (id) solitum (esse) ; **redituros** : *sous-entendez* esse
4. **comitialis morbus** : *l'épilepsie*

QUESTIONS

1. Faites l'analyse logique des phrases du 1er paragraphe (l. 1 à l. 7).
2. Repérez des participes substantivés, un ablatif absolu, des participes utilisés comme épithètes, un participe futur.
3. Donnez la construction de la dernière phrase ; quel type de subordonnée complète le verbe *ait* ?
4. Traduisez le texte.
5. Comment Tacite présente-t-il Néron dans ces circonstances ?
6. Expliquez le comportement des témoins.

▲ *Stèle de Caius Romanius, époque de Néron, musée de la Civilisation romaine, Rome.*

9. Version

Un signe du ciel

Des signes manifestes annoncèrent à l'empereur Auguste (Caesar Augustus) sa mort et son apothéose.

Sub idem tempus ictu fulminis ex inscriptione statuae ejus[1] prima nominis littera effluxit ; responsum est, centum solos dies posthac victurum[2], quem numerum C[3] littera notaret, futurumque ut[4] inter deos referretur, quod « aesar »[5], id est reliqua pars e Caesaris nomine, Etrusca lingua deus vocaretur.

(SUÉTONE, *Vies des douze Césars,* Livre II, 97, texte établi par H. Ailloud, Les Belles Lettres, Paris, C.U.F., 1996.)

NOTES

1. **statuae ejus** : il y avait à Rome une statue d'Auguste
2. **victurum** = eum victurum esse
3. **quem numerum C** = numerum C quem ; « C » est un nombre
4. **futurum ut** = futurum esse ut + subj. : « il arriverait que »
5. **« aesar »** : ce mot n'existe pas en latin (ce serait un mot étrusque) ; laissez-le tel quel dans votre traduction

QUESTIONS

1. Pourquoi les verbes *notaret* et *referretur* sont-ils à ce mode ?
2. Traduisez, après avoir analysé rigoureusement la phrase.
3. Qu'est-ce qu'une apothéose ? D'autres héros ont-ils été admis parmi les dieux à leur mort ?

Mourir à Rome

1 Les funérailles

L'organisation des funérailles incombe à la personne que le défunt a désignée par testament ou à défaut à ses héritiers. Les frais sont supportés par celui qui bénéficiera de la succession.

■ Les héritiers ont surtout des **rites funéraires** à accomplir : en premier lieu, recueillir le dernier souffle du mourant, lui fermer les yeux, l'appeler à haute voix pour s'assurer de la réalité de sa mort et promettre qu'une sépulture assurera le repos de l'âme du défunt. Puis vient le moment de la toilette funèbre : étendu à terre, le corps est lavé et parfumé, revêtu d'une toge blanche ou d'une étoffe noire pour les pauvres. On dépose sur les vêtements les insignes témoignant de récompenses civiques, sportives... Comme en Grèce, on place dans la bouche du mort une pièce de monnaie pour payer le passage dans l'au-delà. Pendant trois à sept jours, le corps est ensuite exposé sur un lit, dans l'atrium, les pieds tournés vers le dehors ; fleurs, parfums entourent le mort. Les parents reçoivent les condoléances.

▲ *Scène de funérailles, relief du Ier siècle provenant de Amiternum, Abruzzes, musée de la Civilisation romaine, Rome.*

■ Puis un cortège funèbre *(exsequiae)* conduit le corps à la tombe ou au bûcher, dans un cercueil ouvert porté par quatre ou huit hommes. Des torches sont allumées en souvenir d'une période ancienne où le cortège avait lieu de nuit. Devant le corps marchent des musiciens (joueurs de flûtes, trompettes), et des pleureuses. Les parents et amis suivent ; les femmes ont les cheveux défaits, les vêtements déchirés, et gémissent ; les fils ont la tête voilée.

■ Le corps est ensuite inhumé ou incinéré. Les deux rites coexistent ; les préférences varient selon les époques : au Ier siècle avant J.-C., l'incinération est la plus répandue. Le bûcher est dressé au-dessus d'une fosse ; on inhume alors l'urne contenant les cendres à l'exception d'un ossement que l'on recouvre de terre.

Sacrifices et purifications complètent la cérémonie et un repas funèbre a lieu près du tombeau. On y dépose une part pour le mort. Parfois des funérailles publiques, aux frais de l'État, sont accordées par le sénat à des personnages éminents, essentiellement des empereurs. Des jeux peuvent être donnés à cette occasion.

2 Les croyances

■ Les rites doivent être respectés par les familles afin d'assurer aux morts le repos de l'âme. Faute de quoi, celle-ci erre sans fin et vient tourmenter les vivants jusqu'à ce que les rites soient accomplis et qu'une sépulture lui soit donnée. Ce sont les droits sacrés des morts. Mais il est parfois difficile de les respecter : il faut préserver le corps de toute mutilation qui atteindrait l'âme du mort. Les victimes de morts violentes (suicidés, assassinés...) n'ont donc pas de place dans le monde des morts. Ceux dont le corps a disparu, les noyés par exemple, sont condamnés à l'errance.

■ Après les funérailles, les morts, appelés désormais les Mânes, reçoivent un culte domestique qui atteste qu'on leur prête une vie sous terre. On apporte au mort de la nourriture : des fruits nouveaux, le produit des dernières récoltes... Des sacrifices sont même destinés à compenser les oublis ou manquements à ces pratiques. Des fêtes fixes, les *feralia* (cf. chapitre 6), célèbrent les morts, mais on les honore aussi à la date anniversaire de leur décès.

La mort de Pompée

1 SELON PLUTARQUE (VERS 50-125 APRÈS J.-C.)

« La barque s'approchait et Septimius se leva le premier pour saluer Pompée en latin du titre d'Imperator. Achillas le salua à son tour en grec et l'invita à passer dans la barque, alléguant qu'il y avait beaucoup de vase et que la mer encombrée de sable n'était pas assez profonde pour porter une trière. [...] Comme il (Pompée) prenait la main de Philippus pour se lever plus facilement, Septimius, par derrière, lui passa son épée au travers du corps, et, après lui, Salvius, puis Achillas dégainèrent. Et lui, ramenant des deux mains sa toge sur son visage, sans rien dire ni rien faire d'indigne de lui, mais en poussant un gémissement, il subit fermement leurs coups. [...] Les assassins coupèrent la tête de Pompée et jetèrent hors de la barque son corps nu, qu'ils abandonnèrent à ceux qui désiraient ce genre de spectacles. »

PLUTARQUE, *Les Vies parallèles*, Pompée, 78, 4-5 ; 79,4-5 ; 80,2, tome VIII, traduit par R. Flacelière et E. Chambry, Les Belles Lettres, Paris, C.U.F., 1973.

Questions

1. Comparez ce récit aux textes de Lucain et de César étudiés dans ce chapitre.
2. Quelle version des faits vous paraît être celle d'un historien ? Pourquoi ?

2 LA MORT DE POMPÉE D'APRÈS CORNEILLE (1606-1684)

Ptolémée et sa sœur Cléopâtre prétendent chacun au pouvoir. Ptolémée a ordonné la mort de Pompée pour gagner les bonnes grâces de César et se faire ainsi un rempart contre sa sœur qui a séduit ce dernier. Un émissaire rapporte à Cléopâtre la mort de Pompée.

« Du plus grand des mortels j'ai vu trancher le sort :
J'ai vu dans son malheur la gloire de sa mort ;
Et puisque vous voulez qu'ici je vous raconte
La gloire d'une mort qui nous couvre de honte,
5 Écoutez, admirez, et plaignez son trépas. [...]
Achillas à son bord joint son esquif funeste.
Septimius se présente, et lui tendant la main,
Le salue Empereur en langage romain ;
Et comme député de ce jeune monarque :
10 « Passez, Seigneur, dit-il, passez dans cette barque ;
Les sables et les bancs cachés dessous les eaux
Rendent l'accès mal sûr à de plus grands vaisseaux. »
Ce héros voit la fourbe, et s'en moque dans l'âme :
Il reçoit les adieux des siens et de sa femme,
15 Leur défend de le suivre, et s'avance au trépas
Avec le même front qu'il donnait les États ;
La même majesté sur son visage empreinte
Entre ses assassins montre un esprit sans crainte ;
Sa vertu tout entière à la mort le conduit. [...]
20 Sitôt qu'on a pris terre, on l'invite à descendre ;
Il se lève ; et soudain, pour signal, Achillas
Derrière ce héros tirant son coutelas,
Septime et trois des siens, lâches enfants de Rome,
Percent à coups pressés les flancs de ce grand homme.
25 [...]
D'un des pans de sa robe il couvre son visage,
À son mauvais destin en aveugle obéit,
Et dédaigne de voir le ciel qui le trahit,
De peur que d'un coup d'œil contre une telle offense
30 Il ne semble implorer son aide ou sa vengeance.
Aucun gémissement à son cœur échappé
Ne le montre, en mourant, digne d'être frappé :
Immobile à leurs coups, en lui-même il rappelle
Ce qu'eut de beau sa vie, et ce qu'on dira d'elle. [...]
35 Sur les bords de l'esquif sa tête enfin penchée,
Par le traître Septime indignement tranchée,
Passe au bout d'une lance en la main d'Achillas,
Ainsi qu'un grand trophée après de grands combats.
On descend, et pour comble à sa noire aventure
40 On donne à ce héros la mer pour sépulture,
Et le tronc sous les flots roule dorénavant
Au gré de la fortune, et de l'onde, et du vent. »

CORNEILLE, *La Mort de Pompée*, Acte II, scène 2, 1643.

Questions

1. De qui Corneille vous semble-t-il s'être inspiré pour cette scène ? Est-il fidèle à sa source ?
2. En quoi la mort du héros est-elle pitoyable ?

Accentuation

■ Quantité des voyelles

En latin, les voyelles peuvent être longues ou brèves. On appelle cette différence la quantité des voyelles, et on la note ainsi :

▶ ā = a long ; ă = a bref.

Lorsque la voyelle d'une syllabe est longue, la syllabe est longue.

Une voyelle peut être longue ou brève :

1. par nature :
   ▶ *vīta – lŏcus*
2. par position :
   une voyelle suivie d'une consonne dans la même syllabe est dite entravée, et elle est toujours longue :
   ▶ *pār|vus – tēr|ra*

À l'inverse, si une voyelle située en fin de syllabe rencontre une autre voyelle au début de la syllabe suivante (absence complète d'entrave ou hiatus), elle est toujours brève :

▶ *filĭ|us*

Les diphtongues (*au, ae* par exemple) sont toujours longues.

■ Accent

Les mots latins sont tous accentués, excepté quelques mots-outils dits enclitiques tels que les prépositions ou des conjonctions comme *-que* signifiant « et ».

Principes d'accentuation

1. L'accent n'est jamais sur la dernière syllabe : tous les mots de deux syllabes sont donc accentués sur la 1ʳᵉ syllabe :
   ▶ *víta*

2. Si le mot a trois syllabes ou plus, il est accentué :
   - sur l'avant-dernière syllabe quand elle est longue (par nature ou par position) :
     ▶ *natū́ra*   (*u* long par nature)
     decḗp|tus   (*e* long par position, entravé par *p*)
   - sur la 3ᵉ syllabe en partant de la fin du mot quand l'avant-dernière est brève :
     ▶ *fílĭus*   (*i* bref par position)
     pópŭlus   (*u* bref par nature)

Certaines désinences et certains suffixes ont une quantité précise ; par exemple les verbes des 1ʳᵉ, 2ᵉ et 4ᵉ conjugaisons ont une voyelle longue à la fin du radical (*vocāre, tenēre, audīre*), tandis que ceux des 3ᵉ conjugaison et 3ᵉ conjugaison mixte ont une voyelle thématique brève (*mittĕre, capĕre*) ; les désinences *-ōrum, -ārum* des génitifs pluriels ont une voyelle longue, mais les datifs et ablatifs en *-ĭbus* ont une voyelle brève.

L'évolution étymologique indique aussi la place de l'accent :

▶ *pópulus* > peuple

Devant un enclitique, l'accent se déplace toujours sur la voyelle précédente :

▶ *animúsque*

Métrique

Le vers latin se compose de mètres, ou mesures, fondés sur le principe de la quantité de voyelles.

Voici les plus fréquents de ces mètres :

— —	: le spondée	(2 voyelles longues)
— ‿ ‿	: le dactyle	(1 longue + 2 brèves)
‿ —	: l'iambe	(1 brève + 1 longue)
— ‿	: le trochée	(1 longue + 1 brève)
‿ ‿ ‿	: le tribraque	(3 brèves)
‿ ‿ —	: l'anapeste	(2 brèves + 1 longue)

La dernière mesure d'un vers est souvent abrégée.

Nous avons vu dans ce manuel plusieurs types de vers latins.

I L'HEXAMÈTRE DACTYLIQUE

1	2	3	4	5	6
— — / — ‿ ‿	— — / — ‿ ‿	— — / — ‿ ‿	— — / — ‿ ‿	— ‿ ‿	— ‿

6 mesures formées d'un spondée ou d'un dactyle, la 5ᵉ mesure étant généralement un dactyle.

▶ Ō for | tūnā | tōs nĭmĭ | ūm, sŭā | sī bŏnă | nōrint [...]   (VIRGILE, Géorgiques.)

II L'HENDÉCASYLLABE PHALÉCIEN

Ce vers utilisé par les poètes (par exemple Catulle, cf. chapitre 6) contient 11 syllabes réparties en 5 mesures, comme suit :

1	2	3	4	5
— —	— ‿ ‿	— ‿	— ‿	— ‿
spondée	dactyle		3 trochées	

▶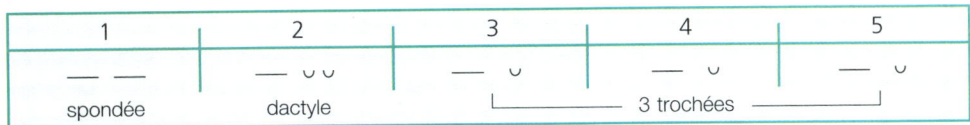
Marrū | cīn(e), Ăsĭ | nī, mā | nū sīn | īstra.

III LE DISTIQUE ÉLÉGIAQUE

Ce vers utilisé dans la poésie lyrique par Tibulle, Ovide et Properce (plus tard aussi par Du Bellay) est formé d'un hexamètre (cf. ci-dessus) et d'un vers dit élégiaque, parfois pentamètre, qui se scande ainsi :

— ‿ ‿	— ‿ ‿	—	—	‿ ‿ —	‿ ‿ —

IV LE SÉNAIRE IAMBIQUE

Les auteurs de théâtre comme Plaute, Térence ou même Phèdre (l'auteur des Fables) utilisent ce vers formé de 6 iambes, dont la scansion est très complexe à cause du nombre élevé de variantes dans toutes les mesures, excepté la 6ᵉ mesure.

▶
Quām dūl | cīs sīt | lībēr | tās brĕvĭ | tēr prō | lŏquar.   (PHÈDRE, Lupus ad canem, scansion du début de la fable.)

ANNEXES

La déclinaison latine

DÉCLINAISON DES NOMS ET DES ADJECTIFS

1re DÉCLINAISON

	Radicaux en -a-	
	Singulier	Pluriel
N.	causa *la cause*	causae
V.	causa	causae
Ac.	causam	causas
G.	causae	causarum
D.	causae	causis
Ab.	causa	causis

2e DÉCLINAISON

	Thèmes en o/ŭ	
	Singulier	Pluriel
N.	amicus *l'ami*	amici
V.	amice	amici
Ac.	amicum	amicos
G.	amici	amicorum
D.	amico	amicis
Ab.	amico	amicis

	Singulier	Pluriel
N.	bellum *la guerre*	bella
V.	bellum	bella
Ac.	bellum	bella
G.	belli	bellorum
D.	bello	bellis
Ab.	bello	bellis

Déclinaisons suivies par les adjectifs de la 1re classe

3e DÉCLINAISON

Noms masculins/féminins

	Radicaux en consonnes		Radicaux en -i-	
	Singulier	Pluriel	Singulier	Pluriel
N.	rex (< reg-s) *le roi*	reges	hostis *l'ennemi*	hostes
V.	rex	reges	hostis	hostes
Ac.	regem	reges	hostem	hostes
G.	regis	regum	hostis	hostium
D.	regi	regibus	hosti	hostibus
Ab.	rege	regibus	hoste	hostibus

Noms neutres

	Singulier	Pluriel	Singulier	Pluriel
N.	corpus *le corps*	corpora	mare *la mer*	maria
V.	corpus	corpora	mare	maria
Ac.	corpus	corpora	mare	maria
G.	corporis	corporum	maris	marium
D.	corpori	corporibus	mari	maribus
Ab.	corpore	corporibus	mari	maribus

Déclinaisons suivies par les adjectifs de la 2e classe

4e DÉCLINAISON

	Radicaux en -u-			
	Singulier	Pluriel	Singulier	Pluriel
N.	manus *la main*	manus	cornu *la corne*	cornua
V.	manus	manus	cornu	cornua
Ac.	manum	manus	cornu	cornua
G.	manus	manuum	cornus	cornuum
D.	manui	manibus	cornui	cornibus
Ab.	manu	manibus	cornu	cornibus

5e DÉCLINAISON

	Radicaux en -ē-	
	Singulier	Pluriel
N.	res *la chose*	res
V.	res	res
Ac.	rem	res
G.	rei	rerum
D.	rei	rebus
Ab.	re	rebus

RÉCAPITULATIF DES DÉSINENCES
(sans voyelles de radicaux ou voyelles de liaison)

I MASCULINS / FÉMININS

	Singulier	Pluriel
N.	Ø ou -s	-i ou -s
V.	Ø ou -s	-i ou -s
Ac.	-m	-s
G.	-i ou -s	-um ou -rum
D.	-i	-is ou -bus
Ab.	-*d (tombé) > Ø	-is ou -bus

II NEUTRES

	Singulier	Pluriel
N.	Ø ou -m	-a
V.		
Ac.		
G.	semblable aux masculins/féminins	
D.		
Ab.		

■ Déclinaison des adjectifs

1. Les adjectifs de la 1ʳᵉ classe suivent au masculin, la déclinaison de **amicus**, au féminin, celle de **causa**, au neutre, celle de **bellum**. *Exemple*: **bonus, bona, bonum** : *bon*.

2. Les adjectifs de la 2ᵉ classe

• Les adjectifs à radicaux en consonne suivent, au masculin et au féminin, la déclinaison de **rex**, au neutre, celle de **corpus**. *Exemple* : **vetus, vetus, vetus** : *vieux*. G. **veteris**, aux trois genres.

• Les adjectifs à radicaux en **-i** suivent, au masculin et au féminin, la déclinaison de **hostis**, au neutre, celle de **mare**, mais leur ablatif singulier est en **-i** aux trois genres :

	SINGULIER			PLURIEL		
	masculin	féminin	neutre	masculin	féminin	neutre
N.	omn is, *tout*	omn is	omn e	omn es	omn es	omn ia
V.	omn is	omn is	omn e	omn es	omn es	omn ia
Ac.	omn em	omn em	omn e	omn es	omn es	omn ia
G.	omn is	omn is	omn is	omn ium	omn ium	omn ium
D.	omn i	omn i	omn i	omn ibus	omn ibus	omn ibus
Ab.	omn i	omn i	omn i	omn ibus	omn ibus	omn ibus

■ Déclinaison des pronoms-adjectifs

I Pronoms personnels

	1ʳᵉ personne		2ᵉ personne		3ᵉ personne (réfléchi)
	Singulier	Pluriel	Singulier	Pluriel	Singulier et pluriel
N.	ego	nos	tu	vos	
Ac.	me	nos	te	vos	se
G.	mei	nostri/nostrum	tui	vestri/vestrum	sui
D.	mihi	nobis	tibi	vobis	sibi
Ab.	me	nobis	te	vobis	se

II Pronom relatif[1]

	SINGULIER			PLURIEL		
	masculin	féminin	neutre	masculin	féminin	neutre
N.	qui	quae	quod	qui	quae	quae
Ac.	quem	quam	quod	quos	quas	quae
G.	cujus	cujus	cujus	quorum	quarum	quorum
D.	cui	cui	cui	quibus	quibus	quibus
Ab.	quo	qua	quo	quibus	quibus	quibus

1. Les pronoms interrogatifs et indéfinis **quis, quae, quid** se déclinent comme le pronom relatif, sauf au N. masculin, **quis**, et au N. Ac. neutre, **quid**.
Les adjectifs interrogatifs et indéfinis **qui, quae, quod** se déclinent comme le pronom relatif.

III Pronoms – Adjectifs démonstratifs

1. Hic, haec, hoc : *celui-ci, ce* (près de moi)

	SINGULIER			PLURIEL		
	masculin	féminin	neutre	masculin	féminin	neutre
N.	hic	haec	hoc	hi	hae	haec
Ac.	hunc	hanc	hoc	hos	has	haec
G.	hujus	hujus	hujus	horum	harum	horum
D.	huic	huic	huic	his	his	his
Ab.	hoc	hac	hoc	his	his	his

2. Iste, ista, istud : *celui-ci, ce* (près de toi)

	SINGULIER			PLURIEL		
	masculin	féminin	neutre	masculin	féminin	neutre
N.	iste	ista	istud	isti	istae	ista
Ac.	istum	istam	istud	istos	istas	ista
G.	istius	istius	istius	istorum	istarum	istorum
D.	isti	isti	isti	istis	istis	istis
Ab.	isto	ista	isto	istis	istis	istis

3. Ille, illa, illud : *celui-là, ce* (près de lui)

Même déclinaison que **iste, ista, istud**.

4. Is, ea, id : *celui-ci, ce* (pronom de rappel)

	SINGULIER			PLURIEL		
	masculin	féminin	neutre	masculin	féminin	neutre
N.	is	ea	id	ei (ii)	eae	ea
Ac.	eum	eam	id	eos	eas	ea
G.	ejus	ejus	ejus	eorum	earum	eorum
D.	ei	ei	ei	eis (iis)	eis (iis)	eis (iis)
Ab.	eo	ea	eo	eis (iis)	eis (iis)	eis (iis)

■ Les nombres

Chiffres romains	Cardinaux	Ordinaux
I	Unus, a, um[1]	Primus, a, um, *premier* Prior, or, us, *premier de deux*
II	Duo, ae, o[2]	Secundus, a, um, *second*
III	Tres, tria[3]	Tertius, a, um
IV	Quattuor[4]	Quartus, a, um
V	Quinque	Quintus, a, um
VI	Sex	Sextus, a, um
VII	Septem	Septimus, a, um
VIII	Octo	Octavus, a, um
IX	Novem	Nonus, a, um
X	Decem	Decimus, a, um
XI	Undecim	Undecimus
XII	Duodecim	Duodecimus
XIII	Tredecim	Tertius decimus
XIV	Quattuordecim	Quartus decimus
XV	Quindecim	Quintus decimus
XVI	Sedecim	Sextus decimus
XVII	Septemdecim	Septimus decimus
XVIII	Duodeviginti	Duodevicesimus
XIX	Undeviginti	Undevicesimus

Chiffres romains	Cardinaux	Ordinaux
XX	Viginti	Vicesimus, a, um
XXI	Viginti unus / Unus et viginti	Vicesimus primus / Unus et vicesimus
XXX	Triginta	Tricesimus
XL	Quadraginta	Quadragesimus
L	Quinquaginta	Quinquagesimus
LX	Sexaginta	Sexagesimus
LXX	Septuaginta	Septuagesimus
LXXX	Octoginta	Octogesimus
XC	Nonaginta	Nonagesimus
C	Centum	Centesimus
CC	Ducenti	Ducentesimus
CCC	Trecenti	Trecentesimus
CCCC ou CD	Quadringenti	Quadringentesimus
D ou IƆ	Quingenti } ae, a	Quingentesimus
DC	Sescenti	Sescentesimus
DCC	Septingenti	Septingentesimus
DCCC	Octingenti	Octingentesimus
DCCCC	Nongenti	Nongentesimus
M ou CIƆ	Mille	Millesimus
MM	Duo milia	Bis millesimus

1. Comme **amicus, causa, bellum**, sauf : G. sing. **unius** aux 3 genres, D. sing. **uni** aux 3 genres.
2. Ac. **duos, duas, duo** ; G. **duorum, duarum, duorum** ; D. Ab. **duobus, duabus, duobus**.
3. Ac. **tres, tres, tria** ; G. **trium** aux 3 genres ; D. Ab. **tribus** aux 3 genres.
4. Les cardinaux sont invariables (sauf indications contraires).

La conjugaison latine

■ Désinence des personnes

	ACTIF	PASSIF / DÉPONENT
INFECTUM	– o / m – s (impératif Ø) – t – mus – tis (impératif -te) – nt	– or / r – ris (impératif -re) – tur – mur – mini – ntur
PERFECTUM	mêmes désinences, sauf au parfait de l'indicatif : – i – isti – it – imus – istis – erunt / ere	Formes composées à l'aide du participe parfait passif / déponent et du verbe *sum*

■ Suffixes des temps et des modes

		Indicatif	Subjonctif	Impératif	Infinitif Actif	Infinitif Passif/déponent	Participe
INFECTUM	**Présent**	Ø	-A- (-E- pour la 1ʳᵉ conj.)	Ø	-RE	-RI/-I	-NT-
	Imparfait	-BA-	-RE-				
	Futur	-BO / -BI / -BU (1ʳᵉ et 2ᵉ conj.) -A / -E (3ᵉ et 4ᵉ conj.)					
PERFECTUM	**Parfait**	Ø	-ERI-		-ISSE		au passif déponent sur le radical du supin
	Plus-que-parfait	-ERA-	-ISSE-				
	Futur antérieur	-ERO/-ERI-					

■ Conjugaison de sum, es, esse, fui : *être*

		Indicatif	Subjonctif	Impératif	Infinitif	Participe
INFECTUM[1]	**Présent**	sum es est sumus estis sunt	sim sis sit simus sitis sint	es este	esse	*inusité*
	Imparfait	eram eras erat eramus eratis erant	essem esses esset essemus essetis essent			
	Futur	ero eris erit erimus eritis erunt			futurum, (am, um) esse / fore	futurus, a, um
PERFECTUM[1]	**Parfait**	fui fuisti fuit fuimus fuistis fuerunt	fuerim fueris fuerit fuerimus fueritis fuerint		fuisse	
	Plus-que-parfait	fueram fueras fuerat fueramus fueratis fuerant	fuissem fuisses fuisset fuissemus fuissetis fuissent			
	Futur antérieur	fuero fueris fuerit fuerimus fueritis fuerint				

1. L'**infectum** est le nom latin du radical du présent.
Le **perfectum** est le nom latin du radical du parfait.

Première conjugaison

Radicaux en -a : voco, vocas, vocare, vocavi, vocatum : *appeler*

Voix active

INFECTUM

	Indicatif	Subjonctif	Impératif	Infinitif	Participe
Présent	voco vocas vocat vocamus vocatis vocant	vocem voces vocet vocemus vocetis vocent	voca vocate	vocare	N. vocans G. vocantis
Imparfait	vocabam vocabas vocabat vocabamus vocabatis vocabant	vocarem vocares vocaret vocaremus vocaretis vocarent			
Futur	vocabo vocabis vocabit vocabimus vocabitis vocabunt			vocaturum (am, um) esse	vocaturus, a, um

PERFECTUM

	Indicatif	Subjonctif	Impératif	Infinitif	Participe
Parfait	vocavi vocavisti vocavit vocavimus vocavistis vocaverunt	vocaverim vocaveris vocaverit vocaverimus vocaveritis vocaverint		vocavisse	
Plus-que-parfait	vocaveram vocaveras vocaverat vocaveramus vocaveratis vocaverant	vocavissem vocavisses vocavisset vocavissemus vocavissetis vocavissent			
Futur antérieur	vocavero vocaveris vocaverit vocaverimus vocaveritis vocaverint				

Voix passive

INFECTUM

	Indicatif	Subjonctif	Impératif	Infinitif	Participe
Présent	vocor vocaris vocatur vocamur vocamini vocantur	vocer voceris vocetur vocemur vocemini vocentur	vocare vocamini	vocari	
Imparfait	vocabar vocabaris vocabatur vocabamur vocabamini vocabantur	vocarer vocareris vocaretur vocaremur vocaremini vocarentur			
Futur	vocabor vocaberis vocabitur vocabimur vocabimini vocabuntur			vocatum iri	

TEMPS COMPOSÉS

	Indicatif	Subjonctif	Impératif	Infinitif	Participe
Parfait	vocatus (a, um) {sum/es/est} vocati (ae, a) {sumus/estis/sunt}	vocatus (a, um) {sim/sis/sit} vocati (ae, a) {simus/sitis/sint}		vocatum esse (am, um)	vocatus (a, um)
Plus-que-parfait	vocatus (a, um) {eram/eras/erat} vocati (ae, a) {eramus/eratis/erant}	vocatus (a, um) {essem/esses/esset} vocati (ae, a) {essemus/essetis/essent}			
Futur antérieur	vocatus (a, um) {ero/eris/erit} vocati (ae, a) {erimus/eritis/erunt}				

Deuxième conjugaison

Radicaux en -e : teneo, tenes, tenere, tenui, tentum : *tenir*

Voix active

		Indicatif	Subjonctif	Impératif	Infinitif	Participe
INFECTUM	Présent	teneo / tenes / tenet / tenemus / tenetis / tenent	teneam / teneas / teneat / teneamus / teneatis / teneant	tene / tenete	tenere	N. tenens / G. tenentis
	Imparfait	tenebam / tenebas / tenebat / tenebamus / tenebatis / tenebant	tenerem / teneres / teneret / teneremus / teneretis / tenerent			
	Futur	tenebo / tenebis / tenebit / tenebimus / tenebitis / tenebunt			tenturum (am, um) esse	tenturus, a, um
PERFECTUM	Parfait	tenui / tenuisti / tenuit / tenuimus / tenuistis / tenuerunt	tenuerim / tenueris / tenuerit / tenuerimus / tenueritis / tenuerint		tenuisse	
	Plus-que-parfait	tenueram / tenueras / tenuerat / tenueramus / tenueratis / tenuerant	tenuissem / tenuisses / tenuisset / tenuissemus / tenuissetis / tenuissent			
	Futur antérieur	tenuero / tenueris / tenuerit / tenuerimus / tenueritis / tenuerint				

Voix passive

		Indicatif	Subjonctif	Impératif	Infinitif	Participe
INFECTUM	Présent	teneor / teneris / tenetur / tenemur / tenemini / tenentur	tenear / tenearis / teneatur / teneamur / teneamini / teneantur	tenere / tenemini	teneri	
	Imparfait	tenebar / tenebaris / tenebatur / tenebamur / tenebamini / tenebantur	tenerer / tenereris / teneretur / teneremur / tenereremini / tenerentur			
	Futur	tenebor / teneberis / tenebitur / tenebimur / tenebimini / tenebuntur			tentum iri	
TEMPS COMPOSÉS	Parfait	tentus (a, um) {sum / es / est} / tenti (ae, a) {sumus / estis / sunt}	tentus (a, um) {sim / sis / sit} / tenti (ae, a) {simus / sitis / sint}		tentum esse (am, um)	tentus, a, um
	Plus-que-parfait	tentus (a, um) {eram / eras / erat} / tenti (ae, a) {eramus / eratis / erant}	tentus (a, um) {essem / esses / esset} / tenti (ae, a) {essemus / essetis / essent}			
	Futur antérieur	tentus (a, um) {ero / eris / eris} / tenti (ae, a) {erimus / eritis / erunt}				

Troisième conjugaison

Radicaux en consonne + voyelle de liaison e/i/u : mitto, mittis, mittere, misi, missum : *envoyer*

Voix active

		Indicatif	Subjonctif	Impératif	Infinitif	Participe
INFECTUM	**Présent**	mitto / mittis / mittit / mittimus / mittitis / mittunt	mittam / mittas / mittat / mittamus / mittatis / mittant	mitte / mittite	mittere	N. mittens / G. mittentis
	Imparfait	mittebam / mittebas / mittebat / mittebamus / mittebatis / mittebant	mitterem / mitteres / mitteret / mitteremus / mitteretis / mitterent			
	Futur	mittam / mittes / mittet / mittemus / mittetis / mittent			missurum (am, um) esse	missurus, a, um
PERFECTUM	**Parfait**	misi / misisti / misit / misimus / misistis / miserunt	miserim / miseris / miserit / miserimus / miseritis / miserint		misisse	
	Plus-que-parfait	miseram / miseras / miserat / miseramus / miseratis / miserant	misissem / misisses / misisset / misissemus / misissetis / misissent			
	Futur antérieur	misero / miseris / miserit / miserimus / miseritis / miserint				

Voix passive

		Indicatif	Subjonctif	Impératif	Infinitif	Participe
INFECTUM	**Présent**	mittor / mitteris / mittitur / mittimur / mittimini / mittuntur	mittar / mittaris / mittatur / mittamur / mittamini / mittantur	mittere / mittimini	mitti	
	Imparfait	mittebar / mittebaris / mittebatur / mittebamur / mittebamini / mittebantur	mitterer / mittereris / mitteretur / mitteremur / mitteremini / mitterentur			
	Futur	mittar / mitteris / mittetur / mittemur / mittemini / mittentur			missum iri	
TEMPS COMPOSÉS	**Parfait**	missus (a, um) sum / es / est ; missi (ae, a) sumus / estis / sunt	missus (a, um) sim / sis / sit ; missi (ae, a) simus / sitis / sint		missum esse (am, um)	missus, a, um
	Plus-que-parfait	missus (a, um) eram / eras / erat ; missi (ae, a) eramus / eratis / erant	missus (a, um) essem / esses / esset ; missi (ae, a) essemus / essetis / essent			
	Futur antérieur	missus (a, um) ero / eris / erit ; missi (ae, a) erimus / eritis / erunt				

Troisième conjugaison mixte

Radicaux en -ĭ : capio, capis, capere, cepi, captum : *prendre*

Voix active

		Indicatif	Subjonctif	Impératif	Infinitif	Participe
INFECTUM	**Présent**	capio capis capit capimus capitis capiunt	capiam capias capiat capiamus capiatis capiant	cape capite	capere	N. capiens G. capientis
	Imparfait	capiebam capiebas capiebat capiebamus capiebatis capiebant	caperem caperes caperet caperemus caperetis caperent			
	Futur	capiam capies capiet capiemus capietis capient			capturum (am, um) esse	capturus, a, um
PERFECTUM	**Parfait**	cepi cepisti cepit cepimus cepistis ceperunt	ceperim ceperis ceperit ceperimus ceperitis ceperint		cepisse	
	Plus-que-parfait	ceperam ceperas ceperat ceperamus ceperatis ceperant	cepissem cepisses cepisset cepissemus cepissetis cepissent			
	Futur antérieur	cepero ceperis ceperit ceperimus ceperitis ceperint				

Voix passive

		Indicatif	Subjonctif	Impératif	Infinitif	Participe
INFECTUM	**Présent**	capior caperis capitur capimur capimini capiuntur	capiar capiaris capiatur capiamur capiamini capiantur	capere capimini	capi	
	Imparfait	capiebar capiebaris capiebatur capiebamur capiebamini capiebantur	caperer capereris caperetur caperemur caperemini caperentur			
	Futur	capiar capieris capietur capiemur capiemini capientur			captum iri	
TEMPS COMPOSÉS	**Parfait**	captus {sum (a, um) {es {est capti {sumus (ae, a) {estis {sunt	captus {sim (a, um) {sis {sit capti {simus (ae, a) {sitis {sint		captum esse (am, um)	captus, a, um
	Plus-que-parfait	captus {eram (a, um) {eras {erat capti {eramus (ae, a) {eratis {erant	captus {essem (a, um) {esses {esset capti {essemus (ae, a) {essetis {essent			
	Futur antérieur	captus {ero (a, um) {eris {erit capti {erimus (ae, a) {eritis {erunt				

Quatrième conjugaison

Radicaux en -ī : audio, audis, audire, audivi (audii), auditum : *entendre*

Voix active

		Indicatif	Subjonctif	Impératif	Infinitif	Participe
INFECTUM	**Présent**	audio / audis / audit / audimus / auditis / audiunt	audiam / audias / audiat / audiamus / audiatis / audiant	audi / audite	audire	N. audiens / G. audientis
	Imparfait	audiebam / audiebas / audiebat / audiebamus / audiebatis / audiebant	audirem / audires / audiret / audiremus / audiretis / audirent			
	Futur	audiam / audies / audiet / audiemus / audietis / audient			auditurum (am, um) esse	auditurus, a, um
PERFECTUM	**Parfait**	audivi / audivisti / audivit / audivimus / audivistis / audiverunt	audiverim / audiveris / audiverit / audiverimus / audiveritis / audiverint		audivisse	
	Plus-que-parfait	audiveram / audiveras / audiverat / audiveramus / audiveratis / audiverant	audivissem / audivisses / audivisset / audivissemus / audivissetis / audivissent			
	Futur antérieur	audivero / audiveris / audiverit / audiverimus / audiveritis / audiverint				

Voix passive

		Indicatif	Subjonctif	Impératif	Infinitif	Participe
INFECTUM	**Présent**	audior / audiris / auditur / audimur / audimini / audiuntur	audiar / audiaris / audiatur / audiamur / audiamini / audiantur	audire / audimini	audiri	
	Imparfait	audiebar / audiebaris / audiebatur / audiebamur / audiebamini / audiebantur	audirer / audireris / audiretur / audiremur / audiremini / audirentur			
	Futur	audiar / audieris / audietur / audiemur / audiemini / audientur			auditum iri	
TEMPS COMPOSÉS	**Parfait**	auditus (a, um) sum / es / est ; auditi (ae, a) sumus / estis / sunt	auditus (a, um) sim / sis / sit ; auditi (ae, a) simus / sitis / sint		auditum esse (am, um)	auditus, a, um
	Plus-que-parfait	auditus (a, um) eram / eras / erat ; auditi (ae, a) eramus / eratis / erant	auditus (a, um) essem / esses / esset ; auditi (ae, a) essemus / essetis / essent			
	Futur antérieur	auditus (a, um) ero / eris / erit ; auditi (ae, a) erimus / eritis / erunt				

■ Verbes irréguliers

1. Fero, fers, ferre, tuli, latum : *porter*

Indicatif présent	Impératif
fero	
fers	fer
fert	
ferimus	
fertis	ferte
ferunt	

Imparfait : ferebam, …
Futur : feram, feres, …
Subjonctif présent : feram, feras, …
Subjonctif imparfait : ferrem, ferres, …

2. Volo, vis, velle, volui : *vouloir*

Nolo, non vis, nolle, nolui : *ne pas vouloir* (< non volo)
Malo, mavis, malle, malui : *préférer* (< magis volo, *je veux plutôt*)

Indicatif présent		
volo	nolo	malo
vis	non vis	mavis
vult	non vult	mavult
volumus	nolumus	malumus
vultis	non vultis	mavultis
volunt	nolunt	malunt

Subjonctif présent		
velim	nolim	malim
velis	nolis	malis
velit	nolit	malit
velimus	nolimus	malimus
velitis	nolitis	malitis
velint	nolint	malint

Indicatif imparfait		
volebam	nolebam	malebam
…	…	…

Subjonctif imparfait		
vellem	nollem	mallem
…	…	…

Indicatif futur		
volam, voles	nolam, noles	malam, males
…	…	…

Impératif de nolo : noli, *ne veuille pas*
nolite, *ne veuillez pas*

Cet impératif suivi de l'infinitif d'un verbe quelconque exprime la défense :

Exemples : noli vocare : *n'appelle pas ;*
nolite vocare : *n'appelez pas.*

3. Eo, is, ire, ii ou ivi, itum : *aller*

Indicatif présent	Impératif
eo	
is	i
it	
imus	
itis	ite
eunt	

Imparfait : ibam, ibas, …
Futur : ibo, ibis, …
Subjonctif présent : eam, eas, …
Subjonctif imparfait : irem, ires, …
Participe présent : N. iens,
G. euntis

FUNDAMENTA
Les 400 mots les plus fréquents du latin

I PRONOMS-ADJECTIFS   Déclinaisons p. 241

■ Pronoms personnels
- ego : moi
- tu : toi
- se : soi (SENS RÉFLÉCHI)
- nos : nous
- vos : vous

■ Pronoms-adjectifs possessifs
- meus, a, um : mon, le mien
- tuus, a, um : ton, le tien
- suus, a, um : son, le sien ; leur, le leur (SENS RÉFLÉCHI)
- noster, tra, trum : notre, le nôtre
- vester, tra, trum : votre, le vôtre

■ Pronoms-adjectifs démonstratifs
- is, ea, id : celui-ci, celle-ci, ceci (DONT ON A PARLÉ OU DONT ON VA PARLER), lui, elle ; ce, cette
- hic, haec, hoc : celui-ci, celle-ci, ceci ; ce, cette (près de moi)
- iste, ista, istud : celui-ci, celle-ci, ceci ; ce, cette (près de toi), cet individu (SENS PÉJORATIF)
- ille, illa, illud : celui-là, celle-là, cela ; ce, cette (près de lui), ce grand homme (SENS LAUDATIF)

■ Pronoms relatifs
- qui, quae, quod : qui, quoi
- quicumque, quaecumque, quodcumque : celui (quel qu'il soit) qui
- quisquis (NEUTRE : quidquid ou quicquid) : qui que ce soit qui

■ Pronoms-adjectifs interrogatifs
- quis, quae, quid/qui, quae, quod : qui ? quoi ? /quel ?
- qualis, is, e : de quelle sorte, de quelle qualité
- quantus, a, um : de quelle quantité

■ Pronoms-adjectifs indéfinis
Affirmatifs
- quis, quae, quid/qui, quae, quod : quelqu'un, quelque chose/ quelque (on ne connaît ni l'existence ni le nom)
- aliquis, aliqua, aliquid/ aliquis, aliqua, aliquod : quelqu'un, quelque chose / quelque (on connaît l'existence, mais pas le nom)
- quidam, quaedam, quiddam/quidam, quaedam, quoddam : quelqu'un, quelque chose/quelque (on connaît l'existence et le nom)
- quisquam, quaequam, quidquam ou quicquam : quelqu'un, quelque chose (EN PHRASE NÉGATIVE)
- ullus, a, um : un seul (EN PHRASE NÉGATIVE)
- ipse, ipsa, ipsum : lui-même, elle-même
- idem, eadem, idem : le même, la même
- alius, alia, aliud : l'un, l'autre (de plusieurs)
- alter, altera, alterum : l'un, l'autre (de deux)
- uterque, utraque, utrumque : l'un et l'autre, tous les deux
- quisque, quaeque, quidque (ADJ. quodque) : chacun (ADJ. : chaque)

Négatifs
- nemo (G. neminis) : personne
- nihil (G. nullius rei) : rien
- nullus, a, um (G. nullius, D. nulli) : aucun

II PRÉPOSITIONS / PRÉVERBES

Les prépositions marquées d'un * peuvent être aussi des adverbes.

- a/ab (+ AB.) : loin de, de
- ad (+ AC.) : vers, pour
- ante* (+ AC.) : avant, devant
- apud (+ AC.) : chez, près de (lieu où l'on est)
- contra* (+ AC.) : contre
- cum (+ AB.) : avec, accompagné de
- de (+ AB.) : du haut de, ôté de, au sujet de
- e/ex (+ AB.) : hors de, de
- in (+AC. ou AB.) : dans, sur
- inter (+ AC.) : entre
- ob (+ AC.) : en face de, à cause de
- per (+ AC.) : à travers
- post* (+ AC.) : derrière, après
- prae (+ AB.) : devant
- pro (+ AB.) : devant, à la place de
- propter (+ AC.) : à cause de
- sine (+ AB.) : sans
- sub (+AC. ou AB.) : sous

III ADVERBES

■ Négation / Affirmation / Insistance

- **non** : ne … pas
- **haud** (porte sur un seul mot) : ne …pas
- **quidem** : certes
- **ne … quidem** : ne … pas même
- **quoque** : aussi
- **etiam** : aussi, encore, même
- **modo / modo … modo** : seulement / tantôt … tantôt
- **tantum** : seulement, tant
- **tam** : tellement, si
- **tamen** : cependant
- **ita** : ainsi
- **sic** : ainsi
- **quin** : bien plus
- **bene** : bien
- **satis** : assez
- **parum** : trop peu
- **multum** : beaucoup
- **magis** : plus
- **tot** : tant (de)
- **vix** : à peine

■ Interrogation

- **-ne** : est-ce que … ?
- **an** : est-ce que ? / ou bien est-ce que ?
- **cur** : pourquoi ?
- **quam** : combien ?
- **quemadmodum** : comment ?
- **ubi** : où ? (lieu où l'on est)
- **quo** : où ? (lieu où l'on va)
- **unde** : d'où ?

■ Lieu

- **hic** : ici (lieu où l'on est)
- **hinc** : d'ici
- **ibi** : y, ici (lieu où l'on est)
- **eo** : y, ici (lieu où l'on va)
- **inde** : d'ici, de ce point
- **longe** : loin

■ Temps

- **jam** : déjà
- **nunc** : maintenant
- **tum / tunc** : alors
- **deinde** : ensuite
- **saepe** : souvent
- **semper** : toujours
- **simul** : en même temps
- **numquam** : ne … jamais
- **primum** : d'abord
- **diu** : longtemps

IV CONJONCTIONS

■ Conjonctions de coordination

- **et**
- **ac** ou **atque** : et
- **-que**
- **nec** ou **neque** : et … ne pas ; ni … ni
- **aut** : ou bien
- **vel** : ou bien, si tu veux
- **-ve** : ou bien
- **at** : mais, d'autre part
- **sed** (APRÈS UNE PHRASE NÉGATIVE) : mais
- **vero** (2ᵉ MOT) : mais, or
- **autem** (2ᵉ MOT) : mais, or
- **nam** : car, en effet
- **enim** (2ᵉ MOT) : car, en effet
- **ergo** : donc
- **igitur** : donc
- **itaque** : c'est pourquoi, donc

■ Conjonctions de subordination

- **cum** + INDICATIF : quand
  + SUBJONCTIF : alors que
- **ut** + INDICATIF : quand ; comme
  + SUBJONCTIF : que (COMPLÉTIF) ; pour que ; (de sorte) que
- **ne** + SUBJONCTIF : que / que … ne pas ; pour que … ne pas
- **quin** + SUBJONCTIF : que
- **dum** + INDICATIF PRÉSENT : pendant que ;
  + SUBJONCTIF : jusqu'à ce que
- **si** (SYNTAXE P. 118) : si
- **nisi** : si … ne pas ; sinon, sauf
- **sive / seu** : soit que … soit que
- **quod** : parce que ; le fait que
- **quia** : parce que
- **quoniam** : puisque
- **quam** (APRÈS UN COMPARATIF) : que
- **quo** (DEVANT UN COMPARATIF) : pour que
- **tamquam** : autant que
- **postquam** : après que
- **ubi** : où ; quand
- **quemadmodum** : comme
- **quamvis** : bien que

V Nombres (voir aussi p. 242)

- unus, a, um (G. unius ; D. uni) : un
- duo : deux
- tres, tria : trois
- mille : mille

VI Verbes irréguliers (Conj. p. 244 et 250)

- sum, es, esse, fui : être
- absum, abes, abesse, afui (ab + sum) : être absent
- adsum, ades, adesse, adfui (ad + sum) : être présent
- desum, dees, deesse, defui (de + sum) : manquer
- possum, potes, posse, potui : pouvoir
- prosum, prodes, prodesse, profui : être utile
- eo, is, ire, ii *ou* ivi, itum : aller
- pereo, is, ire, -ii *ou* -ivi, -itum : (per + eo) : périr, être perdu
- redeo, is, ire, -ii *ou* -ivi, -itum (red + eo) : revenir
- transeo, is, ire, -ii *ou* -ivi, -itum (trans + eo) : traverser
- fero, fers, ferre, tuli, latum : porter, supporter
- refero, -fers, -ferre, -tuli, -latum (re + fero) : rapporter
- fio, fis, fieri, factus sum (SERT DE PASSIF À facio) : devenir
- volo, vis, velle, volui : vouloir

VII Verbes réguliers

■ 1re conjugaison

> MODÈLE
> **voco, as, are, avi, atum** : *appeler*

- amo, as, are, avi, atum : aimer
- do, das, dare, dedi, datum : donner
- existimo, as, are, avi, atum : penser
- judico, as, are, avi, atum : juger
- muto, as, are, avi, atum : changer
- nego, as, are, avi, atum : nier ; dire que … ne pas
- paro, as, are, avi, atum : préparer
- praesto, as, are, avi, atum : dépasser ; montrer
- puto, as, are, avi, atum : penser
- servo, as, are, avi, atum : conserver
- specto, as, are, avi, atum : regarder
- sto, as, are, steti, statum : se tenir debout

■ 2e conjugaison

> MODÈLE
> **teneo, es, ere, tenui, tentum** : *tenir*

- audeo, es, ere, ausus sum (SEMI-DÉPONENT) : oser
- debeo, es, ere, debui, debitum : devoir
- doceo, es, ere, docui, doctum : enseigner
- habeo, es, ere, habui, habitum : avoir, considérer comme
- jaceo, es, ere, jacui : être couché
- jubeo, es, ere, jussi, jussum : ordonner
- licet, ere, licuit (IMPERS.) : il est permis
- moveo, es, ere, movi, motum : mouvoir, émouvoir
- oportet, ere, oportuit (IMPERSONNEL) : il faut
- placeo, es, ere, placui, placitum : plaire
- soleo, es, ere, solitus sum : avoir l'habitude
- timeo, es, ere, timui : craindre
- video, es, ere, vidi, visum : voir
- videor : sembler

■ 3e conjugaison

> MODÈLE
> **mitto, is, ere, misi, missum** : *envoyer*

- addo, is, ere, addidi, additum : ajouter
- ago, is, ere, egi, actum : mener, faire, passer
- amitto, is, ere, amisi, amissum (ab + mitto) : laisser échapper
- cado, is, ere, cecidi, casum : tomber
- cedo, is, ere, cessi, cessum : marcher
- cognosco, is, ere, cognovi, cognitum : apprendre à connaître (PF. : connaître)
- cogo, is, ere, coegi, coactum (cum + ago) : obliger
- constituo, is, ere, -stitui, -stitutum : établir
- credo, is, ere, credidi, creditum : croire
- dico, is, ere, dixi, dictum : dire
- duco, is, ere, duxi, ductum : conduire
- gero, is, ere, gessi, gestum : se charger de
- intellego (-ligo), is, ere, -lexi, -lectum (inter + lego) : comprendre
- loquor, eris, loqui, locutus sum : parler
- nascor, eris, nasci, natus sum : naître
- nosco, is, ere, novi, notum : apprendre à connaître (PF. : connaître)

ANNEXES

- ostendo, is, ere, ostendi, ostensum : *montrer*
- peto, is, ere, petii ou petivi, petitum : *demander, chercher à atteindre*
- pono, is, ere, posui, positum : *mettre, placer*
- premo, is, ere, pressi, pressum : *écraser*
- quaero, is, ere, quaesivi, quaesitum : *demander, interroger*
- reddo, is, ere, reddidi, redditum : *rendre*
- relinquo, is, ere, reliqui, relictum : *laisser*
- scribo, is, ere, scripsi, scriptum : *écrire*
- sequor, eris, i, secutus sum (DÉPONENT) : *suivre*
- sumo, is, ere, sumpsi, sumptum : *prendre, se charger de*
- tollo, is, ere, sustuli, sublatum (< sub-fero) : *enlever*
- trado, is, ere, tradidi, traditum : *transmettre*
- traho, is, ere, traxi, tractum : *tirer*
- utor, uteris, uti, usus sum (DÉPONENT) : *utiliser*
- verto, is, ere, verti, versum : *tourner*
- vinco, is, ere, vici, victum : *vaincre*
- vivo, is, ere, vixi, victum : *vivre*

■ 3ᵉ conjugaison mixte

> **MODÈLE**
> **capio, is, ere, cepi, captum** : *prendre*

- accipio, is, ere, -cepi, -ceptum (ad + capio) : *recevoir*
- coepi, coepisse (DÉFECTIF < coepio) : *commencer*
- efficio, is, ere, -feci, -fectum (ex + facio) : *faire en sorte, se produire*
- eripio, is, ere, eripui, ereptum (ex + rapio) : *arracher*
- facio, is, ere, feci, factum : *faire*
- fugio, is, ere, fugi : *fuir*
- inquam, inquit (DÉFECTIF) : *dis-je, dit-il*
- morior, eris, i, mortuus sum (DÉPONENT) : *mourir*
- patior, eris, i, passus sum (DÉPONENT) : *supporter, souffrir*
- rapio, is, ere, rapui, raptum : *arracher*
- recipio, is, ere, -cepi, -ceptum (re + capio) : *recevoir*

■ 4ᵉ conjugaison

> **MODÈLE**
> **audio, is, ire, audivi, auditum** : *entendre*

- scio, is, ire, scivi, scitum : *savoir*
- venio, is, ire, veni, ventum : *venir*
- invenio, is, ire, -veni, -ventum (in + venio) : *trouver*
- pervenio, is, ire, -veni, -ventum (per + venio) : *parvenir*
- sentio, is, ire, sensi, sensum : *sentir, se rendre compte*

VIII NOMS

■ 1ʳᵉ déclinaison

Noms féminins / masculins

> **MODÈLE**
> **causa, ae, f.** : *la cause*

- amicitia, ae, f. : *l'amitié*
- aqua, ae, f. : *l'eau*
- copia, ae, f. : *l'abondance* (PL. : *les troupes*)
- cura, ae, f. : *le soin, le souci*
- fama, ae, f. : *la réputation*
- fortuna, ae, f. : *le sort*
- fuga, ae, f. : *la fuite*
- gloria, ae, f. : *la gloire*
- gratia, ae, f. : *la grâce*
- injuria, ae, f. : *l'injustice*
- ira, ae, f. : *la colère*
- natura, ae, f. : *la nature*
- pecunia, ae, f. : *l'argent*
- poena, ae, f. : *le châtiment*
- provincia, ae, f. : *la province (colonie romaine)*
- puella, ae, f. : *la petite fille, la jeune fille*
- respublica, ae, f. : *l'État*
- silva, ae, f. : *la forêt*
- terra, ae, f. : *la terre*
- unda, ae, f. : *le flot*
- via, ae, f. : *la route*
- vita, ae, f. : *la vie*

■ 2ᵉ déclinaison

A. Noms féminins / masculins

> **MODÈLE**
> **amicus, i, m.** : *l'ami*

- ager, agri, m. : *le champ*
- animus, i, m. : *l'esprit*
- annus, i, m. : *l'année*
- deus, i, m. : *le dieu*

- equus, i, m. : le cheval
- filius, ii, m. : le fils
- legatus, i, m. : l'ambassadeur
- locus, i, m. : le lieu
- modus, i, m. : la manière
- numerus, i, m. : le nombre
- oculus, i, m. : l'œil
- populus, i, m. : le peuple
- puer, eri, m. : l'enfant ; le jeune esclave
- servus, i, m. : l'esclave
- ventus, i, m. : le vent
- vir, viri, m. : l'homme (par opposition à la femme)

B. Noms neutres

MODÈLE
bellum, i, n. : *la guerre*

- arma, orum, n. pl. : les armes
- beneficium, ii, n. : le bienfait
- caelum, i, n. : le ciel
- castra, orum, n. pl. : le camp militaire
- consilium, ii, n. : la décision, le projet
- exemplum, i, n. : l'exemple
- fatum, i, n. : le destin
- ferrum, i, n. : le fer
- imperium, ii, n. : le pouvoir, l'empire
- ingenium, ii, n. : le talent
- oppidum, i, n. : la place-forte
- periculum, i, n. : le danger
- praesidium, ii, n. : la garnison
- proelium, ii, n. : le combat
- regnum, i, n. : le règne
- signum, i, n. : le signe ; la statue
- spatium, ii, n. : l'espace
- studium, ii, n. : le goût ; le zèle
- telum, i, n. : le javelot ; l'arme offensive
- verbum, i, n. : la parole, le mot
- vitium, ii, n. : le défaut

■ 3e déclinaison

A. Radicaux en consonne : noms masculins / féminins

MODÈLE
rex, regis, m. : *le roi*

- aetas, atis, f. : l'âge
- amor, oris, m. : l'amour
- civitas, atis, f. : la cité ; la citoyenneté
- conjux, ugis, m. ou f. : l'époux, l'épouse
- consul, ulis, m. : le consul
- dolor, oris, m. : la douleur
- dux, ducis, m. : le chef
- eques, itis, m. : le cavalier ; le chevalier
- frater, tris, m. : le frère
- homo, inis, m. : l'homme (l'être humain)
- honor, oris, m. : l'honneur
- juvenis, is, m. : l'homme jeune
- labor, oris, m. : le travail
- legio, onis, f. : la légion
- lex, legis, f. : la loi
- mater, tris, f. : la mère
- miles, itis, m. : le soldat
- mos, oris, m. : la coutume
- nox, noctis, f. : la nuit
- ops, opis, f. : l'abondance
- ordo, inis, m. : le rang
- pater, tris, m. : le père
- pax, pacis, f. : la paix
- pes, pedis, m. : le pied
- princeps, principis, m. : le premier, le prince
- ratio, onis, f. : le compte, la raison
- regio, onis, f. : la région
- sanguis, sanguinis, m. : le sang
- sol, solis, m. : le soleil
- virtus, utis, f. : le courage
- voluptas, atis, f. : le plaisir
- vox, vocis, f. : la voix

B. Radicaux en consonne : noms neutres

MODÈLE
corpus, oris, n. : *le corps*

- agmen, inis, n. : l'armée en colonne
- caput, itis, n. : la tête ; l'essentiel
- carmen, inis, n. : le chant ; le poème
- flumen, inis, n. : le fleuve
- genus, eris, n. : le genre
- iter, itineris, n. : le chemin
- jus, juris, n. : le droit
- lumen, inis, n. : la lumière
- munus, eris, n. : la récompense ; le salaire
- nomen, inis, n. : le nom
- opus, eris, n. : l'ouvrage
- os, oris, n. : la bouche ; le visage
- pectus, oris, n. : la poitrine
- scelus, eris, n. : le crime
- tempus, oris, n. : le temps
- vulnus, eris, n. : la blessure

C. Radicaux en -i : noms masculins / féminins

MODÈLE
hostis, is, m. : *l'ennemi (à la guerre)*

- ars, artis, f. : l'art
- civis, is, m. : le citoyen

ANNEXES

- finis, is, m. : la limite (PL. le territoire)
- gens, gentis, f. : la famille (noble) ; la nation
- ignis, is, m. : le feu
- mens, mentis, f. : l'esprit
- mons, montis, m. : la montagne
- mors, mortis, f. : la mort
- navis, is, f. : le bateau
- parens, parentis, m. ou f. : le parent
- pars, partis, f. : la partie
- urbs, urbis, f. : la ville
- vis, vis, f.
  (SING. : Ac. **vim** ; Ab. **vi** ;
  PL. : N. V. Ac. **vires**
  G. **virium**. D. Ab. **viribus**) : la force

D. Radicaux en -i : noms neutres

MODÈLE
mare, is, n. : la mer

4ᵉ déclinaison : Noms masculins / féminins

MODÈLE
manus, us, f. : la main

- casus, us, m. : la chute
- domus, us, f. : la maison
- exercitus, us, m. : l'armée
- impetus, us, m. : l'attaque ; l'élan
- metus, us, m. : la crainte
- senatus, us, m. : le sénat
- usus, us, m. : l'usage
- vultus, us, m. : le visage

5ᵉ déclinaison : Noms masculins / féminins

MODÈLE
res, ei, f. : la chose

- acies, ei, f. : l'armée en ligne ; le regard
- dies, ei, m. ou f. : le jour ; la date
- fides, ei, f. : la confiance, la fidélité
- spes, spei, f. : l'espoir

IX ADJECTIFS

1ʳᵉ classe

A. Adjectifs aux comparatifs et superlatifs irréguliers
(C. : comparatif. ; S. : superlatif)

- bonus, a, um
  (C. **melior** ; S. **optimus**) : bon
- malus, a, um
  (C. **pejor** ; S. **pessimus**) : mauvais
- magnus, a, um
  (C. **major** ; S. **maximus**) : grand
- parvus, a, um
  (C. **minor** ; S. **minimus**) : petit
- multus, a, um
  (C. **plures** ; S. **plurimi**) : nombreux

B. Adjectifs aux comparatifs et superlatifs réguliers

- alienus, a, um : étranger, d'autrui
- altus, a, um : haut
- certus, a, um : certain
- ceteri, ae, a : tous les autres
- cunctus, a, um : tout entier
- dignus, a, um : digne
- durus, a, um : dur
- humanus, a, um : humain
- inferus, a, um : situé en-dessous
- laetus, a, um : joyeux
- longus, a, um : long
- medius, a, um : situé au milieu
- miser, era, erum : malheureux
- novus, a, um : nouveau
- paucus, a, um
  (PL. **pauci, ae, a**) : peu nombreux
- primus, a, um : premier
- reliquus, a, um : restant
- singulus, a, um : un par un
- solus, a, um
  (SING. : G. **solius**, D. **soli**) : seul
- superus, a, um : situé en haut
- tantus, a, um
  (= tot, INVARIABLE) : si grand
- totus, a, um
  (SING. : G. **totius**, D. **toti**) : tout entier
- tutus, a, um : protégé
- verus, a, um : vrai

2ᵉ classe

- fortis, is, e : courageux
- gravis, is, e : lourd
- ingens G. ingentis : immense
- levis, is, e : léger
- omnis, is, e : tout
- par, G. paris : égal
- propior (COMPARATIF ;
  S : proximus, a, um) : plus proche
- similis, is, e
  (S : simillimus) : semblable
- talis, is, e : tel
- vetus, G. veteris : vieux